Fundamentos de
Negociação

L671f Lewicki, Roy J.
         Fundamentos de negociação / Roy J. Lewicki, David M. Saunders, Bruce Barry ; tradução: Félix Nonnenmacher. – 5. ed. – Porto Alegre : AMGH, 2014.
         xv, 315 p. : il. ; 25 cm.

         ISBN 978-85-8055-385-7

         1. Administração de empresas. 2. Negociação. I. Saunders, David M. II. Barry, Bruce. III. Título.

                                                              CDU 658

Catalogação na publicação: Ana Paula M. Magnus – CRB 10/2052

Roy J. **Lewicki**
The Ohio State University

David M. **Saunders**
Queen's University

Bruce **Barry**
Vanderbilt University

Fundamentos de Negociação

5ª edição

Tradução
Félix Nonnenmacher

AMGH Editora Ltda.
2014

Obra originalmente publicada sob o título
Essentials of Negotiation, 5th Edition
ISBN 0073530360 / 9780073530369

Original edition copyright ©2011, McGraw-Hill Global Education Holdings, LLC, New York, New York 10121. All rights reserved.

Portuguese language translation copyright ©2014, AMGH Editora Ltda., a Grupo A Educação S.A. company. All rights reserved.

Gerente editorial: *Arysinha Jacques Affonso*

Colaboraram nesta edição:

Editora: *Verônica de Abreu Amaral*

Capa: *Paola Manica*

Leitura final: *Gabriela Dal Bosco Sitta*

Editoração: *Techbooks*

Reservados todos os direitos de publicação, em língua portuguesa, à
AMGH EDITORA LTDA., uma parceria entre GRUPO A EDUCAÇÃO S.A. e McGRAW-HILL EDUCATION
Av. Jerônimo de Ornelas, 670 – Santana
90040-340 – Porto Alegre – RS
Fone: (51) 3027-7000   Fax: (51) 3027-7070

É proibida a duplicação ou reprodução deste volume, no todo ou em parte, sob quaisquer formas ou por quaisquer meios (eletrônico, mecânico, gravação, fotocópia, distribuição na Web e outros), sem permissão expressa da Editora.

Unidade São Paulo
Av. Embaixador Macedo Soares, 10.735 – Pavilhão 5 – Cond. Espace Center
Vila Anastácio – 05095-035 – São Paulo – SP
Fone: (11) 3665-1100   Fax: (11) 3667-1333

SAC 0800 703-3444 – www.grupoa.com.br

IMPRESSO NO BRASIL
PRINTED IN BRAZIL

Os autores

Roy J. Lewicki ocupa as cadeiras Irving Abramowitz Memorial Professor of Business Ethics e Professor of Management and Human Resources na faculdade de administração Max. M. Fisher College of Business, Universidade do Estado de Ohio, Estados Unidos. O Prof. Lewicki é autor ou editor de 32 livros e de inúmeros artigos técnicos na área da negociação, e presidiu a Associação Internacional para a Gestão de Conflitos. Em 2005, recebeu o prêmio Academy of Management's Distinguished Educator Award. Também recebeu o prêmio David Bradford Outstanding Educator, concedido pela Organizational Behavior Teaching Society por suas contribuições no campo do ensino da negociação e solução de disputas.

David M. Saunders é diretor da faculdade de administração Queen's School of Business. Desde 2003, ano em que se uniu à faculdade, o Prof. Saunders liderou a internacionalização da faculdade, lançou dois programas exclusivos de MBA, um conjunto de programas de mestrado para estudantes saídos diretamente da graduação, e fortaleceu a rede de atuação internacional da Queen's School of Business com a formação de parcerias com as principais escolas de administração da Europa, Ásia e América do Sul. Além de seu trabalho na faculdade, o Prof. Saunders é coautor de diversos artigos sobre negociação, solução de conflitos, direitos do funcionário e justiça organizacional. Ele ocupa cargos nas reitorias da faculdade de administração China Europe International Business School (CEIBS) e da European Foundation for Management Development, uma associação interacional de faculdades de administração.

Bruce Barry é professor de Gestão e Sociologia na Universidade de Vanderbilt. Suas pesquisas sobre negociação, influência, ética, poder e justiça foram publicadas em diversos periódicos e livros técnicos. O Prof. Barry presidiu a Associação Internacional para a Gestão de Conflito e a Divisão de Gestão de Conflitos da Academia de Administração.

Este livro é dedicado a todos os profissionais da negociação, da mediação e da solução de disputas, que tentam tornar o mundo um lugar mais pacífico e próspero.

A John W. Minton (1946-2007): amigo, colega e coautor.

Prefácio

Seja bem-vindo à quinta edição de *Fundamentos de Negociação*. Este livro representa nossa resposta a muitos professores que queriam uma versão condensada do texto maior, *Negotiation*. O objetivo deste volume mais curto é disponibilizar ao leitor os conceitos fundamentais da negociação em uma versão mais sucinta. Muitos professores pediram este livro para usar em cursos acadêmicos mais breves, em programas de educação de executivos ou como acompanhamento para outros materiais em cursos de negociação, relações trabalhistas, gerenciamento de conflito, entre outros.

Para o professor que não está familiarizado com as quatro edições anteriores de *Fundamentos de Negociação*, apresentamos uma visão geral deste livro. Os quatro primeiros capítulos apresentam os aspectos fundamentais de uma negociação. O primeiro capítulo aborda a negociação e a gestão de conflitos, descreve o problema básico da interdependência entre as partes em uma negociação e explora os desafios associados a sua gestão. Os Capítulos 2 e 3 tratam respectivamente de duas abordagens estratégicas essenciais a toda negociação: a dinâmica básica da barganha competitiva (também chamada de situação de *ganha-perde*) e a dinâmica básica da negociação integrativa (situação *ganha-ganha*). O Capítulo 4 descreve a preparação essencial que todo negociador precisa adquirir para ter eficiência: a escolha de estratégias, o enquadramento de questões, a definição dos objetivos da negociação e o planejamento das etapas para atingi-los.

Os cinco capítulos seguintes descrevem os subprocessos psicológicos fundamentais da negociação: a percepção, a cognição, a emoção, a comunicação, o poder, a influência e o julgamento ético. O Capítulo 5 revisa os conceitos básicos da percepção, da cognição e da emoção no contexto da negociação. Examinamos em detalhe os vieses cognitivos e de julgamento, e o modo como as emoções podem afetar o processo. No Capítulo 6 analisamos a dinâmica da comunicação. Examinamos como os negociadores comunicam seus interesses, posições e metas, e investigamos as maneiras de comunicar essas informações. O tema central do Capítulo 7 é o poder. Nele, abordamos as competências que os negociadores precisam dominar no sentido de exercer pressão na outra parte, para alterar sua perspectiva sobre o processo e fazer com que ceda aos argumentos apresentados. No Capítulo 8 são examinados os padrões e critérios éticos envolvidos na negociação. O negociador eficiente precisa saber reconhecer os momentos em que questões de natureza ética são relevantes ao processo e administrar os fatores a serem considerados nesse esforço.

Os dois capítulos seguintes são dedicados aos contextos sociais em que as negociações ocorrem e, por essa razão, influenciam a evolução do processo. No Capítulo 9, estudamos os efeitos da existência de um relacionamento prévio entre as partes e o modo como os diferentes tipos desses relacionamentos afetam uma negociação. Além disso, examinamos os principais papéis da confiança, da justiça e da reputação do negociador. No Capítulo 10 apresentamos as negociações multipartes, nas quais diversos indivíduos precisam trabalhar em equipe ou força-tarefa para resolver um problema complexo ou tomar decisões.

O Capítulo 11 esclarece como as diferenças culturais influenciam os diversos modos de abordar uma negociação.

Por fim, o Capítulo 12, novo nesta edição, resume os conteúdos do livro e apresenta uma lista de boas práticas para todos os negociadores.

Material de apoio

Interessados em apresentações em PowerPoint®, manual do professor e banco de testes (em inglês) podem procurar pela página do livro em www.grupoa.com.br e clicar em material para o professor. O professor deverá se cadastrar para ter acesso.

Agradecimentos

Este livro não estaria completo sem a ajuda de inúmeras pessoas. Nesse sentido, somos especialmente gratos:

- A muitos de nossos colegas no campo das negociações e da resolução de disputas, cujos esforços de pesquisa e *feedback* sobre as edições anteriores deste livro promoveram o crescimento desta área de estudo e ajudaram a melhorar os conteúdos apresentados nele.
- Às pessoas que revisaram este texto e ofereceram *feedback* valioso, como Nan Stager, da Universidade de Indiana; Leigh Anne Liu, da Universidade Estadual da Georgia; J. Keaton Grubbs, da Universidade Estadual Stephen F. Austin; Edward Wertheim, da Universidade Northeastern; Holly Schroth, da Universidade da Califórnia – Berkeley; Patrizia Porrini, da Universidade de Long Island; e Monika Renard, da Universidade Florida Gulf Coast.
- Aos esforços de John Minton, que nos ajudaram a elaborar as segunda, terceira e quarta edições deste livro, e que nos deixou no outono de 2007.
- A Steve Stenner, pela excelente ajuda editorial, mas sobretudo pela revisão, permissões e a bibliografia, e por ter refinado o banco de testes e as apresentações em Power Point.
- Às equipes da McGraw-Hill/Irwin, sobretudo nossa editora atual, Laura Spell, e os editores anteriores, Ryan Blankenship, John Weimeister, John Biernat, Kurt Strand, e Karen Johnson, e a Jane Beck, Allison Cleland, e Trina Hauger, editoras assistentes que resolvem todos os problemas. Também agradecemos a Robin Reed, nosso incansável gerente de projetos, que transforma nossas instruções confusas e estilo enfadonho de escrever em livros legíveis e úteis!
- A nossas famílias, que sempre cooperam com tempo, inspiração e oportunidades para nosso aprendizado constante sobre as negociações efetivas e nos dão todo o suporte necessário para levar projetos como esse em frente.

Roy J. Lewicki
David M. Saunders
Bruce Barry

Sumário

Capítulo 1
A natureza da negociação 1

Algumas palavras sobre nosso estilo e nossa abordagem 3
Joe e Sue Carter 4
As características de uma sit°uação de negociação 7
A interdependência 10
    Os tipos de interdependência afetam os resultados 11
    As alternativas moldam a interdependência 13
O ajuste mútuo 13
    O ajuste mútuo e o espaço para concessões 15
    Os dois dilemas no ajuste mútuo 15
A reivindicação e a criação de valor 16
O conflito 19
    As definições 20
    Os níveis de conflito 20
    A utilidade e os problemas gerados pelos conflitos 20
    Os fatores que facilitam ou dificultam a gestão de conflitos 22
A gestão eficiente de conflitos 24

Capítulo 2
As estratégias e táticas da barganha distributiva 29

A situação da barganha distributiva 31
    O papel das alternativas para um acordo negociado 33
    O ponto de acordo 35
    O mix da barganha 35
    As estratégias fundamentais 36
    A descoberta do ponto de resistência da outra parte 36
    A influência do ponto de resistência da outra parte 37
As tarefas táticas 38
    A avaliação dos objetivos da outra parte, do ponto de resistência dela e dos custos da desistência da negociação 38
    Administre as impressões da outra parte 40
    Modifique as percepções da outra parte 42
    Manipule os custos reais do atraso ou do encerramento 42
As posições assumidas durante a negociação 44
    As ofertas iniciais 45
    As posturas iniciais 45
    As concessões iniciais 46
    O papel das concessões 47
    O padrão para fazer concessões 48
    As ofertas finais 49
O compromisso 50
    As considerações táticas ao usar compromissos 50
    Estabelecendo um compromisso 51
    Como impedir a outra parte de fazer compromissos prematuramente 53
    Como abandonar um compromisso 53
Fechando o acordo 55
As táticas duras 56
    Como lidar com táticas duras típicas 57

As táticas duras típicas 58
Resumo do capítulo 64

Capítulo 3
As estratégias e táticas da negociação integrativa 66

Introdução 66
   O que torna a negociação integrativa diferente? 66
Uma visão geral do processo de negociação integrativa 67
   A criação de um fluxo livre de informações 68
   O esforço para entender as necessidades e os objetivos reais do outro negociador 68
   A ênfase nos aspectos comuns às partes e a minimização das diferenças 69
   A busca por soluções que auxiliem a atingir as metas e os objetivos de ambas as partes 70
As principais etapas do processo da negociação integrativa 70
   A identificação e a definição do problema 71
   Compreenda o problema por completo – identifique interesses e necessidades 74
   Gere soluções alternativas 77
   Resumo da seção 84
   Avalie e selecione alternativas 84
Os fatores que facilitam o sucesso da negociação integrativa 88
   Um objetivo ou meta em comum 88
   A confiança na própria capacidade de resolver problemas 89
   A convicção na legitimidade da própria posição e na perspectiva da outra parte 89
   A motivação e o comprometimento com o trabalho conjunto 90
   A confiança 91
   A comunicação clara e precisa 92
   Uma compreensão da dinâmica da negociação integrativa 92
   Resumo da seção 93
Resumo do capítulo 93

Capítulo 4
A negociação: estratégias e planejamento 95

As metas – o foco que governa uma estratégia de negociação 95
   Os efeitos diretos das metas na escolha da estratégia 96
   Os efeitos indiretos das metas na escolha de uma estratégia 97
A estratégia – o plano global para atingir suas metas 97
   A estratégia versus a tática 97
   As abordagens unilaterais versus as abordagens bilaterais às estratégias 98
   O modelo das inquietações duais como ferramenta para descrever as estratégias de negociação 98
Como compreender o fluxo das negociações: estágios e fases 103
Como se preparar para implementar a estratégia: o processo de planejamento 104
   1. A definição das questões 105
   2. A compilação das questões e a definição do mix da barganha 106
   3. A definição de interesses 107
   4. A definição de limites 108
   5. A definição de alternativas 108
   6. A definição de metas e preços pedidos 108
   7. A avaliação dos integrantes e do contexto social da negociação 110
   8. A análise da outra parte 112

9. Como apresentar as questões à outra parte 116
10. Quais são os protocolos que devem ser seguidos durante a negociação? 116
Resumo do capítulo 118

Capítulo 5
A percepção, a cognição e a emoção 120

A percepção 121
   Uma definição de percepção 121
   As distorções na percepção 121
O enquadramento 123
   A tipologia dos enquadramentos 124
   Como os enquadramentos atuam na negociação 125
   Outra abordagem aos enquadramentos: interesses, direitos e poder 126
   O enquadramento de uma questão varia com o andamento da negociação 129
   Resumo da seção 131
Os vieses cognitivos na negociação 131
1. A intensificação irracional do comprometimento 132
2. A convicção mítica em montantes fixos 132
3. O ancoramento e o ajustamento 133
4. O enquadramento de questões e os seus riscos 133
5. A disponibilidade de informações 134
6. A maldição do vencedor 134
7. O excesso de confiança 135
8. A lei dos pequenos números 135
9. Os vieses em favor próprio 135
10. O efeito da capitalização 136
11. A tendência de ignorar a cognição dos outros 137
12. A desvalorização reativa 137

Como administrar as concepções equivocadas e os vieses cognitivos na negociação 137
O estado de espírito e as emoções na negociação 138
Resumo do capítulo 143

Capítulo 6
A comunicação 146

O que é comunicado em uma negociação? 146
1. As ofertas, as contraofertas e as motivações 147
2. As informações sobre alternativas 147
3. As informações sobre resultados 147
4. Os relatos sociais 148
5. A comunicação sobre processos 148
   Os negociadores são consistentes ou adaptativos? 149
   O que foi dito no começo da negociação é importante? 149
   Uma quantidade maior de informações sempre é boa? 149
Como as pessoas se comunicam em uma negociação 150
   As características da linguagem 150
   O uso de comunicação não verbal 151
   A seleção de um canal de comunicação 153
Como melhorar a comunicação nas negociações 155
   O uso de perguntas 156
   A prática de escutar 156
   A inversão de papéis 159
Algumas considerações especiais sobre as comunicações no final das negociações 160
   Evitando erros fatais 160
   Um encerramento satisfatório 160
Resumo do capítulo 160

Capítulo 7
Como encontrar e utilizar o poder da negociação 162

Por que o poder é importante para os negociadores? 162

Uma definição de poder 163

As fontes de poder – como as pessoas o adquirem 166

    As fontes informacionais de poder 166

    O poder baseado na personalidade e nas diferenças pessoais 168

    O poder baseado na posição em uma organização 170

    O poder baseado nos relacionamentos 174

    As fontes contextuais de poder 178

Como lidar com terceiros que têm mais poder que você 179

Resumo do capítulo 181

Capítulo 8
A ética nas negociações 182

Uma amostra de problemas éticos 182

O que significa "ética" e por que ela é importante na negociação? 184

    A definição de ética 184

    Como aplicar o raciocínio ético à negociação 185

    A ética versus a prudência versus a praticidade versus a legalidade 185

Quais são as questões relacionadas à conduta ética que surgem em uma negociação? 188

    As táticas eticamente ambíguas: o mais importante é a verdade (quase sempre) 189

    Como identificar as táticas eticamente ambíguas e quais são as melhores maneiras de lidar com elas 192

    As mentiras de omissão e as mentiras de comissão 193

    A decisão de adotar táticas eticamente ambíguas: um modelo 194

Por que usar táticas enganosas? As motivações e as consequências 194

    A motivação pelo poder 196

    As outras motivações para se comportar de forma antiética 196

    As consequências da conduta antiética 197

    As explicações e justificativas 199

Como os negociadores podem lidar com as mentiras da outra parte? 201

Resumo do capítulo 205

Capítulo 9
Os relacionamentos nas negociações 207

A validade de abordagens consagradas na pesquisa sobre a negociação no contexto do relacionamento 208

    As negociações inseridas em relacionamentos próximos 212

Os principais elementos na gestão de negociações inseridas em relacionamentos 213

    A reputação 214

    A confiança 216

    A justiça 219

    A relação entre a reputação, a confiança e a justiça 221

    A recuperação de um relacionamento 223

Resumo do capítulo 224

Capítulo 10
As negociações entre múltiplas partes e equipes 226

A natureza das negociações multipartes 226

    As diferenças entre negociações multipartes e negociações bilaterais 227

Resumo 231
O que é um grupo eficiente? 232
A gestão de negociações multipartes 234
O estágio da pré-negociação 234
    O estágio da negociação formal – a gestão do processo e do resultado 237
    O estágio do acordo 244
Resumo do capítulo 245

Capítulo 11
As negociações internacionais e transculturais 247

A negociação internacional: uma arte e uma ciência 248
O que torna as negociações internacionais tão diferentes? 248
    O contexto ambiental 249
    O contexto imediato 251
    Resumo da seção 253
A conceitualização da cultura e da negociação 253
    A cultura como comportamento adquirido 254
    A cultura como conjunto de valores compartilhados 254
    Resumo da seção 256
    A cultura como dialética 257
    A cultura em contexto 258
A influência da cultura nas negociações: as perspectivas gerenciais 259
    A definição de negociação 259
    A oportunidade de negociação 259
    A seleção dos negociadores 259
    O protocolo 259
    A comunicação 260
    A atenção ao tempo 260
    A propensão ao risco 261
    O grupo versus o indivíduo 261

A natureza dos acordos 261
O lado emocional 262
As estratégias de negociação responsivas à cultura 262
    A familiaridade baixa 264
    A familiaridade moderada 265
    A familiaridade alta 265
Resumo do capítulo 266

Capítulo 12
As boas práticas nas negociações 269

1. Esteja preparado 269
2. Conheça a estrutura básica da negociação 270
3. Identifique e trabalhe a BATNA 271
4. Esteja disposto a abandonar a negociação 272
5. Domine os principais paradoxos da negociação 272
    A reivindicação versus a criação de valor 272
    A observância de princípios versus a resistência à evolução do processo 273
    A observância da estratégia versus a busca oportunista por novas opções 273
    A honestidade e a sinceridade versus o sigilo e a reserva 273
    A confiança versus a desconfiança 274
6. Lembre-se dos intangíveis 274
7. Administre as alianças de modo ativo 276
8. Desfrute e proteja sua reputação 277
9. Lembre-se de que a racionalidade e a justiça são relativas 277
10. Continue aprendendo com sua experiência 278

Bibliografia 279

Índice 301

Capítulo 1

A natureza da negociação

Objetivos

1. Entender a definição de negociação, os elementos-chave e os diferentes tipos de negociação.
2. Explorar o modo como as pessoas usam a negociação para administrar situações de interdependência – isto é, nas quais dependem umas das outras para atingir seus objetivos.
3. Avaliar como a negociação se encaixa na perspectiva ampla dos processos da gestão de conflitos.
4. Apresentar uma visão geral da organização deste livro e dos conteúdos de seus capítulos.

"Chega. Basta. O carro pifou!", gritou Chang Yang, batendo no volante e dando um chute na porta de seu Toysun sedan comprado dez anos antes. O carro se recusara a dar a partida outra vez, e Chang se atrasaria para a aula (de novo!). Seu desempenho na disciplina de administração não era dos melhores, e ele não podia se dar ao luxo de faltar às aulas. Reconhecendo que havia chegado a hora de fazer algo a respeito do carro, o qual tivera inúmeros problemas mecânicos nos últimos três meses, Chang decidiu que o trocaria por outro – um modelo que talvez o ajudasse a continuar indo às aulas, até a formatura. Após as aulas daquele dia Chang ganhou uma carona até um bairro comercial próximo, local de muitas oficinas mecânicas e revendas de veículos usados. Ele não conhecia coisa alguma sobre carros, e não achava necessário conhecer – Chang só precisava de um meio de transporte confiável nos próximos 18 meses.

Uma companhia aérea de grande porte e de presença expressiva no mercado internacional está prestes a ir à falência. O medo do terrorismo, a concorrência de algumas companhias de baixo custo e as crescentes despesas com combustíveis exercem forte pressão econômica sobre suas operações. A empresa está tentando promover cortes da ordem de $800 milhões na folha de pagamento. É o terceiro conjunto de medidas de saneamento de finanças que a empresa adota em dois anos para evitar a falência. Repelida pelo principal negociador do sindicato dos pilotos, ela tenta um contato direto com os representantes da Associação dos Pilotos de Companhias Aéreas – uma entidade com atuação internacional – para discutir os cortes. Se os pilotos não concordarem, é provável que outros sindicatos, como os dos comissários de bordo e dos mecânicos também rejeitem os cortes propostos, o que tornaria a falência uma realidade inevitável.

Janet e Jocelyn dividem um apartamento de um quarto na metrópole em que trabalham. Janet é contadora, tem um emprego fixo, mas decidiu que era hora de voltar a estudar e obter um MBA. Ela se matriculou em um curso de noturno e frequenta as aulas. Jocelyn trabalha para uma agência de publicidade e tem ótimas perspectivas de carreira. Seu emprego exige que viaje muito, além de passar muito tempo em contato com clientes. O problema é que, quando Janet não está em aula, ela precisa do apartamento para ler e estudar e de silêncio para fazer os trabalhos do curso. Contudo, nas horas em que está em casa Jocelyn passa muito tempo conversando ao telefone e convida amigos para jantar, quando não está se arrumando para sair à noite ou voltando para casa de madrugada (quando faz barulho!). Janet não aguenta mais essa situação e está a ponto de brigar com a colega.

Milhares de manifestantes contrários às políticas adotadas pelo governo querem protestar em uma convenção nacional que poderá indicar o líder da atual administração como candidato à reeleição. A polícia proibiu os manifestantes de protestarem próximo ao local da convenção, mas autorizou uma manifestação junto a uma via expressa, a um quilômetro de distância. Em resposta a esta iniciativa, os organizadores do protesto pediram permissão para se concentrar em um dos principais parques da cidade. A prefeitura tenta impedir essa concentração, porque o parque recentemente passou por uma remodelação paisagística muito dispendiosa e teme que o grupo cause destruição. Os três lados tentam negociar ao mesmo tempo em que adotam manobras jurídicas complexas para que os tribunais promulguem decisões favoráveis a seus interesses específicos.

Este ano, Ashley Johnson está entre as candidatas mais bem qualificadas de uma das 25 melhores faculdades de administração. Ela está muito contente por ter garantido uma segunda entrevista com uma importante indústria, que a convidou para conhecer a matriz da empresa e a hospedou em um hotel quatro estrelas reconhecido por suas instalações e serviços de qualidade. Após chegar tarde ao hotel na noite anterior devido a um atraso no voo, ela acorda às 7h30 para se preparar para uma reunião com o chefe do departamento de recrutamento e seleção da empresa. Ela abre a torneira do chuveiro e a água não sai. Aparentemente o encanador começou a consertar a torneira, fechou o registro principal, mas não concluiu o serviço. Ashley entra em pânico ao pensar sobre como vai lidar com esse problema e se apresentar bem na reunião, que começa em 30 minutos.

Estes incidentes parecem familiares? Todos são exemplos de negociações que estão prestes a acontecer, que estão transcorrendo no presente ou ocorreram no passado, ou que continuam gerando consequências no presente. Esses exemplos ilustram os problemas, questões e dinâmicas que abordaremos neste livro.

As pessoas negociam o tempo todo. Amigos negociam para escolher o restaurante em que irão jantar. Crianças negociam para escolher o programa de televisão que assistirão. Empresas negociam a aquisição de materiais e a venda de seus produtos. Advogados negociam acordos extrajudiciais antes de levar uma questão aos tribunais. A polícia negocia com terroristas a libertação de reféns. Países negociam a abertura de suas fronteiras para o livrecomércio. A negociação não é um processo de competência exclusiva de diplomatas, vendedores treinados ou os defensores ferrenhos de um *lobby* organizado. Negociações são feitas todos os dias, por todas as pessoas. Embora as apostas nem sempre sejam tão altas quanto em um acordo de paz ou em fusões de grandes corporações, o mundo inteiro negocia. Às vezes as pessoas negociam assuntos importantes, como um novo emprego; em outras, os assuntos são triviais, como quem vai lavar a louça, por exemplo.

As negociações ocorrem por diversas razões, como: (1) chegar a um acordo sobre como compartilhar ou dividir um recurso limitado, como terras, propriedades ou tempo; (2) criar algo novo que as partes não poderiam produzir por conta própria; (3) resolver um problema ou uma disputa entre as partes envolvidas. Às vezes uma negociação fracassa exatamente porque as pessoas não reconhecem que estão em um cenário de negociação. Em outras, quando escolhem não negociar, talvez não alcancem seus objetivos, não obtenham o que desejam ou não administrem seus problemas como gostariam. Mesmo quando reconhecem a necessidade de negociar, o sucesso não está garantido, porque as partes envolvidas podem não compreender o processo ou não apresentar as competências necessárias. Este livro pretende capacitar o leitor a reconhecer uma situação de negociação, entender como ela funciona, aprender a planejar, implementar e concluir negociações com sucesso e, o mais importante, maximizar resultados.

Algumas palavras sobre nosso estilo e nossa abordagem

Antes de começar a analisar o complexo processo de interação social chamado de negociação, precisamos mostrar como abordamos esse assunto neste livro. Primeiro, apresentamos uma breve definição de negociação. Uma negociação é "uma forma de tomada de decisão na qual duas ou mais partes discutem um assunto no esforço de resolver as diferenças relativas a seus interesses".[1] Além disso, precisamos adotar uma terminologia específica neste livro. Para a maioria das pessoas, *barganha* e *negociação* são sinônimos; contudo, neste livro os termos são usados com significados muito distintos. O termo *barganha* é utilizado para descrever uma situação competitiva em que uma parte sai vencedora, como uma discussão sobre preços em uma venda de objetos usados no jardim de uma residência, um mercado de pulgas ou uma revenda de carros usados. Utilizaremos o termo *negociação* para descrever uma situação vantajosa para todas as partes envolvidas, como na busca de uma solução aceitável para um conflito complexo, por exemplo.

Segundo, muitas pessoas entendem que "o ponto central da negociação" está no processo de dar e receber para chegar a um acordo. Embora essa permuta seja extremamente importante, a negociação é um processo social muito complexo. De modo geral, os fatores mais importantes que definem os resultados de uma negociação não ocorrem *durante* o processo, mas antes de as partes começarem a negociar ou definir *o contexto* da negociação. Nos primeiros capítulos deste livro examinaremos as razões para negociar, a natureza da negociação como ferramenta para a gestão de conflitos e os processos essenciais de dar e receber mediante os quais as pessoas tentam chegar a um acordo. Nos capítulos restantes discutiremos como as diferenças entre questões fundamentais, as pessoas envolvidas, os processos que adotam e o contexto da negociação aumentam a complexidade da dinâmica da negociação. Retomaremos uma visão geral mais completa dos conteúdos tratados neste livro no final deste capítulo.

Terceiro, nossas noções sobre a negociação são baseadas em três fontes. A primeira é nossa experiência como negociadores e o grande número de negociações que ocorrem todos os dias em nossas vidas, em todo o mundo. A segunda fonte é a mídia – a televisão, o rádio, os jornais, as revistas e a Internet – que relatam negociações reais todos os dias. Ao longo deste livro utilizamos citações e exemplos encontrados na mídia para enfatizar os pontos principais, as noções e as aplicações da negociação. A terceira fonte é o conjunto de pesquisas realizadas sobre inúmeros aspectos da negociação nos últimos 50 anos nas áreas da economia, da psicologia, das ciências políticas, da comunicação, das relações trabalhistas, do direito, da sociologia e da antropologia. Essas disciplinas abordam a negociação de modos diferentes. Como a parábola do cego que descreve um elefante tocando as diferentes partes do animal, elas têm suas próprias teorias e métodos para estudar os elementos da negociação e tendem a dar mais importância a alguns em detrimento dos demais. Logo, os eventos e desfechos da negociação podem ser analisados de muitas perspectivas diferentes.[2] Isoladamente, essas perspectivas são limitadas; vistas em conjunto elas ajudam a entender a natureza complexa e dinâmica deste processo incrível. Utilizamos essas linhas de pesquisa em nossa abordagem à negociação. Nos casos em que é necessário identificar o autor de uma teoria ou dos achados de uma pesquisa, adotamos a notação padrão de citação de bibliografia das ciências sociais, composta pelo nome do pesquisador e pela data de publicação do trabalho. As citações completas são apresentadas na seção Literatura Citada no final deste livro. Quando mencionamos mais de uma fonte ou informações secundárias não publicadas, estas citações estão no final dos capítulos.

No início deste capítulo apresentamos vários exemplos de negociações – passadas, presentes e futuras. Para auxiliar o leitor a compreender melhor as bases da negociação, apresentaremos uma narrativa sobre um casal – Joe e Sue Carter – em um dia não tão típico em suas vidas, quando enfrentaram os desafios de muitas negociações, importantes ou não. Essa história será usada para ilustrar três temas importantes:

1. A definição de negociação e as características básicas da situação de negociação.
2. Uma compreensão da *interdependência*, isto é, a relação entre pessoas e grupos que muitas vezes gera a necessidade de negociar.
3. A definição e a exploração da dinâmica do conflito e dos processos envolvidos na gestão de conflitos, os quais servirão como pano de fundo para as diferentes maneiras como as pessoas encaram e administram as negociações.

Joe e Sue Carter

Como sempre, o dia começou cedo. Durante o café da manhã, Sue Carter levantou a questão: onde ela e Joe, seu marido, passariam as próximas férias de verão? Ela gostaria de participar de uma viagem ao Extremo Oriente promovida pela associação dos ex-alunos da universidade que frequentara. Contudo, duas semanas de viagem ao lado de um grupo de pessoas as quais ele mal conhecia não era o que Joe tinha em mente. Ele estava precisando se afastar de pessoas, multidões e horários, e pensava em alugar um veleiro e sair navegando pela costa da Nova Inglaterra. John e Sue ainda não haviam discutido o assunto, mas estava claro que tinham um problema de verdade pela frente. Alguns casais amigos de John e Sue resolviam esse tipo de problema de maneira inusitada: marido e mulher tiravam férias em separado. Porém, uma vez que os dois trabalhavam em turno integral, John e Sue concordavam que viajar juntos era a melhor opção.

Além disso, eles não tinham certeza de que Tracy e Ted – seus filhos adolescentes – os acompanhariam. Tracy queria muito ir para uma colônia de férias, ao passo que Ted preferia ficar em casa, realizando trabalhos de jardinagem esporádicos na vizinhança para manter a forma para o campeonato de futebol, além de juntar dinheiro para comprar uma motocicleta. Joe e Sue não tinham como pagar pela colônia e pela viagem de férias, e teriam de resolver quem cuidaria de seus filhos enquanto estivessem fora.

Durante o trajeto para o trabalho Joe refletiu sobre o problema das férias. Sua principal preocupação era que não parecia haver uma maneira satisfatória de solucionar o impasse de forma produtiva. A família resolvia problemas corriqueiros com acordos, mas, diante do fato de que desta vez todos queriam coisas diferentes, um consenso não seria tão simples. No passado eles jogavam uma moeda ou se revezavam nas escolhas – o que funciona na hora de ir a um restaurante (Joe e Sue gostavam de churrascarias, mas Sue e Tracy preferiam comida chinesa); porém, com relação às férias essas soluções não pareciam indicadas, devido à quantidade de dinheiro envolvida e à importância que tinham para a família. Além disso, jogar uma moeda poderia fazer alguém se sentir um perdedor, o que geraria uma discussão e, no final, ninguém ficaria plenamente satisfeito.

Enquanto atravessava o estacionamento Joe encontrou Ed Laine, o gerente de compras da empresa em que trabalhava. Joe era o chefe do grupo de projetos de engenharia da MicroWatt, uma fabricante de motores elétricos pequenos. Ed comentou que teriam de achar uma solução para o problema criado pelos engenheiros do departamento chefiado por Joe, os quais estavam entrando em contato diretamente com representantes dos fornecedores, ignorando o departamento de compras. Joe sabia que o pessoal de compras queria que todos os contatos com representantes fossem intermediados por Ed. Porém, ao mesmo tempo em que estava ciente de que os engenheiros sob sua supervisão tinham uma lacuna muito grande relativa a informações técnicas sobre as finalidades de cada projeto, Joe sabia que a espera por essas informações reduzia a velocidade do trabalho de forma significativa. Ed Laine conhecia as opiniões do colega sobre o problema, e Joe acreditava que os dois encontrariam uma solução se discutissem a circunstância. Ambos estavam cientes de que seus superiores esperavam que resolvessem suas diferenças dialogando. Se esse problema chegasse aos ouvidos da gerência superior, "ao andar de cima", as consequências seriam ruins para ambos.

Joe mal havia sentado à sua escrivaninha quando recebeu um telefonema de um vendedor de automóveis com quem estivera conversando sobre a compra de um carro novo. O vendedor perguntou se Sue gostaria de fazer um *test drive*. Joe não tinha certeza se a esposa aceitaria sua escolha: ele havia se interessado por um importado esportivo de luxo, mas acreditava que ela diria que esse automóvel era muito caro e gastava muito combustível. Contudo, embora estivesse contente com a oferta do vendedor, Joe achava que poderia obter algumas vantagens adicionais se mencionasse a aparente relutância da esposa em concordar com a compra, esperando que essa resistência exercesse pressão no vendedor para que reduzisse o valor do carro mais um pouco, tornado a oferta "irrecusável".

Joe encerrou o telefonema com o vendedor, mas o telefone logo tocou outra vez. Era Sue, que queria desabafar sua frustração com os procedimentos do banco em que trabalhava como gerente geral de financiamentos. Ela não se sentia satisfeita trabalhando para um banco "administrado como um negócio de família", no qual os serviços eram pouco informatizados e altamente burocráticos, para não falar da demora em atender às necessidades dos clientes. Os bancos da concorrência aprovavam empréstimos simples em três horas, enquanto o banco em que Sue trabalhava consumia uma semana nesse procedimento. Ela acabara de perder a oportunidade de aprovar dois empréstimos grandes por conta da lentidão e da burocracia exigida pelo banco. Nos últimos tempos esses problemas estavam ocorrendo com maior frequência. Contudo, Sue encontrava resistência sempre que tentava discutir essas dificuldades com a alta gerência e acabava ouvindo um sermão sobre a importância dos "valores tradicionais" da instituição.

Naquela tarde, Joe passou a maior parte do tempo em uma reunião sobre o planejamento orçamentário anual da MicroWatt. Ele não gostava dessas reuniões. O pessoal do departamento de finanças cortava despesas de todos os outros departamentos arbitrariamente em 30%, o que iniciava uma discussão interminável entre os gerentes, que tentavam garantir as verbas para algum projeto novo. Joe aprendera a trabalhar ao lado de um grupo grande de pessoas, algumas das quais ele não admirava muito. Quando o assunto era o corte de gastos os funcionários do departamento financeiro se transformavam nas pessoas mais arrogantes e arbitrárias que jamais conhecera. Ele não entendia por que as chefias não percebiam o prejuízo que o financeiro causava ao departamento de engenharia e os esforços em pesquisa e desenvolvimento que fazia. Joe se julgava um sujeito razoável, mas o modo como essas pessoas atuavam despertava nele a suspeita de que chegaria a hora de impor algum limite e lutar pelo que acreditava.

À noite Sue e Joe foram a uma reunião da Comissão para a Conservação Ambiental na cidade onde moram. Entre outras coisas, a Comissão discute questões relativas à proteção de rios, áreas alagadas e de preservação. Sue faz parte do grupo e tanto ela quanto Joe são fiéis defensores de iniciativas concretas de proteção e gestão ambiental. A pauta incluía uma solicitação apresentada por uma construtora para drenar um terreno alagadiço e transpor um pequeno córrego para construir um *shopping center* na área. As estimativas mostravam que o novo empreendimento geraria empregos e receitas, além de um considerável aumento na arrecadação do município. Além disso, ele ajudaria a evitar que empresas saíssem da cidade, e representaria um bom motivo para que os moradores não precisassem dirigir cerca de 20 quilômetros para ir ao *shopping* mais próximo. Contudo, os opositores da ideia – um grupo de ambientalistas e comerciantes locais – estavam preocupados com a possibilidade de a iniciativa prejudicar o comércio de rua do centro da cidade, além de causar danos ao meio ambiente e à vida selvagem nativa. O debate se estendeu por três horas, e a comissão concordou em marcar outra reunião na semana seguinte.

Na volta para casa Joe e Sue conversaram sobre os acontecimentos do dia. Em seus pensamentos, os dois chegaram à conclusão que a vida é estranha – às vezes as coisas vão bem, em outras tudo parece muito complicado. Mais tarde, quando foram dormir, Joe e Sue perceberam que poderiam ter abordado as situações surgidas naquele dia de modo diferente, mas sentiram-se aliviados por terem um relacionamento no qual podiam discutir esses assuntos abertamente, um com o outro. No entanto, o casal ainda não havia chegado a uma conclusão sobre suas férias...

As características de uma situação de negociação

A história de Joe e Sue Carter ilustra a variedade de situações que podem ser resolvidas com uma negociação. Todos nos deparamos com situações como essas no decorrer de alguns dias ou semanas. Como já definimos, a *negociação* é o processo pelo qual duas ou mais partes tentam resolver interesses opostos. Logo, como veremos ainda neste capítulo, a negociação é um dos vários mecanismos pelos quais as pessoas resolvem conflitos. A essência das situações de negociação é a mesma; não importa se são negociações de paz entre países em guerra, um comprador e um vendedor, um funcionário e um empregador, ou entre um hóspede irritado que precisa tomar uma ducha quente antes de uma entrevista importante e o gerente do hotel. Os pesquisadores que estudaram a negociação em detalhe argumentam que as situações de negociação têm muitas características em comum:[3]

1. As negociações envolvem duas ou mais partes – isto é, duas ou mais pessoas, grupos, ou organizações. Embora uma pessoa possa "negociar" consigo própria – como no caso em que alguém reflete sobre passar a tarde de sábado estudando, jogando tênis ou assistindo a uma partida de futebol – de modo geral uma negociação é vista como um processo *entre* indivíduos ou entre grupos.[4] No relato sobre a família Carter, Joe negocia com sua esposa, o gerente de compras e o vendedor de automóveis, ao passo que Sue negocia com seu marido, a alta gerência do banco em que trabalha e a Comissão de Conservação. Além disso, os dois têm pela frente uma negociação com seus filhos sobre as férias da família.

2. Em uma negociação existe um conflito de necessidades e desejos entre duas ou mais partes – dito de outro modo, uma parte não necessariamente deseja o mesmo que a outra – e todas as partes envolvidas precisam encontrar uma maneira de resolver esse conflito. Joe e Sue precisam negociar sobre as férias, sobre o que fazer com relação a seus filhos, o quanto tem para gastar, a compra de um automóvel, as rotinas administrativas das empresas em que trabalham e as práticas adotadas pela comunidade para liberar a construção de edificações e preservar recursos naturais, por exemplo.

3. As partes negociam *deliberadamente*! Isto é, elas negociam porque acreditam que podem obter os resultados esperados por meio de uma negociação, em vez de apenas aceitar o que a outra parte oferece ou concede. Uma negociação é um processo sobretudo voluntário. Negociamos porque pensamos que podemos melhorar um resultado ou um desfecho, em comparação com uma situação em que não negociaríamos, aceitando o que o outro lado oferece. Uma negociação é uma estratégia governada pela escolha. São raras as vezes em que somos obrigados a negociar. Existe a hora de negociar e a hora de não negociar (ver o Quadro 1.1 para exemplos de situações em que não devemos negociar). A experiência diz que, no Ocidente, as pessoas não negociam o bastante – isto é, pressupomos que um preço ou uma situação é inegociável e sequer nos preocupamos em fazer uma contraproposta.

4. Quando negociamos esperamos um processo de "dar e receber" que é parte fundamental na definição de negociação. A expectativa é de que as duas partes alterem ou abandonem suas propostas, exigências ou demandas iniciais. Embora a princípio as duas partes defendam seus próprios pontos de vista com vigor,

> **Quadro 1.1** Quando você não deve negociar
>
> Há situações em que você não deve negociar. Nesses casos, reafirme suas opiniões e você sairá em vantagem.
>
> **Quando você pode perder o que tem:**
>
> Se você está em uma situação na qual corre o risco de perder tudo, escolha opções diferentes e não negocie.
>
> **Quando você não tem alternativas:**
>
> Nos casos em que você não tem escolha, não negocie. Em vez disso, suba suas apostas.
>
> **Quando as demandas não são éticas:**
>
> Não negocie se a outra parte pede algo que você não aceita, por ser ilegal, antiético ou inapropriado. Por exemplo, pagar ou receber propina. Quando seu caráter ou sua reputação estão em jogo, você acaba perdendo no longo prazo.
>
> **Quando você não se incomoda:**
>
> Se você não tem interesse no desfecho, não negocie. Você tem tudo a perder e nada a ganhar.
>
> **Quando você não tem tempo:**
>
> Quando o tempo está curto talvez seja melhor não negociar. A pressão do tempo aumenta as chances de você cometer erros, aceitar os termos da outra parte muito rapidamente e correr o risco de não conseguir perceber as implicações das concessões que fizer. Sob pressão você acaba ganhando menos do que deveria.
>
> **Quando a outra parte age com má-fé:**
>
> Interrompa a negociação quando a outra parte demonstrar sinais de estar agindo com má-fé. Se você não confia na capacidade de negociação da outra parte, não poderá confiar no acordo proposto. Nesse caso a negociação tem pouco valor, ou nenhum. Reafirme suas opiniões e proteja sua posição, ou desacredite a outra parte.
>
> **Quando a espera melhora a sua situação:**
>
> Talvez você tenha uma nova tecnologia para oferecer em breve. Talvez sua situação financeira melhore. Se você tem chances de ganhar terreno com uma demora, espere para negociar.
>
> **Quando você não está preparado:**
>
> Se você não se preparar, pensará em todas as melhores perguntas, respostas e concessões que poderia ter feito durante a negociação enquanto estiver voltando para casa. Fazer um reconhecimento prévio da situação e ensaiar a negociação será muito útil. Se você não está pronto, apenas diga não.
>
> *Fonte:* J. C. Levison, M. S. A. Smith and O. R. Wilson, *Guerrilla Negotiating: Unconventional Weapons and Tactics to Get What You Want* (New York: John Wiley, 1999), pp. 22 – 23. Reproduzido com permissão de John Wiley & Sons Inc.

forçando uma à outra a recuar, com o tempo elas abrem mão de suas posições iniciais para chegarem a um acordo. Esse movimento pode ocorrer na direção de uma posição intermediária de cada parte, chamada de comprometimento. Em uma negociação verdadeiramente criativa o comprometimento não é um ingrediente essencial; ao contrário, há negociações em que as partes concebem uma solução que atende às necessidades de *todas as partes envolvidas*. Claro que, se as partes não consideram o processo como uma negociação, elas talvez não considerem a necessidade de alterar suas posições, aceitando o processo de dar e receber (ver o Quadro 1.2).

> **Quadro 1.2** Um aviso em uma delicatéssen em Nova York
>
> "A quem estiver interessado em pechinchar o preço de nossos sanduíches: teremos o maior prazer em aumentar o valor para poder dar um desconto."

5. As partes preferem negociar e buscar um acordo a lutarem entre si, quando uma vence e a outra desiste, parando de se comunicar ou levando a disputa para uma esfera superior. A negociação ocorre quando as partes criam suas próprias soluções para um conflito, quando não existe um conjunto de regras e procedimentos fixos ou predefinidos para resolvê-lo, ou quando decidem não adotar esses procedimentos. As locadoras de vídeo têm uma política que determina a cobrança de multa quando um cliente atrasa a devolução de um filme. Na maioria das vezes, as pessoas simplesmente pagam essa multa. Contudo, elas podem pleitear uma redução do valor da penalidade se tiverem uma explicação convincente para esse atraso. Pela mesma razão, um advogado negocia uma confissão de seu cliente, o qual prefere um acordo de transação penal a se arriscar perante um juiz e o júri no tribunal. Por sua vez, os tribunais também preferem negociar e tirar o processo da pauta, ao mesmo tempo em que garantem que o réu receba uma punição. Na história da família Carter, Joe tenta uma negociação para que sua esposa não decida sozinha o destino das férias da família, pressiona o vendedor de carros para reduzir o preço do veículo que pretende comprar, e discute os impactos dos cortes sugeridos pelo departamento financeiro da empresa em que trabalha, em vez de simplesmente aceitá-los. Sue recorre à negociação para tentar alterar os procedimentos das linhas de crédito no banco em que trabalha, em vez de aceitá-los sem questionamentos, e atua para alterar o local de construção do *shopping center*, agradando tanto aos ambientalistas quanto aos empreendedores interessados e impedindo que a decisão seja tomada por outras pessoas ou acabe nos tribunais.

6. O sucesso da negociação envolve a gestão de *tangíveis* (isto é, o preço em termos do acordo) e a solução dada para os *intangíveis*. Os fatores intangíveis incluem as motivações psicológicas que podem, direta ou indiretamente, influenciar as partes durante uma negociação. Alguns exemplos de fatores intangíveis são a necessidade de (a) "vencer", isto é, ganhar da outra parte ou evitar perder para ela; (b) causar "uma boa impressão", parecer "competente" ou "duro" diante das entidades que você representa; (c) defender um princípio ou um precedente importante no processo; (d) parecer "justo" e "honroso", ou proteger a própria reputação; (e) conservar uma boa relação com a outra parte após o término da negociação, sobretudo mantendo a confiança e reduzindo as incertezas.[5] Com frequência os intangíveis estão enraizados em valores pessoais e emoções. Eles são capazes de exercer forte influência nos processos de negociação e seus desfechos; é praticamente impossível ignorá-los, porque afetam nossa capacidade de julgamento sobre o que é justo, correto ou apropriado na gestão dos tangíveis. Por exemplo, Joe talvez não queira irritar Ed Laine com relação ao problema das compras, porque precisa do apoio dele nas negociações orçamentárias que ocor-

> **Quadro 1.3** Quando a vontade de vencer é mais forte do que a tomada de decisão racional
>
> Há vezes em que a vontade de vencer é mais forte do que a lógica. Malhotra, Ku e Murnighan citam a batalha entre a Johnson & Johnson e a Boston Scientific para adquirir a Guidant, uma fabricante de equipamentos médicos. Embora a Guidant estivesse em vias de emitir um *recall* para 23 mil marca-passos que produzira e alertar 27 mil pacientes que tiveram um desses produtos implantados para que "consultassem com seus médicos", a guerra de propostas entre as duas empresas elevou o preço final da companhia para $27,2 bilhões, $1,8 bilhão a mais que a oferta inicial da J&J. Após o *recall*, as ações da Guidant caíram de $23 para $17 a ação. A revista *Fortune* definiu a aquisição com as palavras, "certamente, a segunda pior da história", pois ficou atrás apenas da infame aquisição da Time Warner pela AOL.
>
> O que alimenta essa dinâmica competitiva que leva à tomada de decisões equivocadas? Os autores citam diversos fatores importantes:
>
> - *A rivalidade*. Quando a competitividade é alta, as partes têm uma maior disposição de deixar de lado a tomada de decisão racional.
> - *A pressão do tempo*. Uma data final ou a pressão do tempo (como em leilões, por exemplo) podem forçar as pessoas a tomar decisões apressadamente (que muitas vezes são erradas).
> - *A visibilidade*. Quando uma plateia está assistindo e avaliando um ator, ele se sente mais disposto a defender sua posição e aumentar sua dedicação para parecer forte e decidido diante do público.
> - *A presença de advogados*. Os autores afirmam que advogados, que sabem o que é "vencer" ou "perder" uma batalha judicial, podem exercer pressão sobre seus clientes no sentido de ganhar a negociação, quando existirem opções de acordo claras.
>
> Os autores também apresentam diversas sugestões importantes para reduzir ou eliminar o impacto negativo dessas pressões competitivas e assim tomar decisões mais coerentes e racionais.
>
> *Fonte:* D. H. Lawrence, G. Ku and J. K. Murnighan, "When Winning is Everything", *Harvard Business Review*, May 2008, pp. 78-76.

rerão em breve. Porém, Joe não quer perder o respeito de seus engenheiros, que esperam seu apoio. Logo, para Joe os tangíveis importantes ajudam a preservar a relação com Ed Laine e parecer forte e "duro" diante dos engenheiros que lidera.

Os intangíveis se transformam em um problema importante quando os negociadores não compreendem como estes fatores afetam a tomada de decisão ou influenciam os tangíveis. O Quadro 1.3 ilustra os problemas vivenciados por negociadores com urgência de vencer.

A interdependência

Uma das principais características de uma situação de negociação é a necessidade de ambas as partes atingirem os objetivos ou desfechos pretendidos. Isto é, as partes *precisam* coordenar suas ações para atingir suas metas ou *decidir* trabalhar em conjunto quando o desfecho possível na negociação é melhor do que os resultados de atuações individuais. Quando as partes dependem umas das outras para atingir o resultado almejado elas são chamadas de *interdependentes*.

Na maior parte dos relacionamentos, as partes podem ser caracterizadas como independentes, dependentes ou interdependentes. Uma parte é *independente* quando consegue atender a suas necessidades sem a ajuda ou assistência das demais. Ela atua de forma relativamente isolada, indiferente ou sem envolvimento com outras. As partes são *dependentes* quando se subordinam umas às outras em função do que necessitam. Uma vez que precisa da ajuda, da boa-vontade ou da cooperação da outra parte, a parte dependente tem de aceitar e se adaptar aos caprichos e idiossincrasias daquela. Por exemplo, se um funcionário é totalmente dependente de um empregador em relação a seu emprego e seu salário, ele terá de realizar o trabalho de acordo com as instruções dadas e aceitar o salário oferecido. Se recusar, pode ficar sem trabalho. Contudo, as partes *interdependentes* se caracterizam por objetivos interligados. Elas precisam umas das outras para atingir seus objetivos. Por exemplo, um integrante de uma equipe de gestão de projetos não consegue finalizar um trabalho sozinho; o prazo normalmente é muito curto e uma única pessoa não tem o conhecimento e as competências necessárias para a tarefa. Para que essa equipe atinja seus objetivos é importante que todos os integrantes contribuam com tempo, conhecimento e recursos, sincronizando esforços. Contudo, ter objetivos interdependentes não significa que todos queiram ou precisem das mesmas coisas. Cada integrante do grupo de projetos tem suas próprias necessidades, mas todos têm de trabalhar juntos para atingir suas metas. Essa combinação de objetivos convergentes e conflitantes caracteriza muitas relações interdependentes. (Ver o Quadro 1.4 para conhecer a perspectiva de um famoso empresário de atletas profissionais sobre a interdependência e a importância de intangíveis).

Os tipos de interdependência afetam os resultados

A interdependência das metas das pessoas e a *estrutura* da situação na qual negociarão exerce forte influência nos processos e resultados da negociação. Quando os objetivos de duas ou mais pessoas estão interconectados de maneira que apenas uma atinge a meta – como em uma corrida, por exemplo, na qual há somente um vencedor –, esta situação competitiva é chamada de situação de *soma zero* ou *distributiva*. Nesses casos as "pessoas estão tão intimamente inter-relacionadas, que há uma correlação negativa na concretização de suas metas".[6] As situações de soma zero são observadas quando as partes tentam dividir um recurso escasso ou limitado, como uma quantia de dinheiro ou um período de tempo definido. O grau em que uma pessoa atinge seu objetivo reflete no quanto a outra fracassa nessa finalidade. Em comparação, quando as metas das partes estão relacionadas a ponto de a concretização do objetivo de uma ajudar a outra a alcançar o seu, a situação é chamada de situação de *ganhos mútuos*, também conhecida como *soma não zero* ou *integrativa*, na qual existe uma correlação positiva na realização dos objetivos de ambas as partes. Um grande compositor e um letrista talentoso podem unir esforços e criar um musical de sucesso na Broadway. A música e a letra do espetáculo talvez sejam boas por conta própria, mas fantásticas juntas. A realização dos objetivos de uma pessoa não impede a concretização dos de outra; ao contrário, elas se ajudam de modo significativo. A estratégia e as táticas inerentes a cada situação serão discutidas em uma seção a seguir, A Reivindicação de Valor e a Criação de Valor, e nos Capítulos 2 e 3.

Quadro 1.4 A perspectiva

Eu represento atletas há quase 25 anos. Muitos desses atletas ainda não chegaram a essa idade. Durante minha carreira desenvolvi relacionamentos profundos – amizades e parcerias – com muitos executivos. Ao longo dos anos assinamos muitos contratos. Já houve discussões, desavenças e mal-entendidos. Porém, no final, não muito diferente de um casamento, permanecemos juntos, seguindo em frente e crescendo. Esse tipo de relacionamento compartilhado resulta em uma estrutura de confiança e respeito.

Mas, esse tipo de confiança precisa ser conquistado. Entendi essa verdade quando fechei meu primeiro contrato, há 23 anos. Uma das premissas básicas em minha carreira sempre foi a ideia de que trabalharia com as mesmas pessoas repetidas vezes. Isso significa que estou sempre pensando sobre o acordo que estou prestes a fechar e sobre contratos futuros com outro atleta. Em outras palavras, vejo a outra parte como um parceiro em potencial, não como um inimigo a ser conquistado.

Se não fosse pelos donos dos times, eu não teria uma profissão. Se não sentissem que podem trabalhar visando o lucro, não teríamos um setor de atuação. Claro que um atleta merece todo o dinheiro que consegue obter, mas essa realidade é apenas uma parte da equação. A outra parte depende do quanto o diretor de um time acredita ser possível ter lucro pagando o que um atleta pede.

Esses relacionamentos não são encenações, mas colaborações. Todos temos interesses no sucesso e na saúde uns dos outros. Preciso e quero que as categorias esportivas profissionais sobrevivam e progridam. As várias divisões a que esses times pertencem precisam de um suprimento constante de atletas de qualidade, que são pessoas de qualidade. Todos os lados envolvidos têm algo a oferecer. Todos dependem uns dos outros.

Em qualquer setor em que negócios são realizados repetidamente com as mesmas partes, sempre existe um equilíbrio entre forçar o limite em uma negociação e ter certeza de que a outra parte e o seu relacionamento com ela saiam ilesos do processo. Isso não quer dizer que você subordina seus interesses aos dela. Porém, às vezes é melhor para você, em longo prazo, deixar algo para a outra parte, sobretudo se ela cometeu um erro que tenha consequências boas para você.

Ninguém gosta de ser enganado. Todos somos seres humanos e corremos o risco de cometer erros. Há momentos nesse processo nos quais uma parte percebe que cometeu um erro de cálculo ou interpretação e pede que o ponto seja revisto. Há outros nos quais os termos foram aceitos, mas a outra parte percebe um erro e pede que você desconsidere. Não é necessário aceitar. Você pode fazê-la aceitar as consequências. Contudo, é preciso perguntar, "vale a pena? O que ganharei com isso vale o que perderei em termos da indisposição da outra parte de negociar comigo outra vez?" Na maioria das vezes um relacionamento de longo prazo é muito mais valioso do que um ganho no curto prazo. Às vezes a outra parte comete um erro e não percebe. Em outras, quando o gerente geral ou o diretor com quem estou negociando comete um erro significativo em seus cálculos ou negligencia uma questão importante, eu poderia facilmente tirar proveito dessa situação e fazer ele pagar.

Mas não faço isso. Ele me mostra sua jugular e, em vez de cortá-la, eu me afasto. Às vezes eu é que indico o erro. Se eu arrasá-lo, ele vai perceber. Nesse caso, embora eu feche esse acordo da melhor maneira possível para mim, eu também acabo com o relacionamento e, provavelmente, com as chances de qualquer negociação futura. Além disso, se eu me aproveitar, ele pode perder o emprego e ser substituído por outra pessoa, mais agressiva e obstinada em me fazer pagar por ter tirado o emprego de seu predecessor.

Fonte: Leigh Steinberg, *Winning with Integrity* (New York: Random House, 1998), pp. 217-18. Reproduzido com permissão.

As alternativas moldam a interdependência

No começo desta seção observamos que as partes decidem trabalhar juntas porque os resultados possíveis são melhores do que aqueles que seriam obtidos se atuassem separadamente. Por essa razão, uma avaliação prévia da interdependência depende muito do quanto as *alternativas* ao trabalho em conjunto são atraentes para as partes. Robert Fisher, William Ury e Bruce Patton, em seu popular livro *Getting to Yes: Negotiating Agreement without Giving In*, enfatizam que "o fato de você concordar ou não sobre algo em uma negociação depende sobretudo do quanto uma alternativa ao trabalho em conjunto é atraente para você".[7] Os autores chamam essa alternativa de *melhor alternativa para um acordo negociado* (BATNA, *best alternative to a negotiated agreement*) e sugerem que bons negociadores precisam compreender suas BATNAs e as da outra parte. O valor da BATNA de uma pessoa sempre se relaciona aos acordos possíveis na negociação atual. Uma BATNA pode promover a independência, a dependência ou a interdependência entre as partes. Um estudante a um mês de se formar na universidade e com apenas uma proposta de emprego, cujo salário é muito menor que o esperado, tem duas escolhas: aceitar a vaga ou encarar o desemprego. As chances de ele convencer a empresa a lhe pagar um salário mais alto do que a oferta inicial são pequenas. Em contrapartida, um estudante que tenha duas propostas pode escolher o melhor de dois relacionamentos interdependentes futuros. Ele não apenas tem uma escolha, como também pode usar uma proposta de emprego para melhorar a outra, fazendo com que os empregadores travem um combate (isto é, ele pode pedir à empresa A que melhore a proposta tomando como base a proposta da empresa B, e vice-versa). É importante lembrar que a interdependência tem uma alternativa associada a ela; os negociadores podem sempre dizer "não" e abandonar o processo, embora a alternativa possa não ser a melhor. Esse papel e o uso das BATNAs serão discutidos em detalhe nos Capítulos 2, 3, 4 e 7.

O ajuste mútuo

Em uma negociação, quando as partes são interdependentes elas precisam encontrar uma maneira de resolver suas diferenças. Ambas podem influenciar resultados e decisões reciprocamente.[8] Esse ajuste mútuo continua por todo o processo de negociação, quando as duas partes atuam com o objetivo de influenciar uma à outra.[9] É importante reconhecer que a negociação é um processo que se transforma com o tempo e que o ajuste mútuo é uma das principais causas das mudanças durante uma negociação.[10]

Examinemos o emprego de Sue Carter no banco outra vez. Ela está pensando em pedir demissão, pois o banco demora muito para aprovar empréstimos, o que aumenta as chances de o cliente desistir. Com isso, ela perde bonificações. Sue cogita se candidatar a uma vaga em um banco maior, na cidade vizinha. Max, um dos gerentes desta instituição, acredita que Sue tem as competências necessárias e está prestes a oferecer-lhe uma vaga. Ele e Sue estão conversando sobre o salário. O anúncio de emprego dizia que o salário era "competitivo". Após conversar com o marido e examinar os dados sobre salários de funcionários encarregados de empréstimos em instituições bancárias, Sue identificou um salário mínimo aceitável ($50.000), e espera que o banco maior cubra esse valor. Porém, a instituição recebe muitos candidatos e é vista como uma empresa boa para trabalhar na região. Por essa razão, Sue decidiu não informar sua pretensão salarial. Ela acredita que o banco não vai pagar mais do que o necessário e que o valor mínimo que está disposta a receber seria aceito sem complicações. Além disso, ela sabe que seria difícil elevar o valor se esses $50.000 estivessem muito abaixo do que Max na verdade se dispõe a pagar. Ela chegou a pensar em informar uma pretensão salarial de $65.000, mas mudou de ideia, porque teme que Max veja esse valor como pretensioso ou como um sinal de arrogância. Uma pretensão salarial como essa talvez faça Max desistir de contratá-la. Mesmo que concordem sobre esse valor, Max poderá ter a impressão de que Sue superestima seu talento e suas competências.

Uma análise detalhada da situação mostra que, até certo ponto, Sue está tomando sua decisão sobre uma pretensão salarial inicial com base nos salários pagos a funcionários encarregados das linhas de crédito no setor. Contudo, essa decisão se baseia sobretudo nas suas expectativas sobre como Max vai reagir a suas ações. Sue reconhece que suas ações poderão afetar a decisão de Max e que as atitudes dele com relação a ela no futuro serão influenciadas pelo modo como as ações dela o afetam no momento. Por essa razão, Sue mensura o impacto indireto de seu comportamento. Além disso, ela sabe que Max provavelmente está ciente dessas complexidades e que interpretará todas as declarações que ela fizer como um reflexo de uma pretensão salarial inicial, não final. Para mudar essa impressão, Sue tentará encontrar uma maneira de apresentar uma pretensão salarial maior que o valor mínimo que está disposta a aceitar, mas abaixo de sua pretensão salarial ideal. Ela está em vias de decidir sobre o salário inicial que deseja receber, pensando não apenas no efeito que esses valores terão em Max, mas também no modo como influenciarão as atitudes dele com relação a ela própria no futuro. Outro aspecto a considerar é que Sue sabe que Max acredita que ela vai atuar dessa maneira e que tomará sua decisão com base nessa convicção.

O leitor talvez esteja se perguntando se as pessoas realmente prestam atenção a essas nuances e complexidades ou se planejam suas negociações nesse nível de detalhe. Certamente as pessoas não seguem esse padrão o tempo todo, ou talvez entrem em um estado de inação enquanto analisam todas as possibilidades. Porém, esse nível de pensamento pode ajudar a antecipar as maneiras como as negociações avançarão à medida que as partes avancem, em alguma modalidade de ajuste mútuo, na direção de um acordo. Um negociador eficiente precisa entender como as pessoas se ajustam e reajustam e como as negociações sofrem reveses com base nas atuações e reações das partes.

A melhor estratégia para se obter sucesso no ajuste mútuo está embasada na hipótese de que quanto mais informações uma pessoa tem sobre a outra, melhor. Contudo, existe a possibilidade de que o excesso de informações atrapalhe.[11] Por exemplo, suponha que Sue conheça a faixa salarial dos cargos de caixa, supervisor e gerente dos bancos em seu estado e região. Essas informações a ajudarão a determinar suas ações, ou serão fonte de confusão? Na verdade, mesmo com todas as informações adicionais, é possível que ela ainda não tenha decidido sua pretensão salarial em um novo emprego, salvo o valor mínimo inicial. Essa situação é típica de muitas negociações. As duas partes definem seus limites para um acordo (isto é, o quanto estão prontas a ceder), mas não estabelecem um valor específico dentro desses limites. As partes devem trocar informações, tentar influenciar uma à outra e solucionar quaisquer problemas. Elas precisam trabalhar para chegar a uma solução que considere as necessidades de cada uma e, se possível, otimize os resultados para ambas.[12]

O ajuste mútuo e o espaço para concessões

Muitas vezes as negociações começam com a apresentação das propostas iniciais. As partes apresentam suas propostas e esperam que o outro lado as aceite, ainda que não seja com um mero "sim" (lembre-se de que nossa definição de negociação inclui a expectativa de um processo de dar e receber). Se a proposta não for aceita de imediato, os negociadores passam a defender suas propostas iniciais e a criticar as da outra parte. A réplica de uma parte às vezes sugere alterações à proposta inicial da outra ou uma mudança na própria proposta. Quando uma parte aceita mudar algo em sua proposta, temos uma concessão.[13] As concessões restringem as opções para uma solução ou um acordo; quando uma parte faz uma concessão, a *variação de barganha* (a diferença entre os acordos preferidos pelas partes) fica mais estreita. Por exemplo, Sue gostaria de ter um salário inicial de $65.000, mas o reduz para $60.000, o que automaticamente elimina qualquer possibilidade de um salário maior que $60.000. Antes de fazer quaisquer concessões sobre um salário menor que $60.000, Sue contará com a boa vontade do banco para propor uma oferta melhor.

Os dois dilemas no ajuste mútuo

O uso de concessões como sinais e o reflexo deles nas concessões são difíceis de decidir e interpretar, sobretudo quando a confiança entre negociadores é pequena. Harold Kelley[14] caracterizou dois dilemas enfrentados por negociadores para explicar essa diferença. O primeiro, o *dilema da sinceridade*, diz respeito ao quanto de verdade deve ser revelado à outra parte (as considerações éticas desses dilemas são discutidas no Capítulo 8). Por um lado, revelar detalhes sobre sua situação à outra parte talvez dê a ela a oportunidade de tirar proveito de você. Por outro, não revelar coisa alguma sobre suas necessidades e desejos pode causar um impasse. Portanto, até que ponto a verdade deve ser revelada? Se Sue dissesse a Max que gostaria de começar com $60.000 mas aceitaria um salário de $50.000, é possível que ele a contratasse pagando o valor menor e distribuísse a diferença no orçamento de seu departamento.[15] Porém, se Sue não revelar suas pretensões salariais, Max terá dificuldade de estabelecer uma oferta que ela considere atraente. Ele tem a opção de propor um valor com base no salário da última pessoa que contratou e aguardar sua reação para decidir o que fazer a seguir.

O segundo dilema descrito por Kelley é o *dilema da confiança*: até que ponto os negociadores devem acreditar no que a outra parte diz? Se você acredita em tudo o que a outra parte afirma, então ela poderá tirar proveito de você. Se você não acredita em coisa alguma, o caminho para um acordo será mais difícil. A credibilidade depositada na outra parte depende de fatores como a reputação dela, o modo como tratou você no passado e a noção clara das pressões nas circunstâncias presentes. Se Max dissesse a Sue que $52.000 é o valor máximo que pode pagar sem precisar de autorização do escritório central, ela deve acreditar nele? Esses exemplos mostram que compartilhar e esclarecer informações não são tarefas tão fáceis quanto parecem.

A busca pela melhor solução com base em informações e concessões pode ser melhorada com a confiança e a convicção na ideia de estar sendo tratado com sinceridade e justiça. Em uma negociação, duas iniciativas ajudam a desenvolver esses sentimentos – uma é baseada nas percepções dos resultados, a outra se fundamenta nas percepções do processo. As percepções relativas aos resultados são definidas segundo o modo como o resultado proposto é interpretado. Se Max convencer Sue de que um salário inferior é relativamente irrelevante diante das possibilidades de promoção associadas ao cargo, Sue talvez se sinta mais satisfeita com um valor menor. As percepções relativas à confiabilidade e à credibilidade do processo são melhoradas traduzindo uma imagem de justiça e reciprocidade em propostas e concessões (ver o Quadro 1.5). As partes envolvidas em uma negociação confiam muito mais umas nas outras e no processo se as concessões forem mútuas. Na verdade, há uma convicção quase universal de que as concessões fazem parte de toda negociação. Em seminários de treinamento, perguntamos a negociadores de mais de 50 países se um processo de dar e receber em uma negociação é comum em suas culturas. Todos responderam que sim. Esse padrão de dar e receber não é uma característica exclusiva da negociação: ele também é essencial na solução conjunta de problemas na maioria dos relacionamentos de interdependência.[16] A *satisfação com a negociação é determinada tanto pelo processo pelo qual chega-se a um acordo quanto pelo resultado real obtido.* Eliminar ou tentar reduzir esse intercâmbio, como mostram os esforços de algumas estratégias na esfera jurídica ou de gestão de mão de obra[17], põe o processo em curto-circuito. Essas iniciativas destroem a base da confiança entre as partes e sepultam as possibilidades de resultados satisfatórios.

A reivindicação e a criação de valor

Já identificamos dois tipos de situações de interdependência – a soma zero e a soma não zero. A soma zero, também chamada de *situação distributiva*, é aquela na qual há somente um vencedor, ou na qual as partes tentam garantir uma fatia maior de um recurso pré-estabelecido, como uma quantidade de matéria prima, dinheiro ou tempo, por exemplo. Na soma não zero, chamada de *situação integrativa* ou *situação de ganhos mútuos*, muitas partes têm a chance de alcançar seus objetivos e metas juntos.

A interdependência influencia as estratégias e táticas dos negociadores. Em situações distributivas eles se sentem motivados a vencer a competição e a derrotar a outra parte para obter a maior fatia possível do recurso. Nesse sentido, os negociadores muitas vezes utilizam estratégias e táticas de ganha-perde. Essa abordagem à negociação, chamada de *barganha distributiva*, reconhece o fato de que só pode haver um vencedor na situação de negociação. A finalidade da negociação é a *reivindicação de valor*, isto é, fazer o necessário para ficar com as maiores vantagens possíveis.[18] Um exemplo desse tipo de negociação é a compra de um carro usado ou de um refrigerador em uma loja sem autorização para funcionar. O Capítulo 2 explora a estratégia e as táticas

> **Quadro 1.5** A importância de alinhar as percepções
>
> Possuir informações sobre as percepções de seus parceiros é parte importante do sucesso de uma negociação. Quando suas expectativas sobre um desfecho negociado são baseadas em informações incompletas, é provável que a outra parte não leve você a sério. A história a seguir foi narrada a um dos autores deste livro e ilustra essa situação:
> Ao final da entrevista de emprego, o entrevistador perguntou ao aluno de MBA, que parecia muito entusiasmado, "Em termos de pretensão salarial, o que você tem em mente?"
>
> O candidato respondeu, "Eu gostaria de começar com algo em torno de $150.000 ao ano, dependo dos benefícios oferecidos".
>
> O entrevistador disse, "Bem, o que você acha de cinco semanas de férias, 14 feriados pagos, plano de saúde médico e odontológico, um fundo de pensão com benefícios da ordem de metade do salário e o *leasing* de um carro novo pela empresa a cada dois anos... digamos, um Porsche vermelho?"
>
> O candidato se endireitou na cadeira e disse, "Puxa, você está brincando?"
>
> "Claro, mas foi você que começou", respondeu o entrevistador.

da barganha distributiva, isto é, os processos de reivindicação de valor. Algumas táticas menos éticas observadas nesse processo são discutidas no Capítulo 8.

Em comparação, em situações integrativas os negociadores devem adotar estratégias e táticas de "ganha-ganha". Essa abordagem à negociação, chamada de *negociação integrativa*, tenta encontrar soluções para que as duas partes possam se sair bem e atingir seus objetivos. Nesse caso, a finalidade da negociação é a criação de valor, isto é, encontrar um caminho para que todas as partes atinjam seus objetivos, identifiquem mais recursos ou descubram meios específicos para compartilhar e coordenar o uso de recursos existentes. Um exemplo desse tipo de negociação é visto nos preparativos para um casamento, cujos objetivos são fazer com que a noiva, o noivo e suas famílias sintam-se felizes e satisfeitos e que os convidados se divirtam. As estratégias e táticas das negociações integrativas, geradoras de valor, são abordadas no Capítulo 3.

Seria muito simples e prático poder classificar todos os problemas de uma negociação em uma dessas abordagens e indicar as estratégias e táticas apropriadas para cada uma. Infelizmente, *na vida real maior parte das negociações é uma combinação de processos de reivindicação e de criação de valor*. Essa realidade tem algumas implicações importantes:

1. *Os negociadores precisam ser capazes de reconhecer as situações que exigem uma abordagem em detrimento de outra*: as abordagens que requerem sobretudo as estratégias táticas e distributivas, e as que exigem principalmente as estratégias e táticas integrativas. De modo geral, a barganha distributiva é mais indicada quando recursos e tempo são escassos, a outra parte demonstra muita competitividade e não existe possibilidade de uma interação futura entre as partes. As outras situações devem ser tratadas segundo uma estratégia integrativa.

2. *Os negociadores precisam ser flexíveis com relação ao uso das duas principais abordagens estratégicas.* Eles precisam ser capazes de reconhecer a estratégia apropriada e de empregar as duas abordagens com igual flexibilidade. Não existe um modo "certo", "preferido" ou "melhor" para negociar. A escolha da estratégia de negociação requer adaptação à situação, como explicaremos na seção sobre conflitos a seguir. Além disso, se a maior parte das questões ou problemas relativos à negociação tem componentes da reivindicação e da criação de valor, então os negociadores precisam ser capazes de usar as duas abordagens na mesma deliberação.
3. *O negociador tende a ver problemas como mais distributivos/competitivos do que realmente são.* A percepção exata da natureza da interdependência entre as partes é essencial para o sucesso da negociação. Infelizmente, a maioria dos negociadores não percebe essas situações com precisão. As pessoas entram em uma negociação trazendo uma bagagem: experiências passadas, personalidade, estados de espírito, hábitos e crenças sobre o modo de negociar. Esses elementos alteram de maneira dramática a percepção de uma situação de interdependência, o que exerce forte influência nas negociações. Além disso, as pesquisas demonstram que as pessoas muitas vezes têm vieses sistemáticos sobre a maneira como percebem e julgam situações interdependentes.[19] Embora esses vieses sejam discutidos em detalhe no Capítulo 5, é importante salientar que o viés predominante é o de ver as situações de interdependência como mais distributivas ou competitivas do que de fato são. O resultado é a tendência a pressupor que o problema da negociação possui um caráter mais pronunciado de soma zero do que realmente tem, e a exagerar no uso de estratégias de barganha distributiva para solucionar problemas. Por essa razão, os negociadores muitas vezes deixam de reivindicar valor ao final da negociação, porque não percebem as oportunidades de criá-lo.

A tendência de os negociadores interpretarem o mundo como mais competitivo e distributivo do que é e de subutilizar processos integrativos, isto é, de criação de valor, sugere que muitas negociações geram resultados subótimos. Até no nível mais primário, o sucesso da coordenação da interdependência gera sinergia, a noção de que "o todo é maior que a soma das partes". Os exemplos de sinergia são inúmeros. No mundo dos negócios, muitos *empreendimentos conjuntos* para pesquisa e desenvolvimento são concebidos com o objetivo de reunir especialistas de diferentes setores, disciplinas ou orientações para maximizar o potencial de inovação, indo além do que uma empresa alcança individualmente. Existem muitos exemplos em áreas como a medicina, a comunicação, a computação, entre outras. A indústria da fibra ótica, por exemplo, surgiu com o esforço conjunto da indústria do vidro e de especialistas na produção de fios e cabos elétricos, dois setores que até então não tinham contato ou diálogo. E uma grande quantidade de novos instrumentos e tecnologias médicas foi desenvolvida mediante parcerias entre biólogos e engenheiros. Nessas situações, a interdependência envolveu duas ou mais partes. Os criadores desses empreendimentos, que tiveram sucesso ao aplicarem as habilidades de negociação discutidas neste livro, aumentaram as chances de êxito da criação de valor.

O valor pode ser criado de diversas maneiras. O ponto principal do processo está na exploração das diferenças entre negociadores.[20] As principais são:

1. *As diferenças nos interesses.* Os negociadores raramente valorizam todos os itens em uma negociação por igual. Por exemplo, ao discutir um pacote de benefícios, uma empresa pode demonstrar maior disposição de oferecer um bônus do que um salário alto, porque o primeiro é pago apenas no primeiro ano, ao passo que o segundo é uma despesa permanente. Uma agência de publicidade se dispõe a ceder o controle criativo de um projeto, mas retém o mando na compra de espaço publicitário. Encontrar a compatibilidade entre diferentes interesses muitas vezes é o principal aspecto na solução do problema da criação de valor.
2. *As diferenças nos julgamentos sobre o futuro.* As pessoas diferem em suas avaliações sobre o valor presente ou futuro de algo. Por exemplo, um terreno pantanoso representa um investimento bom ou ruim para o dinheiro que você levou tempo para poupar? Algumas pessoas podem ver esse terreno como ideal para uma casa com piscina, ao passo que outras o veem como um problema, devido ao risco de alagamentos e à superpopulação de insetos típicos desses locais. Os agentes imobiliários trabalham muito para identificar propriedades cujo potencial para investimentos futuros não é percebido pelos proprietários.
3. *As diferenças na tolerância ao risco.* As pessoas diferem em termos dos riscos que estão dispostas a correr. Uma família jovem com três filhos e em que apenas uma pessoa trabalha tem uma capacidade menor de absorver riscos, comparada a uma família madura, sem filhos, e na qual duas pessoas têm renda. Uma empresa com problemas de fluxo de caixa aceita correr poucos riscos inerentes à expansão de suas operações, em comparação com uma empresa cujo caixa é saudável.
4. *As diferenças nas preferências de tempo.* Frequentemente os negociadores diferem em relação ao modo como o tempo os afeta. Enquanto um negociador prefere realizar lucros de imediato, outro talvez prefira adiá-los. Enquanto um precisa de um acordo rápido, outro está satisfeito com a situação atual. As diferenças relativas ao fator tempo criam valor em uma negociação. Por exemplo, um vendedor de carros talvez ache interessante fechar um negócio até o final da semana e com isso receber um bônus especial, ao passo que o comprador interessado no veículo prefere trocar de carro nos "próximos seis meses".

Em síntese, da mesma forma que o valor é criado pela exploração de interesses em comum, as diferenças são um ponto de partida para a criação de valor. No centro da negociação está a capacidade de explorar tanto as diferenças quanto os interesses em comum das partes, gerando valor e empregando os interesses como base para um acordo forte e duradouro. Contudo, às vezes as diferenças são irreconciliáveis e representam obstáculos para um acordo. Isso obriga os negociadores a aprender a administrar conflitos de forma efetiva, para então administrar suas diferenças e maximizar o valor que elas têm em conjunto. A gestão de conflitos é o foco da próxima seção.

O conflito

O conflito é consequência dos relacionamentos independentes, pois resultam de necessidades muito divergentes ou percepções e noções equivocadas das partes em uma negociação. Eles ocorrem quando as duas partes trabalham com a mesma meta e desejam o mesmo desfecho, ou quando esperam resultados muito distintos. Independentemente da origem do conflito, a negociação desempenha um papel importante na sua solução eficiente. Nesta seção definimos conflito, discutimos os diferentes níveis de conflito possíveis, abordamos sua utilidade e os problemas que geram, e explicamos as estratégias para a sua gestão efetiva.

As definições

O *conflito* é definido como um "forte desacordo ou oposição de interesses, ideias, etc." e inclui "a divergência de interesses ou a convicção de que as aspirações atuais das partes não são concretizáveis simultaneamente".[21] Um conflito surge da "interação de pessoas interdependentes que percebem a incompatibilidade e a interferência recíproca em relação à realização de seus objetivos".[22]

Os níveis de conflito

Para entender o significado de conflito, vamos distinguir os níveis em que eles ocorrem. De modo geral, quatro níveis são identificados:

1. *O conflito intrapessoal, ou intrapsíquico.* Esse conflito ocorre no indivíduo. A fonte dele está na disparidade de ideias, pensamentos, emoções, valores, predisposições ou motivações. Queremos um sorvete, mas sabemos que ele tem muitas calorias. Ficamos irritados com nosso chefe, mas tememos expressar essa raiva porque ele pode nos demitir por insubordinação. A dinâmica do conflito intrapsíquico é assunto de estudos em diversos campos da psicologia (a psicologia cognitiva, a teoria da personalidade e a psicologia clínica) e da psiquiatria.[23] Neste livro, embora analisemos a dinâmica psicológica interna dos negociadores (como no Capítulo 5, por exemplo), de modo geral não abordaremos conflitos intrapessoais.
2. *O conflito interpessoal.* O segundo nível importante de conflito ocorre entre indivíduos. O conflito interpessoal acontece entre colegas de trabalho, cônjuges, irmãos, estudantes que dividem um apartamento ou vizinhos. A maioria das teorias da negociação tratadas neste livro se baseia em estudos sobre a negociação interpessoal e aborda diretamente a gestão e a solução de conflitos interpessoais.
3. *O conflito intragrupo.* O terceiro principal nível de conflito ocorre no interior de um grupo – entre integrantes de equipes, familiares, classes, comunidades e tribos. Neste nível, analisamos o modo como os conflitos afetam a capacidade do grupo em relação à tomada de decisão, ao trabalho produtivo, à solução de diferenças e aos caminhos para a realização de metas com eficiência (ver o Capítulo 10).
4. *O conflito intergrupo.* O último nível é o conflito intergrupo, isto é entre organizações, grupos étnicos, nações em guerra, famílias e comunidades fragmentadas ou divididas. Neste nível, o conflito é muito intrincado, por conta do grande número de pessoas envolvidas e das inúmeras interações possíveis. As negociações envolvendo conflitos intergrupo são as mais complexas.

A utilidade e os problemas gerados pelos conflitos

Em princípio, a maioria das pessoas acredita que o conflito é ruim ou problemático. Essa crença tem duas causas. Primeiro, o conflito é indício de que algo está errado, comprometido ou problemático. Segundo, o conflito gera consequências sobretudo destrutivas. Deutsch e outros pesquisadores discutiram em detalhe vários elementos que contribuem para a imagem negativa dos conflitos:[24]

1. *Objetivos competitivos, "ganha-perde"*. As partes competem porque acreditam que são tão interdependentes que suas metas são totalmente opostas e não podem se concretizar ao mesmo tempo.[25] Quando os objetivos são competitivos, as partes adotam processos competitivos para realizá-los.
2. *A interpretação equivocada e o viés*. As percepções se distorcem quando o conflito se intensifica. As pessoas passam a interpretar as coisas segundo suas perspectivas sobre o conflito, isto é, acreditam que pessoas e eventos estejam a favor ou contra suas posições. Além disso, a reflexão é estereotipada e distorcida: as partes acolhem pessoas e eventos que apoiam suas posições ao mesmo tempo em que rejeitam as que se opõem a elas.
3. *A emocionalidade*. Os conflitos normalmente têm uma carga emocional muito alta, porque as partes se sentem ansiosas, irritadas, aborrecidas ou frustradas. As emoções confundem o pensamento, e as partes atuam de forma mais e mais irracional à medida que o conflito aumenta.
4. *Redução na comunicação*. Os conflitos comprometem a comunicação produtiva. As partes reduzem a comunicação com quem tem opiniões diferentes e melhoram a comunicação com quem concorda com elas. A comunicação entre partes em oposição, quando ocorre, tem o objetivo de derrotar, desvalorizar ou desmascarar a visão da parte oposta, ou de fortalecer os próprios argumentos.
5. *Pontos obscuros*. Os principais pontos da disputa tornam-se obscuros e indefinidos. As generalizações são comuns. O conflito é como um vórtex, que suga questões sem relação com o assunto e observadores inocentes. As partes não conseguem discutir as origens da disputa, os assuntos envolvidos nela ou o que é necessário para solucioná-la.
6. *Comprometimentos rígidos*. As partes ficam presas a suas posições. Quando o outro lado começa a desafiá-las, elas endurecem as posturas relativas a seus pontos de vista e relutam em recuar, por medo de perder prestígio ou parecer tolas. Os pensamentos se enrijecem, e as partes tendem achar que os problemas são simples, de dois lados, não complexos e multidimensionais.
7. *Diferenças acerbadas, semelhanças reduzidas*. As partes ficam presas a suas posições, o que obscurece suas noções e faz com que vejam umas às outras – e suas posições – de polos opostos. Os fatores que as distinguem e separam ficam mais salientes e realçados, ao passo que as semelhanças que compartilham são simplificadas e minimizadas. Essa distorção faz as partes acreditarem que estão mais distantes umas das outras do que realmente estão. O resultado é que elas reduzem os esforços para chegar a um acordo.
8. *A intensificação do conflito*. À medida que o conflito piora, as partes se entrincheiram mais fundo em suas próprias visões. Com isso, crescem a intransigência, a relutância de aceitar as posições das outras partes e a inclinação de adotar posturas defensivas e pouco comunicativas que, contudo, expõem as suas emoções. Sob essa pressão, as partes aumentam o compromisso com suas posições para poderem vencer, elevando a quantidade de recursos que estão dispostas a investir e aumentando sua tenacidade em manter o terreno conquistado. Nesse cenário, existe a convicção de que o aumento na pressão (com relação a recursos, comprometimento, entusiasmo, energia, etc.) força a capitulação e a aceitação da derrota pela outra parte. Contudo, como mostram os conflitos mais acirrados, essas crenças não se concretizam! A intensificação do nível de conflito e

o compromisso de vencer podem crescer a ponto de as partes destruírem suas habilidades para solucioná-lo ou para negociarem outra vez.

Esses são os processos comumente associados com conflitos intensificados, polarizados e "insolúveis". Porém, um conflito também tem muitos aspectos *produtivos*.[26] A Figura 1.1 descreve alguns desses aspectos. Segundo essa perspectiva, o conflito não é destrutivo *ou* produtivo: ele tem as duas características. O objetivo não é eliminar o conflito, mas aprender a administrá-lo e controlar os elementos destrutivos ao mesmo tempo em que tira-se proveito dos produtivos. A negociação é uma estratégia importante para a gestão de conflitos com fins construtivos.

Os fatores que facilitam ou dificultam a gestão de conflitos

A Figura 1.2 apresenta um modelo de diagnóstico de conflitos. Ele inclui algumas dimensões úteis na análise de disputas e na avaliação da facilidade ou dificuldade com que podem ser resolvidas. Segundo a figura, os conflitos em que preponderam as ca-

- A discussão dos conflitos aumenta a consciência dos integrantes de uma organização e aprimora a capacidade de lidar com problemas. Saber que os outros estão frustrados e desejam uma mudança cria incentivos para tentar solucionar o problema original.

- Os conflitos são prenúncios de mudança e adaptação organizacional. Procedimentos, tarefas, decisões orçamentárias e outras práticas organizacionais são desafiados. Os conflitos atraem a atenção para questões que frustram funcionários, interferindo no desempenho deles.

- Os conflitos fortalecem relacionamentos e elevam o moral, porque os funcionários percebem que seus relacionamentos são fortes o bastante para resistir a eles. Não é necessário evitar as frustrações e os problemas. As tensões são aliviadas durante as discussões e as iniciativas para a solução de problemas.

- Os conflitos melhoram a percepção de si próprio e dos demais, e permitem que as pessoas aprendam a identificar não apenas o que as enraivece, assusta e frustra, como também o que é importante para elas. Conhecer aquilo pelo que estamos dispostos a lutar revela muito sobre nós mesmos. Entender o que deixa nossos colegas insatisfeitos ajuda a entendê-los.

- Os conflitos aprimoram o desenvolvimento pessoal. Eles ajudam os gestores a descobrir como seus estilos de gestão afetam e auxiliam os funcionários a encontrar as competências técnicas e interpessoais necessárias ao aperfeiçoamento pessoal.

- Os conflitos promovem o desenvolvimento psicológico, ajudando-nos a sermos mais realistas nas avaliações que fazemos de nós mesmos. É por meio deles que enxergamos as coisas sob a ótica das outras pessoas e nos tornamos menos egocêntricos. Os conflitos auxiliam as pessoas a acreditar que têm poder em mãos, que estão no controle de suas próprias vidas, e mostram que não precisamos nos limitar a suportar hostilidades e frustrações, que temos papel ativo na melhoria de nossas vidas.

- Os conflitos podem ser estimulantes e divertidos. As pessoas se sentem motivadas, envolvidas e dispostas. Além disso, um conflito representa uma mudança na rotina, motivando os funcionários a olhar para as coisas de modo diferente e entender os detalhes de seus relacionamentos.

Fonte: *Working Together to Get Things Done: Managing for Organizational Productivity*, Dean Tjosvold. Reimpresso com permissão de Lexington Books, um selo do The Rowman and Littlefield Publishing Group. Copyright © 1986 Lexinton Books.

Figura 1.1 As funções e vantagens dos conflitos.

Espectro de pontos de vista

Dimensão	Difícil de resolver	Fácil de resolver
Problema em questão	Questão de "princípios" – valores, ética ou precedentes como parte essencial do problema	Problema divisível – a questão pode ser facilmente dividida em partes ou unidades menores
O que está em jogo – o que pode ser perdido ou ganho	Muita coisa – as consequências são significativas	Pouca coisa – as consequências são insignificantes
A interdependência das partes – o grau em que os resultados de uma parte influenciam os resultados da outra	Soma zero – uma parte ganha, outra perde	Soma positiva – as duas acreditam que podem ter um desempenho melhor, em vez de meramente distribuir os resultados atuais
A continuidade da interação – as partes trabalharão em conjunto no futuro?	Transação única – sem transações passadas ou futuras	Relacionamento de longo prazo – futuras interações devem ocorrer
A estrutura das partes – o quanto são coesas e organizadas como grupo	Desorganizadas – incoesas, liderança fraca	Organizadas – coesas, liderança forte
Envolvimento de terceiros – as outras partes podem se envolver para ajudarem a resolver a disputa?	Nenhuma terceira parte neutra está disponível	Uma terceira parte confiável e forte está disponível
A percepção da evolução do conflito – equilibrado (mesmos ganhos e mesmos prejuízos) ou desequilibrado (ganhos e prejuízos desiguais)	Desequilibrado – uma parte se sente mais prejudicada e quer revanche e compensação, ao passo que a parte mais forte deseja manter o controle	Equilibrado – as duas partes têm os mesmos prejuízos e os mesmos ganhos, e estão mais dispostas a declarar um "empate"

Fonte: Reimpresso do artigo "Managing Conflict", de L. Greenhalgh, *Sloan Management Review* (summer 1986), p.45–51. Copyright © 1986 Sloan Management Review Association. Todos os direitos reservados.

Figura 1.2 O modelo para o diagnóstico de conflitos.

racterísticas mostradas na coluna "difícil de resolver" são mais complexos, enquanto os que têm mais características na coluna "fácil de resolver" são menos complicados.

A gestão eficiente de conflitos

A literatura especializada descreve muitas estruturas voltadas para a gestão de conflitos e apresenta estudos sobre como os negociadores as empregam.[27] Essas estruturas começam com modelos bidimensionais semelhantes e aplicam diferentes rótulos e descrições para cinco pontos-chave. Descreveremos esses pontos usando a estrutura proposta por Dean Pruitt, Jeffrey Rubin e S. H. Kim.[28]

A estrutura bidimensional apresentada na Figura 1.3 é chamada de *modelo das inquietações duais*. O modelo postula que as pessoas em um conflito têm dois tipos independentes de interesses: o interesse em seus próprios resultados (representado no eixo horizontal da figura) e o interesse nos resultados da outra parte (o eixo vertical). Esses interesses são representados em quaisquer pontos entre a interseção dos eixos (pouco interesse) e pontos mais altos na área do gráfico (interesses muito fortes). O eixo vertical muitas vezes é denominado dimensão da cooperação, o horizontal é conhecido como dimensão da assertividade. Quanto maior o interesse em seus próprios resultados, maior a probabilidade de as pessoas buscarem estratégias localizadas no lado direito da figura, ao passo que quanto menor o interesse em seus resultados, maiores as chances de utilizarem estratégias localizadas no lado esquerdo da figura. Pela mesma razão, quanto maior o interesse em permitir, promover ou mesmo ajudar a outra parte a atingir os objetivos dela, maior a probabilidade de buscar estratégias na parte superior da figura. Quanto menor o interesse pelos resultados da outra parte, maior a inclinação de recorrer a estratégias na base da figura. Embora seja possível identificar um número quase infinito de pontos no interior do espaço bidimensional com base no interesse pelos próprios resultados e pelos da outra parte, existem cinco estratégias principais para a gestão de conflitos no modelo de inquietações duais:

1. A *competição* (também chamada de luta ou dominação) é a estratégia que fica no canto inferior direito do diagrama. As partes que recorrem à estratégia da competição buscam seus próprios resultados mais intensamente e demonstram pouco interesse nas chances de a outra parte alcançar os resultados que almeja. Segundo Pruitt e Rubin, "as partes que adotam essa estratégia mantêm suas próprias aspirações e tentam persuadir a outra parte a ceder".[29] Ameaças, punições, intimidações e ações unilaterais são consistentes com uma abordagem contenciosa.
2. A *concessão* (também chamada de *acomodação* ou *consentimento*) é a estratégia localizada no canto superior esquerdo. As partes que adotam essa estratégia exibem pouco interesse ou preocupação com a realização dos próprios objetivos e voltam suas atenções para as chances de a outra parte alcançar o que pretende. A concessão envolve a redução das próprias aspirações "para que a outra parte vença" e ganhe o que quer. Como estratégia, a concessão pode parecer estranha, mas apresenta vantagens claras em algumas situações.
3. A *inação* (também chamada de *aversão ao conflito*) está no canto inferior esquerdo do diagrama. As partes que recorrem a essa estratégia demonstram pouco interesse nas possibilidades de atingirem os próprios objetivos e de a outra parte conseguir o mesmo. A inação muitas vezes é sinônimo de recuo ou de passividade. A parte prefere recuar, ficar em silêncio ou não fazer coisa alguma.

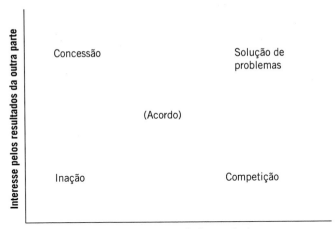

Figura 1.3 O modelo das inquietações duais.
Fonte: reimpresso do livro *Social Conflict: Escalation, Stalemate and Settlement* (2nd ed.), de J. Rubin et al., com permissão do editor. Copyright © 1994, The McGraw-Hill Companies.

4. A *solução de problemas* (também chamada de colaboração ou integração) é a estratégia no canto superior direito. As partes que a adotam demonstram forte interesse tanto em atingir seus objetivos quanto nas chances de a outra parte alcançar os dela. Na solução de problemas, as duas partes ativamente buscam alternativas para maximizarem os resultados juntas.

5. O *acordo* é a estratégia localizada no centro da Figura 1.3. Como estratégia para a gestão de conflitos, ele representa o esforço moderado para a realização dos próprios objetivos e para a outra parte alcançar as metas que definiu para si. Pruitt e Rubin não caracterizam o acordo como uma estratégia viável. Para eles, o acordo é resultado do "desânimo na solução de problemas com base em uma tentativa apática de satisfazer aos interesses das partes, ou da mera concessão de ambas" (p. 29).[30] No entanto, os pesquisadores que utilizam versões desse modelo acreditam que o acordo representa uma abordagem estratégica válida ao conflito. Por essa razão o inserimos na estrutura concebida por Rubin, Pruitt e Kim mostrada na Figura 1.3.

A maior parte da literatura sobre as estratégias de gestão de conflito – sobretudo os trabalhos publicados nas décadas de 1960 e de 1970 – tinham um forte viés que valorizava a cooperação e repelia o conflito.[31] Embora a maioria dos modelos de então sugerisse a viabilidade das cinco abordagens estratégicas para a gestão de conflitos, a solução de problemas era vista como a abordagem preferida. Aqueles estudos enfatizavam as virtudes da solução de problemas, defendiam sua adoção e descreviam como poderia ser usada em quase todos os tipos de conflito. Porém, os estudos mais recentes, ainda que defendam a importância da solução de problemas, são mais cautelosos e destacam a noção de que cada estratégia tem suas próprias vantagens e desvantagens, dependendo do tipo de interdependência e do contexto do conflito (ver a Figura 1.4).

"O meu discurso de concessão será breve: você venceu."

©2002 *The New Yorker Collection*, cartoonbank.com. Todos os direitos reservados.

Uma visão geral dos capítulos deste livro

Este livro é organizado em 12 capítulos. Os quatro primeiros tratam dos "fundamentos da negociação". Além deste capítulo com noções gerais, os Capítulos 2 e 3 exploram as estratégias e táticas básicas da barganha distributiva e da negociação integrativa. O Capítulo 4 explora o modo como as pares podem planejar e preparar uma estratégia de negociação e prever com eficiência os encontros com o outro negociador.

Os quatro capítulos seguintes tratam dos processos secundários críticos à negociação. No Capítulo 5 discutimos como as percepções, o conhecimento e as emoções do negociador moldam (e muitas vezes direcionam) a maneira como ele vê e interpreta a interação na barganha. O Capítulo 6 examina os processos pelos quais os negociadores comunicam seus interesses, posições e metas, e como percebem as comunicações da outra parte. O Capítulo 7 se concentra no poder na negociação, com uma definição da natureza do poder, uma discussão sobre a dinâmica de seu uso na negociação e uma exploração das principais fontes de poder que o negociador pode usar. Por fim, no Capítulo 8 discutimos a existência e a necessidade de padrões éticos aceitáveis para nortear a negociação, descrevemos as possíveis noções dos negociadores sobre essas escolhas e apresentamos uma estrutura para a tomada de decisão consciente com base na ética.

Até agora, a maior parte de nossa discussão pressupõe que as partes em uma negociação não têm um relacionamento de longo prazo. O Capítulo 9 examina as maneiras nas quais os relacionamentos duradouros influenciam as negociações em andamento e considera três pontos importantes – as reputações, a confiança e a justiça –, que são essenciais ao sucesso de uma negociação inserida em um relacionamento. No Capítulo 10 abordamos que as mudanças sofridas pelas negociações envolvendo

Estilo de conflito	Situações em que a abordagem é apropriada	Situações em que a abordagem não é apropriada
Integrador	1. Os pontos são complexos. 2. A síntese de ideias é necessária a fim de propor uma solução melhor. 3. O comprometimento das outras partes é necessário para o sucesso da implementação. 4. O tempo disponível para a solução de problemas é suficiente. 5. Uma parte não consegue resolver o problema sozinha. 6. Os recursos possuídos por diferentes partes são necessários para resolver os problemas que têm em comum.	1. A tarefa ou o problema é simples. 2. Uma decisão imediata é necessária. 3. As outras partes não têm interesses nos resultados. 4. As outras partes não têm habilidades relativas à solução de problemas.
Prestativo	1. Você acredita que possa estar errado. 2. A questão é mais importante para a outra parte. 3. Você está disposto a abrir mão de algo em troca do que a outra parte tem a oferecer no futuro. 4. Você está negociando em uma posição de fraqueza. 5. A preservação do relacionamento é importante.	1. A questão é importante para você. 2. Você acredita que esteja certo. 3. A outra parte está errada ou não está atuando com ética.
Compulsório	1. A questão é trivial. 2. Uma decisão rápida é necessária. 3. O plano de ação adotado é impopular. 4. É preciso vencer subordinados assertivos. 5. Uma decisão desfavorável da outra parte pode ser prejudicial a você. 6. Os subordinados não têm a experiência necessária para tomar decisões técnicas. 7. A questão é importante para você.	1. A questão é complexa. 2. A questão não é importante para você. 3. As duas partes são igualmente poderosas. 4. A decisão não precisa ser tomada rapidamente. 5. Os subordinados têm alto nível de competência.
Evitação	1. A questão é trivial. 2. O provável efeito negativo de confrontar a outra parte é maior do que as vantagens da resolução. 3. Um intervalo para descanso é necessário.	1. A questão é importante para você. 2. A tomada de decisão é de sua responsabilidade. 3. As partes não estão dispostas a desistir; a questão precisa ser resolvida. 4. Uma decisão imediata é necessária.
Acordo	1. As partes têm metas diferentes e exclusivas. 2. As partes são igualmente poderosas. 3. O consenso não é atingido. 4. Os estilos integrador ou compulsório não têm sucesso. 5. É necessário tomar uma decisão temporária para um problema complexo.	1. Uma parte é mais poderosa. 2. O problema é complexo o bastante para requerer uma abordagem de solução de problemas.

Fonte: adaptado de M. A. Rahim, *Rahim Organizational Conflict Inventories: Professional Manual*, com permissão especial de Consulting Psychologists Press, Inc., Palo Alto, CA 94303, Copyright © 1990 Consulting Psychologists Press, Inc. Todos os direitos reservados. É vedada a reprodução sem o consentimento da editora.

Figura 1.4 Os estilos de abordagem de conflitos interpessoais e situações nas quais são apropriados ou não.

diversas partes – entre grupos ou equipes –, que tentam chegar a um acordo coletivo ou a um consenso. No Capítulo 11 discutimos a influência do idioma e da cultura nacionais nas "regras básicas" da negociação. Esse capítulo apresenta alguns dos fatores que diferenciam as negociações no âmbito internacional e discute como a cultura nacional afeta o ritmo e o fluxo da negociação.

Por fim, o Capítulo 12 apresenta uma reflexão sobre a negociação em um contexto amplo. Reexaminamos a perspectiva ampla que abordamos e sugerirmos 10 boas práticas para aqueles que desejam aperfeiçoar suas habilidades de negociadores.

Referências

1. Pruitt, 1981, p. ix.
2. Por exemplo, Hochberg and Kressel, 1996; Oliver, Balakrishnan, and Barry, 1994; Olekalns, Smith, and Walsh, 1996; Weiss, 1997.
3. Lewicki, 1992; Rubin and Brown, 1975.
4. Ver Bazerman, Tenbrunsel, and Wade-Benzoni, 1998, para detalhes sobre a negociação consigo próprio.
5. Saorin-Iborra, 2006.
6. Deutsch, 1962, p. 276.
7. Fisher, Ury, and Patton, 1991.
8. Goffman, 1969; Pruitt and Rubin, 1986; Raven and Rubin, 1973; Ritov, 1996.
9. Alexander, Schul, and Babakus, 1991; Donohue and Roberto, 1996; Eyuboglu and Buja, 1993; Pinkley and Northcraft, 1994.
10. Gray, 1994; Kolb, 1985; Kolb and Putnam, 1997.
11. Beisecker, Walker, and Bart, 1989; Raven and Rubin, 1973.
12. Fisher, Ury, and Patton, 1991; Follett, 1940; Nash, 1950; Sebenius, 1992; Sen, 1970; Walton and McKersie, 1965.
13. Pruitt, 1981.
14. Kelley, 1966.
15. Não estamos dizendo que Max deva fazer isso. Ao contrário, uma vez que um bom relacionamento de longo prazo é importante nessas situações, Max deve garantir que as necessidades das duas partes sejam satisfeitas (ver o Capítulo 3 para uma discussão detalhada desse assunto).
16. Kimmel, Pruitt, Magenau, Konar-Goldband, and Carnevale, 1980; Putnam and Jones, 1982; Weingart, Thompson, Bazerman, and Carroll, 1990.
17. Raiffa, 1982; Selekman, Fuller, Kennedy, and Baitsel, 1964.
18. Lax and Sebenius, 1986.
19. Bazerman, Magliozzi, and Neale, 1985; Neale and Bazerman, 1985; Neale and Northcraft, 1991; Pinkley, 1992; Thompson, 1990a.
20. Lax and Sebenius, 1986.
21. Pruitt and Rubin, 1986, p. 4.
22. Hocker and Wilmot, 1985.
23. Bazerman, Tenbrunsel, and Wade-Benzoni, 1998.
24. Deutsch, 1973; Folger, Poole, and Stutman, 1993; Hocker and Wilmot, 1985.
25. Conforme discutido, os objetivos das partes talvez não sejam opostos e por isso provavelmente não precisarão competir. A percepção é mais determinante que a realidade.
26. Coser, 1956; Deutsch, 1973.
27. Filley, 1975; Hall, 1969; Rahim, 1983, 1992; Thomas, 1992; Thomas and Kilmann, 1974.
28. Rubin, Pruitt, and Kim, 1994.
29. Pruitt and Rubin, 1986, p. 25.
30. Ibid., p. 29. Ver também Filley, 1975; Hall, 1969; Rahim, 1983, 1992; Thomas, 1992; Thomas and Kilmann, 1974. Todos esses autores acreditam que o comprometimento é uma abordagem estratégica válida para a gestão de conflitos.
31. Lewicki, Weiss, and Lewin, 1992.

Capítulo 2

As estratégias e táticas da barganha distributiva

Objetivos

1. Entender os elementos básicos de uma situação de barganha distributiva e as estratégias e táticas utilizadas.
2. Considerar o impacto estratégico da posição assumida durante uma negociação e o papel das concessões.
3. Desenvolver uma noção do comprometimento e da comunicação como táticas em uma situação de barganha.
4. Explorar as opções para fechar um acordo em uma situação distributiva.

Há 18 meses, Jackson decidiu mudar-se para uma casa mais próxima da empresa em que trabalha. Após tomar essa decisão, ele pôs seu apartamento à venda e começou a procurar outro – sem sucesso. Depois de 14 meses, Jackson finalmente recebeu uma oferta de compra de seu apartamento antigo e, após uma breve negociação, definiu o preço de venda. Uma vez que ainda não havia encontrado um novo apartamento para comprar, ele adiou a assinatura da venda por seis meses, para ganhar tempo e encontrar um lugar para morar. Barbara, a compradora do apartamento antigo, não gostou da ideia de ter de esperar tanto, devido aos inconvenientes causados pelo adiamento e à dificuldade de encontrar um banco que garantisse uma taxa de juros para um empréstimo adiado por tanto tempo. Jackson reduziu o valor para Barbara aceitar o adiamento da venda, mas não tinha dúvidas de que ela preferiria finalizar o negócio prontamente.

Não havia muitos apartamentos à venda na área em que Jackson planejava viver. Os imóveis disponíveis não lhe agradaram. Entre amigos, Jackson brincou sobre a situação, dizendo que, se não surgisse um apartamento adequado, ele dormiria em uma barraca no parque da cidade quando o outono chegasse. Dois meses depois surgiu uma oferta que atendia a suas necessidades. Sofia, a vendedora, definiu $ 145.000 como preço mínimo, $10.000 a mais do que Jackson esperava pagar, mas $5.000 abaixo do valor máximo que estava disposto a investir. Ele sabia que, quanto maior o preço de um apartamento, menores as necessidades de reformas, menores os investimentos em cortinas, em mobília nova, e na contratação de uma empresa de mudanças.

Esse exemplo apresenta os elementos básicos de uma *situação de barganha distributiva*, também chamada de barganha competitiva ou barganha "ganha-perde". Nessas situações, as metas de uma parte normalmente estão em conflito direto com as da outra. Os recursos são fixos e limitados, e as duas partes querem maximizar suas vantagens. O resultado é que cada uma utiliza um conjunto de estratégias com esse fim. Uma das estratégias distributivas mais importantes é a retenção criteriosa de informações, isto é, os negociadores dão informações à outra parte somente quando houver alguma vantagem estratégica envolvida. Até isso ocorrer, é muito interessante tentar obter informações da outra parte, o que permite aumentar o poder de negociação. A essência de uma barganha distributiva é a competição, que decide quem levará o máximo de um recurso limitado, normalmente dinheiro. A concretização dos objetivos de uma parte ou de outra depende das estratégias e das táticas que cada uma adota.[1]

Para muitas pessoas, as estratégias e táticas de uma barganha distributiva estão no cerne de toda a negociação. A imagem que vem à mente é a de uma sala enfumaçada, cheia de pessoas defendendo seus pontos de vista. Muitas pessoas se sentem atraídas por essa imagem de negociação e esperam aprender e aperfeiçoar uma gama de habilidades necessárias em barganhas difíceis. Outras se sentem repelidas pela barganha distributiva e preferem abandonar a transação a negociar dessa maneira. Para estas, a barganha distributiva caiu em desuso, porque envolve confrontos desnecessários e é destrutiva.

Existem três razões para todo negociador se familiarizar com a barganha distributiva. A primeira é que eles se deparam com situações de interdependência, as quais têm caráter distributivo e, para se saírem bem, precisam entender os mecanismos envolvidos. A segunda é que, devido ao fato de muitas pessoas recorrerem quase exclusivamente às estratégias e às táticas da barganha distributiva, todo negociador precisa saber como neutralizar os efeitos que ela tem. A terceira é que, em toda situação de negociação, o domínio das habilidades relativas à barganha distributiva talvez seja necessário ao final do estágio da "reivindicação de valor".[2] A negociação integrativa não apenas se concentra nas maneiras de criar valor como também inclui um estágio de reivindicação de valor, no qual o valor é criado e distribuído. (A negociação integrativa é discutida em detalhe no Capítulo 3.) Compreender as estratégias e táticas distributivas é importante e útil, mas os negociadores precisam reconhecer que elas também têm um lado contraproducente e caro, e que às vezes não surtem os resultados esperados. Frequentemente essas estratégias levam as partes a se concentrarem demais em suas diferenças, a ponto de deixarem seus interesses em comum em segundo plano.[3] Apesar desses efeitos negativos, as estratégias e táticas da barganha distributiva são muito úteis quando os negociadores desejam maximizar o valor obtido em uma única transação, quando o relacionamento com a outra parte não é importante, e quando as partes estão no estágio da reivindicação de valor.

Porém, algumas das táticas discutidas neste capítulo envolvem questões éticas. A ética na negociação é discutida em detalhe no Capítulo 9. Durante a negociação, uma parte não pode simplesmente supor que a outra compartilhe de seus valores éticos. Embora você talvez não acredite que seja ético utilizar algumas das táticas discutidas neste capítulo, alguns negociadores talvez não tenham problema algum em adotá-las. Da mesma forma, você talvez se sinta à vontade adotando táticas que a outra parte não se sentiria confortável em implementar. Algumas das táticas discutidas são normalmente vistas como éticas quando a barganha é distributiva (quando você retrata sua melhor alternativa de acordo como se fosse mais positiva do que realmente é, por exemplo), enquanto as outras táticas de modo geral são consideradas inaceitáveis (ver a discussão sobre as táticas agressivas típicas ainda neste capítulo).

A discussão sobre as estratégias e táticas neste capítulo pretende auxiliar os negociadores a compreenderem a dinâmica da barganha distributiva e assim obterem resultados melhores em uma negociação. Entender esses conceitos também permite aos negociadores pouco confortáveis com barganhas distributivas que administrem essas situações de modo proativo. Por fim, conhecer o mecanismo dessas estratégias e táticas é útil no estágio de reivindicação de valor de qualquer negociação.

A situação da barganha distributiva

Vamos descrever o funcionamento de um processo de barganha distributiva relembrando o texto de abertura do capítulo, sobre a compra de uma apartamento por Jackson. Vários preços foram mencionados: (1) o preço de venda de Sofia, (2) o preço que Jackson gostaria de pagar por um apartamento e (3) o preço acima do qual ele não compraria o imóvel. Esses preços representam os pontos-chave na análise de qualquer situação de barganha distributiva. O preço preferido por Jackson é o *ponto-alvo*, aquele com o qual o negociador gostaria de concluir a negociação – sua melhor meta. O ponto-alvo também é chamado de *aspiração* do negociador. O preço máximo para Jackson é o *ponto de resistência*, isto é, o limite do negociador – o valor limite que aceita como comprador (para um vendedor, esse valor é o mínimo aceitável). Às vezes o ponto de resistência é denominado preço de reserva. Por fim, o *preço pedido* é o valor inicial definido pelo vendedor. Jackson talvez não aceite o preço pedido por Sofia e faça uma contraproposta, sua *oferta inicial* – o primeiro valor que apresenta a ela, a vendedora. O exemplo da compra do apartamento ilustra a gama de preços possíveis como um *continuum* (ver a Figura 2.1).

Como Jackson define sua oferta inicial? Existem muitas maneiras de responder a essa pergunta. Contudo, o principal aspecto é que, para fazer uma boa oferta inicial, Jackson precisa ter algumas noções sobre o processo de negociação. No Capítulo 1 afirmamos que o processo de dar e receber é visto como ingrediente comum a todas as negociações, e Jackson precisa considerar isso em sua oferta inicial. Se Jackson abrir a negociação com seu *ponto-alvo* ($135.000) e posteriormente precisar fazer a primeira concessão, esta implicará uma mudança, do ponto-alvo para um valor mais próximo do ponto de resistência. Se ele realmente quiser atingir seu alvo, sua oferta inicial deverá ser menor do que o seu ponto-alvo, o que criará espaço para concessões. Ao mesmo tempo, o ponto inicial não pode estar muito distante do ponto-alvo. Porém, se Jackson fizer uma oferta muito baixa (por exemplo, $100.000), Sofia talvez abandone

	Ponto-alvo de Jackson		Preço pedido de Sofia	Ponto de resistência de Jackson
$130.000	$135.000	$140.000	$145.000	$150.000

Figura 2.1 A negociação do apartamento na visão do comprador.

Dilbert ©UFS. Reimpresso com permissão.

a negociação, pois achará que Jackson está sendo tolo e pouco razoável. Embora a análise para determinar as ofertas iniciais muitas vezes seja complexa e possa exercer forte influência no curso da negociação, no momento vamos nos concentrar no caso mais simples e pressupor que Jackson decidiu apresentar $133.000 como oferta inicial razoável – abaixo de seu ponto-alvo e muito abaixo de seu ponto de resistência. Por enquanto, é preciso lembrar que, embora este exemplo envolva apenas o fator preço, as outras questões ou itens na pauta de negociação têm ofertas iniciais, pontos-alvo e pontos de resistência próprios.

Antes de uma negociação iniciar, as duas partes precisam estabelecer as suas ofertas iniciais, os seus pontos-alvo e os seus pontos de resistência. As ofertas iniciais normalmente fazem parte das primeiras palavras de cada parte em uma negociação (por exemplo, o preço de venda de um vendedor e a oferta inicial de um comprador). O ponto-alvo normalmente é conhecido ou inferido durante o processo. É comum as pessoas abrirem mão da margem entre os seus pontos de partida e seus pontos-alvo nas concessões que fazem. O ponto de resistência, aquele além do qual uma pessoa não aceita negociar e prefere interromper o processo, é desconhecido pela outra parte e deve continuar assim.[4] Uma parte talvez não conheça o ponto de resistência da outra, mesmo ao final de uma negociação de sucesso, e muitas vezes pode subestimar o quanto a outra parte teria pago ou aceito.[5] Ao final de uma negociação exitosa, uma parte pode inferir que o ponto de resistência da outra esteve próximo da última oferta que esta estava disposta a considerar durante o processo.

Os pontos iniciais e de resistência de dois negociadores normalmente são opostos: o ponto de resistência é um valor elevado para o comprador e baixo para o vendedor. Jackson estava disposto a pagar até $150.000 pelo apartamento pelo qual Sofia pedia $145.000. Ele calcula que Sofia esteja disposta a aceitar um valor abaixo de $145.000 e talvez considere $140.000 um valor desejável. O que Jackson não conhece (mas gostaria muito de conhecer) é o menor valor que Sofia aceitaria: $140.000? $135.000? Jackson acredita que seja $130.000. Por sua vez, Sofia inicialmente não sabe coisa alguma sobre as posições de Jackson, mas logo descobre que seu ponto de partida é $133.000. Ela talvez suspeite que o ponto-alvo dele não esteja muito longe desse valor (na verdade o ponto é $135.000, mas Sofia não sabe disso), e não tem a menor ideia de qual seja o ponto de resistência ($150.000). Essas informações, aquilo que Jackson conhece ou infere sobre as posições de Sofia, são representadas na Figura 2.2.

Ponto de resistência de Sofia (inferido)	Oferta inicial de Jackson (conhecido)	Ponto-alvo de Jackson (privado)	Ponto-alvo de Sofia (inferido)	Preço pedido por Sofia (conhecido)	Ponto de resistência de Jackson (privado)
$130.000	$133.000	$135.000	$140.000	$145.000	$150.000

Figura 2.2 A negociação do apartamento na visão do comprador (expandida).

A diferença entre os pontos de resistência, chamada de *variação de barganha, variação de acordo* ou *zona de acordo em potencial* tem importância especial. É nessa faixa que a barganha de fato ocorre, porque qualquer valor fora desses extremos será rejeitado sumariamente por um dos dois negociadores. Quando o ponto de resistência do comprador está acima do ponto de resistência do vendedor – isto é, quando comprador aceita pagar a menor diferença possível sobre o valor mínimo que o vendedor se dispõe a aceitar, como vemos no exemplo do apartamento – temos uma *variação de barganha positiva*. Quando ocorre o contrário, isto é, o ponto de resistência do vendedor é maior que o ponto de resistência do comprador e este não aceita pagar mais do que o valor mínimo visto como aceitável por aquele, temos uma *variação de barganha negativa*. No exemplo do apartamento, se Sofia a princípio pretendia aceitar $145.000 como valor mínimo e Jackson pagaria no máximo $140.000, então existiria uma variação de barganha negativa. As negociações que começam com uma variação de barganha negativa têm grandes chances de levar a um impasse e talvez sejam resolvidas somente se uma ou ambas as partes forem persuadidas a mudar os seus pontos de resistência ou se outra pessoa impuser uma solução que não é aceita por uma ou ambas. Contudo, uma vez que os negociadores não começam suas deliberações conversando sobre os seus pontos de resistência, mas ofertas e exigências iniciais, muitas vezes é difícil descobrir se existe uma variação de barganha positiva antes de os negociadores se aprofundarem no processo. A duas partes percebem que seus pontos de resistência não se manifestam somente após as negociações se esgotarem, quando têm de decidir se encerram as negociações ou reavaliam os seus pontos de resistência. Esse processo é descrito em detalhe a seguir.

O papel das alternativas para um acordo negociado

Além das ofertas de abertura, dos pontos-alvo e dos pontos de resistência, existe um quarto fator que pode pesar nas negociações: um resultado alternativo que pode ser obtido finalizando um acordo com outra pessoa. Em algumas negociações há apenas duas opções: (1) chegar a um acordo com a outra parte ou (2) não chegar a acordo algum. Em outras negociações, uma ou ambas as partes podem ter a chance de um acordo alternativo com terceiros. Logo, no caso de Jackson e Sofia, talvez exista outro apartamento que interesse a Jackson à venda na vizinhança. Pela mesma razão, se Sofia esperar o bastante (ou se reduzir o preço o suficiente), ela tem mais chances de encontrar outro comprador interessado. Se Jackson escolher outro apartamento e negociar o melhor valor possível com o proprietário, esse preço representa a sua alternativa. Para ilustrar, vamos supor que o apartamento alternativo que interesse a Jackson custe $142.000 e que o comprador alternativo para o imóvel de Sofia pague $134.000.

Um ponto alternativo pode ser idêntico ao ponto de resistência, mas não necessariamente. Se a alternativa de Jackson é $142.000, logo (sem considerar outros fatores) ele deverá rejeitar qualquer preço pedido por Sofia acima deste valor. Apesar disso, a alternativa de Jackson talvez não seja tão atraente por outras razões além do preço: Jackson não gostou do bairro, o imóvel fica a mais de 10 minutos de distância da empresa em que trabalha, ou ele prefere as melhorias no apartamento de Sofia. Independentemente dessas situações, Jackson pode manter o seu ponto de resistência em $150.000. Portanto, ele está disponível a pagar até $8.000 a mais para Sofia, em comparação com o valor do apartamento alternativo (ver a Figura 2.3).

A importância das alternativas está no fato de dar aos negociadores o poder de abandonar a negociação quando as perspectivas de acordo não são boas. O número de alternativas razoáveis disponíveis para os negociadores varia consideravelmente em função da situação. Nas negociações em que não há muitas alternativas atraentes (quando existe apenas um fornecedor, por exemplo) o poder de barganha é baixo. Os negociadores que usam a barganha distributiva com competência identificam alternativas plausíveis antes de iniciarem as discussões com a outra parte. Isso lhes permite avaliar o quanto elas permanecerão firmes durante a negociação.[6] Porém, os bons negociadores tentam melhorar suas alternativas também durante o processo. Se as negociações entre Jackson e Sofia forem além de certo período de tempo, é melhor ele ficar atento ao mercado em busca de alternativas. Ele também pode continuar as negociações com o proprietário do outro apartamento e tentar um acordo melhor. Os dois cursos de ação envolvem esforços de Jackson no sentido de manter e expandir o seu poder de barganha, melhorando a qualidade de suas alternativas. O poder de barganha e a alavancagem são discutidos em detalhe no Capítulo 7.

Por fim, os negociadores precisam garantir que tenham uma compreensão clara de suas *melhores alternativas para um acordo negociado* (BATNAs).[7] Dispor de um número de alternativas pode ser útil, mas é a *melhor alternativa* que influencia o negociador na hora de decidir se fecha um acordo ou abandona a negociação. Conhecer a BATNA e fortalecê-la o máximo possível dá ao negociador mais poder na negociação em andamento, porque a BATNA define o que ele fará, se não houver acordo. Os negociadores que têm uma BATNA forte, isto é, uma alternativa muito positiva ao acordo negociado, terão um maior poder de barganha ao longo da negociação e, por essa razão, serão capazes de chegar mais perto de seus objetivos (o poder da BATNA é discutido em detalhe no Capítulo 7).

Figura 2.3 A negociação do apartamento na visão do comprador (expandida e com alternativas).

O ponto de acordo

O processo fundamental da barganha distributiva consiste em chegar a um acordo dentro da variação de barganha positiva. O objetivo das duas partes é obter o máximo em termos de variação de barganha, isto é, chegar a um acordo o mais próximo possível do ponto de resistência da outra parte.

Em uma barganha distributiva, as duas partes sabem que talvez precisem aceitar menos do que esperavam (o seu ponto-alvo), ao mesmo tempo em que esperam que o acordo seja melhor do que os respectivos pontos de resistência. Para que isso se concretize, ambas precisam acreditar que o acordo, ainda que abaixo das expectativas, é o melhor que podem obter. Essa convicção é importante, tanto para chegar a um acordo quanto para garantir o apoio para ele ao final da negociação. Na dúvida de terem chegado ao melhor acordo possível ou perdido algo nele, os negociadores tentam desistir do processo mais tarde ou encontrar outras maneiras de recuperar suas perdas. Se Jackson achar que saiu perdendo na negociação, ele poderá dificultar a vida de Sofia no futuro, afirmando que o apartamento tinha problemas que não estavam aparentes na hora da compra ou que os eletrodomésticos incluídos na venda tinham defeitos, entre outras questões. Outro fator que afeta a satisfação com o acordo é a possibilidade de as partes encontrarem-se outra vez no futuro. Se Sofia se mudar para outra região, Jackson talvez não consiga entrar em contato com ela para fazer ajustes e portanto ela deve se certificar de avaliar o acordo existente com muito cuidado (um conselho útil em qualquer situação, especialmente nesse caso).

O *mix* da barganha

No exemplo da compra do apartamento, como na maioria das negociações, um acordo define diversas questões: o preço, a data para a assinatura da venda, as reformas do imóvel e o preço dos itens que poderão ficar nele (como cortinas e eletrodomésticos). O conjunto de fatores presentes em uma negociação é chamado de *mix* da negociação. Cada item no *mix* tem pontos de partida, pontos-alvo e de resistência individuais. Alguns itens têm importância indiscutível para ambas as partes, outros são importantes para uma apenas. Todo negociador precisa compreender o que é importante para ele e para a outra parte e levar essas prioridades em conta durante o processo de planejamento. (Ver o Capítulo 4 para uma discussão detalhada sobre o planejamento.)

Na negociação do apartamento, o segundo ponto importante para as duas partes é a data de assinatura do contrato de venda, isto é, a data em que a propriedade é de fato transferida. A data de venda é parte do *mix* de barganha. Jackson descobriu quando o novo apartamento de Sofia seria entregue e imaginou que ela gostaria de transferir a propriedade de seu velho apartamento logo na sequência. Jackson pediu que o contrato fosse assinado em data próxima àquela preferida por Sofia. Logo, o negócio pareceu muito atraente para ela. Ficou claro que a data da venda do velho apartamento de Jackson não estava longe dessa, o que tornava o negócio atraente para as duas partes. Se as datas de assinatura dos negócios de Jackson e de Sofia fossem muito distantes, esse fator seria motivo de disputa no *mix* da barganha (ainda que, se Jackson pudesse ter antecipado a data de assinatura, ele teria conseguido um acordo melhor com Barbara, a compradora de seu velho apartamento). À medida que o *mix* da barganha aumenta, assim também crescem as oportunidades para *trade-offs* com relação a questões nas quais as preferências dos negociadores divergem. Quando isso ocorre, as estratégias e táticas da negociação integrativa podem ser mais apropriadas. Essas estratégias são discutidas no Capítulo 3.

As estratégias fundamentais

O principal objetivo na barganha distributiva é maximizar o valor do negócio em andamento. No exemplo do apartamento, o comprador tem quatro estratégias fundamentais disponíveis:

1. Forçar um acordo mais próximo do ponto de resistência do vendedor (o qual é desconhecido) e com isso conquistar para si a maior parte da variação de barganha. Ele pode tentar influenciar a visão do vendedor sobre os acordos possíveis, fazendo ofertas extremas e pequenas concessões.
2. Convencer o vendedor a mudar o seu ponto de resistência, influenciando as noções dele sobre o valor do apartamento (por exemplo, dizendo a ele que o apartamento está supervalorizado) e com isso aumentar a variação de barganha.
3. Convencer o vendedor, caso a variação de barganha seja negativa, a reduzir seu ponto de resistência, ou mudar o próprio e assim criar uma variação de barganha positiva. Logo, Sofia poderá ser persuadida a aceitar um preço menor, ou Jackson talvez aceite pagar mais do que queria inicialmente.
4. Convencer o vendedor de que esse acordo é o melhor – em vez de persuadi-lo a pensar que esse desfecho é tudo o que ele pode obter, que não é possível ir além, ou que ele está perdendo a negociação. A distinção entre conseguir convencer a outra parte de que dado acordo é o melhor possível e deixar que ela alimente outras convicções é sutil. Contudo, ao fazer com que as pessoas aceitem um acordo é importante que elas sintam que fecharam o melhor acordo possível. A satisfação do ego muitas vezes é tão relevante quanto a realização de objetivos tangíveis (ver a discussão sobre tangíveis e intangíveis no Capítulo 1).

Nessas estratégias, o comprador usa a persuasão e a troca de informações para influenciar as percepções do vendedor. Independentemente da estratégia adotada, duas tarefas têm papel importante em toda situação de barganha distributiva: (1) descobrir o ponto de resistência da outra parte e (2) influenciá-lo.

A descoberta do ponto de resistência da outra parte

As informações são a força vital da negociação. Quanto mais você souber sobre as metas, o ponto de resistência, as motivações e a confiança da outra parte, entre outros aspectos, maior a sua habilidade de fechar um acordo favorável (ver o Quadro 2.1). Contudo, ao mesmo tempo você não quer que a outra parte obtenha certas informações sobre você. O seu ponto de resistência, alguns de seus objetivos e as informações confidenciais sobre uma posição estratégica ou sobre pontos fracos emocionais que você tenha devem permanecer ocultos.[8] Como alternativa, talvez seja interessante que a outra parte receba certas informações – algumas das quais são reais e exatas, outras inventadas para que ela acredite que o vento sopra a seu favor, não dela. Em uma negociação, as partes sempre sabem que suas oponentes desejam obter e ocultar informações. O resultado é que a comunicação se torna complexa. As informações muitas vezes são divulgadas de acordo com um código que evolui durante a negociação. As pessoas respondem a uma pergunta com outra ou dão declarações incompletas para

> **Quadro 2.1** O piano
>
> Orvel Ray saiu para comprar um novo piano. Ele se interessou por um instrumento em um anúncio no jornal. Construído em nogueira, o piano era muito bonito. O vendedor pedia $1.000, o que era uma pechincha. Contudo, Orvel havia recebido uma restituição tributária e definiu esse valor como limite para a compra de um piano. Ele tentava uma negociação com o dono do piano anunciado, em busca de uma vantagem.
>
> Ele foi capaz de deduzir diversos fatos observando o ambiente. O piano estava em um porão mobiliado, onde também estavam uma bateria e um contrabaixo. Certamente o vendedor era um músico profissional – um jazzista, talvez. Sem dúvida havia uma razão convincente para a venda de um instrumento tão bonito.
>
> Overl fez a primeira pergunta, que era óbvia, "Você vai comprar um novo piano?"
>
> O vendedor hesitou. "Bem, não tenho certeza. Estamos nos mudando para a Carolina do Norte, e o transporte de um piano pelo país sairia caro".
>
> "Eles disseram o quanto custaria?" perguntou Orvel.
>
> "Algo em torno de $300 a mais."
>
> "Quando você tem de decidir?"
>
> "A transportadora vem hoje à tarde."
>
> Com isso, Orvel descobriu onde estava a vulnerabilidade do vendedor. Este poderia transportar o piano pelo país, ou vendê-lo por $700 sem sair perdendo. Além disso, poderia insistir em seu preço pedido e contar com a sorte. "Bem, o que posso oferecer é $700 em dinheiro, agora", disse Orvel, tirando sete cédulas de $100 e espalhando-as no teclado do instrumento. "Além disso, consigo três amigos para virem aqui ainda hoje, ao meio-dia, para levá-lo".
>
> O vendedor hesitou, mas acabou aceitando o dinheiro. "Bem, acho que é isso. Poderei comprar um piano novo quando nos acomodarmos em nossa nova casa."
>
> Orvel foi embora antes de o vendedor repensar a oferta. Quando ele e os amigos chegaram com o caminhão para transportar o piano, o vendedor havia recebido três outras ofertas, as quais pagariam o seu preço pedido. Porém, como já havia aceito o dinheiro de Orvel, ele teve de dizer a esses compradores em potencial que o piano já havia sido vendido.
>
> Se o vendedor não tivesse informado Orvel que a empresa de mudanças viria naquela tarde, ele talvez não tivesse tido os elementos que o fizeram negociar o preço.
>
> Fonte: J. C. Levinson, M. S. A. Smith and O. R. Wilson, *Guerrilla Negotiating* (New York: John Wiley, 1999), pp. 15-16.

influenciar as percepções das demais; porém, alguns pontos precisam ser estabelecidos efetiva e convincentemente.

A influência do ponto de resistência da outra parte

A identificação do ponto de resistência da outra parte e a distância entre ele e o seu é essencial no planejamento da estratégia e das táticas da barganha distributiva. O ponto de resistência é definido pelo valor esperado de um desfecho, que por sua vez é resultado do quanto é investido ou perdido nele. Jackson define o seu ponto de resistência com base no montante que está disposto a pagar (no total ou em prestações mensais do financiamento), no valor de mercado estimado do apartamento e em outros fatores de seu *mix* da barganha (por exemplo, a data de assinatura do contrato de venda). Um ponto de resistência também pode ser influenciado pelo custo que uma pessoa atribui ao atraso ou à dificuldade na negociação (um intangível) ou à necessidade de desistir das negociações. Se Jackson, que definiu o valor de $150.000 como ponto de resistência, tivesse de escolher entre pagar $151.000 ou viver em uma barraca no parque da cidade por um mês, ele faria bem se reavaliasse esse limite. Contudo, os pontos de resistência não podem ser alterados sem uma cuidadosa reflexão. Eles desempenham um papel importante na definição dos limites de um negociador e não devem ser alterados, a menos que exista uma razão objetiva para isso.

Um fator significativo que afeta a compreensão da outra parte sobre o que é possível ou não – e portanto o valor que ela confere a um desfecho em particular – é o entendimento de sua própria situação. Portanto, quando você influencia os pontos de vista da outra parte, é preciso levar em conta a noção que ela faz da importância que você tem para um desfecho específico, dos custos que você atribui ao atraso ou à dificuldade na negociação, e do custo que você terá se a negociação for encerrada.

As tarefas táticas

No escopo das estratégias fundamentais da barganha distributiva, quatro tarefas táticas importantes devem ser consideradas por todo negociador: (1) avaliar os objetivos, o ponto de resistência e os custos da desistência da negociação para a outra parte, (2) administrar as impressões que a outra parte tem sobre os objetivos dele, seu ponto de resistência e os custos da desistência da negociação, (3) alterar a percepção da outra parte sobre os próprios objetivos, o próprio ponto de resistência e os custos que ela terá com a desistência da negociação, e (4) manipular os custos reais do adiamento ou do encerramento das negociações. Essas tarefas são discutidas em detalhe abaixo.

A avaliação dos objetivos da outra parte, do ponto de resistência dela e dos custos da desistência da negociação

A primeira etapa importante para o negociador consiste em obter informações sobre os objetivos e o ponto de resistência da outra parte. O negociador tem a escolha de seguir por dois caminhos para atingir seus objetivos: obter informações indiretamente sobre os fatores secundários por trás de uma questão (*avaliação indireta*), ou obter informações diretamente da outra parte sobre os objetivos e pontos de resistência dela (*avaliação direta*).

A avaliação indireta. Um ponto de resistência é definido com base em muitos fatores. Por exemplo, como você decide o valor do aluguel ou do financiamento da casa própria que você pode pagar ao mês? Quanto realmente vale um apartamento ou um carro usado? Existem muitas maneiras de estipular esses valores. Uma avaliação indireta implica identificar as informações usadas pela outra parte para definir objetivos e pontos de resistência. Também é importante saber como ela interpretou essas informações. Em negociações salariais, por exemplo, a gerência da empresa avalia as chances de um sindicato convocar uma greve baseada na rigidez com que os seus membros barganham ou no tamanho do fundo de apoio à greve. Por sua vez, em suas avaliações sobre a capacidade de a empresa enfrentar a greve, o sindicato considera estoques, as condições do mercado para o produto que ela produz e a porcentagem de funcionários sindicalizados. Em uma negociação envolvendo um imóvel, o tempo que ele está à venda no mercado, o número real de compradores em potencial, a pressa de um comprador para adquirir esse imóvel para fins comerciais ou residenciais e a saúde financeira do vendedor são fatores importantes. O comprador de um automóvel leva em conta o número de carros novos no estoque de uma concessionária, as reportagens sobre vendas de automóveis e a popularidade de um modelo em revistas especializadas (isto é, quanto mais procurado um modelo, menos o vendedor estará disposto a negociar o seu preço), ou mesmo guias de referência para descobrir quanto uma concessionária paga no atacado por diferentes modelos.

Diversas fontes de informações são úteis na avaliação do ponto de resistência da outra parte. É possível fazer observações, consultar documentos e publicações de fácil acesso e conversar com especialistas. Porém, é importante observar que esses indicadores são indiretos. Uma pessoa talvez interprete um conjunto de dados muito diferentemente de outra. Possuir um estoque grande de veículos pode sensibilizar a concessionária no sentido de reduzir o preço de um carro. Contudo, ao mesmo tempo ela pode nutrir a expectativa de que o mercado passe por alguma mudança em breve, iniciar uma campanha promocional sobre a qual o comprador ainda não tem informações, ou mesmo não ver necessidade alguma de reduzir valores, na espera pela recuperação econômica. Os parâmetros indiretos fornecem informações valiosas que *podem* refletir um cenário que a outra pessoa, cedo ou tarde, talvez tenha de encarar. É importante lembrar que uma informação pode ter significados distintos para pessoas diferentes e, por essa razão, talvez não comunique a outra parte exatamente aquilo que você acha que ela traduz.

A avaliação direta. Durante a barganha, a outra parte normalmente não revela informações exatas e precisas sobre seus objetivos, pontos de resistência e expectativas. Contudo, às vezes ela concede informações precisas. Quando é levada ao limite e precisa de um acordo rápido, a outra parte explica os fatos com muita clareza. Se os executivos de uma companhia acreditam que um acordo salarial acima de certo valor acabará com os negócios da empresa, eles deverão estipular esse valor como limite incondicional de forma muito clara, explicando em detalhe como foi definido. Pela mesma razão, o comprador de um apartamento talvez revele ao vendedor o valor máximo que deseja pagar, embasando essa decisão com uma explicação sobre receitas e despesas pessoais. Nessas circunstâncias, a parte que revela as informações acredita que o acordo proposto está dentro da variação de barganha – e que a outra parte aceitará as informações disponibilizadas como verdadeiras, não como um truque de barganha. Um vendedor no setor industrial informa um comprador sobre a qualidade de um produto ou de um serviço, sobre outros clientes que desejam adquirir o produto e o tempo necessário para a produção de pedidos especiais.

Porém, na maioria das vezes a outra parte não é tão aberta, o que torna mais complexos os métodos para obter informações diretas. Na espionagem internacional, as agências governamentais preservam fontes, interceptam mensagens e desvendam códigos. Em negociações trabalhistas, as empresas recrutam informantes ou instalam escutas nas salas de reunião dos sindicatos, que, por sua vez, recrutam alguns de seus membros para vasculharem os cestos de papéis dos executivos da empresa, em busca de algum documento revelador. Em negociações no mercado imobiliário, um vendedor às vezes oferece bebidas alcoólicas para "soltar a língua" do comprador, na esperança de obter informações relevantes.[9] Outras abordagens incluem provocar a outra parte até ela ter um acesso de raiva ou exercer pressão para que ela se descuide e revele informações valiosas. Alguns negociadores simulam um estado de exasperação, abandonando as negociações com raiva, na esperança de que a outra parte, no esforço de evitar um impasse, revele o que querem saber.

Administre as impressões da outra parte

Uma das táticas importantes para os negociadores é o controle das informações sobre metas e pontos de resistência revelados à outra parte, o que inclui o esforço para que ela forme uma opinião desejável sobre eles. Os negociadores devem filtrar as informações reveladas e representá-las como preferem que a outra parte as interprete. De modo geral, a filtragem é mais importante no começo da negociação, enquanto as ações diretas são mais úteis no final. Essa sequência permite que um negociador se concentre na obtenção de informações que sejam úteis na avaliação dos pontos de resistência e na determinação da melhor maneira de fornecer informações à outra parte.

As atividades de ocultamento.
A maneira mais simples de salvaguardar uma posição consiste em dizer e fazer o mínimo possível. O silêncio vale ouro ao responder perguntas. Palavras são usadas na formulação de perguntas ao outro negociador. A economia de palavras reduz a probabilidade de cometer deslizes verbais ou revelar quaisquer pistas que a outra parte pode usar para tirar conclusões. Um olhar de decepção ou de aborrecimento, inquietação nas mãos e dedos ou mesmo um interesse muito alto em descobrir algo podem ser indícios da importância que os pontos em discussão têm para um negociador. A discrição é a postura de ocultamento mais corriqueira.

Outra abordagem, vista quando as negociações em grupo são conduzidas por meio de um representante, é a incompetência calculada. Segundo essa tática, a entidade representada pelo negociador não fornece a ele todas as informações necessárias, o que impossibilita vazamentos. Ao contrário, o negociador é enviado como representante incumbido da tarefa de obter fatos e posteriormente revelá-los a quem o incumbiu dessa missão. Essa estratégia pode tornar as negociações complexas e tediosas, e muitas vezes gera protestos da outra parte contra a inabilidade do negociador para revelar dados importantes ou fazer acordos. Advogados, corretores de imóveis e investigadores desempenham esse papel com frequência. No papel de representantes, esses negociadores têm limites impostos pela entidade que representam ou por eles próprios em relação à autoridade de tomar decisões. Por exemplo, um homem que deseja comprar um carro avisa que precisa consultar sua esposa antes de tomar a decisão final.

Quando a negociação é realizada por uma equipe – como é comum em cenários diplomáticos, nas relações entre patrões e empregados e em muitas transações comerciais – a canalização de todas as informações via um porta-voz reduz as chances de algumas serem reveladas inadvertidamente. As negociações em equipe são discutidas em detalhe no Capítulo 10. Além da restrição do número de pessoas aptas a revelarem informações, essa estratégia permite aos integrantes da equipe negociadora observar e escutar com atenção o que a outra parte diz, podendo detectar indícios e informações sobre a posição dela. Outra atividade de ocultamento útil consiste em apresentar um número muito alto de itens na negociação, entre os quais apenas alguns que são de fato importantes para a parte que os apresenta. Com isso, a outra parte se vê compelida a recolher informações sobre uma gama muito ampla de tópicos, o que dificulta detectar quais itens têm relevância real. Essa tática, chamada de trabalho na neve* ou pia de cozinha, pode ser considerada uma tática dura (discutida a seguir neste capítulo), se for levada a extremos.[10]

As ações diretas para alterar impressões. Os negociadores usam vários meios para apresentar fatos que resultem em melhorias imediatas em suas posições ou que os façam parecer mais fortes aos olhos da outra parte. Um dos métodos mais óbvios é a *apresentação seletiva*, em que os negociadores revelam apenas os fatos necessários às suas posições. Os negociadores também usam essa técnica para fazer com que a outra parte forme a impressão adequada sobre pontos de resistência deles ou para criar novas possibilidades para um acordo, mais favoráveis que as existentes. Outra abordagem consiste em explicar ou interpretar fatos conhecidos, apresentando uma argumentação lógica que revele os custos e os riscos de as propostas da outra parte não serem implementadas. Uma alternativa consiste em dizer, "se você estivesse em meu lugar, seria assim que esses fatos pareceriam à luz dos argumentos que você propõe".

Os negociadores devem justificar as suas posições e os resultados almejados, influenciando as impressões da outra parte sobre deles. Táticas de poder e influência são discutidas em detalhe no Capítulo 7. Os negociadores adotam padrões do setor, valores de referência, apelos por justiça e argumentos pelo bem da empresa para desenhar uma imagem atraente e fazer a outra parte concordar com o que desejam. Esses argumentos são mais convincentes quando os fatos foram obtidos junto a uma fonte neutra, porque a outra parte não terá como pensar que tenham sido influenciados pelos resultados que você deseja. Contudo, a seletividade pode ser útil, mesmo em relação aos fatos que você disponibiliza, na gestão das impressões que a outra parte tem de suas preferências e prioridades. Não é necessário que ela concorde que o cenário teria essa configuração se estivesse em seu lugar. Ela também não precisa concordar que os fatos levem apenas às conclusões que você apresentou. Se a outra parte compreender como você vê as coisas, então o modo de pensar dela pode ser influenciado.

Exibir uma *reação emocional* diante de fatos, propostas e resultados possíveis é outra forma de ação direta que os negociadores podem adotar para fornecer informações sobre o que é importante para eles. Decepções ou demonstrações de entusiasmo normalmente sugerem que uma questão é importante, ao passo que o aborrecimento e a indiferença indicam que ela é trivial ou secundária. Reações de raiva e estardalhaço ou respostas ansiosas sugerem que o assunto é muito importante e conferem a ele uma relevância que influenciará a discussão. Porém, reações emocionais podem ser autênticas ou dissimuladas. As emoções são abordadas em detalhe no Capítulo 5. O tempo e a quantidade de detalhes que a outra parte utiliza ao apresentar um item também sinalizam importância. A verificação cuidadosa dos detalhes apresentados ou a insistência para que sejam esclarecidos e comprovados tem efeito análogo. Aceitar como verdadeiros os argumentos da outra parte de maneira natural pode gerar a impressão de desinteresse no assunto discutido.

---

* N. de T.: Em inglês, *snow job*, termo que alude ao esforço de ocultar algo sob a neve com fins ilícitos.

Adotar ações diretas para alterar as impressões da outra parte traz diversos riscos. Selecionar certos fatos para serem apresentados e enfatizar ou reduzir sua importância com exatidão é diferente de arquitetar e mentir. A primeira alternativa é esperada e compreendida em um cenário de barganha distributiva, ao passo que a segunda, mesmo em negociações agressivas, é motivo de ressentimento e muitas vezes é atacada com raiva quando descoberta. Porém, entre os dois extremos, o que é dito e feito como exageros calculados por uma parte pode ser percebido como distorção desonesta pela outra. As considerações éticas nas negociações são exploradas no Capítulo 8. Problemas também surgem quando itens triviais são introduzidos como elementos de distração, ou quando questões menores têm sua importância exagerada. A finalidade dessas iniciativas é ocultar o que é importante de verdade e direcionar a atenção da outra parte para o que não é. Contudo, há um perigo: a outra parte pode perceber essa manobra e, com estardalhaço, fazer concessões sobre os pontos menos relevantes, o que dá a ela o direito de exigir concessões igualmente generosas, mas com relação a questões centrais. Com isso a outra parte consegue vencer essa manobra, ditando as regras.

Modifique as percepções da outra parte

Um negociador consegue alterar as impressões da outra parte sobre os objetivos dela, fazendo com que os resultados pareçam menos atraentes ou que o custo de alcançá-los aparente ser alto. O negociador também pode tentar fazer com que exigências e posições soem mais atraentes ou menos desestimulantes para a outra parte.

Existem diversas abordagens para modificar as percepções da outra parte. Uma delas consiste em oferecer uma interpretação dos reais resultados da proposta que ela apresenta. Um negociador tem a alternativa de explicar com base na lógica as consequências de um resultado desagradável caso a outra parte obtenha o que pede. Isso talvez signifique realçar a importância de alguma coisa que tenha sido negligenciada. Por exemplo, nas negociações entre um sindicato e a diretoria de uma empresa, os diretores demonstram que a solicitação de uma jornada diária de seis horas não aumentaria o número de pessoas empregadas, porque não valeria à pena contratar pessoas por duas horas ao dia para compensar pelas horas retiradas da jornada padrão de oito horas. Por outro lado, se a empresa tivesse de manter a produção nos níveis atuais, seria necessário adotar horas extras para os funcionários empregados no momento, o que aumenta o custo total da mão de obra e, com o tempo, eleva o preço do produto. Essa elevação nos custos afeta a demanda pelo produto e, indiretamente, diminui o número de horas trabalhadas e o número de funcionários.

Também é possível alterar as percepções da outra parte com a ocultação de informações. Um vendedor do setor industrial nem sempre revela a um comprador que certas alterações de natureza tecnológica reduzem o custo de produção de forma significativa. Um corretor de imóveis talvez não revele a um comprador em potencial que, em três anos, uma autoestrada isolará a propriedade das outras áreas da cidade. O ocultamento de informações pode ter riscos de caráter ético já citados.

Manipule os custos reais do atraso ou do encerramento

Negociadores têm prazos. Contratos têm períodos de vigência. Acordos devem ser fechados antes de reuniões importantes. Pessoas precisam chegar a tempo de pegar um avião. Nesse cenário, prorrogar uma negociação pode ser dispendioso, sobretudo

"Sr. Mosbacher, o Sr. está esperando uma encomenda pela UPS?"

©2002 The New Yorker Collection, cartoonbank.com. Todos os direitos reservados.

para a parte que tem um prazo, porque ela terá de estendê-lo ou voltar para casa de mãos vazias. Ao mesmo tempo, as pesquisas e experiências práticas sugerem que a grande maioria dos acordos na barganha distributiva é concluída próximo ao prazo final.[11] Além disso, a pressão do tempo nas negociações parece reduzir as demandas do negociador,[12] e quando um negociador representa uma entidade, a pressão do tempo parece reduzir a probabilidade de chegar a um acordo.[13] A manipulação de um prazo final ou o fracasso em chegar a um acordo antes desse limite podem ser ferramentas poderosas nas mãos da pessoa que não enfrenta a pressão do tempo. Em alguns aspectos, a melhor arma em uma negociação é a ameaça de encerrá-la, o que acabaria com a possibilidade de acordo entre as partes. Uma parte normalmente sente essa pressão de forma mais intensa do que a outra e, por essa razão, o tempo é uma arma potente. Existem três maneiras de manipular os custos do atraso de uma negociação: (1) planejar uma ação de rompimento, (2) formar uma aliança com terceiros e (3) manipular o cronograma da negociação.

As ações de rompimento. Uma das maneiras de incentivar um acordo consiste em adotar ações de rompimento para aumentar os custos de não se chegar a um acordo negociado. Em uma ocasião, que um grupo de trabalhadores sindicalizados do setor de alimentos em negociação com um restaurante recrutou apoiadores, pediu que entrassem no restaurante antes do almoço, pedissem uma xícara de café e consumissem a bebida sem pressa. Quando os frequentadores habituais do restaurante chegaram para almoçar, todas as cadeiras estavam ocupadas.[14] Em outro caso, as pessoas insatisfeitas com os carros que adquiriram em uma concessionária pintaram os veículos com grandes limões amarelos e o nome da concessionária. Depois, saíram dirigindo pela cidade, na tentativa de constranger a revenda e conseguir um acordo. Organizar piquetes no portão de uma empresa, boicotar um produto e trancar os negociadores em uma sala até terem chegado a um acordo são formas de ações de rompimento que aumentam os custos dos negociadores e os faz retornarem à mesa de negociações. Às vezes essas táticas funcionam, mas podem gerar raiva e acerbar o conflito.

As alianças com estranhos. Outro modo de aumentar os custos de um atraso ou de encerrar negociações é envolver terceiros que possam, de alguma maneira, influenciar o desfecho do processo. Em muitas transações comerciais, uma parte sugere que, se as negociações com um representante não tiverem sucesso, ela procurará o órgão de fiscalização de operações comerciais para prestar queixa sobre as atitudes do representante. As pessoas insatisfeitas com as práticas e políticas de empresas ou órgãos governamentais estabelecem forças-tarefa, grupos de atividade política e organizações de protesto para exercer maior pressão, envolvendo metas importantes para as organizações. Por exemplo, para terem atendidas suas solicitações, os clientes de empresas de serviços públicos muitas vezes conseguem melhorar suas negociações sobre tarifas e serviços mencionando a obrigatoriedade de essas empresas atuarem segundo as diretrizes das comissões de serviços públicos.

A manipulação da programação. A programação das negociações muitas vezes pode deixar uma das partes em considerável desvantagem, ou ser usada para aumentar a pressão do tempo sobre os negociadores. Os executivos que viajam a outros continentes para negociar com consumidores ou fornecedores muitas vezes descobrem que as negociações são programadas para iniciar imediatamente após sua chegada, quando estão cansados da viagem e sofrem com a diferença de fusos horários. Em outra situação desse tipo, a parte anfitriã adota artimanhas para atrasar o processo, concentrando as tratativas nos últimos minutos de uma seção de discussões e obtendo concessões da parte visitante.[15] As concessionárias de automóveis provavelmente negociam de modos diferentes com clientes que entram no estabelecimento meia hora antes do final do expediente de sábado, em comparação com aqueles que a procuram na primeira hora de uma manhã de segunda-feira. Os funcionários do setor de compras de uma empresa têm uma negociação muito mais difícil quando o tempo é reduzido, porque suas fábricas correm o risco de ficar ociosas se não conseguem garantir um novo contrato para a compra de matérias-primas a tempo.

As posições assumidas durante a negociação

Os negociadores que adotam a barganha distributiva precisam estar familiarizados com o processo de assumir posições durante a barganha, com a importância da oferta e da posição iniciais e o papel das concessões no decorrer da negociação.[16] No começo da negociação, cada parte adota uma posição própria. De modo geral, uma parte altera essa posição em resposta às informações fornecidas pela outra ou ao comportamento dela. Muitas vezes, a posição da outra parte também muda durante o processo de barganha. As mudanças de posições são acompanhadas por informações novas relativas às intenções, à importância dos resultados e às prováveis zonas de acordo das partes. As negociações são processos interativos. Nelas, as partes têm a chance de apresentar elementos informativos sobre suas posições, que podem então ser revisadas à luz dessas revelações.

As ofertas iniciais

Quando as negociações começam, o negociador se depara com alguns questionamentos desconcertantes. Qual é minha melhor oferta inicial? Existe o risco de o outro negociador vê-la como muito baixa ou muito alta, rejeitando-a com desdém? Uma oferta vista como modesta pela outra parte poderia ter sido mais alta, para garantir um espaço de manobra ou um acordo mais vantajoso? A oferta inicial deve estar próxima do ponto de resistência, sugerindo uma posição mais cooperativa? Essas questões são menos complexas quando o negociador conhece mais sobre os limites e as estratégias da outra parte. Embora o conhecimento sobre a outra parte ajude os negociadores a definir suas ofertas iniciais, ele não lhes diz tudo o que devem fazer.

A questão fundamental diz respeito ao fato de a oferta inicial ser exagerada ou modesta. Estudos indicam que os negociadores que fazem ofertas iniciais exageradas chegam a acordos mais altos do que aqueles que fazem ofertas iniciais baixas ou modestas.[17] Existem ao menos duas razões pelas quais uma oferta inicial exagerada pode ser vantajosa.[18] A primeira é que ela dá ao negociador espaço de movimentação e, portanto, disponibiliza o tempo necessário para conhecer as prioridades da outra parte. A segunda é que uma oferta inicial exagerada atua como uma mensagem secundária e pode criar, na mente da outra parte, a impressão de que (1) há um longo caminho pela frente antes de um acordo razoável ser atingido, (2) existe o risco de precisar fazer mais concessões do que inicialmente pretendido para preencher a lacuna entre as duas ofertas iniciais e (3) há chances de a outra parte ter estimado incorretamente o próprio ponto de resistência.[19] Em contrapartida, duas desvantagens específicas de uma oferta inicial exagerada dizem respeito (1) à possibilidade de ela ser rejeitada sumariamente pela outra parte, o que interrompe as negociações antes do previsto, e (2) às chances de ela transmitir uma atitude dura, que pode ser prejudicial aos relacionamentos no longo prazo. Quanto mais exagerada a oferta, maior a probabilidade de ela ser rejeitada de imediato. Portanto, os negociadores que fazem ofertas iniciais exageradas precisam ter em mãos alternativas viáveis que possam ser adotadas caso o outro negociador se recuse a discutir essas ofertas.

As posturas iniciais

Uma segunda decisão que os negociadores precisam tomar no começo da barganha distributiva está relacionada à postura ou à atitude que devem ser adotadas durante a negociação. É preciso ser competitivo (isto é, lutar para tirar o melhor proveito em todos os pontos discutidos)? Ou é melhor ser moderado (estar disposto a fazer concessões e assumir compromissos)? Alguns negociadores assumem uma postura inicial hostil, atacando as posições, ofertas e até o caráter da outra parte. Em resposta a essa atitude, a outra parte imita esse comportamento e retribui a hostilidade recebida. Contudo, o fato de a outra parte não reproduzir uma postura agressiva não quer dizer que ela vai reagir de modo amigável e receptivo. Outros negociadores preferem uma posição de moderação e compreensão, como se dissessem, "sejamos razoáveis para podermos resolver esse problema de modo satisfatório para todos". A outra parte talvez não imite essa postura inicial moderada, mas sua reação provavelmente será influenciada por ela.

Os negociadores devem pensar com cuidado sobre a mensagem que desejam passar com suas posturas iniciais e concessões posteriores, porque existe uma tendência de as partes responderem "na mesma moeda" com as táticas distributivas da negociação.[20] Isto é, eles respondem às táticas distributivas da outra parte com suas próprias táticas distributivas.

Para comunicar-se de forma efetiva, um negociador precisa enviar uma mensagem consistente por meio da oferta e da postura iniciais.[21] Uma posição razoável de barganha normalmente está associada a uma postura amigável, e uma posição de barganha exagerada muitas vezes está vinculada a uma postura mais dura e competitiva. Quando as mensagens enviadas pela oferta e pela posição iniciais estão em conflito, a outra parte terá dificuldade de interpretá-las e respondê-las. As considerações éticas são exploradas em detalhe no Capítulo 8.

As concessões iniciais

Uma oferta inicial normalmente é recebida com uma contraoferta, e ambas definem a variação de barganha inicial. Às vezes a outra parte não faz uma contraoferta, limitando-se a afirmar que a primeira oferta (ou conjunto de demandas) é inaceitável, e pede para que a parte que a apresentou retorne com um conjunto de propostas mais razoáveis. De qualquer maneira, após a primeira rodada de ofertas, a questão é: qual é o primeiro movimento ou a primeira concessão que devem ser feitos? Os negociadores decidem entre não fazer concessão alguma, mantendo-se firmes e insistindo na posição original, ou fazer algumas concessões. É interessante observar que subir sua oferta inicial não é uma boa opção, isto é, estabelecer uma oferta muito diferente do ponto-alvo da outra parte, com base na primeira oferta. Esse tipo de iniciativa sempre é recebido pelo outro negociador com desaprovação. Se for preciso fazer concessões, a questão é: qual é o alcance dessas concessões? Lembre-se de que a primeira concessão é como uma mensagem, frequentemente simbólica, sobre como você procederá.

As ofertas, posturas e concessões iniciais são elementos característicos do começo das negociações, que as partes utilizam para comunicar como pretendem negociar. Uma oferta inicial exagerada, uma postura inicial obstinada e uma concessão inicial conservadora traduzem uma posição de firmeza. Em contrapartida, uma oferta de abertura moderada, uma postura inicial moderada e cooperativa e uma concessão inicial plausível veiculam uma postura básica de flexibilidade. Ao demonstrar uma posição firme, os negociadores tentam capturar a maior parte da variação de barganha para si próprios e maximizar os resultados finais, ou poupar o máximo em termos de espaço de manobras para as fases posteriores da negociação. A firmeza gera um clima que permite à outra parte perceber que as concessões são muito pequenas, de modo que ela pode desistir e aceitar o que é oferecido rapidamente, sem arrastar o processo. Contudo, às vezes ocorre o oposto: a firmeza pode abreviar as negociações.[22] Além disso, existe a possibilidade de uma postura ser paga na mesma moeda pela outra parte. Com isso, uma ou ambas as partes podem se tornar intransigentes, revoltando-se e abandonando as negociações por completo.

Existem diversas boas razões para adotar uma postura flexível.[23] Primeiro, quando assumimos posturas diferentes durante uma negociação, é possível conhecer os objetivos e as possibilidades percebidas observando como a outra parte reage. Os negociadores talvez prefiram estabelecer um relacionamento cooperativo, não combativo, na esperança de chegar a um acordo melhor. Outro aspecto é que a flexibilidade mantém o andamento das negociações. Quanto mais flexível uma parte parecer, mais a outra parte acreditará que um acordo é possível.

O papel das concessões

As concessões são essenciais a toda negociação; sem elas o processo não existe. Se uma parte não está preparada para fazê-las, a outra precisa desistir, ou o processo acabará em impasse. As pessoas iniciam negociações esperando concessões. Os negociadores não se sentem satisfeitos quando as negociações terminam já com sua primeira oferta, talvez porque sentem que poderiam ter obtido resultados melhores.[24] De modo geral, as concessões imediatas são percebidas como menos interessantes que as graduais ou estendidas, para as quais a percepção de valor é maior.[25] Os negociadores que adotam a barganha distributiva com eficiência não começam as negociações com uma oferta inicial muito próxima a seu ponto de resistência; ao contrário, eles se certificam de haver espaço suficiente para algumas concessões na variação de barganha. De modo geral, as pesquisas sugerem que as pessoas aceitam a primeira ou a segunda oferta mais atraente, em relação a seu ponto-alvo,[26] o que indica a importância de identificar o ponto-alvo da outra parte com exatidão. Com isso, os negociadores reduzem as chances de terem de recuar muito e com muita rapidez com relação ao ponto-alvo que definiram antes de a negociação começar.

Muitas evidências demonstram que as partes se sentem melhor em relação a um acordo quando a negociação envolve uma evolução de concessões.[27] Rubin e Brown sugerem que os negociadores gostam de acreditar que são capazes de influenciar o comportamento da outra parte e fazer com que ela atue conforme desejam.[28] As concessões sinalizam a importância da outra parte e uma disposição de reconhecer a legitimidade de suas posições. Em uma negociação, o status e o reconhecimento, que são fatores intangíveis, podem ser tão importantes quanto os aspectos tangíveis. Contudo, as concessões também representam riscos. Se a outra parte não responde com outra concessão, é indício de que ela talvez ache que o proponente da concessão inicial seja fraco. Logo, não responder com uma concessão envia uma mensagem de firmeza, que faz o proponente suspeitar de que a imagem que a outra parte tem dele foi prejudicada ou que sua reputação foi afetada.

A reciprocidade de concessões não deve ocorrer por acaso. Se uma parte fez uma concessão importante, espera-se que a oferta da outra parte envolva o mesmo ponto ou um ponto semelhante com importância equivalente e comparável em magnitude. Fazer uma concessão adicional antes de a outra parte responder com uma concessão própria (ou quando a concessão que ela propôs não é adequada) pode transmitir a ideia de fraqueza e levar ao desperdício de um espaço de manobra valioso. Quando recebem uma concessão inadequada, os negociadores muitas vezes deixam claro o que esperaram antes de apresentarem suas próprias concessões: "Isso não basta. Você terá de conceder X antes de eu fazer outra concessão a você".

Para encorajar o outro lado a fazer mais concessões, os negociadores vinculam suas concessões a uma concessão anterior feita pela outra parte. Eles dizem, "Uma vez que você reduziu suas exigências relativas a X, estou disposto a conceder Y". Uma forma poderosa de concessão envolve a apresentação de concessões em pacotes. Por exemplo, "Se você ceder a respeito de A e B, eu cedo com relação a C e D". As concessões em pacote geram resultados melhores para os negociadores, comparadas a concessões sobre questões individuais.[29] Um pacote especialmente eficiente de negociações consiste em conceder mais nos itens de baixa prioridade para garantir mais nos itens de maior importância. Essa tática da negociação integrativa é chamada de troca de favores, e é discutida no Capítulo 3.

O padrão para fazer concessões

O padrão das concessões feitas em uma negociação contém informações valiosas, embora ele nem sempre seja fácil de interpretar. Quando concessões sucessivas diminuem gradativamente, é sinal de que a posição da pessoa que as faz está ficando mais firme e que seu ponto de resistência está próximo. Contudo, essa generalização precisa ser interpretada segundo a noção de que uma concessão feita nos estágios posteriores da negociação pode também indicar que não há muito espaço para manobras. Quando a oferta inicial é exagerada, o negociador tem muito espaço disponível para novas ofertas em pacote, o que facilita fazer concessões expressivas. Quando a oferta ou contraoferta se aproxima do ponto-alvo do negociador, fazer uma concessão de magnitude igual à da concessão inicial pode levar o negociador além de seu ponto de resistência. Na hipótese de um negociador fazer uma oferta inicial $100 abaixo do ponto-alvo da outra, uma concessão inicial de $10 reduziria o espaço de manobra em 10%. Quando as negociações ficam a $10 do ponto-alvo da outra parte, uma concessão de $1 entrega 10% do espaço para manobras. Há vezes em que um negociador não consegue comunicar essas relações ao fazer ou interpretar concessões. Porém, o exemplo acima ilustra como a parte que recebe a concessão interpreta a dimensão dela, dependendo de onde ela ocorre no processo de negociação.

Os padrões do processo de fazer concessões também são importantes. Vamos considerar o padrão das concessões feitas por dois negociadores, George e Mario, mostrado na Figura 2.4. Vamos supor que eles estejam discutindo o preço unitário para o transporte de peças de computador e que cada um negocia com o seu próprio cliente. Mario faz três concessões, de $4 por unidade, totalizando $12. Em contrapartida, George faz quatro concessões, de $4, $3, $2 e $1 por unidade, totalizando $10. Tanto Mario quanto George afirmam que fizeram as concessões possíveis, mas as chances são maiores de o cliente de George acreditar que ele esteja dizendo a verdade, porque o padrão que ele apresentou dá a entender que não há mais espaço para concessões. Quando Mario afirma que já não tem muito a conceder, o cliente talvez não acredite nele, porque o padrão do processo de apresentação de concessões que Mario utilizou (três concessões de igual valor) sugere que há espaço para negociar, ainda que Mario tenha concedido mais, em termos de valor, comparado a George.[30] Observe que não consideramos as palavras ditas por Mario e por George enquanto faziam essas concessões. Também é importante justificar as concessões à outra parte, sobretudo aquelas envolvendo reduções em preços.[31] Quando negociamos, nossos comportamentos e as palavras que usamos estão sujeitos à interpretação da outra parte; é importante sinalizar a ela, com nossas ações e palavras, que as concessões estão quase terminadas.

Em negociações envolvendo múltiplas questões, os negociadores sugerem formas diferentes de um acordo em potencial, que contudo têm essencialmente o mesmo va-

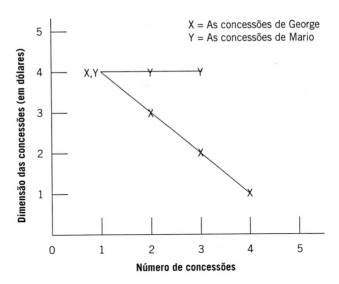

Figura 2.4 O padrão para fazer concessões com dois negociadores.

lor para eles. Os negociadores reconhecem que nem todos os pontos têm valor idêntico para as duas partes. Por exemplo, um negociador preparando um contrato de compra está interessado apenas na receita total de um pacote. Ele não se importa se o valor total é pago em um mês sem juros, ou em seis meses a uma taxa de financiamento com base nas taxas de juros em vigor. Apesar disso, a duração do período de pagamento pode ser crítica para a outra parte, se ela tiver problemas com o seu fluxo de caixa. Ela talvez prefira pagar a taxa de financiamento e dividir os pagamentos ao longo de seis meses. Na verdade, as diversas combinações envolvendo o valor principal, a taxa de juros e o período de pagamento podem ter importâncias diferentes para as partes.

As ofertas finais

Ao final do processo, o negociador deseja transmitir a mensagem de que não há espaço restante para manobras – que a oferta apresentada no momento é a última. Um bom negociador diz, "é tudo o que posso fazer" ou "é o máximo que posso oferecer". Contudo, às vezes está claro que uma simples afirmação não basta; nesse caso, uma alternativa é usar as concessões para transmitir a sua mensagem. Um negociador pode simplesmente deixar a ausência de concessões adicionais traduzir a mensagem, apesar da insistência da outra parte. Esta a princípio talvez não reconheça que a última oferta apresentada é a oferta final e por isso faz mais uma concessão para obter uma reação do negociador. Ao descobrir que concessões adicionais não ocorrerão, a outra parte pode se sentir traída e perceber que o padrão de concessões e contraconcessões foi violado. A amargura resultante complica as negociações.

Uma das maneiras de transmitir a mensagem de que a concessão apresentada é a última consiste em fazê-la de modo substancial. Isso implica em entregar o que resta da variação de barganha. A oferta final precisa ser ampla o bastante para causar um efeito dramático, sem levantar a suspeita de que o negociador reteve espaço de negociação e que outras questões do *mix* da barganha continuam disponíveis.[32] Uma concessão pode ser personalizada para a outra parte ("Falei com o meu chefe e ele fez uma oferta especial apenas para você"), o que indica que essa é a última concessão que o negociador fará.

O compromisso

Um dos conceitos essenciais na criação de uma posição de barganha é o do compromisso, definido como a demarcação de uma posição de barganha com base em uma garantia, explícita ou implícita, com relação ao andamento das ações futuras.[33] Por exemplo, um empresário do setor de esportes diz ao diretor de um time de atletas profissionais, "se não obtivermos o salário que desejamos, o meu atleta não jogará no próximo ano". Essa iniciativa revela a posição de barganha do negociador e promete ações futuras se o resultado desejado não se verificar. O compromisso procura eliminar as ambiguidades no curso de ação pretendido pelo negociador. Ao assumir um compromisso, o negociador está demonstrando suas intenções sobre o curso das ações, tomando sua decisão ou buscando seu objetivo, dizendo, "se você também sair em busca de seus objetivos, provavelmente teremos um conflito direto. Ou um de nós vence, ou nenhum atinge os objetivos pretendidos". O compromisso reduz as opções da outra parte, pois é concebido para reduzir o leque de escolhas dela.

O compromisso muitas vezes é interpretado como uma ameaça pela outra parte – caso não o aceite ou se renda, ela poderá sofrer consequências negativas. Embora alguns compromissos possam ser ameaças, outros são simples declarações sobre as ações almejadas, que entregam a responsabilidade de evitar um desastre mútuo nas mãos das duas partes. Um país que afirma publicamente que invadirá outro e que a guerra só pode ser evitada se as outras nações não tentarem impedir essa invasão está fazendo um comprometimento arrojado e dramático. Os compromissos também podem envolver promessas futuras, como, "se ganharmos esse aumento de salário, concordaremos com todos os demais pontos arbitrados".

Devido a sua natureza, os compromissos são declarações que normalmente exigem continuidade. Um negociador que alerta sobre consequências (por exemplo, o jogador que não participará de competições no próximo ano) mas não obtém o que deseja na negociação perderá credibilidade no futuro se não tomar partido em relação às consequências (por exemplo, o jogador não se apresenta para os treinos). Além disso, a imagem de uma pessoa pode sofrer se esta não der continuidade a um compromisso assumido em público. Portanto, um negociador revela um compromisso porque existe uma forte motivação para mantê-lo. Uma vez que a outra parte provavelmente não entende essa situação, um compromisso, assim que for aceito, terá um forte efeito naquilo que a outra parte acredita ser possível.[34]

As considerações táticas ao usar compromissos

Como muitas ferramentas úteis na negociação, os compromissos têm duas faces. Eles precisam ser utilizados para obter as vantagens descritas anteriormente, mas também podem fazer com que um negociador estabeleça uma posição ou um ponto específico. Os compromissos substituem a flexibilidade pela certeza de ação, mas criam dificuldades se uma parte desejar adotar uma nova posição. Por exemplo, vamos supor que após se comprometer com um curso de ações você descobriu informações indicando que uma posição diferente seria mais apropriada. Por exemplo, você percebe que suas estimativas iniciais sobre o ponto de resistência da outra parte estão erradas e que na verdade há uma variação de barganha negativa. Talvez seja desejável, ou mesmo necessário, alterar posições após um compromisso. Por essas razões, quando uma parte assume um compromisso é preciso fazer planos de contingência para uma saída honrosa, se necessária. Para que um compromisso original seja eficaz, os planos de contingência precisam ser mantidos em sigilo. Por exemplo, o empresário do atleta talvez tenha planejado se aposentar logo após o desfecho esperado das negociações. Ao antecipar a aposentadoria, ele tem a escolha de cancelar o compromisso e deixar o caminho livre para um novo negociador. O comprador de um apartamento tem a escolha de voltar atrás em seu compromisso de adquirir o imóvel caso descubra rachaduras no reboco na sala de estar ou caso não seja capaz de obter um financiamento.

Os compromissos podem ser úteis, mas, durante o processo, o negociador pode descobrir que seus compromissos também são vantajosos para impedir que a outra parte faça os dela. Outro aspecto relevante é que, se a outra parte assumir um compromisso, você terá vantagens se mantiver abertos alguns caminhos para que ela saia dessa posição. As seções abaixo examinam em detalhe como essas questões táticas funcionam.

Estabelecendo um compromisso

Diante de declarações fortes e ardentes – algumas das quais não passam de blefes – que são feitas durante uma negociação, como um negociador estabelece que uma afirmativa é um compromisso? Uma declaração de compromisso tem três características: um grau elevado de *finalidade*, um grau elevado de *especificidade* e uma declaração clara das *consequências*.[35] Um comprador diz, "precisamos de um desconto de 10% em volume, ou teremos problemas". Essa afirmação não é tão poderosa quanto "precisamos de um desconto de 10% em volume em nossa próxima compra, ou contrataremos outro fornecedor no próximo mês". Essa última afirmação comunica finalidade (como e quando o desconto em volume precisa ser dado), especificidade (a porcentagem de desconto em volume esperada) e uma declaração clara das consequências (exatamente o que vai acontecer se o desconto não for dado). Ela é muito mais forte do que a primeira; além disso, é muito mais difícil desvencilhar-se dela. As diversas maneiras de criar um compromisso são discutidas abaixo.

Os pronunciamentos públicos. Um compromisso fica mais intenso quando as pessoas ficam sabendo dele. A declaração do empresário do setor de esportes sobre a desistência de atuar na próxima temporada teria um impacto diferente se fosse feita durante um programa de esportes na televisão, e não em uma mesa de negociações. Há exemplos de negociações em que uma das partes convocou entrevistas coletivas com a imprensa, ou colocou anúncios em jornais ou outras publicações, dizendo o que queria e o que poderia acontecer se seus objetivos não se concretizassem. Nessas situações, quanto maior o público, menores as chances de o compromisso ser alterado. O efeito de um contexto social mais amplo nas negociações será discutido no Capítulo 9.

As ligações com uma base externa. Outra maneira de fortalecer um compromisso consiste em formar um vínculo com um ou mais aliados. Em uma empresa, os funcionários insatisfeitos com a gerência formam uma comissão para expressar as preocupações que têm. Associações industriais unem esforços para definir os padrões de um produto. Uma variante desse processo ocorre quando os negociadores criam condições que dificultam o rompimento de um comprometimento que fizeram. Por exemplo, ao encorajar colonos comprometidos a construírem suas casas na Cisjordânia, próximo a Jerusalém, o governo israelense aumentou a dificuldade de conceder essas terras aos palestinos, ponto este que Israel inicialmente quis enfatizar.

O aumento da proeminência das demandas. Muitas iniciativas aumentam a ênfase das declarações de compromisso. Se a maioria das ofertas e concessões for feita verbalmente, uma declaração por escrito atrai a atenção para o compromisso. Da mesma forma, se as declarações anteriores foram feitas por escrito, utilizar uma letra ou um papel diferente em uma nova declaração a diferencia das demais. A repetição é uma das ferramentas mais poderosas para a proeminência de uma declaração. O uso de canais diferentes de comunicação para transmitir um compromisso enfatiza a questão – por exemplo, avisar à outra parte sobre um compromisso e então entregar uma declaração por escrito, lê-la em voz alta e fazê-la circular entre as partes.

O reforço da ameaça ou da promessa. Uma ameaça traz consigo o perigo de ir longe demais. Ao fazer uma declaração muito intensa, em vez de parecer intimidador, você poderá dar a impressão de estar sendo tolo. Afirmativas como "se eu não ganhar uma concessão sobre esse ponto, tomarei providências para que você nunca mais consiga fechar um negócio!" provavelmente serão recebidas com irritação ou desprezo, não preocupação ou assentimento. Declarações longas, detalhadas e exageradas prejudicam a credibilidade dos negociadores. Em contrapartida, afirmações simples e diretas sobre demandas, condições e consequências são mais efetivas.

Várias medidas podem ser adotadas para reforçar a ameaça implícita ou explícita em um compromisso. Em uma delas, circunstâncias semelhantes são analisadas junto com suas consequências. Em outra, são feitos preparativos óbvios para uma ameaça. Diante da possibilidade de uma greve, as empresas aumentam estoques e transportam colchões e alimentos para suas fábricas, os sindicatos organizam fundos de apoio à greve e dão conselhos a seus membros sobre como sobreviver com uma renda menor, no caso de a greve de fato ser declarada. Outra medida consiste em fazer pequenas ameaças antecipadamente, o que leva a outra parte a acreditar que ameaças maiores estejam a caminho. Por exemplo, um negociador pode dizer, "se essas negociações não evoluírem, não voltarei à mesa de negociações após o almoço", e perpetrar essa ameaça.

Por fim, as pesquisas sobre ameaças sugerem que os negociadores que as fazem dão impressão de serem mais poderosos do que aqueles que não as adotam.[36] Porém, essa percepção de maior poder não parece se traduzir em desfechos mais adequados para os negociadores que utilizam a ameaça como tática. Na verdade, muitas vezes estes têm a reputação de serem menos cooperativos, e os resultados que obtêm em situações integrativas parecem ser menores do que aqueles alcançados por quem não recorre a essa tática.[37] As negociações integrativas são discutidas no Capítulo 3.

Como impedir a outra parte de assumir compromissos prematuramente

Todas as vantagens de uma posição compromissada atuam contra o negociador quando a outra parte também assume um compromisso. Por essa razão, é importante tentar impedir que o outro negociador assuma um compromisso. As pessoas muitas vezes adotam essas posições quando ficam com raiva ou se sentem forçadas. Esses compromissos não são planejados e podem representar uma desvantagem para ambas as partes. Portanto, os negociadores devem prestar muita atenção no nível de irritação, raiva e impaciência da outra parte.

Compromissos bons, consistentes e deliberados levam tempo para serem obtidos, pelas razões já discutidas. Uma das maneiras de impedir a outra parte de adotar um compromisso é negar a ela o tempo necessário. Na negociação de um imóvel com opção de desistência, o vendedor pode utilizar o tempo mostrando-se indisponível, exigindo verificações detalhadas relativas à herança ou aos limites da propriedade, o que reduz o tempo para um comprador em potencial fazer uma oferta até a data limite e permite que outro comprador, disposto a pagar mais, entre na negociação. Outra abordagem para impedir que a outra parte assuma uma posição comprometida consiste em ignorar ou diminuir a importância de uma ameaça, ao não reconhecer o compromisso da outra parte, ou mesmo fazendo uma piada sobre ele. Um negociador pode dizer, despreocupadamente, "você não está falando sério", ou "eu sei que você não tem intenção de seguir em frente com isso", ou prosseguir com as negociações como se o compromisso feito não tivesse sido escutado ou compreendido. Se o negociador for capaz de simular que não ouviu o compromisso da outra parte ou que não o considera importante, a declaração pode ser ignorada mais tarde, sem as consequências que seriam observadas se tivesse sido levada a sério. Embora o outro negociador ainda possa fazer a ameaça, a crença de que ela seja levada a cabo diminui.

No entanto, há casos em que um negociador tem vantagens quando a outra parte assume um compromisso. Quando ela assume uma posição em um momento relativamente precoce, talvez o negociador possa tirar proveito consolidando essa posição, para que não seja alterada com o avanço das negociações. Um negociador pode lidar com essa situação de duas maneiras: identificando a importância de um compromisso quando ele é feito, ou anotando e acompanhando as declarações da outra parte. Por exemplo, um funcionário que se incomoda com o modo com que situação foi tratada declara que o problema nunca o perturbará o bastante para fazer com que peça demissão. O gerente pode se concentrar nessa afirmativa no momento em que é feita, ou aludir a ela mais tarde, se o funcionário não se acalmar. As duas ações servem para impedir que o funcionário tome uma decisão precipitada quando está com raiva e permitem que os ânimos se acalmem antes de as discussões serem retomadas.

Como abandonar um compromisso

Muitas vezes, os negociadores querem que a outra parte abandone um compromisso; em outras, é a outra parte que pensa em desistir do compromisso que adotou. Quais as maneiras de fazer isso acontecer? Sugerimos quatro caminhos para escapar de compromissos.

Planeje uma saída. Uma maneira de recuar de um compromisso já foi discutida: ao estabelecê-lo, o negociador deve também planejar uma saída. Como alternativa, ele pode reler um compromisso para indicar que as condições nas quais ele é válido mudaram. Às vezes as informações dadas pela outra parte durante as negociações permitem a um negociador dizer, "considerando o que você disse durante a discussão, terei de repensar minha posição inicial". O mesmo pode ser feito pela outra parte. Um negociador que deseja possibilitar à outra parte abandonar uma posição de compromisso sem perder credibilidade talvez diga, "diante do que disse a você sobre a situação [ou diante dessas informações novas], acredito que você entende que sua posição anterior já não tem validade". Não é preciso lembrar que a última coisa que um negociador quer é constranger a outra parte, ou fazer declarações condenatórias sobre uma mudança de posição; ao contrário, a outra parte deve ter a oportunidade de recuar com dignidade, sem perder a postura.

Deixe o assunto morrer, silenciosamente. A segunda maneira de abandonar um compromisso consiste em deixar o assunto desaparecer por conta própria. Nesse sentido, durante a negociação o negociador pode fazer uma nova proposta sobre a questão envolvida no compromisso, sem mencionar a proposta anterior. Em uma variante desse processo, ele busca uma direção que não faz parte do compromisso anterior da outra parte. Por exemplo, é possível dizer a um funcionário que afirmou que jamais aceitaria um cargo novo que uma mudança de cargo "temporária" pode trazer vantagens para a sua carreira. Instituições burocráticas mensuram o grau de aprovação dessas mudanças apresentando-as como "experiências inovadoras" antes de as implementarem de fato. Se a outra parte, em resposta a uma dessas variantes, silencia ou faz algum comentário indicando a disposição de deixar o assunto seguir nessa direção, a negociação deve prosseguir.

Reafirme o compromisso. Uma terceira rota consiste em reafirmar o compromisso em termos gerais. A parte que deseja abandonar um compromisso faz uma nova proposta, alterando alguns detalhes para alinhá-la a seus interesses no momento, sem esquecer os princípios gerais da proposta anterior. Por exemplo, o comprador que exigiu um desconto de 10% em volume refaz sua exigência posteriormente e diz que um bom desconto é necessário. Com isso a outra parte pode explorar o que significa um "bom desconto".

Minimize os danos. Por fim, se a outra parte abandona uma posição de compromisso, é importante ajudá-la a superar qualquer constrangimento, o que implica auxiliá-la a minimizar qualquer prejuízo à sua autoimagem ou aos seus relacionamentos. Uma estratégia útil nessas situações consiste em aludir publicamente a uma iniciativa da outra parte com relação a uma causa nobre ou interessante que não faça parte da negociação. Os diplomatas recuam de um compromisso por conta de sua preocupação com a paz no mundo. Um comprador ou um vendedor desiste de um aspecto em uma negociação imobiliária em apoio ao bem-estar econômico de uma comunidade. Um gerente abandona uma posição compromissada pelo bem da empresa em que trabalha.

Uma posição compromissada é uma ferramenta poderosa na negociação. Contudo, ela também é uma ferramenta rígida que, portanto, deve ser usada com cautela. Como qualquer outra ferramenta, é preciso estar alerta, com relação tanto às maneiras de impedir que a outra parte faça um compromisso, quanto aos modos como utilizamos essa ferramenta a nosso favor. Infelizmente, muitos compromissos são feitos de modo impulsivo, em momentos de irritação ou quando somos tomados pelo desejo de parar de fazer concessões, não como resultado de um planejamento tático ponderado com clareza. Nos dois casos, o principal efeito de uma posição compromissada é a possibilidade de remover uma questão da pauta de discussão – tornando-a inegociável, exceto em situações de grande risco para as duas partes. A posição de compromisso precisa ser aceitável e parecer inevitável – se X acontecer, Y ocorrerá. Convencer a outra parte que o destino do assunto em discussão está selado é tarefa difícil e exige preparação, tempo e habilidade. Por essa razão, abandonar uma posição de compromisso não é fácil, mas o processo pode ser simplificado planejando meios de escapar no momento em que a posição está sendo proposta. Muitas alternativas disponíveis para um negociador sair de uma situação de compromisso também podem ser adotadas para ajudar a outra parte a sair de igual posição ou, melhor ainda, impedir ela de assumi-la.

Fechando o acordo

Após negociar por um período de tempo e conhecer as necessidades, posições e talvez o ponto de resistência da outra parte, o próximo desafio de um negociador é fechar o acordo. Neste momento importante, os negociadores recorrem a diversas táticas.[38] Escolher a melhor delas para uma negociação específica é uma questão tanto de habilidade quanto de arte.

Ofereça alternativas. Em vez de fazer uma oferta final única, os negociadores podem fornecer dois ou três pacotes de alternativas relativamente equivalentes em termos de valor. As pessoas gostam de ter escolhas, e disponibilizar pacotes de alternativas à outra parte pode ser uma técnica muito efetiva para fechar uma negociação. Essa técnica também pode ser adotada quando uma força-tarefa não consegue decidir sobre quais recomendações fazer à alta gerência. Se existirem duas soluções diferentes e plausíveis, então a força-tarefa poderá apresentar ambas, descrevendo os custos e benefícios de cada uma.

Assuma o fechamento. Os vendedores têm o hábito de tomar as rédeas do fechamento do acordo. Após uma discussão geral sobre as necessidades e posições do comprador, o vendedor pega um formulário de pedidos e começa a preenchê-lo. Normalmente ele começa perguntando o nome e o endereço do comprador antes de partir para pontos mais relevantes (por exemplo, o modelo e o preço). Quando adotam essa técnica, os negociadores não perguntam à outra parte se ela gostaria de fazer uma compra. Ao contrário, eles dizem algo como "vamos começar com a papelada?" e atuam como se a decisão sobre a compra já tivesse sido tomada.[39]

Divida a diferença. Dividir a diferença talvez seja a tática de fechamento de negócio mais popular. O negociador que adota essa tática apresenta um breve resumo da negociação ("gastamos nosso tempo e fizemos concessões, etc.") e sugerem que, uma vez que os pontos de interesse são tão próximos, "por que não dividimos a diferença?" Embora essa tática possa ser eficiente no fechamento de um negócio, ela pressupõe que as partes começaram com ofertas iniciais razoáveis. Um negociador que recorre a uma oferta inicial exagerada e então sugere que a diferença seja dividida no fechamento está na verdade empregando uma tática dura (ver a seguir).

Faça uma oferta apertada. Uma oferta apertada tem um prazo final muito exíguo para exercer pressão na outra parte e fazer com que ela a aceite rapidamente. Essa técnica é uma versão extrema da manipulação do programa de negociações. Por exemplo, é possível oferecer um pacote com um salário e vantagens muito atraentes a uma pessoa que foi entrevistada para uma vaga de emprego, e avisar que a oferta expira em 24 horas. O objetivo de uma oferta apertada é convencer a outra parte a aceitar o acordo e parar de considerar alternativas. Essa tática é particularmente eficiente em situações nas quais a parte que recebe a oferta ainda está desenvolvendo alternativas que podem ou não ser viáveis (como o candidato a uma vaga que ainda está sendo entrevistado por outras empresas). Contudo, as pessoas podem se sentir muito desconfortáveis ao receber ofertas apertadas, pois têm a impressão de serem vítimas de pressões injustas. As ofertas apertadas parecem funcionar melhor para organizações que têm os recursos necessários para fazer ofertas excepcionalmente atraentes no início de uma negociação. A ideia é impedir a outra parte de continuar a buscar uma oferta melhor.

Apresente suavizantes. Outra tática de fechamento envolve a reserva de uma concessão especial para ser usada no final da negociação. O negociador diz, "eu darei X a você se você aceitar o acordo". Por exemplo, quando está vendendo um apartamento, o proprietário pode concordar em manter as cortinas, eletrodomésticos ou alguns equipamentos inicialmente ausentes na oferta e assim fechar o negócio. Contudo, a eficiência dessa técnica depende da inclusão de um suavizante nos planos de negociação; do contrário, o negociador talvez tenha de fazer muitas concessões durante o fechamento.

As táticas duras

Nossa atenção agora se volta para as táticas duras em uma negociação. Muitas obras consagradas na literatura sobre negociações discutem o uso de táticas duras para vencer a outra parte.[40] Essas táticas são concebidas para pressionar os negociadores a fazer o que não fariam em outras situações e, de modo geral, elas mascaram a aderência de quem as adota a uma abordagem de barganha decididamente distributiva. Não se sabe ao certo se essas táticas sempre são eficientes, mas elas funcionam melhor contra negociadores pouco preparados. Contudo, elas também podem ter o efeito inverso, e existem evidências de que negociadores muito agressivos não são negociadores eficientes.[41] Para muitas pessoas, as táticas duras são ofensivas e se originam do desejo de vingança. Muitos negociadores entendem que essas táticas estão fora de cogitação em qualquer situação de negociação (a ética nas negociações são discutidas no Capítulo 8). Não recomendamos o uso das táticas descritas a seguir. Na verdade, a experiência diz que elas são mais prejudiciais que benéficas. Elas são muito mais difíceis de adotar do que de estudar, e cada uma envolve riscos específicos para a pessoa que as adota, que incluem prejuízos à reputação, perda de negócios, publicidade negativa e as consequências trazidas pelo desejo de vingança da outra parte. Porém, é importante que os negociadores compreendam as táticas duras e como funcionam, para poderem reconhecê-las quando são usadas contra eles.

Como lidar com táticas duras típicas

Um negociador em uma transação com uma parte que adota táticas duras tem diversas opções de reação. Uma boa resposta estratégica para essas táticas requer que o negociador identifique a tática com rapidez e entenda o que ela é e como funciona. A maioria das táticas é concebida para melhorar as feições da posição de barganha da pessoa que as adota, ou piorar a percepção das opções disponíveis para a outra parte. A melhor reação a uma tática depende de suas metas e do contexto amplo das negociações (com quem você está negociando? Quais são as suas alternativas?). Não existe uma alternativa aplicável para todas as situações. A seguir, discutiremos as quatro principais opções para responder a uma tática dura típica.[42]

Ignore-as. Embora ignorar uma tática dura possa parecer uma resposta fraca, na verdade ela é muito poderosa. As táticas duras descritas consomem muita energia e, enquanto a outra parte está consumindo suas forças nesse jogo, você pode usar suas energias para trabalharem suas necessidades. Muitas vezes, a melhor maneira de lidar com uma ameaça é não responder a ela. Finja que não a escutou. Mude de assunto e envolva a outra parte em um tópico novo. Peça um intervalo e, quando retornar, troque de assunto. Essas opções atenuam os efeitos de uma ameaça e permitem que você prossiga com o assunto que o interessa enquanto a outra parte tenta decidir qual o próximo truque que ela usará.

Discuta-as. Fisher, Ury e Patton sugerem que uma boa maneira de lidar com táticas duras consiste em discuti-las – isto é, identificar a tática e dar a entender à outra parte que você sabe o que ela está fazendo.[43] Após, ofereça-se para discutir aspectos do processo de negociação, como as expectativas das partes, por exemplo, antes de prosseguir com os pontos importantes da conversação. Reconheça, explicitamente, que a outra parte é uma negociadora difícil e que você também pode endurecer suas posturas. Após, sugira que as duas partes adotem métodos mais produtivos, capazes de trazer resultados positivos para ambas. Fisher, Ury e Patton sugerem que os negociadores separem as pessoas do problema e então atuem com firmeza no problema e com compreensão em relação às pessoas. Mencionar essa iniciativa ao outro negociador ajuda no processo de negociação.

Responda na mesma moeda. Sempre é possível reagir a uma tática dura com uma tática própria. Embora essa resposta possa gerar caos e sentimentos difíceis e improdutivos, ela não deve ser descartada. Assim que as tensões diminuem, as duas partes entendem que estão capacitadas a usar táticas duras e, com isso, reconhecem que é hora de tentar algo diferente. A maior utilidade de responder na mesma moeda é notada ao lidar com uma parte que está testando sua determinação, ou ao responder a posições exageradas em uma negociação. Um participante em um seminário sobre negociações contou a um dos autores deste livro a seguinte história sobre uma negociação de compra de um tapete em um país do norte da África:

> Eu sabia que o tapete valia mais ou menos $2.000, porque havia examinado muitos tapetes durante minha viagem. Encontrei o tapete que queria e me esforcei para não parecer interessado demais. Conversei com o vendedor sobre alguns tapetes antes de passar para o tapete que eu realmente queria comprar. Quando perguntei o preço, ele disse $9.000. Eu respondi que eu daria a ele *menos* $5.000. Barganhamos por um tempo e comprei o tapete por $2.000.

O comprador do tapete nessa negociação respondeu a uma tática dura com uma tática dele próprio. Quando perguntamos a ele se sentiu-se confortável ao fazer a sua primeira oferta, ele respondeu:

> Claro. Por que não? O vendedor sabia que o valor do tapete era algo em torno de $2.000. Além disso, ele pareceu me respeitar quando barganhei daquela maneira. Se eu tivesse aberto a negociação com um número positivo, eu teria pago mais do que o tapete valia. Eu realmente queria aquele tapete.

Acene para a outra parte. Outra maneira de lidar com negociadores que utilizam táticas duras e agressivas consiste em tentar agir como amigo, antes de a outra parte usar essas estratégias com você. Essa abordagem se baseia na teoria de que é muito mais difícil atacar um amigo do que um inimigo. Se você conseguir mostrar o que você tem em comum com a outra parte e encontrar outro elemento no qual pôr a culpa (o sistema, a concorrência com empresas de outros países), então talvez você seja capaz de distraí-la e impedi-la de adotar táticas duras.

As táticas duras típicas

Nossa atenção agora se volta para algumas das táticas duras mais descritas na literatura e em seus pontos fracos.

Mocinho/bandido. A tática de mocinho/bandido tem esse nome devido a uma técnica de interrogação policial, *good cop/bad cop*, na qual dois policiais (um bom, outro mau) se revezam interrogando um suspeito. Ela é retratada em séries de TV conhecidas, como *Law and Order* e *CSI*. Normalmente, a adoção dessa tática segue uma ordem definida. O primeiro interrogador (o mau policial) apresenta uma posição inicial dura, marcada por ameaças, comportamento hostil e intransigência. Após, ele sai da sala para dar um telefonema importante ou descansar – muitas vezes por sugestão do colega. Então, o outro interrogador (o bom policial) tenta chegar a um acordo antes de o mau policial retornar e dificultar a vida de todos. Uma variante mais sutil dessa técnica consiste em deixar o mau policial falar apenas quando as negociações forem por um caminho que ele não deseja seguir. Enquanto as negociações andarem bem, é o bom policial que fala. Embora a tática de mocinho/bandido possa ser transparente, ela muitas vezes leva a concessões e acordos negociados.[44]

Essa tática tem muitos pontos fracos. Como dissemos, ela é reconhecida com facilidade, sobretudo quando é usada repetidamente. É possível revidar afirmando abertamente o que os negociadores estão fazendo. Uma declaração espirituosa como "vocês não estão jogando mocinho/bandido comigo, estão?" é muito útil para neutralizar a tática, mesmo quando os dois negociadores da outra parte a negam. É muito mais difícil pô-la em prática do que identificá-la. Ela isola a parte à qual se destina e muitas vezes exige que os negociadores direcionem mais energia para que funcione. Os negociadores que adotam essa tática se envolvem tanto com o jogo e a atuação, que acabam deixando de se concentrar na obtenção das metas das negociações.

Jogo alto/jogo baixo. Os negociadores que adotam a tática do jogo alto e do jogo baixo começam com uma oferta ridiculamente baixa ou alta que eles sabem que jamais será aceita. A teoria é que uma oferta extrema faz a outra parte reavaliar a sua própria oferta inicial e se aproximar, ou mesmo ultrapassar, o seu ponto de resistência. Por exemplo, um dos autores deste livro participava de uma negociação entre funcionários e empregadores na qual a primeira exigência do sindicato foi um aumento salarial de 45% em um período de três anos. Uma vez que os acordos recentes nas universidades da região estiveram na faixa de 3 a 4%, a exigência feita é um jogo alto!

O risco inerente a essa tática é que a outra parte acredite que a negociação é uma perda de tempo e, por essa razão, encerre o processo. Mesmo quando a outra parte continua negociando após receber uma oferta vista como um jogo baixo (ou alto), o negociador precisará de muita habilidade para justificar a oferta inicial extrema e reconduzir a negociação ao ponto em que a outra parte se dispõe a fazer uma grande concessão sobre a oferta exagerada.

A melhor maneira de lidar com uma tática de jogo alto ou de jogo baixo dispensa uma contraoferta, mas requer uma oferta inicial razoável da outra parte (no exemplo acima, o sindicato reagiu a esse pedido colocando na mesa um pedido de 6% de aumento, acima da média do setor, o que não foi visto como um jogo alto). A importância de uma oferta inicial razoável está no fato de essa tática funcionar no instante entre a apresentação da oferta inicial da outra parte e a apresentação de sua primeira proposta. Se você ceder à tendência de mudar sua oferta inicial porque seria embaraçoso iniciar as negociações em pontos tão distantes, ou porque a oferta inicial extrema da outra parte faz você reavaliar onde a zona de barganha está, então você se torna vítima dessa tática. Quando isso ocorre, você foi "ancorado" pela oferta inicial extrema da outra parte.

Uma boa preparação para a negociação é essencial como defesa contra essa tática (ver o Capítulo 4). O planejamento adequado auxilia a conhecer o valor do item

©2002 *The New Yorker Collection*, cartoonbank.com. Todos os direitos reservados.

discutido e permite responder verbalmente com algumas estratégias diferentes: (1) insistir que a outra parte apresente uma oferta inicial razoável e recusar-se a negociar, até ela ceder, (2) declarar o seu conhecimento sobre o valor geral de mercado do item discutido, suportando sua posição com fatos e números e, com isso, demonstrando à outra parte que você não vai cair nesse truque, (3) ameaçar abandonar a negociação, por um breve período ou em definitivo, para demonstrar a insatisfação com a outra parte por adotar essa tática, (4) responder com uma contraoferta extrema, enviando uma mensagem à outra parte de que você não será manobrado por uma oferta extrema dela.

A importância de algo sem importância. Os negociadores que adotam essa tática fingem dar importância a algo que tem pouca ou nenhuma importância para eles. À medida que a negociação avança, essa questão pode ser trocada por concessões importantes sobre questões que são realmente importantes. Essa tática é mais eficiente quando os negociadores identificam um ponto que é muito importante para a outra parte e de pouca relevância para eles. Por exemplo, um vendedor tem um produto em estoque no depósito, pronto para ser entregue. Contudo, ao negociar com um funcionário encarregado das compras de outra empresa, o vendedor talvez peça concessões para processar um pedido com urgência para o cliente. Ele tem a escolha de reduzir a concessão exigida para o pedido com urgência em troca de concessões sobre outros pontos, como o tamanho ou o valor do pedido.

Outro exemplo da tática de dar importância ao que não tem consiste em deixar claro que você quer uma tarefa ou um projeto especial no trabalho (quando na verdade você não quer) e após, em troca de concessões maiores da outra parte, aceitar a tarefa que você na verdade quer (mas fingiu não querer).

Em sua essência, essa tática é enganosa e como tal pode ser difícil de pôr em prática. Normalmente, a outra parte negocia de boa-fé, e leva o negociador a sério quando ele está tentando defender uma questão cuja importância ele próprio exagera. Isso pode levar a uma situação muito incomum, na qual os dois negociadores argumentam contra os seus reais desejos – a outra parte requer concessões maiores com relação a outras questões para conceder a você o ponto cuja importância foi simulada (e que você não quer), ao passo que você gasta tempo avaliando ofertas e defendendo pontos que você sabe que não deseja. Além disso, às vezes é difícil alterar uma posição sem comprometer sua imagem, o que por sua vez complica a aceitação de uma oferta em uma direção totalmente oposta. Outro problema é que, se não for possível realizar essa manobra, você talvez acabe aceitando um acordo abaixo do esperado – o ponto cuja importância foi simulada talvez seja algo que você, ou a outra parte, não quer.

Embora seja difícil defender-se contra a tática de dar falsa importância a um ponto em uma negociação, estar bem preparado torna o negociador menos suscetível a ela. Quando a outra parte assume uma posição completamente oposta ao que você esperava, você poderá suspeitar que a tática da importância simulada está sendo usada. Uma sondagem com base em perguntas sobre o motivo de a outra parte desejar um resultado específico pode ajudá-lo a reduzir os impactos dessa tática. Por fim, é preciso ter cautela com reveses repentinos em posições assumidas pela outra parte, sobretudo nas etapas finais da negociação. Isso pode ser um sinal de que a tática da importância simulada está sendo usada. Mais uma vez, questionar a outra parte com cuidado sobre o porquê de essa posição oposta subitamente ser aceitável e evitar conceder demais após a outra parte reverter a posição dela por completo pode ajudar, em muito, a reduzir o sucesso dessa técnica.

A mordida. Os negociadores que adotam a tática da mordida pedem concessões proporcionalmente pequenas (por exemplo, entre 1% e 2% do total do lucro do negócio) em um item que não foi discutido anteriormente para fechar o acordo. Herb Cohen[45] descreve a tática da mordida da seguinte maneira: após provar muitos ternos em uma loja de roupas, você diz ao atendente que você comprará um se uma gravata for incluída como brinde. A gravata representa a mordida. Cohen afirma que na maioria das vezes a gravata é levada de graça. No contexto dos negócios, essa tática se manifesta de modo diferente. Após um considerável período de tempo negociando, quando um acordo está próximo de ser fechado, uma parte pede para que seja incluída no processo uma cláusula que não tinha sido discutida e que representará à outra parte um dispêndio proporcionalmente pequeno. Essa quantidade é muito pequena para que a outra parte perca a chance de fechar o acordo, mas grande o bastante para irritá-la. Esse é o principal ponto fraco da tática da mordida – muitas pessoas acham que quem a está usando não negociou de boa-fé (como parte do processo de negociação, todos os itens a serem discutidos devem ser incluídos de antemão na pauta). Ainda que a parte se declare constrangida por ter esquecido esse item, a parte que "levou a mordida" não se sentirá bem com o processo e poderá querer vingança em transações futuras.

Segundo Landon, existem duas maneiras de combater a tática da mordida.[46] A primeira consiste em reagir a cada mordida com uma pergunta, "o que mais você deseja?" Essas perguntas devem prosseguir até a outra parte indicar que todos os pontos estão abertos à discussão. Após, as duas partes discutem todos os pontos ao mesmo tempo. Na segunda, é você que prepara mordidas em resposta às da outra parte. Quando ela sugerir uma mordida sobre um ponto, você pode responder com sua própria mordida sobre outro.

A galinha. A tática da galinha* tem esse nome devido ao desafio retratado no filme *Rebelde Sem Causa*, com James Dean, da década de 1950. Nele, duas pessoas competem dirigindo os seus carros em alta velocidade um contra o outro ou na direção de um penhasco, até uma delas desviar para evitar um desastre. O motorista que desvia é chamado de galinha; o outro é chamado de herói. Os negociadores que adotam essa tática combinam um grande blefe e uma ameaça para forçar a outra parte a se acovardar e conceder o que desejam. Em negociações trabalhistas entre patrões e empregados, a empresa pode dizer aos sindicalistas que, se não concordarem com a oferta proposta, ela fechará a fábrica e encerrará suas atividades, por exemplo (ou as transferirá para outro estado ou país). É uma aposta alta, porque a empresa deve estar pronta para executar a ameaça. Caso o sindicato descubra o blefe e a empresa não cumpra a ameaça, ela perderá credibilidade no futuro. Em contrapartida, como o sindicato assume o risco de acusar os empresários de estarem blefando? Se estiverem dizendo a verdade, a empresa pode de fato fechar a unidade e transferir suas operações para outro local.

O ponto fraco da tática da galinha é que ela transforma a negociação em um jogo sério, no qual uma ou ambas as partes percebem que é difícil diferenciar posições falsas de intenções reais. A outra parte realmente cumprirá as ameaças feitas? Muitas vezes não

---

* N. de T.: Em inglês o termo *chicken*, neste contexto, denota uma pessoa covarde.

há como ter certeza, porque, para que essa tática funcione, as circunstâncias precisam ser severas. Porém, é exatamente nesse contexto que um negociador pode sentir maior tentação de adotá-la. Por exemplo, compare as respostas dos presidentes Bill Clinton e George W. Bush em relação ao desafio lançado pelo Iraque, de não permitir o acesso de inspetores das Nações Unidas às instalações militares do país. Tudo indicava que o governo iraquiano pensava que não precisaria levar o Presidente Bush a sério, porque tivera sucesso ao evitar um conflito militar direto durante o mandato do Presidente Clinton. A guerra do Iraque que se seguiu revelou que esse julgamento foi equivocado.

Os negociadores têm muita dificuldade de se defender da tática da galinha. Contudo, dependendo do quanto o comprometimento tem sua importância reduzida, refraseada ou ignorada, ela perde força. Talvez a resposta mais arriscada seja apresentar sua própria tática da galinha. Nesse ponto, nenhuma parte se dispõe a recuar, para não perder a postura. A preparação e uma compreensão mais ampla das situações das duas partes são fatores absolutamente essenciais para identificar onde a realidade termina e a tática da galinha começa. Recorrer a especialistas externos para confirmar informações ou ajudar a reformular a situação também é uma opção útil.

A intimidação. Muitas táticas podem ser reunidas na classe genérica das intimidações. O ponto em comum é o fato de usarem uma manobra emocional, com base no medo ou na raiva, para forçar a aceitação de uma proposta. Por exemplo, a outra parte pode deliberadamente usar *raiva* para indicar a gravidade de uma posição. Um dos autores deste livro teve a seguinte experiência:

> Certa vez, quando eu estava negociando com um vendedor de carros, ele perdeu a calma, rasgou suas anotações, mandou que eu sentasse e ouvisse o que tinha a dizer e explicou em um tom de voz alto que essa era a melhor proposta na cidade e que, se não a aceitasse naquela tarde, eu não precisaria retornar àquela concessionária e fazê-lo perder tempo. Eu não comprei o carro e nunca voltei à revenda, e suspeito que nenhum de meus alunos da disciplina de negociações, a quem conto essa história todos os anos, tenha ido conhecer essa concessionária algum dia. Em minha opinião, o vendedor estava tentando me intimidar e me levar a concordar com o negócio, e percebeu que, se eu procurasse outra revenda, o acordo que propusera não pareceria tão atraente. O que ele não sabia é que eu havia pedido informações adicionais ao contador da concessionária, e que eu descobrira que o vendedor havia mentido sobre o valor da troca de meu veículo usado por um novo. Ele perdeu a calma quando eu o expus.

Outra forma de intimidação inclui aumentar a impressão de *legitimidade*. Quando elevada, a legitimidade determina as políticas ou os procedimentos para a solução de disputas. Os negociadores que não têm acesso a essas políticas ou procedimentos podem tentar desenvolvê-los e impô-los ao outro negociador, ao mesmo tempo em que tentam fazer o processo parecer legítimo. Por exemplo, as políticas redigidas em manuais ou formulários e contratos impressos têm menos chances de serem questionadas do que as apresentadas verbalmente.[47] Contratos de empréstimo longos e detalhados adotados por bancos raramente são lidos até o fim.[48] Quanto maior a impressão de legitimidade, menores as chances de a outra parte questionar o processo em vigor ou os termos do contrato apresentados.

Por fim, a *culpa* também pode ser usada como forma de intimidação. Os negociadores podem questionar a integridade da outra parte ou sua falta de confiança neles.

O objetivo é colocar a outra parte na defensiva, para que ela passe a discutir questões relativas à culpa ou à confiança, e não à substância da negociação.

Para lidar com táticas de intimidação, os negociadores têm diversas opções. A finalidade é induzir o intimidador a se sentir mais poderoso do que a outra parte e levar as pessoas a fazer concessões por motivos emocionais, não objetivos (por exemplo, um fato novo). Ao fazerem uma concessão, os negociadores precisam entender as razões de fazê-la. Se uma parte se sente ameaçada, supõe que a outra tem mais poder (quando na verdade não tem), ou simplesmente aceita a legitimidade da "política da empresa" do outro negociador, então é provável que a intimidação tenha conseguido influenciar as negociações.

Se o outro negociador tem uma postura intimidadora, discutir a negociação com ele é uma boa opção. Você pode explicar que sua política é barganhar de modo respeitável e justo e que você espera ser tratado da mesma maneira. Outra boa opção consiste em ignorar as tentativas da outra parte de intimidá-lo, porque a intimidação só afeta quem se deixa intimidar. Ainda que esse raciocínio possa parecer muito simplista, reflita sobre por que algumas pessoas que você conhece se sentem intimidadas por uma autoridade, por exemplo, e outras não. O êxito da intimidação está na pessoa que a aceita, não na autoridade.

Outra estratégia eficiente para lidar com a intimidação é recorrer a uma equipe para negociar com a outra parte. As vantagens de uma equipe em relação a negociadores individuais são várias, mas apresentamos duas das principais. A primeira é que as pessoas nem sempre se sentem intimidadas pelas mesmas coisas. Enquanto você pode se intimidar na presença de um negociador, é possível que as outras pessoas de sua equipe não tenham esse receio. Quando era mais jovem, em uma negociação que ocorria na China, um dos autores deste livro descobriu que a equipe de negociadores chineses frequentemente substituía integrantes de sua equipe por pessoas mais velhas e experientes a cada sessão da negociação. Ele decidiu trazer um colega experiente para se juntar a sua equipe nas reuniões subsequentes para não se sentir intimidado pela idade e pela experiência dos negociadores chineses. A segunda vantagem de recorrer a uma equipe é que os integrantes podem discutir as táticas dos outros negociadores e apoiarem-se uns aos outros se a intimidação gerar desconforto.

O comportamento agressivo. Assim como as táticas de intimidação, as táticas de comportamento agressivo envolvem maneiras de expressar agressividade para impor sua posição ou atacar a da outra pessoa. Essas estratégias incluem forçar novas concessões incansavelmente ("você pode conceder mais do que isso"), pedir a melhor oferta já no começo das negociações ("não vamos perder tempo. Qual é o valor máximo que você está disposto a pagar?") e pedir à outra parte que explique e justifique suas propostas item por item ou linha por linha ("qual é a estrutura de custos de cada item?"). O negociador que adota essas técnicas sinaliza uma posição rígida e intransigente, e tenta forçar a outra parte a fazer as concessões necessárias para chegar a um acordo.

Uma excelente resposta a táticas agressivas consiste em interromper as negociações para discutir o processo de negociação em si. Os negociadores explicam que tomarão uma decisão com base em necessidades e interesses, não em um comportamento agressivo. Mais uma vez, assim como nas táticas de intimidação, dispor de uma equipe é uma ferramenta útil para contra-atacar as táticas agressivas da outra parte. Uma preparação adequada e uma boa compreensão das próprias necessidades e interesses e dos da outra parte facilita reagir às táticas agressivas, porque os negociadores de ambas podem enfatizar os méritos de se chegar a um acordo.

O trabalho na neve. Na tática do trabalho na neve, os negociadores sobrecarregam a outra parte com tantas informações, que ela não consegue diferenciar os pontos reais e importantes dos que foram incluídos para distraí-la. Os governos usam essa tática com frequência, quando divulgam informações ao público. Em lugar de responder a uma pergunta com declarações breves, os porta-vozes divulgam milhares de páginas de documentos relativos a depoimentos e transcrições que podem ou não conter as informações que a outra parte solicitou. Outro exemplo de trabalho na neve é o uso de linguajar altamente técnico para ocultar uma resposta simples a uma questão apresentada por uma pessoa que não é especialista. Vários grupos de profissionais – como engenheiros, advogados ou administradores de redes de computadores – adotam essa tática para sobrecarregar ou "cobrir de neve" a outra parte com informações e jargão técnico. O objetivo é impedir que pessoas sem conhecimentos especiais consigam desenredar a resposta. Nesse sentido, para evitar o constrangimento de fazer perguntas "óbvias", a parte vitimada pelo trabalho na neve se limita a balançar a cabeça e concordar passivamente com a análise ou as declarações da outra.

Os negociadores que tentam enfrentar a tática do trabalho na neve têm à disposição uma variedade de respostas diferentes. Primeiro, eles devem fazer perguntas até receberem uma resposta que compreendam. Segundo, se o assunto em discussão é muito técnico, os negociadores podem sugerir que especialistas se reúnam para discutir essas questões. Por fim, eles devem ouvir com atenção à outra parte e identificar informações consistentes e inconsistentes. Buscar informações novas após identificar dados consistentes pode funcionar para minar a eficiência do trabalho na neve. Por exemplo, se uma informação incorreta ou inconsistente é revelada em meio a outras tantas informações, o negociador pode questionar a precisão de toda a apresentação (por exemplo, "uma vez que X não estava correto, como posso ter certeza de que o restante esteja?"). Mais uma vez, uma boa preparação é muito importante como defesa eficiente contra a tática do trabalho na neve.

Resumo do capítulo

Neste capítulo examinamos a estrutura básica de situações de barganha distributiva e algumas das estratégias e táticas usadas nessas barganhas. A barganha distributiva começa com a definição da oferta inicial, do ponto-alvo e do ponto de resistência. É possível descobrir as ofertas iniciais e pontos-alvos diretamente ou por inferência. Normalmente, os pontos de resistência da outra parte (os pontos além dos quais ela não aceita negociar) não são conhecidos antes do final da negociação – eles são mantidos em segredo. Todos os pontos são importantes, mas os pontos de resistência são os mais críticos. A diferença entre os pontos de resistência das partes define a variação de barganha. Quando a variação de barganha é positiva, ela descreve a área de negociação na qual um acordo pode ocorrer, o intervalo em que as duas partes trabalham para obter o máximo possível dela. Quando a variação é negativa, a negociação talvez não tenha sucesso.

Raramente uma negociação inclui apenas um item. Na maioria das vezes, um conjunto de itens, chamado de *mix* da barganha, é o objeto da negociação. Todos os itens do *mix* da barganha podem ter ofertas iniciais, pontos-alvo e pontos de resistência individuais. O *mix* da barganha representa uma oportunidade de reunir questões, de comparar pontos ou demonstrar uma disposição de fazer concessões.

Na estrutura da barganha distributiva, um negociador tem muitas opções para obter sucesso, a maioria das quais está em dois grupos principais de esforços: influenciar a convicção da outra parte sobre o que é possível, e descobrir o maior número de informações sobre a posição da outra parte, sobretudo sobre seus pontos de resistência.

O principal objetivo do negociador é chegar a um acordo final o mais próximo possível do ponto de resistência da outra parte. Nesse intuito, o negociador trabalha para obter informações sobre ela e suas posições e para convencê-la a mudar o modo como vê suas chances de atingir seus objetivos. Além disso, ele justifica seus próprios objetivos, deixando claro que estes são desejáveis, necessários ou mesmo inevitáveis.

Na essência da barganha distributiva está uma situação de conflito, na qual as partes buscam obter vantagens – escondendo informações, tentando enganar uma à outra ou adotando iniciativas manipuladoras. Com essas táticas, uma interação facilmente deixa de ser uma conversa calma para se tornar uma discussão hostil. Contudo, uma negociação é uma tentativa de resolver um conflito sem lutas e sem o uso da imposição. Além disso, o sucesso das partes em uma negociação exige que, ao final do processo, o desfecho tenha sido o melhor possível e que as posturas de aceitação e suporte adotadas tenham sido úteis. Logo, uma barganha distributiva efetiva é um processo que exige planejamento cuidadoso, execução criteriosa e constante monitoramento das reações da outra parte. Por fim, as habilidades relativas à barganha distributiva são importantes no estágio da reivindicação de valor, comum a todas negociações. Essas habilidades serão discutidas em detalhe no próximo capítulo, As Estratégias e Táticas da Negociação Integrativa.

Referências

1. Walton and McKersie, 1965.
2. Lax and Sebenius, 1986.
3. Thompson and Hrebec, 1996.
4. Raiffa, 1982.
5. Larrick and Wu, 2007.
6. Fisher and Ertel, 1995.
7. Fisher, Ury, and Patton, 1991.
8. Stein, 1996.
9. Ver Schweitzer and Kerr, 2000.
10. Karrass, 1974.
11. Ver Lim and Murnighan, 1994; Roth, Murnigham, and Schoumaker, l988; Walton and McKersie, 1965.
12. de Dreu, 2003.
13. Mosterd and Rutte, 2000.
14. Jacobs, 1951.
15. Cohen, 1980.
16. Ver Tutzauer, 1992.
17. Ver Brodt, 1994; Chertkoff and Conley, 1967; Cohen, 2003; Donohue, 1981; Hinton, Hamner, and Pohlan, 1974; Komorita and Brenner, 1968; Liebert, Smith, and Hill, 1968; Pruitt and Syna, 1985; Ritov, 1996; Van Poucke and Buelens, 2002; Weingart, Thompson, Bazerman, and Carroll, 1990.
18. Ver Pruit, 1981 and Tutzauer, 1991 para uma discussão sobre esses pontos.
19. Putnam and Jones, 1982; Yukl, 1974.
20. Weingart, Prietula, Hyder, and Genovese, 1999.
21. Eyuboglu and Buja, 1993.
22. Ver Ghosh, 1996.
23. Olekalns, Smith, and Walsh, 1996.
24. Galinsky, Seiden, Kim, and Medvec, 2002.
25. Kwon and Weingart, 2004.
26. Ver Rapoport, Erev, and Zwick, 1995.
27. Ver Baranowski and Summers, 1972; Crumbaugh and Evans, 1967; Deutsch, 1958; Gruder and Duslak, 1973.
28. Rubin and Brown, 1975.
29. Ver Froman and Cohen, 1970; Neale and Bazerman, 1991; Pruit, 1981.
30. Ver Yukl, 1974.
31. Yama, 2004.
32. Walton and McKersie, 1965.
33. Ibid., p. 82.
34. Pruitt, 1981.
35. Walton and McKersie, 1965.
36. Ver de Dreu, 1995; Shapiro and Bies, 1994.
37. Shapiro and Bies, 1994.
38. Ver Cellich, 1997; Girard, 1989.
39. Ver Girard, 1989.
40. Por exemplo, ver Aaronson, 1989; Brooks and Odiorne, 1984; Cohen, 1980; Levinson, Smith, and Wilson, 1999; Schatzski, l98l.
41. Schneider, 2002.
42. Ver Fisher, Ury, and Patton, 1991; Ury, 1991; Adler, Rosen, and Silverstein, 1996 para uma discussão detalhada sobre esses pontos.
43. Fisher, Ury, and Patton, 1991; Ury, 1991; Weeks, 2001.
44. Brodt and Tuchinsky, 2000; Hilty and Carnevale, 1993.
45. Cohen, 1980.
46. Landon, 1997.
47. Cohen, 1980.
48. Hendon and Hendon, 1990.

Capítulo 3

As estratégias e táticas da negociação integrativa

Objetivos

1. Entender os elementos básicos de uma situação de negociação integrativa.
2. Explorar estratégias e táticas.
3. Examinar os principais fatores que facilitam o sucesso desse tipo de negociação.

Introdução

Mesmo os negociadores mais bem intencionados podem cometer três erros comuns: não negociar quando deveriam, negociar quando não deveriam, ou negociar quando deveriam, mas com uma estratégia inadequada. Conforme sugere o modelo das inquietações duais, definido no Capítulo 1, a solução de problemas é a estratégia de escolha quando se está comprometido com os interesses da outra parte ao mesmo tempo em que se está comprometido com os próprios interesses. Em muitas negociações não é preciso haver um vencedor ou um perdedor – todas as partes podem sair vitoriosas. Em vez de pressuporem que negociações são situações de ganha-perde, os negociadores devem buscar situações de ganha-ganha, e muitas vezes as encontram. A negociação integrativa – também chamada de negociação cooperativa, ganha-ganha, ganhos mútuos ou solução de problemas – é o foco deste capítulo.

Diferente do que acontece com a negociação distributiva, na negociação integrativa as metas das partes não são mutuamente excludentes. O fato de um lado atingir seus objetivos não impede o outro de atingir os seus. O ganho de uma parte não é o prejuízo da outra. A estrutura fundamental de uma situação de negociação integrativa permite que os dois lados atinjam seus objetivos.[1] Embora as partes inicialmente possam achar que a situação é do tipo ganha-perde, as discussões e explicações sugerem alternativas em que ambas podem ganhar. Uma descrição dos esforços e táticas adotados pelos negociadores para encontrar essas alternativas constitui a maior parte do conteúdo deste capítulo.

O que torna a negociação integrativa diferente?

No Capítulo 1 listamos os elementos comuns a todas as negociações. Para que uma negociação seja caracterizada como integrativa, os negociadores precisam:

- Concentrar-se nos aspectos em comum, não nas diferenças.
- Tentar abordar as necessidades e interesses, não as posições.
- Comprometer-se em atender às necessidades de todas as partes envolvidas.
- Pensar em opções para o ganho recíproco.
- Adotar critérios objetivos para padrões de desempenho.

Esses comportamentos e perspectivas são os principais componentes do processo integrativo (ver o Quadro 3.1).

Uma visão geral do processo de negociação integrativa

É surpreendente que os acordos integrativos sejam uma realidade no cenário das negociações, diante da influência de experiências passadas, de percepções tendenciosas e dos aspectos verdadeiramente distributivos das barganhas. No entanto, acordos são concretizados sobretudo porque os negociadores trabalham duro e de forma assertiva para superar fatores contrários e identificar pontos em comum entre as partes. Aqueles que desejam atingir resultados integrativos descobrem que precisam administrar

Quadro 3.1 As características do negociador baseado em interesses

Um negociador que norteia suas ações com base em interesses tem os seguintes atributos:

Honestidade e integridade. A negociação baseada em interesses requer certo nível de confiança entre as partes. As ações que demonstram interesse nas preocupações de todos os atores da negociação ajudam a estabelecer um ambiente de confiança.

Mentalidade de abundância. Aqueles que têm uma mentalidade de abundância percebem a concessão de valores monetários, prestígio, controle e outros aspectos como algo que aumenta, não diminui, sua fatia de vantagens. Uma mentalidade focada na escassez ou na soma-zero diz, "qualquer coisa que eu dê a você é algo que tiro de mim". Um negociador com uma mentalidade focada na abundância sabe que fazer concessões ajuda a construir relações mais fortes no longo prazo.

Maturidade. Em seu livro *Seven Habits of Highly Effective Leaders*, Stephen Covey se refere à maturidade como a coragem de defender as próprias posições e valores, ao mesmo tempo em que reconhecemos que os problemas e os valores das outras pessoas são tão importantes quanto os nossos.

O foco nos sistemas. Os que pensam focados nos sistemas examinam as maneiras como um sistema inteiro pode ser otimizado, em vez de se concentrar na subotimização de componentes dele.

Competências de compreensão superiores. Noventa por cento da comunicação não acontece nas palavras específicas de uma parte, mas em elementos do contexto global da comunicação, como o modo de expressão, a linguagem corporal e muitos outros indícios. A compreensão efetiva também requer que se evite ouvir a outra parte segundo os próprios pontos de referência.

Fonte: Chris Laublach, "Negotiating a Gain-Gain Agreement", *Healthcare Executive*, January/February 1997, p.14.

tanto o *contexto* quanto o *processo* da negociação para poderem ganhar a cooperação e o comprometimento de todas as partes. Os principais fatores de contextualização incluem a criação de um fluxo livre de informações, o esforço para entender as necessidades e objetivos reais do outro negociador, a ênfase nos aspectos em comum entre as partes e a busca por soluções que as auxiliem a atingir suas metas e objetivos. A gestão de negociações integrativas envolve a criação de um processo de identificação de problemas, a compreensão das necessidades e interesses de ambas as partes, a geração de soluções alternativas, e a escolha das melhores soluções.

A criação de um fluxo livre de informações

A troca eficiente de informações promove o desenvolvimento de soluções integrativas de qualidade.[2] As pesquisas mostram que o fracasso em fechar acordos integrativos muitas vezes tem relação com a dificuldade em trocar informações suficientes, que permitiriam que as partes identificassem opções integrativas.[3] Para que a troca de informações ocorra, os negociadores precisam se dispor a revelar seus verdadeiros objetivos e a escutar uns aos outros com atenção. Em síntese, os negociadores precisam criar as condições para uma discussão livre e aberta sobre todas as questões e problemas afins. Contrastando com isso, a disposição de compartilhar informações não é uma característica das situações de barganhas distributivas, em que uma parte talvez desconfie da outra, ocultando ou manipulando informações e tentando descobrir algo sobre ela com foco apenas nas vantagens competitivas.

A criação de um fluxo livre de informações requer que as duas partes conheçam e compartilhem suas alternativas. Pinkley descobriu que os negociadores cientes de suas alternativas e das da outra parte em um acordo negociado estavam mais inclinados a reduzir os seus pontos de resistência, a melhorar os *trade-offs* da negociação e a aumentar o montante negociado, em comparação com situações nas quais um ou os dois negociadores não conheciam essas alternativas.[4] Pinkley concluiu que "o negociador que tem a alternativa é aquele que tem a responsabilidade de expandir o montante, mas os dois integrantes determinam como ele é distribuído".[5] Além disso, o pesquisador descobriu que os negociadores que compartilhavam informações sobre uma boa alternativa obtinham maior número de vantagens do que aqueles que as ocultavam.

O esforço para entender as necessidades e os objetivos reais do outro negociador

Os negociadores em uma barganha têm valores, preferências, pensamentos e comportamentos diferentes.[6] O que um lado precisa e deseja pode ou não ser igual ao que a outra parte quer. É preciso compreender as necessidades da outra parte antes de tentar atendê-las. Quando os negociadores se certificam que as prioridades da outra parte podem não ser iguais às suas, as partes se sentem estimuladas a trocar mais informações, compreendendo a natureza da negociação e realizando ganhos mútuos maiores.[7] Pela mesma razão, os acordos integrativos são facilitados quando as partes trocam informações sobre suas prioridades relativas a questões específicas, não necessariamente sobre suas posições sobre essas questões.[8] Ao longo do processo de compartilhar informações sobre preferências e prioridades, os negociadores precisam fazer um esforço real para entender o que o outro lado realmente deseja atingir. Isso contrasta com a barganha distributiva, em que os negociadores não fazem esforço algum para compreender os objetivos e necessidades da outra parte, ou o fazem apenas para desafiar, minar ou mesmo negar à outra parte a oportunidade de ver concretizadas essas necessidades e metas. Os aspectos comunicativos do fluxo e da compreensão das informações, ainda que essenciais na negociação integrativa, também exigem que os dilemas apresentados por Kelley sobre a confiança e a sinceridade sejam administrados (ver o Capítulo 1).[9] Além disso, os negociadores talvez difiram na capacidade de distinguir necessidades e interesses de posições, como no caso em que uma parte conhece e aplica um processo genuinamente integrativo, enquanto a outra não tem as competências necessárias ou é muito ingênua no âmbito das negociações. Em cenários como esse, a parte mais experiente talvez precise ajudar a parte novata a descobrir as próprias necessidades e interesses ainda ocultos.

A ênfase nos aspectos comuns às partes e a minimização das diferenças

Para conservar o fluxo livre de informações e prosseguir no esforço de compreender as necessidades e objetivos da outra parte, os negociadores adotam diferentes perspectivas ou enquadramentos de referências (ver o Capítulo 5 para uma discussão sobre enquadramentos). As metas individuais precisam ser redefinidas da melhor maneira possível, mediante esforços colaborativos direcionados a uma meta coletiva. Às vezes essa meta está clara e evidente. Por exemplo, os políticos de um mesmo partido reconhecem que pequenos desentendimentos precisam ser deixados de lado para garantir a vitória nas eleições. Os gerentes que discutem sobre cortes nos orçamentos dos setores que administram devem reconhecer que, a menos que os demais departamentos aceitem cortes pertinentes, eles serão incapazes de implementar as mudanças necessárias para transformar uma empresa deficitária em uma empresa lucrativa. Nos outros casos, a meta coletiva não está clara ou se perde na discussão. Por exemplo, um dos autores deste livro trabalhou como consultor de uma empresa em vias de fechar uma importante unidade de produção enquanto abria outras unidades em locais distintos no país. A empresa estava disposta a levar consigo os funcionários para as novas unidades considerando o tempo de trabalho na empresa. O sindicato concordou com essa proposta. Porém, surgiu um conflito sobre o problema da transferência. Alguns funcionários tinham a possibilidade de aceitar a transferência imediata, ao passo que outros – aqueles que precisariam encerrar as operações e desmontar o maquinário na unidade antiga – teriam de ficar mais tempo. Uma vez que as prioridades de cargos nas fábricas novas seguiriam a ordem de transferência, aqueles incumbidos de permanecer na fábrica fechada gozariam de menos direitos nas novas unidades. O sindicato queria que todos os funcionários fossem transferidos ao mesmo tempo, para evitar essa desigualdade. Contudo, a gerência achou essa exigência impossível. No acordo que se seguiu, as duas partes perderam de vista a meta principal: transferir todos os funcionários considerando o período que trabalhavam na empresa. Foi somente com a insistência na meta maior que as partes conseguiram manter o foco nos pontos em comum, o que por fim possibilitou uma solução: a gerência permitiu aos funcionários escolherem seus cargos nas novas unidades antecipadamente, e transferiu os direitos inerentes aos cargos no momento da escolha, não quando a transferência física ocorreu de fato.

A busca por soluções que auxiliem a atingir as metas e os objetivos de ambas as partes

O sucesso da negociação integrativa depende da busca por soluções que atendam às necessidades e objetivos dos dois lados. Nesse processo, os negociadores precisam ser firmes e flexíveis ao mesmo tempo – firmes acerca de seus interesses e necessidades primordiais, flexíveis no modo como esses interesses e necessidades são satisfeitos.[10] Quando as partes costumam adotar uma postura combativa e competitiva, a preocupação que prevalece envolve os próprios objetivos. Nesse tipo de interação competitiva, um nível menor de preocupação com os objetivos da outra parte pode causar dois comportamentos distintos. Primeiro, os negociadores trabalham para garantir que os objetivos obtidos pela outra parte não afetem o que eles já conquistaram. Segundo, eles tentam impedir que a outra parte atinja seus objetivos governados por um forte desejo de derrotá-la. Em comparação, o êxito da negociação integrativa exige que os negociadores de ambas as partes não apenas definam e persigam os próprios objetivos, como também tenham em mente as metas da outra parte e busquem soluções para os dois lados. Os desfechos são mensurados com base no grau em que os objetivos de ambas as partes são atingidos, não com base em qual das partes está se saindo melhor. Se o objetivo de uma parte é simplesmente obter mais do que a outra, o sucesso da negociação integrativa é muito difícil. Se as duas lutam para obter mais do que a outra, a negociação pode se tornar impossível.

Em resumo, a negociação integrativa requer um processo fundamentalmente diferente da barganha distributiva. Os negociadores precisam investigar o que existe sob a superfície na posição da outra parte e descobrir as necessidades dela. Eles devem criar um fluxo livre e aberto de informações usando sua aspiração de satisfazer aos dois lados como orientação para estruturar o diálogo. Se os negociadores não tiverem essa perspectiva, se abordarem o problema e o "oponente" nos termos de uma situação ganha-perde, então a negociação integrativa corre o risco de não se concretizar.

As principais etapas do processo da negociação integrativa

As principais etapas do processo da barganha integrativa são quatro: (1) identificar e definir o problema, (2) entender o problema e trazer os interesses e necessidades das partes à tona, (3) gerar soluções alternativas para o problema, (4) avaliar essas alternativas e selecionar as melhores. As três primeiras etapas do processo de negociação integrativa são importantes para a *criação de valor*. A fim de trabalharem em conjunto para criarem valor, os negociadores precisam conhecer o problema, identificar os interesses e necessidades de ambas as partes e gerar soluções alternativas. A quarta etapa do processo de negociação integrativa, a avaliação e seleção de alternativas, envolve a *reivindicação de valor*. Reivindicar valor diz respeito a muitas das competências necessárias na barganha distributiva, discutidas no Capítulo 2.

A relação entre a criação e a reivindicação de valor é representada graficamente na Figura 3.1. A meta da criação de valor é forçar uma negociação na direção do canto superior direito da figura. A linha que representa o esforço máximo para a criação de valor é chamada de *fronteira eficiente de Pareto*, e contém um ponto no qual "não existe acordo que melhore a posição de uma parte sem afetar negativamente os resultados da outra".[11] Descrita sob a ótica da criação e da reivindicação de valor, a negociação integrativa é o processo de identificação das soluções Pareto-eficientes.

O gráfico mostra que há diversas soluções possíveis em uma negociação entre um comprador e um vendedor. As três primeiras etapas da negociação integrativa têm o objetivo de garantir que os negociadores não aceitem soluções abaixo da Fronteira Eficiente de Pareto, porque estas são subótimas, para ambos. A quarta etapa, a escolha de uma solução ou a reivindicação de valor, recorre a algumas das mesmas habilidades usadas na barganha distributiva. A transição entre a criação e a reivindicação de valor em uma negociação precisa ser administrada com cuidado, e é discutida em detalhe neste capítulo.

É importante que os processos de criação precedam os de reivindicação de valor, por duas razões: (1) o processo de criação de valor é mais eficiente quando posto em prática de forma colaborativa, sem foco no quanto uma parte leva e outra perde, e (2) uma vez que a reivindicação de valor envolve a distribuição de processos de barganha, ela pode desviar o foco da criação de valor e até mesmo prejudicar o relacionamento entre as partes, se não for introduzida de modo eficiente.

A identificação e a definição do problema

A etapa de identificação do problema frequentemente é a mais difícil, e é ainda mais complexa nas negociações envolvendo muitas partes. Vejamos o exemplo: uma empresa de grande porte do setor de produtos eletrônicos passou por sérias dificuldades com um produto na passagem do departamento de pré-montagem para o departamento de finalização. Diversos pinos e acessórios usados na montagem sofriam deformação. Quando isso acontecia, a unidade era separada como refugo. Ao final do mês, as unidades defeituosas eram devolvidas à pré-montagem para serem refeitas, exata-

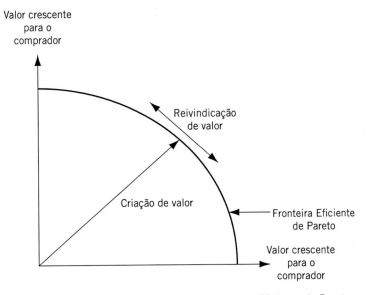

Figura 3.1 A criação e a reivindicação de valor e a Fronteira Eficiente de Pareto.

mente no momento em que os funcionários sentiam a pressão para atingir as metas de produção mensais e os estoques de componentes estavam baixos. O resultado era que o retrabalho das unidades defeituosas tinha de ser feito às pressas e em regime de horas-extras. Para piorar, custos adicionais com mão de obra não estavam previstos no centro de custos do departamento. O gerente do departamento de pré-montagem não queria ver esses gastos lançados em seu centro de custos. Por sua vez, o gerente do departamento de finalização argumentava que a pré-montagem deveria arcar com essas despesas, porque era lá que estava a origem do problema, especialmente com relação às deficiências na rotina do trabalho. O gerente da pré-montagem respondia que as unidades saíam de seu departamento em boas condições e que eram os problemas com mão de obra na finalização que geravam esses prejuízos. Os custos imediatos eram relativamente pequenos. O que de fato preocupava os dois gerentes era a criação de um precedente para o retrabalho das unidades defeituosas e para a obrigação de aceitar os prejuízos correspondentes.

Por fim, uma solução integrativa foi alcançada. Ficou combinado que o departamento de finalização devolveria pequenos lotes de unidades defeituosas durante períodos de baixa atividade no departamento de pré-montagem. Descobriu-se que muitos funcionários da finalização não compreendiam por completo o manuseio das unidades, o que poderia contribuir em parte com os danos causados a elas. Essas pessoas foram transferidas temporariamente para a pré-montagem, durante os períodos de baixa, para aprender mais sobre os processos deste departamento e ajudar a processar alguns pedidos urgentes que chegavam.

Defina o problema de uma maneira aceitável a ambas as partes. Em uma situação ideal, as partes deveriam entrar em um processo de negociação integrativa sem ideias preconcebidas sobre soluções e com mentes abertas sobre as necessidades que cada uma tem. Uma vez que um problema é definido em conjunto, ele deve refletir as necessidades e prioridades das partes com precisão. Porém, infelizmente isso nem sempre ocorre. Uma preocupação compreensível e muito comum sobre a negociação integrativa é que durante o processo de definição do problema a outra parte manipula informações sob uma luz favorável a seus interesses. Para uma solução positiva de problemas se realizar, as duas partes precisam se comprometer a definir o problema em termos neutros. Essa definição precisa ser aceitável para ambas e deve ser expressa atentando-se para não culpar uma parte e favorecer as preferências da outra. Talvez seja necessário revisar a definição do problema antes de se chegar a uma conclusão sobre ela. É essencial observar que a definição do problema é, e deve ser, separada de qualquer esforço de gerar ou escolher alternativas. Nesse estágio os problemas precisam ser definidos com clareza, formando uma estrutura inicial que permita às partes reconhecerem que discordam, ainda que seja sobre uma questão em comum, mas distinguível.

Defina o problema visando à praticidade e à compreensão. O foco principal de um acordo integrativo é a solução do problema central. Qualquer coisa que desvie a atenção desse foco deve ser retirada da pauta ou adaptada para garantir que o objetivo seja atingido. Com isso, é possível afirmar que as declarações sobre o problema devem ser as mais claras possíveis. Contudo, se o problema for complexo, multifacetado, e sua definição não refletir essas características, os esforços para solucioná-lo não serão completos. Na verdade, diante de problemas complexos as partes talvez não sejam capazes de concordar acerca de uma definição. O objetivo deve ser definir o problema o mais sucintamente possível, garantindo que as dimensões e elementos mais importantes estejam incluídos nessa definição. Essa abordagem contrasta muito com a barganha distributiva (ver o Capítulo 2), em que as partes têm a chance de melhorar suas posições colocando na pauta um número elevado de questões e preocupações secundárias, barganhando com esses itens quando o processo se dificulta. Se uma negociação integrativa incluir muitos problemas, talvez as partes precisem identificar claramente a ligação entre eles e decidir se serão tratados individualmente ou em conjunto nas etapas posteriores, como um problema maior e único.

Defina o problema como uma meta e identifique os obstáculos para realizá-la. As partes devem definir o problema como uma meta específica a ser atingida, não como um processo de obtenção de soluções. Isto é, elas precisam se concentrar no que querem concretizar, não no modo como o farão. Na sequência, as partes especificam os obstáculos a serem transpostos para que o objetivo se realize. No exemplo anterior, a meta poderia ter sido "minimizar o número de unidades defeituosas". Porém, uma definição mais explícita seria "reduzir o número de unidades defeituosas pela metade". Após definir essa meta, as partes especificam o que precisam conhecer sobre a produção dessas unidades, a origem dos defeitos, o que deve ser feito para corrigi-los e assim por diante. Um dos pontos mais importantes diz respeito à possibilidade de alterar ou corrigir os obstáculos especificados mediante uma tratativa entre as partes. Se as partes não conseguirem discutir esses entraves com eficiência ou se não dispõem de tempo e recursos para isso, esses obstáculos podem ser indícios de que a negociação como um todo chegou a um limite. Uma compreensão clara das barreiras que precisam ser discutidas é tão importante para uma negociação integrativa realista quanto uma consciência clara do que é negociável – e do que não é.

Despersonalize o problema. Quando há um conflito entre as partes, elas tendem a adotar uma postura mais crítica e escrutinadora. Uma parte vê suas próprias ações, estratégias e preferências sob uma ótica positiva, e as posições da outra com um viés negativo. Esses julgamentos e avaliações afetam a clareza e a neutralidade de pensamento. Dizer à outra parte algo como "o seu ponto de vista está errado, o meu está certo" inibe a negociação integrativa, porque impossibilita atacar um problema sem atacar também o outro negociador. Contrastando com isso, despersonalizar o problema com afirmações como "temos opiniões diferentes sobre este problema" permite que ambas as partes o abordem como um fator externo a cada uma delas, sem origem em uma ou outra. Igualmente, é possível dizer "respeito o fato de você ter ressalvas e não ver o problema do mesmo modo como eu o vejo. Acho que você também pensa assim com relação à minha posição."

Separe a definição do problema e a busca por soluções. Por fim, é preciso definir o problema por completo, sem tirar conclusões precipitadas. Na barganha distributiva, os negociadores são motivados a especificar o problema nos termos da solução que preferem e a fazer concessões com base nessa definição. Em contrapartida, as partes envolvidas em uma negociação integrativa devem evitar apresentar soluções que favoreçam um lado antes de terem definido o problema de ponta a ponta e considerado o maior número de soluções possíveis.

Em vez de apresentarem soluções prematuras, os negociadores devem desenvolver padrões para avaliar se as soluções são adequadas. Esses padrões podem ser criados por meio de perguntas como:

- Como saberemos se o problema foi solucionado?
- Como saberemos se nossas metas foram atingidas?
- Como uma terceira parte, neutra na negociação, percebe que nossa disputa foi resolvida?
- Algum interesse ou posição legítimos não foram considerados em nossas conclusões?
- Existe um interesse ou uma posição legítimos que tenham sido excluídos deliberadamente de nossas conclusões?

Compreenda o problema por completo – identifique interesses e necessidades

Muitos estudiosos da negociação – como Roger Fisher, William Ury e Bruce Patton, em seu popular livro *Getting to Yes* – enfatizam que a chave para chegar a um acordo integrativo é a habilidade das partes de entender e satisfazer a seus *interesses* mutuamente.[12] A identificação de interesses é uma etapa essencial no processo de negociação integrativa. Os interesses são as preocupações, necessidades, desejos ou medos ocultos que motivam um negociador a assumir determinada posição. Os autores explicam que, embora os negociadores possam ter dificuldades para satisfazer as posições específicas recíprocas, a compreensão dos interesses das partes permite que concebam soluções para atendê-los. Nesta seção apresentamos uma definição mais completa de interesses e discutimos como a compreensão deles é importante para a negociação integrativa efetiva.

O exemplo a seguir ilustra a essência da distinção entre interesses e posições:

> Dois homens estão em uma biblioteca. Um quer que a janela fique aberta; o outro a quer fechada. Eles discutem acerca do quanto a janela deveria ficar aberta: uma fresta, metade ou três quartos. Nenhuma das soluções agrada a ambos. A bibliotecária entra na sala. Ela pergunta ao primeiro homem por que ele quer que a janela fique aberta, então ele responde, "para que entre ar fresco aqui". Ela pergunta ao segundo homem por que ele a quer fechada. A resposta é, "para evitar correntes de ar". Após refletir por um instante, a bibliotecária se dirige à sala ao lado, onde abre a janela, permitindo a entrada de ar fresco, sem correntes de ar.[13]

Esse é um exemplo clássico de negociação sobre posições e da falha em compreender interesses não revelados. As posições são "janela aberta" e "janela fechada". Se os dois homens continuassem a barganha com suas posições individuais, as possibilidades de acordo incluiriam apenas a vitória de um e a derrota de outro, ou a conclusão de que nenhum dos dois alcançará o que deseja por completo. Observe que essa conclusão, nesse exemplo, está mais próxima de uma forma de perde-perde do que de perde-ganha, porque uma parte acredita que não terá ar fresco o bastante enquanto para a outra qualquer abertura de janela é insatisfatória. As perguntas feitas pela bibliotecária transformam a disputa, concentrando as atenções nos *motivos* de um homem querer a janela aberta e do outro querê-la fechada: permitir a entrada de ar fresco e evitar correntes de ar. A compreensão desses interesses permite à bibliotecária conceber uma solução que atenda aos interesses dos dois lados – uma solução que não esteve visível durante a discussão entre os dois frequentadores da biblioteca.

Nessa descrição, as palavras-chave são *por que* – por que as partes querem o que querem. Quando duas partes iniciam uma negociação, elas normalmente revelam suas posições e exigências. Na barganha distributiva os dois negociadores oscilam entre posições na tentativa de chegarem a um acordo próximo de seus pontos-alvo. Contudo, na negociação integrativa, os dois negociadores precisam acompanhar o modo de pensar e a lógica de cada um para determinar os fatores que os motivaram a atingir seus objetivos. A hipótese é que, se as duas partes entenderem os fatores que as motivam, elas reconhecerão os pontos de compatibilidade em seus interesses, o que lhes permitirá conceber opções novas e aceitáveis a ambas.

Os tipos de interesses. Lax e Sebenius sugeriram que muitos tipos de interesses podem estar em jogo em uma negociação e que esses interesses podem ser intrínsecos (uma parte valoriza o seu interesse independentemente da outra) ou instrumentais (a parte o valoriza porque ele a ajuda a obter outros resultados no futuro).[14]

Os *interesses substantivos* dizem respeito a questões específicas na negociação – questões de cunho econômico ou financeiro, como preço ou taxas, ou o objeto de uma negociação, como a divisão de recursos (os aspectos tangíveis da negociação, discutidos no Capítulo 1). Esses interesses podem ser intrínsecos, instrumentais, ou ambos: é possível desejar algo porque é intrinsecamente satisfatório para nós e/ou porque talvez nos ajude a atingir um objetivo a longo prazo.

Os *interesses processuais* estão relacionados ao *modo* como a negociação se desenrola. Uma parte busca a barganha distributiva porque gosta do jogo competitivo que entra em cena no confronto direto. A outra talvez prefira negociar porque acredita que não foi consultada no passado e agora quer dar voz à sua opinião sobre como um problema importante deve ser resolvido. Nesse caso, o negociador descobre que as questões que estão sendo discutidas são menos importantes do que a chance de dar uma opinião.[15] Os interesses processuais também podem ser intrínsecos e instrumentais. Dar uma opinião pode ter importância inerente para um grupo – porque permite que as partes reforcem sua legitimidade e seu valor, enfatizando o papel essencial que desempenham na organização. Opiniões também têm importância instrumental, porque, se as partes tiverem êxito ao dar suas opiniões na negociação, elas irão demonstrar que terão de ser convidadas à mesa de negociações no futuro.

Os *interesses de relacionamento* indicam que uma ou ambas as partes valorizam os relacionamentos que mantêm uma com a outra e não desejam incorrer em ações que os prejudiquem. Os interesses de relacionamento intrínsecos existem quando as partes valorizam o relacionamento que têm pelo simples fato de ele existir e pelo prazer ou satisfação que obtêm conservando-o. Os interesses de relacionamento instrumentais ocorrem quando as partes extraem benefícios expressivos do relacionamento e não desejam perder vantagens futuras devido a prejuízos causados na negociação atual.

Por fim, Lax e Sebenius chamam a atenção para a possibilidade de as partes terem *interesses baseados em princípios*.[16] Alguns princípios, relativos ao que é justo, correto, aceitável, ético, ou ao que foi feito no passado e deve ser feito no futuro, são nutridos com seriedade pelas partes e atuam como orientação básica para suas ações. Esses princípios muitas vezes envolvem fatores intangíveis (ver o Capítulo 1). Os interesses baseados em princípios também podem ser intrínsecos (valorizados por conta de seu valor inerente) ou instrumentais (valorizados porque podem ser aplicados a uma variedade de situações e cenários futuros).

A revelação de interesses baseados em princípios motiva os negociadores a discutirem de forma explícita os princípios em jogo e a conceberem soluções consistentes com cada um deles.

Algumas observações sobre interesses. A seguir apresentamos diversas observações sobre interesses e os tipos de interesses nas negociações.

1. *Diferentes tipos de interesses são muito comuns em uma negociação.* As partes muitas vezes têm mais interesses substanciais sobre as questões na pauta.[17] Elas também se preocupam muito com os processos, o relacionamento ou os princípios em jogo. Observe que os interesses baseados em princípios interceptam os interesses substantivos, processuais e de relacionamento. Por essa razão, essas categorias de interesses não são excludentes.
2. *As partes podem ter diferentes interesses em jogo.* É possível que uma parte se preocupe com as questões específicas à discussão, enquanto a outra se concentra no modo como esses problemas são resolvidos – questões de princípios ou processuais, respectivamente. Discutir esses interesses distintos permite às partes compreender que se interessam por coisas muito diferentes e que existe uma necessidade de conceber soluções que abordem as intenções das duas.
3. *Muitos interesses nascem de necessidades ou valores humanos profundamente arraigados.* Diversos autores sugerem que as estruturas desenvolvidas para compreender as necessidades e os valores humanos essenciais ajudam a entender nossos interesses.[18] Segundo essas estruturas, as necessidades obedecem a uma hierarquia e, em uma negociação, a satisfação das necessidades básicas, ou de primeira ordem, é mais importante do que a satisfação de necessidades de ordens secundárias.
4. *Os interesses podem variar.* Assim como as posições sobre questões, os interesses podem variar com o tempo. O que era importante para as partes na semana passada – ou mesmo 20 minutos atrás – pode não ser importante no momento. A interação entre as partes põe de lado alguns interesses, ao mesmo tempo em que suscita outros. Os negociadores precisam estar constantemente atentos a mudanças em seus próprios interesses e nos da outra parte. Quando uma parte muda o discurso sobre algum aspecto, quando a linguagem ou a ênfase são alteradas, a outra deve tentar detectar uma mudança de interesses.
5. *Os interesses vêm à tona.* Existem muitas maneiras de revelar interesses. Às vezes as pessoas não estão certas sobre os seus próprios interesses. Os negociadores não devem se limitar a se perguntar "o que eu quero com essa negociação?" Eles precisam se indagar "por que eu tenho esse objetivo?' "por que ele é importante para mim?" "o que ele me trará?" e "o que acontecerá se ele não se concretizar?" Escutar a voz interior – medos, aspirações, esperanças e desejos – é importante para trazer à tona os próprios interesses.
6. *Revelar interesses nem sempre é fácil ou vantajoso.* Os críticos da "abordagem dos interesses" na negociação identificaram a dificuldade de definir interesses e de levá-los em consideração. Para Provis, definir interesses nem sempre é tarefa fácil e, ao nos concentrarmos neles, corremos o risco de simplificar ou ocultar a verdadeira dinâmica de um conflito.[19] Em alguns casos, uma parte não busca

os seus melhores interesses objetivos; ao contrário, ela se concentra em um ou mais interesses subjetivos, o que pode confundir a outra.[20] Logo, um comprador interessado em um automóvel talvez prefira um veículo rápido e moderno (o seu interesse subjetivo), embora o seu interesse objetivo seja um modelo mais conservador e seguro.

Gere soluções alternativas

A busca por alternativas é a fase criativa da negociação integrativa. Quando as partes chegam a um acordo sobre a definição do problema e entendem os interesses uma da outra, elas precisam gerar uma variedade de soluções alternativas. O objetivo é criar uma lista de opções ou soluções possíveis para o problema. A avaliação e a seleção dessas opções é tarefa das partes na última fase da negociação.

Diversas técnicas são úteis na geração de soluções alternativas. As estratégias a seguir se encaixam em duas categorias. A primeira exige que os negociadores redefinam, refaçam ou reformulem o problema (ou o conjunto de problemas) para criar alternativas do tipo ganha-ganha com base no que antes parecia ser um problema do tipo ganha-perde. A segunda aceita o problema como ele é e desenvolve uma longa lista de opções para as partes. Na negociação integrativa sobre um problema complexo, os dois tipos de técnicas podem ser usados em separado ou em conjunto.

Conceba opções: gere soluções alternativas redefinindo o problema ou o conjunto de problemas. As técnicas nesta categoria exigem que as partes definam suas necessidades básicas e desenvolvam alternativas para satisfazê-las.

Recentemente, Peter Carnevale desenvolveu o modelo Circumplexo de Acordos, que classifica acordos possíveis em quatro tipos principais, cada um com dois subtipos (ver a Figura 3.2). As quatro dimensões na base desse modelo são discutidas nesta seção, e as estratégias condizentes com cada uma são identificadas. Discussões e exemplos detalhados são apresentados na próxima seção.

1. **A acomodação *versus* a concretização da posição**
   As posições são atingidas quando cada parte obtém exatamente o que deseja em sua exigência inicial. As estratégias que concretizam posições incluem a expansão e a modificação do montante de recursos negociados. Isso contrasta com a acomodação da posição, quando as partes recebem uma parcela de sua demanda inicial.

2. **A realização *versus* a substituição de interesses ocultos**
   Quando os interesses ocultos são concretizados, a realização dos interesses dos negociadores está completa. As estratégias para atender a interesses ocultos incluem a conexão entre as partes e o corte de custos. Os interesses ocultos também podem ser substituídos, modificados, ou intercambiados. Compensações não específicas e a superordenação são duas estratégias que alteram as chances de os interesses de um negociador serem atendidos ou modificados.

3. **Simples *versus* complexo**
   Algumas situações de negociação são muito simples por natureza, como um contrato de compra de dois ou três itens de um fabricante. Outras situações podem ser extremamente complexas, como os contratos de arrendamento abrangentes que cobrem muitas localidades, extensões e tipos de propriedade. As estratégias

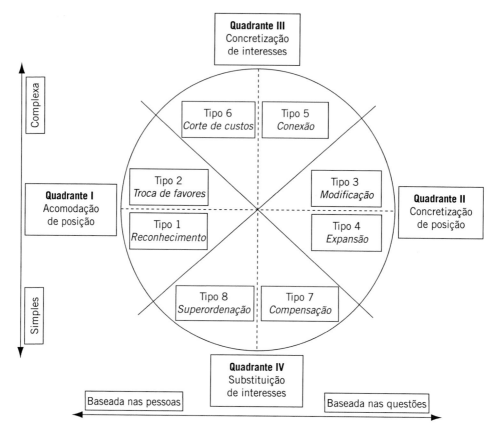

Figura 3.2 O Circumplexo de Acordos.
Fonte: P. J. D. Carnevale, 2006.

representadas na base do Circumplexo de Acordos são mais indicadas para situações simples, ao passo que as estratégias no topo são mais apropriadas para situações complexas.

4. **As estratégias baseadas nas pessoas *versus* as estratégias baseadas nas questões**
As estratégias baseadas nas pessoas envolvem as concessões feitas pelos negociadores e a mudança de posições sobre as questões em discussão para se chegar a um acordo. As estratégias baseadas nas questões alteram as questões na pauta para adaptá-las às necessidades e desejos dos negociadores. As estratégias baseadas nas pessoas estão no lado esquerdo do Circumplexo de Acordos, as baseadas nas questões estão no lado direito.

Carnevale apresenta oito métodos diferentes para realizar acordos integrativos no Circumplexo.[21] Os métodos abordam as questões sob diferentes focos e requerem um número crescente de informações sobre as necessidades reais da outra parte. As soluções evoluem de acordos distributivos simples para acordos integrativos complexos, por meio de muitos caminhos distintos para se chegar ao ganho mútuo.[22]

As abordagens serão ilustradas com o exemplo de Samantha e Emma, sócias de uma empresa de sucesso, a Advanced Management Consulting, que emprega oito funcionários como consultores. As sócias estão decidindo sobre uma nova sede para a empresa. Metade de seus clientes está no centro da cidade, metade está nos bairros distantes do centro. Dois escritórios estão disponíveis para locação. Samantha prefere o prédio no centro da cidade. Ele é menor, mas está em uma zona valorizada. Além disso, as duas sócias moram a distâncias iguais dele. Emma prefere um prédio comercial nos bairros afastados, pois é mais espaçoso e tem salas maiores. Além disso, fica mais próximo de sua casa, mas mais longe da de Samantha.

Faça concessões (acomodação de posição). Uma solução que não contraria os interesses de Samantha ou de Emma consiste em permanecer na sede atual e manter as coisas como estão. Acertos envolvendo concessões não são considerados uma boa estratégia de integração, exceto quando as partes estão muito entrincheiradas e as chances de um acordo abrangente são pequenas.

Adote a troca de favores (acomodação de posição). O sucesso da troca de favores depende das chances de as partes encontrarem mais de uma questão conflitante e de terem prioridades diferentes relativas a essas questões.[23] Nesses casos, as partes concordam em adotar compensações sobre essas questões, para que uma parte obtenha um resultado muito vantajoso em uma questão, enquanto a outra tem o resultado desejado em outra. Se as partes têm preferências diferentes em questões distintas e cada uma obtiver os respectivos resultados preferidos com relação a questões prioritárias, o resultado final é que ambas obtêm mais e os resultados conjuntos são melhores.[24] Por exemplo, a Advanced Management Consulting poderia alugar o prédio no centro da cidade e dar a Emma a sala maior. Com isso, Samantha ficaria no local de sua preferência, o que é o mais importante para ela, e Emma teria mais espaço para trabalhar, que é seu principal objetivo.

De modo geral, a troca de favores se dá por tentativa e erro – como parte do processo de experimentar com diversos pacotes de ofertas que podem satisfazer todos os envolvidos. Antes de qualquer coisa, as partes precisam definir as questões em jogo e então decidir suas prioridades individuais relacionadas a elas. Se há ao menos duas questões em discussão, então qualquer combinação de duas ou mais questões pode ser utilizada na troca de favores. As pesquisas indicam que os negociadores realizam acordos melhores quando o número de questões na pauta é maior.[25] Porém, às vezes os negociadores se sentem menos satisfeitos quando esse número é muito grande, porque acreditam que poderiam ter se saído melhor em uma ou mais questões (o conhecimento e a satisfação dos negociadores são discutidos em detalhe no Capítulo 5). Se a impressão inicial é de que há somente uma questão na pauta, as partes talvez precisem "desmembrar" ou "desvincular" as questões, isto é, dividir um questão em duas ou mais, para que a troca de favores possa começar.[26] Outras questões de interesse das partes também podem ser colocadas em pauta por *brainstorm*, descrito mais tarde.

Modifique o montante de recursos negociados (concretização de posição). Expandir o montante de recursos pode parecer atraente, mas essa iniciativa nem sempre funciona, porque o ambiente talvez não seja propício a ela. Por exemplo, a Advanced Management Consulting talvez não tenha uma demanda alta o bastante para justificar a manutenção de duas sedes. Uma abordagem semelhante consiste em modificar o montante de recursos. Por exemplo, a empresa pode oferecer novos serviços, como consultoria em tecnologia da informação ou em marketing para a Internet, além da consultoria em negócios. Nesse caso, o montante de recursos é modificado para dar suporte à abertura de escritórios no centro da cidade e nos bairros afastados da região central.

Expanda o montante de recursos negociados (concretização de posição). Muitas negociações começam com escassez de recursos, e por essa razão os dois lados não conseguem satisfazer seus interesses nem atingir seus objetivos. Uma solução simplificada para esse problema é a adição de recursos – a expansão do montante –, de maneira a permitir que as duas partes alcancem o que almejam. Por exemplo, a Advanced Managment Consulting pode alugar escritórios nos bairros afastados e no centro da cidade para atender aos dois grupos de clientes que tem. Uma expansão bem projetada dos negócios da empresa poderia cobrir as despesas com esses aluguéis. Ao expandir o montante, uma parte não precisa de informações sobre a outra, mas precisa conhecer os interesses dela. Essa é uma maneira simples de resolver problemas de escassez de recursos. Além disso, a abordagem pressupõe que a mera expansão soluciona a questão. Logo, alugar os dois locais seria uma solução muito satisfatória se Samantha e Emma gostassem desses pontos comerciais ao mesmo tempo em que desejassem expandir a empresa. Contudo, aumentar o montante não seria o ideal caso as partes estivessem em desacordo com relação a outros pontos – por exemplo, as visões diferentes de cada parte sobre o futuro da empresa, ou a necessidade de reuniões frequentes com todos os funcionários. Outro aspecto a considerar é que, dependendo do quanto a negociação aumentar os custos de uma pessoa ou organização não envolvidos diretamente no processo (neste exemplo, os funcionários da empresa), a solução pode ser integrativa para os negociadores e problemática para as outras partes interessadas.[27]

Encontre uma solução baseada na conexão entre as partes (concretização de interesses). Quando as partes são capazes de conceber novas opções que atendem a todas as suas necessidades, elas na verdade criaram uma solução de conexão. Por exemplo, a Advanced Management Consulting pode decidir expandir o número de parceiros na empesa e alugar um escritório maior no centro da cidade, com mobília nova para todos, em um endereço prestigiado.

O sucesso de uma solução baseada na conexão exige uma reformulação fundamental do problema. Em vez de discutir pontos, as partes devem apresentar informações suficientes para descobrirem os seus interesses e necessidades e assim conceber opções que atendam a eles.[28] As soluções de conexão não são um remédio para todos os problemas. Existe a chance de Emma não gostar de se deslocar por grandes distâncias até o trabalho e de Samantha não se convencer de que a expansão da empresa é necessária. Contudo, as duas concordam que trabalhar juntas é importante e por isso se esforçam para conceber uma solução que atenda a suas necessidades. Se os negociadores se comprometerem com uma negociação ganha-ganha, as soluções de conexão provavelmente serão muito satisfatórias para ambos os lados.

Corte os custos para despertar a complacência (concretização de interesses). Os cortes de custos permitem a uma parte atingir seus objetivos. Além disso, os custos da outra parte são minimizados se esta concordar com a medida. Por exemplo, a Advanced Management Consulting tem a escolha de decidir se aluga ou não um prédio nos bairros afastados do centro e dá a Samantha uma ajuda de custos para transporte, um carro novo da empresa e uma vaga na garagem. Nesse caso, Emma fica com o seu local preferido e os custos de Samantha para concordar com a nova localização são reduzidos.

Diferentemente de uma compensação não específica, na qual a parte compensada recebe algo por concordar com as propostas apresentadas, o corte de custos é concebido para minimizar as despesas que uma parte tem ao aceitar uma solução. Essa técnica é mais sofisticada que a troca de favores ou a compensação não específica, porque requer um conhecimento maior sobre as reais necessidades e preferências da outra parte (seus interesses, o que de fato importa, o modo como suas necessidades podem ser atendidas de forma específica).

Adote a compensação não específica (Substituição de interesses). Outra alternativa é permitir que uma pessoa atinja seus objetivos e compensar a outra por ter acomodado esses interesses. A compensação pode não ter relação com a negociação substantiva, mas a parte que a recebe a interpreta como adequada e portanto concorda com as preferências da outra. Essa compensação não é específica porque não tem relação direta com as questões substantivas em discussão. Por exemplo, a Advanced Management Consulting pode decidir se aluga ou não o escritório nos bairros e se dá ou não mobília nova para a sala de Samantha. Nesse caso, Emma fica com o seu local preferido e Samantha fica com uma mobília nova como compensação não específica por ter aceito o novo local.

Para que isso funcione, a pessoa que faz a compensação precisa saber o que tem valor para a outra e o quanto esta se sente prejudicada (isto é, qual o tamanho da compensação necessária para que ela se sinta satisfeita). Emma talvez precise testar diferentes ofertas (tipos e quantidades de compensação) para descobrir o que é necessário para satisfazer Samantha. Esse processo de descoberta corre o risco de se converter em uma situação de barganha distributiva, uma vez que Samantha pode fazer exigências muito altas como compensação por um escritório nos bairros afastados, enquanto Emma tenta minimizar a compensação com a qual tem de arcar.

Adote a superordenação (Substituição de interesses). As soluções baseadas na superordenação ocorrem quando "os interesses que geram conflitos são superados ou substituídos por outros interesses".[29] Por exemplo, após uma longa discussão sobre a localização do escritório, Samantha percebe que preferiria sair em busca de seu sonho de se tornar uma artista, deixando de se envolver diretamente nos negócios da empresa. Nesse ponto, a negociação sobre a localização do escritório é interrompida e Emma decide sozinha como procederá com o novo modelo de negócios.

O sucesso na busca dessas oito estratégias exige uma troca expressiva de informações entre as partes. Elas precisam ceder informações ou formular perguntas que gerem informações suficientes para que concebam soluções ganha-ganha. A Tabela 3.1 apresenta uma série de questões de redirecionamento capazes de revelar essas possibilidades.[30]

Gere soluções alternativas para o problema existente. Além das técnicas mencionadas, existem muitas outras abordagens para gerar soluções alternativas. Essas abordagens podem ser adotadas por negociadores ou por outras partes (por exemplo, o eleitorado de um candidato, plateias, observadores neutros, etc.). Muitas delas

Tabela 3.1 As questões de redirecionamento que revelam as opções ganha-ganha

Expandir ou modificar o montante
1. Como as partes conseguem obter o que desejam?
2. Existe uma escassez de recursos?
3. Como estes podem ser expandidos para atender às necessidades de ambas as partes?

A troca de favores
1. Quais são as questões de maior e de menor prioridade para mim?
2. Quais são as questões de maior e de menor prioridade para o outro negociador?
3. Existem questões de alta prioridade para mim que sejam de baixa prioridade para o outro negociador, e *vice-versa*?
4. É possível "desmembrar" uma questão – isto é, dividir uma questão grande em pontos menores que possam se tornar objetos da troca de favores?
5. Quais são as coisas que posso ceder sem ter prejuízos e que ao mesmo tempo são importantes para a outra parte e que podem entrar na troca de favores?

A compensação não específica
1. Quais são as metas e os valores do outro negociador?
2. O que posso fazer para que o outro negociador fique satisfeito e ao mesmo tempo permita que eu satisfaça meu interesse principal?
3. Quais são as coisas importantes para o outro negociador e que posso conceder sem prejuízo para mim como compensação não específica?

O corte de custos
1. Quais são os riscos e custos gerados por minha proposta para o outro negociador?
2. O que posso fazer para minimizar os riscos e custos para o outro negociador e melhorar sua disposição de concordar?

A conexão e a superordenação
1. Quais são os interesses e as necessidades não revelados do outro negociador?
2. Quais são os meus interesses e necessidades não revelados?
3. Quais são as maiores e menores prioridades para cada um de nós em termos de nossos interesses e necessidades não revelados?
4. É possível conceber uma solução que atenda às prioridades relativas, interesses não revelados e necessidades de ambos os negociadores?

Observação: a concessão não é considerada uma opção ganha-ganha.

são utilizadas com frequência em grupos pequenos. Algumas vezes, um grupo é mais eficiente na solução de problemas que um indivíduo, sobretudo porque é capaz de gerar mais perspectivas e conceber mais caminhos para a solução de um problema. Além disso, um grupo também deve adotar procedimentos para definir o problema e os interesses envolvidos, concebendo opções para impedir que o processo em grupo descambe para uma competição ganha-perde ou um debate.

O brainstorm. No *brainstorm*, pequenos grupos trabalham em busca do maior número possível de soluções para um problema. Um dos integrantes toma nota dessas soluções, sem comentá-las, enquanto são enumeradas pelos demais. Os participantes devem ser espontâneos e podem até se dar ao luxo de serem pouco razoáveis, evitando censurar as ideias propostas (mesmo as próprias). Além disso, eles não devem discutir ou avaliar qualquer solução enquanto está sendo apresentada, para permitir o livre fluxo de ideias novas. O sucesso do *brainstorm* depende do estímulo intelectual durante a geração dessas ideias. As regras abaixo devem ser observadas:

1. *Evite julgar ou avaliar soluções.* As soluções criativas normalmente são oriundas de ideias que a princípio pareceram malucos e pouco práticas. Porém, as críticas inibem o pensamento criativo. Portanto, é importante não julgar soluções precipitadamente, e nenhuma ideia deve ser avaliada ou eliminada antes de o grupo ter encerrado a fase de geração de soluções.
2. *Separe as pessoas do problema.* Os processos de discussão em grupo e de *brainstorm* muitas vezes são restringidos pelas partes, quando se declaram inventoras de soluções ou alternativas preferidas.[31] Uma vez que os negociadores competitivos assumem uma postura ofensiva com a outra parte, eles provavelmente não perceberão os méritos de uma alternativa sugerida por ela ou que pareça favorecer as posições dela. Muitas vezes não é possível atacar o problema sem atacar a pessoa que o trouxe para a discussão. Para que a solução de problemas seja eficiente, os negociadores precisam se concentrar na despersonalização do problema, tratando todas as soluções possíveis como igualmente viáveis, independentemente de quem as propôs.
3. *Explore o* brainstorm *ao máximo.* Muitas vezes as melhores ideias surgem após uma reunião terminar ou o problema estar resolvido. Isso ocorre porque as partes não foram persistentes o bastante. As pesquisas mostram que quando os participantes do *brainstorm* expandem o processo por muito tempo, as melhores ideias surgem no final.
4. *Pergunte a terceiros.* As pessoas que nada sabem a respeito do andamento de uma negociação ou mesmo sobre os assuntos em pauta podem sugerir opções e possibilidades inéditas. Esses terceiros também dão ideias novas para a lista de alternativas e ajudam a orquestrar o processo e manter as partes no caminho certo.

As pesquisas. A desvantagem do *brainstorm* é que ele não permite que pessoas ausentes do processo apresentem alguma solução. Para superar essa limitação, é possível distribuir questionários que descrevem o problema a um número representativo de pessoas e pedir aos entrevistados que listem todas as soluções que conseguirem imaginar. Esse processo pode ser conduzido em tempo relativamente curto. Porém, a desvantagem é que as partes não se beneficiam presenciando a apresentação de ideias, que é um dos pontos positivos do *brainstorm*.

O brainstorm *eletrônico*. Um método inovador de obter ideias utiliza um facilitador profissional para o *brainstorm* eletrônico.[32] Esse moderador recorre a uma série de perguntas para guiar a geração de ideias. Os participantes digitam suas respostas anonimamente em computadores ligados em rede. O facilitador pode apresentar questões adicionais de verificação. O *brainstorm* eletrônico é especialmente útil em negociações integrativas entre muitas partes (ver o Capítulo 10) e durante a preparação para negociações integrativas nas quais os negociadores de uma mesma equipe têm visões diferentes sobre um mesmo tópico (ver o Capítulo 4 para detalhes sobre a preparação).

Resumo da seção

Nossa discussão sobre as duas abordagens básicas à geração de ideias alternativas – a geração de opções para o problema tal como foi apresentado ou a geração de opções após ter sido redefinido – gera a impressão de que, caso os negociadores se limitarem a conceber número suficiente de opções diferentes, encontrarão uma solução para o problema com muita facilidade. Embora a identificação das opções às vezes leve a uma solução, as respostas normalmente são obtidas com muito trabalho e com base em diversos processos inter-relacionados: a troca de informações e o foco em interesses em detrimento das posições e da flexibilidade.[33] A troca de informações permite às partes maximizar as informações disponíveis. Por sua vez, o foco nos interesses expande as possibilidades de ir além de posições e exigências para determinar o que de fato as partes desejam – as necessidades que devem obrigatoriamente ser atendidas. Por fim, a flexibilidade permite que as partes sejam firmes com relação ao que desejam, isto é, seus interesses, e flexíveis com relação aos meios de realizá-los. A flexibilidade reconhece que os negociadores têm um ou dois interesses ou princípios fundamentais, embora uma ampla variedade de posições, soluções possíveis ou questões secundárias possa ser trazida para a mesa de negociações. Logo, entre as muitas alternativas viáveis que satisfazem um negociador, as mais importantes tratam diretamente das prioridades. Os negociadores precisam ser capazes de sinalizar à outra parte as posições sobre as quais eles se mantêm firmes e aquelas que podem ser flexibilizadas.

Avalie e selecione alternativas

A quarta etapa do processo de negociação integrativa consiste em avaliar as alternativas geradas na etapa anterior e selecionar as melhores para que sejam implementadas. Quando o desafio é relativamente simples, as etapas de avaliação e de seleção podem ser combinadas com eficiência em uma única fase. Para aqueles que não se sentem confortáveis em um processo integrativo, sugerimos que uma série de etapas distintas seja obedecida: as definições e os padrões, as alternativas, a avaliação e a seleção. Observar essas etapas também é indicado para negociadores incumbidos de problemas complexos ou que têm em mãos um grande número de soluções alternativas. Os negociadores devem ponderar ou listar essas opções em ordem de importância e com base em critérios claros. Se as opções ou conjuntos de opções não parecerem adequados e aceitáveis, estamos diante de um forte indício de que o problema não foi definido com clareza (*revisão das definições*), ou que os padrões desenvolvidos anteriormente não são razoáveis, relevantes e/ou realistas (*revisão dos padrões*). Por fim, as partes terão de adotar algum tipo de tomada de decisão, em que debatem os méritos relativos das opções preferidas por cada negociador e chegam a um acordo sobre as melhores alternativas. As orientações abaixo devem ser utilizadas para avaliar opções e chegar a um consenso.[34]

Estreite a gama de opções de solução. Examine a lista de opções geradas e se concentre naquelas que contam com o apoio de um ou mais negociadores. Essa abordagem surte efeitos mais positivos, comparada à estratégia de permitir que as pessoas se concentrem em critérios e opções negativos ou inaceitáveis. As soluções que não forem defendidas por ao menos um negociador devem ser descartadas nesta etapa.

Avalie as soluções com base na qualidade, em padrões e na aceitabilidade. As soluções devem ser julgadas tomando-se como base dois critérios principais: o quanto são boas e o quanto são aceitáveis na opinião de quem terá de implementá-las. O grau em que uma parte dá respaldo a seus argumentos com fatos irrefutáveis, deduções lógicas e critérios racionais define o quanto a outra parte apoiará esses argumentos. Fisher, Ury e Patton sugerem que as partes recorram a *padrões objetivos* para tomarem suas decisões.[35] Logo, as partes devem procurar precedentes, padrões setoriais, decisões em caráter de arbitragem ou outros desfechos justos e objetivos que possam ser usados como critérios de comparação para legitimar a integridade do acordo em vigor. Esses critérios podem variar com relação ao que os negociadores julgam ser a opção mais racional ou indicada. Os negociadores têm de estar preparados para fazer concessões para garantir que os critérios de qualidade e de aceitabilidade sejam atendidos.

Concorde com os critérios de avaliação de opções antecipadamente. Os negociadores devem concordar com os critérios de avaliação de soluções integrativas em potencial já no começo do processo.[36] Eles têm a opção de utilizar esses critérios quando precisam estreitar o leque de opções disponíveis para uma única alternativa – por exemplo, um candidato a uma vaga de emprego – ou selecionar a opção com maiores chances de sucesso. Se as partes debaterem esses critérios e determinarem aqueles que são mais importantes para elas, serão capazes de escolhê-los independentemente da consideração de qualquer candidato ou opção em especial. Portanto, quando consideram os candidatos ou opções um a um, os negociadores preferirão os melhores, com base nesses critérios, não em suas preferências individuais. Se as partes chegarem a um acordo, talvez terão de rever seus critérios mais tarde e assim aperfeiçoar suas escolhas, mas devem fazê-lo apenas com a aprovação de todos os negociadores. Uma boa ideia consiste em verificar esses critérios a intervalos regulares e determinar se cada negociador continua dando a eles a mesma prioridade.

Esteja pronto para justificar suas preferências pessoais. As pessoas muitas vezes têm dificuldade de explicar por que gostam de uma coisa e desaprovam outra. Ao ouvirem a pergunta "por que você gosta disso?" a resposta mais comum que dão é "não sei. Apenas gosto". Além disso, os negociadores não tiram muito proveito de pressionar os oponentes a se explicarem – essa pressão só faz com que estes se sintam irritados e se coloquem na defensiva, porque entendem que uma mera declaração sobre suas preferências não é vista como suficiente. Por exemplo, se o tópico em discussão diz respeito ao que há para o jantar e uma parte diz que não gosta de sopa de mariscos, não há esforço de persuasão capaz de convencê-la a ingerir esse alimento. Contudo, as preferências pessoais muitas vezes têm uma justificativa sólida – ver a discussão sobre como interesses, valores e necessidades formam a base de nossas posições. As indagações sobre as preferências da outra parte representam o esforço de ir além de uma posição para identificar interesses e necessidades não revelados. Se a outra parte responder a esse tipo de pergunta na defensiva, o negociador deve explicar que a intenção é descobrir algum interesse não revelado que possa facilitar um acordo colaborativo, não questionar uma perspectiva em particular.

Esteja alerta à influência dos intangíveis durante a seleção de opções. Uma parte pode favorecer uma opção porque esta ajuda a satisfazer um intangível – obter reconhecimento, parecer forte ou determinado diante de um público, sentir-se um vencedor e assim por diante. Os intangíveis ou os princípios podem despertar o interesse de um negociador. Os intangíveis o fazem lutar mais para atingir uma solução específica, se a opção atende às necessidades tanto em termos de tangíveis quanto de intangíveis. Algumas partes podem se sentir pouco à vontade durante uma discussão sobre intangíveis, ou não estarem cientes da natureza e do poder que esses fatores têm em uma negociação. É útil ajudar a outra parte a identificar esses intangíveis e a considerá-los como elementos sujeitos à discussão no processo de avaliação. É provável também que a outra parte prefira opções que atendam aos intangíveis e, dependendo do quanto você está disposto a aceitá-los, concordar com essas opções pode representar a aceitação de importantes concessões.

Utilize subgrupos para avaliar opções complexas. Grupos pequenos podem ser especialmente úteis quando muitas opções complexas estão sob consideração, ou quando um número elevado de pessoas é afetado por elas. Por exemplo, em uma negociação para um acordo coletivo em uma universidade, os professores formaram uma comissão para examinar várias questões acerca dos benefícios a serem incluídos no próximo contrato. Grupos de seis a oito pessoas, compostos por representantes de cada bancada, lado ou comissão, são capazes de trabalhar com mais eficiência, comparados a grupos grandes.

Separe um período para descansar. Mesmo nas situações em que a parte mais difícil do processo tenha terminado – com a geração de uma lista de opções viáveis – uma parte pode se sentir afetada negativamente se a comunicação falhar, se pressentir que suas preferências talvez não estejam sendo reconhecidas ou se a outra parte forçar a adoção de uma opção específica. Quando uma parte se irrita, ela deve fazer um intervalo, revelando sua insatisfação e discutindo abertamente as razões por trás desses sentimentos. É preciso recuperar um bom nível emocional antes de prosseguir com a avaliação de opções. Por fim, as partes devem se esforçar para garantir que os tópicos das discussões sejam os pontos especificados para cada proposta, não as pessoas que os defendem. É preciso despersonalizar a discussão o máximo possível e garantir que as opções de acordo estejam totalmente dissociadas das pessoas que as defendem.

Explore as diferentes maneiras de adotar a troca de favores. Já discutimos uma variedade de caminhos para criar opções. A estratégia da troca de favores é eficiente não apenas para esse propósito, como também no papel de mecanismo para combinar opções, formando pacotes negociáveis. Neale e Bazerman identificam uma gama de abordagens, além da simples combinação de aspectos em pacotes.[37] Destas, três dizem respeito a questões de desfechos, probabilidades e momento adequado – dito de outro modo, *o que* deverá acontecer, a *probabilidade* de isso acontecer e *quando* isso acontecerá.

1. *Explore as diferentes preferências quanto ao risco.* As pessoas têm diferentes níveis de tolerância ao risco. É possível desenvolver um pacote de medidas para reconhecer essas diferenças.[38] Por exemplo, suponhamos que dois empresários estejam discutindo o futuro de um empreendimento conjunto. Um tem pouco a arriscar no momento e tudo a ganhar no futuro. O outro tem muito em jogo agora, o que aumenta sua aversão ao risco se o futuro não for bom. Caso esses empresários simplesmente concordem em dividir os lucros no futuro, aquele que

estiver exposto a um maior nível de risco no presente se sentirá vulnerável. A troca de favores envolvendo esses interesses tem o potencial de gerar uma solução que proteja o investimento de um empresário ao mesmo tempo em que garante que o outro tenha lucros em longo prazo.
2. *Explore as diferenças nas expectativas.* A exemplo das diferenças relativas ao risco, as diferenças nas expectativas sobre eventos futuros permitem às partes conceberem soluções que se adaptem às necessidades de ambas. Por exemplo, o empresário com muito a perder hoje talvez tenha expectativas pessimistas sobre o futuro do empreendimento conjunto, ao passo que o empresário com pouco em jogo pode ter uma postura mais positiva. Logo, o otimista se dispõe a apostar mais alto na rentabilidade e na amortização do investimento no futuro, enquanto o pessimista prefere um retorno menor e mais garantido. Além disso, é possível adotar contratos de contingência para administrar expectativas diferentes sobre o futuro.[39] Esses contratos são ajustados segundo as circunstâncias. Por exemplo, é possível incluir uma cláusula sobre a variação na cotação do petróleo e acomodar as taxas de frete com base na variação trimestral de preços do produto.
3. *Explore as diferentes preferências sobre o tempo.* Os negociadores podem ter preferências distintas sobre assuntos envolvendo o tempo – um manifesta preocupação com o atendimento de necessidades no curto prazo, enquanto o outro está interessado nos retornos do relacionamento em longo prazo.[40] As partes com interesses em curto prazo desejam recompensas imediatas. Em contrapartida, as partes que buscam resultados em longo prazo estão mais dispostas a fazer sacrifícios no presente e garantir lucros futuros. Diante dessas diferenças relativas a aspectos envolvendo o tempo, as partes têm a chance de conceber soluções que contemplem a totalidade de seus interesses.

Conserve o caráter provisório e condicional das decisões até todos os aspectos da proposta final terem sido concluídos. Mesmo na existência de um consenso claro sobre as opções de solução, as partes têm a chance de discutir uma solução específica em termos provisórios, isto é, uma forma de "pacote prévio". Manter o caráter temporário permite sugerir ou revisar o pacote final neste estágio. Na situação ideal, o processo da negociação integrativa deve ser aberto e flexível. Os pontos aprovados nas discussões anteriores não estão consolidados antes de todo o pacote ter sido definido. As partes precisam compreender que têm a possibilidade de reabrir uma opção já discutida se as circunstâncias mudaram: nada é definitivo antes da hora.

Minimize as formalidades e os registros escritos antes de um acordo final ser fechado. Os negociadores integrativos competentes sabem que não devem se deixar cercar por um linguajar específico ou versões preliminares escritas antes de estarem próximos do acordo. Eles precisam se certificar de que não estarão presos a quaisquer comentários nas anotações ou transcrições das discussões. De modo geral, quanto menor o número de anotações durante a fase de geração de soluções, melhor. Contrastando com isso, quando as partes estão próximas de um acordo, um dos lados deve anotar os termos dele. Este documento é único, e seu conteúdo é circulado entre as partes quantas vezes forem necessárias, até todas concordarem com a redação do acordo.[41]

É muito importante evitar a aparente praticidade de votar acordo finais, porque as negociações devem prosseguir até se chegar a um consenso. Embora uma votação encerre a discussão, ela também pode gerar a impressão de que a parte vencida perdeu o direito a opinião, tornando-se um grupo de "perdedores" menos comprometidos que os "vencedores" na implementação do desfecho negociado.

Os fatores que facilitam o sucesso da negociação integrativa

Já enfatizamos que o êxito da negociação integrativa depende da predisposição das partes para encontrar uma solução aceitável para ambas. Porém, outros fatores também contribuem com o empenho na solução de problemas e com a disposição de trabalhar em conjunto para chegar à melhor solução. Esses fatores são pré-requisitos para o sucesso de uma negociação integrativa. Nesta seção examinamos em detalhe sete destes fatores: (1) a existência de um objetivo em comum, (2) a confiança na própria capacidade de solucionar problemas, (3) a crença na legitimidade da posição da outra parte, (4) a motivação e o comprometimento com o trabalho conjunto, (5) a confiança, (6) a comunicação clara e precisa e (7) uma compreensão da dinâmica da negociação integrativa.

Um objetivo ou meta em comum

Quando as partes acreditam que terão mais vantagens trabalhando em conjunto do que competindo ou atuando em separado, o cenário é favorável a uma negociação integrativa de sucesso. Três tipos de objetivos – em comum, compartilhados e conjuntos – facilitam o desenvolvimento de acordos integrativos.

Um *objetivo em comum* é aquele que todas as partes têm; porém, os benefícios desse tipo de objetivo não seriam possíveis se as partes não trabalhassem juntas. A prefeitura de uma cidade e uma empresa do setor de produtos discordam sobre os impostos municipais que esta deve, mas provavelmente continuarão a trabalhar juntas se o objetivo em comum é manter a unidade operando e garantir os empregos de metade da mão de obra ativa da cidade.

Um *objetivo compartilhado* é aquele no qual as duas partes trabalham juntas, com benefícios diferentes para cada uma. Por exemplo, dois sócios trabalham lado a lado em um empreendimento, mas os lucros não são divididos em partes iguais. Um deles recebe uma parcela maior porque contribuiu com mais experiência ou capital de investimento. Um aspecto inerente à ideia de um objetivo compartilhado é o trabalho lado a lado, para que as partes cheguem a um resultado a ser compartilhado entre elas. O mesmo resultado pode ser obtido com o corte de custos, pelo qual as partes atingem o mesmo desfecho, trabalhando juntas, mas com menos esforço, gastos ou riscos. Essa situação é chamada de "montante expansível", em comparação com um "montante fixo" (ver o Capítulo 5).

Um *objetivo conjunto* é aquele que envolve indivíduos com metas pessoais distintas que, contudo, concordam em combiná-las em um esforço coletivo. Por exemplo, as pessoas que se juntam a uma campanha política têm objetivos diferentes: uma quer satisfazer à ambição pessoal de obter um cargo público, outra quer servir à comunidade e uma terceira almeja se beneficiar de políticas implementadas pela nova administração. Todas se unem no objetivo conjunto de ajudar a nova candidatura a se eleger.

O principal elemento em uma situação de negociação integrativa é a crença de que todos os lados podem se beneficiar. Independentemente de os lados atingirem objetivos idênticos ou distintos, todos precisam acreditar que estarão em uma situação melhor trabalhando em cooperação do que de forma independente ou concorrente.

A confiança na própria capacidade de resolver problemas

As partes que acreditam que são capazes de trabalhar juntas têm mais chances de sucesso nessa iniciativa. Contudo, as que não expressam essa crença em si próprias e nas outras partes estão menos dispostas a investir tempo e energia em um relacionamento colaborativo, e provavelmente adotam posturas contenciosas ou acomodadas. A experiência no assunto em questão fortalece a compreensão da complexidade, das nuances e das possíveis soluções para ele. Em um estudo sobre problemas no setor imobiliário, Neale e Northcraft demonstraram que negociadores experientes – executivos de empresas do setor de imóveis – fechavam acordos integrativos muito mais vantajosos do que negociadores novatos.[42] A experiência aumenta a base de conhecimentos do negociador e sua autoconfiança, dois fatores essenciais para abordar o problema existente com uma mente aberta. Pela mesma razão, a experiência prática com negociações aprimora a percepção e a compreensão do processo de barganha, permitindo que os negociadores o encarem com mais criatividade.[43] Por fim, as evidências indicam que o conhecimento das táticas integrativas eleva o nível do comportamento integrativo.[44] Vistos em conjunto, esses resultados sugerem que a confiança na capacidade de negociar sob um enfoque integrativo reflete positivamente no sucesso das negociações integrativas.

A convicção na legitimidade da própria posição e na perspectiva da outra parte

Na barganha distributiva, os negociadores investem tempo e energia aumentando e justificando o valor de suas posições e diminuindo o valor e a importância das perspectivas da outra parte. Em contrapartida, a negociação integrativa exige dos negociadores o reconhecimento de que suas atitudes, interesses e desejos, e os da outra parte, são igualmente válidos.[45] Primeiro, é preciso acreditar na validade de sua própria perspectiva – aquilo pelo que você está disposto a lutar e não aceita conceder. Kemp e Smith descobriram que os negociadores que adotavam uma postura mais firme e insistiam que seu próprio ponto de vista fosse incorporado na solução fechavam acordos mais integrativos do que aqueles que adotavam posturas mais flexíveis. Contudo, é preciso aceitar também a validade da perspectiva da outra parte.[46] Quando a visão da outra parte é desafiada, ela pode se irritar, adotando uma postura defensiva e improdutiva no processo de solução de problemas. A finalidade da negociação integrativa não é questionar ou desafiar os pontos de vista da outra parte, mas incorporá-los na definição do problema e observá-los durante a busca por alternativas aceitáveis a ambas. Além disso, é importante que a visão da outra parte não seja nem mais nem menos valorizada que a visão do próprio negociador. Kemp e Smith também descobriram que uma parte mais bem preparada para aceitar as posições da outra tinha melhores chances de fechar acordos proveitosos, em comparação com uma parte menos competente nesse aspecto. Porém, acreditar na legitimidade da perspectiva da outra parte não implica empatia com ela. Na verdade, existem evidências de que os negociadores com mais empatia pela outra parte aumentam o tamanho dos resultados conjuntos, mas ficam com uma parcela menor do total do montante negociado, em comparação com negociadores menos empáticos.[47]

A motivação e o comprometimento com o trabalho conjunto

O sucesso da negociação integrativa depende da motivação das partes para colaborarem, sem competir. Elas precisam se comprometer com um objetivo vantajoso para ambas, não com metas que tragam benefícios individuais. Além disso, as partes devem adotar tratamento interpessoal agradável, não combativo; uma atitude aberta e confiante, não evasiva ou defensiva; uma postura que seja flexível ou firme nas horas certas e não oscile entre teimosia e condescendência. Dito de outro modo, as partes precisam se dispor a explicitar suas necessidades, identificar semelhanças e reconhecer e aceitar diferenças, tolerando incertezas e esclarecendo inconsistências.

A motivação e o comprometimento com a solução de problemas podem ser melhorados com a adoção de algumas medidas:

1. Os negociadores precisam perceber que têm um destino em comum. Nas palavras de Benjamin Franklin, "Se não nos unirmos, morreremos separados"[*].
2. Os negociadores devem deixar claro uns aos outros que há mais a ganhar trabalhando em conjunto (aumentando retornos ou reduzindo custos) do que agindo em separado. As partes enfatizam que talvez tenham de continuar trabalhando juntas após as negociações e que continuarão se beneficiando com esse relacionamento. Contudo, apesar desses esforços, o comportamento competitivo e contencioso pode persistir.
3. Os negociadores assumem compromissos uns com os outros antes de a negociação começar. Esses compromissos são chamados de *arranjos pré-acordo*[48] e são caracterizados por três atributos principais:
    a. O arranjo resulta em um contrato por escrito e protegido por lei entre as partes (é mais que um acordo de cavalheiros).
    b. O arranjo ocorre antes de as partes entrarem nas negociações propriamente ditas, mas elas entendem que ele deve ser substituído por um contrato mais claro, de longo prazo, a ser negociado.
    c. O arranjo cobre apenas um subconjunto de questões sobre as quais as partes discordam e especifica uma estrutura na qual um acordo mais abrangente é definido.
4. Os negociadores criam um acordo genérico que define uma estrutura para discussões futuras. Para Stefanos Mouzas, esses acordos genéricos devem abordar três desafios enfrentados pelos negociadores:[49]
    a. Flexibilizar a evolução do relacionamento de negociação entre as partes.
    b. Flexibilizar a reivindicação de valor quando os ganhos futuros reais não estão claros durante a negociação.
    c. Identificar todas as questões e contingências na negociação, quando as partes já sabem que querem trabalhar juntas.

---

[*] N. de T.: Benjamin Franklin fez um jogo de palavras com o verbo *hang*. A citação original, *If we don't hang together, we will hang separately* recorre a duas acepções distintas do verbo. Ao mesmo tempo que *hang together* significa unir-se, *hang* significa pendurar, ou, neste caso, enforcar.

A confiança

Embora não exista garantia de que a confiança promova a colaboração, existem muitas evidências que sugerem que sua ausência a inibe. As pessoas independentes e que contudo não confiam umas nas outras adotam uma postura defensiva e de hesitação. Uma posição defensiva indica que as partes não aceitam informações prontamente e que suspeitam da existência de segundas intenções. Nesses casos as pessoas ocultam informações e atacam as posições e declarações da outra parte, na tentativa de derrotá-la, em vez de trabalhar em conjunto. Reações como essas deixam o negociador mais hesitante, cauteloso e desconfiado da outra parte, o que mina o processo de negociação.[50]

Deepak Malhotra e Mac Bazerman sugerem a adoção de três táticas para obter informações do outro negociador, quando ele desconfia de você:[51]

1. *Compartilhe informações e encoraje a reciprocidade.* Uma abordagem útil consiste em sugerir ao outro negociador que você está disposto a descrever suas próprias necessidades e interesses, se ele revelar os dele. Malhotra e Bazerman alertam para a necessidade de garantir que as partes cheguem a um acordo sobre as principais regras a serem explicitadas antes de proceder, e prossigam devagar para garantir que o processo flua com tranquilidade.
2. *Negocie várias questões ao mesmo tempo.* Negociar várias ofertas simultaneamente permite aos negociadores identificar as prioridades do outro negociador, além de obter algumas informações sobre os interesses dele. Malhotra e Bazerman sugerem que é preciso identificar questões nas quais a outra parte está engajada, interessada e determinada a controlar, para ter uma ideia das questões de maior prioridade para ela.
3. *Faça várias ofertas ao mesmo tempo.* Uma terceira abordagem para obter informações quando a outra parte demonstra desconfiança consiste em apresentar duas ou três ofertas simultaneamente. Essas ofertas devem ter o mesmo valor para você. O modo como o negociador reage a elas revela informações sobre os interesses dele.

Em síntese, a negociação integrativa é facilitada quando as partes confiam uma na outra. Caso contrário, a negociação impõe mais desafios, mas as três táticas apresentadas auxiliam a superá-los.

Gerar confiança é um processo complexo, que depende do modo como as partes se comportam e das características inerentes de cada uma. Quando existe confiança, as pessoas ficam mais propensas a dividir informações e a comunicar suas necessidades, posições e quaisquer fatos relevantes sobre a situação.[52] Contrastando com isso, quando as pessoas não confiam umas nas outras, cresce a probabilidade de elas se envolverem em discussões sobre suas posições, de recorrerem a ameaças e de adotarem posturas mais duras.[53] Como nas atitudes defensivas, a falta de confiança normalmente é devolvida pela outra parte, o que afeta a produtividade das negociações. Para desenvolvê-la de modo eficiente, os negociadores precisam aceitar o fato de que as partes devem adotar uma postura mais cooperativa. Além disso, as partes precisam entender que esse comportamento é sinal de honestidade, de sinceridade e de um compromisso mútuo para uma solução conjunta.

A comunicação clara e precisa

Outra condição para uma negociação integrativa de qualidade é a existência de uma comunicação clara e precisa. Para isso, em primeiro lugar os negociadores precisam se dispor a compartilhar informações.[54] É preciso revelar metas e, o mais importante, expor a necessidade de atendê-las, com clareza e objetividade, sem generalizações ou ambiguidades. Em segundo, os outros negociadores precisam entender essa comunicação ou, no mínimo, compreender o sentido atrelado a essas revelações. Essas iniciativas devem bastar para que as partes interpretem os fatos mais importantes de maneira idêntica; porém, se isso não ocorrer, elas devem se resignar e aceitá-los. Com frequência os participantes de uma equipe de negociação identificam ambiguidades e problemas na comunicação. Se alguém faz uma declaração confusa, os outros integrantes se posicionam para esclarecê-la. Quando uma pessoa do outro lado da mesa de negociação não entende um ponto difícil, é possível que o colega ao lado seja capaz de expor o sentido pretendido reformulando o ponto ou usando exemplos. O entendimento mútuo é responsabilidade das duas partes. O falante precisa avaliar se o outro lado recebeu a mensagem pretendida. Da mesma forma, o interlocutor deve escutar com atenção, certificando-se de que recebeu e compreendeu a mensagem enviada.

As metáforas também desempenham um papel importante na comunicação durante uma negociação. Uma metáfora pode ser definida como "uma declaração sobre algo nos termos de outra coisa",[55] e pode ser útil quando a comunicação direta é difícil ou ameaçadora. Thomas Smith sugere que as metáforas desempenham dois papéis importantes nas negociações: (1) ajudar os negociadores a entender *por que motivo* a outra parte disse algo e (2) identificar áreas de ganho mútuo, porque geram indícios sobre as necessidades e motivações da outra parte.[56]

Quando existem sentimentos negativos fortes, ou quando uma ou mais partes estão propensas a dominar, os negociadores devem criar procedimentos formais e estruturados para a negociação. Nessas circunstâncias, eles seguem um procedimento que dê a todos uma chance de falar. Por exemplo, a maior parte dos debates têm regras que estipulam o limite de cinco minutos para uma declaração. Regras semelhantes são adotadas em reuniões abertas onde há um clima contencioso, ou em depoimentos envolvendo órgãos públicos. Além disso, as partes devem concordar com uma pauta previamente aprovada, para que todos sejam ouvidos e suas contribuições sejam registradas.

Uma compreensão da dinâmica da negociação integrativa

De modo geral, os negociadores pressupõem que o processo de barganha distributiva é o único caminho para uma negociação. Vários estudos indicam que o treinamento na negociação integrativa melhora a capacidade das partes de negociar com um enfoque integrativo. Por exemplo, Weingart, Hyder e Prietula demonstraram que o treinamento em táticas integrativas – especialmente sobre a troca de informações envolvendo questões prioritárias, as preferências sobre elas e a definição de metas elevadas – melhora de forma significativa a frequência de comportamentos integrativos e as chances de atingir resultados conjuntos mais satisfatórios.[57] Os autores também descobriram que a utilização de táticas distributivas (por exemplo, quando um negociador tenta convencer a outra parte da importância das visões que ele tem) tinha correlação negativa com a obtenção de resultados conjuntos. Além disso, Lowesntein,

Thompson, Gentner e colaboradores descobriram que o treinamento com o enfoque em analogias parece ser uma ferramenta muito poderosa para aprender mais sobre a negociação integrativa.[58] Ele envolve a comparação entre diferentes exemplos de negociações para identificar e esclarecer os princípios subjacentes e a estrutura da negociação.

Resumo da seção

Identificamos sete condições essenciais para a negociação integrativa de sucesso: a existência de objetivos em comum, a confiança na própria capacidade de solucionar problemas, a convicção na legitimidade da posição da outra parte, a motivação e o comprometimento com o trabalho conjunto, a confiança no negociador da outra parte, a capacidade de trocar informações de forma clara e precisa mesmo em um cenário de conflito, e uma compreensão da dinâmica da negociação integrativa. Se as partes não forem capazes de atender a essas condições prévias com êxito, elas terão de resolver desafios nessas áreas durante o andamento da negociação integrativa.

Resumo do capítulo

Neste capítulo discutimos a estratégia e as táticas da negociação integrativa. Na estrutura que forma a base dessa classe de negociação, as partes são capazes de definir metas que permitam a ambas atingir os seus objetivos. Na negociação integrativa, as partes definem suas metas e se envolvem em um processo que permite a ambas maximizar esses objetivos.

O capítulo começou com uma visão geral do processo de negociação integrativa. A preocupação das duas partes com a concretização de seus objetivos abre espaço para uma abordagem colaborativa, voltada para a solução de problemas. Muitos negociadores fracassam na negociação integrativa, porque não conseguem perceber o potencial integrativo da situação de negociação. O êxito de uma negociação integrativa depende de vários processos. Primeiro, as partes precisam criar um fluxo livre de informações e uma troca aberta de ideias. Segundo, elas precisam compreender as necessidades e os objetivos reais de cada uma. Terceiro, elas devem se concentrar nas semelhanças, enfatizando pontos em comum, não suas diferenças. Por fim, é preciso se engajar na busca por soluções que atendam aos objetivos de ambas. Esse conjunto de processos é muito diferente daquele descrito para a barganha distributiva, no Capítulo 2. As quatro etapas principais do processo de negociação integrativa são a identificação e a definição do problema, a identificação de interesses e necessidades, a geração de soluções alternativas, e a avaliação e a seleção destas. Para cada uma dessas etapas discutimos técnicas e táticas para garantir êxito ao processo.

Após, apresentamos vários fatores que facilitam uma negociação integrativa de sucesso. Primeiro, o processo será significativamente facilitado com a existência de objetivos em comum. Esses objetivos incluem o que as duas partes desejam realizar, o que uma deseja compartilhar, ou que ambas não conseguiriam concretizar se trabalhassem separadas. Segundo, as partes precisam acreditar na própria capacidade de resolver problemas. Terceiro, uma parte precisa acreditar que as necessidades da outra são legítimas. Quarto, as partes devem compartilhar motivação e comprometimento para trabalharem juntas e fazer com que esse relacionamento seja produtivo. Quinto, é necessário confiar uma na outra e trabalhar com afinco para estabelecer e manter essa confiança. Sexto, a comunicação sobre o que cada parte deseja deve ser clara e objetiva, e as partes precisam se esforçar para compreender suas necessidades. Por fim, as partes não podem prescindir de compreender a dinâmica das negociações integrativas.

Apesar dessas sugestões, a negociação integrativa não é fácil – sobretudo quando as partes estão envolvidas em um conflito ou adotam posturas defensivas. É trabalhando para criar as condições necessárias para uma negociação integrativa que o processo se desenrola com êxito.

Referências

1. Nossas descrições são baseadas nos trabalhos de vários especialistas que estudaram o processo integrativo em detalhe, e apresentaremos os achados de pesquisas recentes que reafirmam a validade de estratégias e táticas específicas. Ver Follett, 1940, formalizado por Walton and McKersie, 1965; Fisher, Ury, and Patton, 1991; Lax and Sebenius, 1986; Carnevale and Pruitt, 1992;

Filley, 1975; e Pruitt, 1981, 1983, entre muitos outros. Também nos baseamos de forma consistente em Pruitt and Carnevale, 1993.
2. Butler, 1999; Pruit, 1981; Thompson, 1991.
3. Butler, 1999; Kemp and Smith, 1994.
4. Pinkley, 1995.
5. Ibid., p. 409.
6. Barki and Hartwick, 2004.
7. Kemp and Smith, 1994.
8. Olekalns, Smith, and Walsh, 1996.
9. Kelley, 1966.
10. Fisher, Ury, and Patton, 1991; Pruitt and Rubin, 1986.
11. Neale and Bazerman, 1991, p. 23.
12. Fisher, Ury, and Patton, 1991.
13. Ibid., p. 40; originalmente descrito por Follett, 1940.
14. Lax and Sebenius, 1986.
15. Ver o Capítulo 5 de Sheppard, Lewicki, e Minton, 1992, para uma discussão detalhada sobre o papel da "voz" nas negociações.
16. Lax and Sebenius, 1986.
17. Clyman and Tripp, 2000.
18. Holaday, 2002; Nierenberg, 1976.
19. Provis, 1996.
20. Ibid.
21. Por exemplo, ver Neale and Bazerman, 1991; Pruitt, 1981, 1983; Pruitt and Carnevale, 1993; Pruitt and Lewis, 1975.
22. Olekalns, 2002.
23. Tajima and Fraser, 2001.
24. Moran and Ritov, 2002.
25. Naquin, 2002.
26. Lax and Sebenius, 1986; Pruitt, 1981.
27. Gillespie and Bazerman, 1997.
28. Butler, 1996.
29. Carnevale, 2006, p. 426.
30. Pruitt and Carnevale, 1993; Pruitt and Rubin, 1986.
31. Filley, 1975; Fisher, Ury, and Patton, 1991; Walton and McKersie, 1965.
32. Gallupe and Cooper, 1993; Dennis and Reinicke, 2004.
33. Fisher, Ury, and Patton, 1991; Pruitt, 1983.
34. Para uma discussão detalhada sobre esta etapa, ver Filley, 1975; Pruitt and Carnevale, 1993; Shea, 1983; Walton and McKersie, 1965.
35. Fisher, Ury, and Patton, 1991.
36. Ibid.
37. Neale and Bazerman, 1991.
38. Lax and Sebenius, 2002.
39. Ibid.; Bazerman and Gillespie, 1999.
40. Lax and Sebenius, 2002.
41. Fisher, Ury, and Patton, 1991.
42. Neale and Northcraft, 1986.
43. Thompson, 1990b.
44. Weingart, Prietula, Hyder, and Genovese, 1999.
45. Fisher, Ury, and Patton, 1991.
46. Kemp and Smith, 1994.
47. Foo, Elfenbein, Tan, and Aik, 2004; Nelson and Wheeler, 2004.
48. Gillespie and Bazerman, 1998.
49. Mouzas, 2006.
50. Gibb, 1961.
51. Malhotra and Bazerman, 2007.
52. Butler, 1999; Tenbrunsel, 1999.
53. Kimmel, Pruitt, Magenau, Konar-Goldband, and Carnevale, 1980.
54. Neale and Bazerman, 1991.
55. Smith, 2005, p. 346.
56. Ibid.
57. Weingart, Hyder, and Prietula, 1996.
58. Ver Gentner, Loewenstein, and Thompson, 2003; Loewenstein and Thompson, 2000; Loewenstein, Thompson, and Gentner, 1999, 2003; Nadler, Thompson, and Van Boven, 2003; Thompson, Gentner, and Loewenstein, 2000.

Capítulo 4

A negociação: estratégias e planejamento

Objetivos

1. Entender a importância da definição de metas para uma negociação.
2. Explorar os principais elementos de uma estratégia de negociação e do processo para selecionar essa estratégia.
3. Investigar como as negociações evoluem como fases e estágios compreensíveis.
4. Elaborar um conjunto amplo de ferramentas para o planejamento efetivo de uma negociação.

Este capítulo discute o que os negociadores devem fazer antes de iniciarem uma negociação. As estratégias e o planejamento efetivos são os precursores mais importantes para se alcançar os objetivos de uma negociação. Com o planejamento eficiente e a definição de metas, a maior parte dos negociadores consegue atingir os seus objetivos; sem essas iniciativas, os resultados ocorrem mais pelo acaso do que pelo esforço dos negociadores.

Nossa discussão sobre estratégias e planejamento começa com a exploração do processo amplo de desenvolvimento de estratégias, fundamentadas na definição das metas e objetivos de um negociador. Após, estudaremos o desenvolvimento de estratégias para tratar das questões e para definir metas em uma negociação. Por fim, abordaremos os estágios e fases típicos de uma negociação em andamento e o modo como diferentes pontos e metas podem afetar o processo de planejamento.

As metas – o foco que governa uma estratégia de negociação

A primeira etapa do desenvolvimento e execução de uma estratégia de negociação consiste em determinar as metas de cada parte dela. Os negociadores devem prever as metas que desejam concretizar e se concentrar no modo de fazê-lo. Conforme discutido no Capítulo 1, os negociadores precisam considerar metas ou interesses substantivos (por exemplo, dinheiro ou um desfecho específico), intangíveis (ganhar, vencer a outra parte, ou obter um acordo a qualquer custo) e processuais (definir a pauta ou ter voz ativa na discussão). A preparação eficiente requer uma abordagem abrangente e criteriosa desses objetivos. Os negociadores devem especificar metas e objetivos com clareza. Isso inclui uma listagem de todas as metas que desejam atingir em uma negociação, a definição das prioridades dessas metas, a identificação de pacotes com múltiplas metas em potencial e a avaliação dos possíveis *trade-offs* entre múltiplas metas.

Os efeitos diretos das metas na escolha da estratégia

Quatro aspectos relacionados ao modo como as metas afetam a negociação são importantes:

1. Desejos não são metas, sobretudo em uma negociação. Os desejos podem estar relacionados às necessidades por trás dos objetivos (ver o Capítulo 3), mas não são metas propriamente ditas. Um desejo é uma fantasia, a esperança de que algo vai acontecer, ao passo que uma meta é um alvo específico e focado, cuja realização pode ser planejada de forma realista.

2. De modo geral, as metas de uma parte estão relacionadas às da outra. Essa relação define uma questão a ser decidida (ver a discussão sobre questões neste capítulo) e muitas vezes é a origem de um conflito. Minha meta é comprar um carro por um preço abaixo do pedido, mas a meta do vendedor é vender o veículo ao preço mais alto possível (e lucrar com isso). Logo, a "questão" é o preço que provavelmente pagarei pelo carro. Se eu pudesse atingir o meu objetivo por conta própria, sem a outra parte, a negociação perderia sua função e deixaria de existir.

3. Existem limites e fronteiras para a definição de uma meta (ver a discussão sobre pontos de *walkaway* e alternativas neste capítulo). Se o que queremos excede esses limites (isto é, o que a outra parte tem condições ou está disposta a ceder), é preciso mudar nossas metas ou encerrar a negociação. Metas precisam ser atingíveis. Se minha meta – comprar um carro a um preço abaixo do pedido – é inviável porque o vendedor não aceita vender um carro a um valor desses (observe que "a um preço abaixo do mercado" é uma meta ambígua, neste ponto do processo) terei de mudar meu objetivo ou encontrar outro carro para comprar (talvez em outra concessionária).

4. As metas realizáveis precisam ser concretas, específicas e mensuráveis. Quanto menos concretas e mensuráveis forem nossas metas, mais difícil será (a) comunicar o que queremos à outra parte, (b) entender o que a outra parte quer e (c) determinar se a oferta em discussão satisfaz a nossos objetivos. "Comprar um carro a um preço abaixo do pedido" ou "concordar sobre um preço para que as parcelas do financiamento não engulam meu salário" não são metas claras. O que quero dizer com "engolir meu salário"? Esse salário é pago semanal ou mensalmente? As parcelas estão um pouco abaixo de 100% do salário, em cerca de 50% ou mesmo 25%? O salário considerado é o atual ou é preciso considerar aumentos futuros nessas porcentagens? Essa parcela é o valor máximo que posso pagar? Esse valor pode ser pago sem grandes transtornos para mim? Ele é calculado após descobrir que não posso comprometer mais de 15% de minha renda mensal na compra de um automóvel? O comprador do automóvel precisa definir exatamente o valor da parcela que pode sair de seu bolso sem lhe causar problemas, considerando as taxas de juros atuais. Ele precisa definir também o valor que economizou e que pode ser usado como entrada na aquisição do veículo, para então negociar os termos exatos do quanto está disposto a pagar ao mês. Percebe-se que esse valor não está totalmente claro.

As metas também podem ser intangíveis ou processuais. No exemplo da compra do carro, as metas intangíveis incluem melhorar a reputação com meus amigos por possuir e dirigir um modelo esportivo de luxo, gerar uma imagem de negociador astuto e atento ao valor do dinheiro, e estar disposto a pagar o que for preciso para ter um meio de transporte conveniente e confiável. Em outras negociações, as metas intangíveis incluem manter a reputação de negociador firme porém honesto, estabelecer um precedente para negociações futuras ou conduzir a negociação de maneira justa para todas as partes, garantindo tratamento imparcial a elas. (Ver o Capítulo 1 para uma discussão sobre metas intangíveis).

Quais são os critérios que devemos adotar? A resposta depende de *você*: seus objetivos específicos e prioridades em um conjunto de objetivos. Os *trade-offs* são inevitáveis e podem afetar a sua perspectiva durante a negociação, por essa razão, mantenha em mente o que você deseja atingir quando a negociação começa.

Os efeitos indiretos das metas na escolha de uma estratégia

Frequentemente, metas simples e diretas são fáceis de realizar em uma única sessão de negociação e com uma estratégia. O resultado é que nossa visão do impacto de ter objetivos de curto prazo, sobretudo quando o impacto na verdade se manifesta no longo prazo, fica limitada. Esse pensamento de curto prazo influencia a escolha da estratégia. Ao desenvolver e enquadrar nossos objetivos, talvez ignoremos o relacionamento atual ou futuro com a outra parte em favor de um interesse simplista em nossa meta substantiva.

Nossas metas em uma negociação – em especial aquelas que são mais difíceis ou que requerem uma mudança expressiva na atitude da outra parte – exigem que desenvolvamos um plano de longo alcance. Nesses casos, o progresso ocorre passo a passo e pode depender da criação de um relacionamento forte com a outra parte. Exemplos incluem uma elevação expressiva na linha de crédito de uma pessoa em uma instituição bancária, ou a conquista de um status privilegiado diante de um parceiro de negócios importante. Metas como essas motivam o negociador a adotar uma estratégia na qual o relacionamento com a outra parte é valorizado tanto quanto (ou mais que) o resultado substantivo. Logo, as metas racionais dão suporte à adoção de uma estratégia colaborativa ou integrativa (ver o modelo das inquietações duais descrito no Capítulo 1).

A estratégia – o plano global para atingir suas metas

Após os negociadores articularem suas metas, eles passam para a segunda etapa: a seleção e o desenvolvimento de uma estratégia. Os especialistas em estratégias de negócios definem *estratégia* como "o padrão ou plano que integra as principais metas, políticas e ações de uma organização para formar um todo coeso".[1] No âmbito das negociações, uma estratégia se refere ao plano global concebido para atingir as metas de uma parte em uma negociação e a sequência de ações que leva à concretização dessas metas.

A estratégia *versus* a tática

Qual é a relação entre estratégia e tática? Embora a fronteira que separa uma estratégia de uma tática possa parecer obscura, as diferenças se baseiam em três fatores: a escala, a perspectiva e o caráter imediato.[2] Táticas são iniciativas adaptáveis, de curto prazo, concebidas para pôr em prática ou perseguir estratégias mais amplas (de alto nível), as quais por sua vez conferem estabilidade, continuidade e direção a comportamentos táticos. Por exemplo, sua estratégia de negociação pode ser integrativa, elaborada para gerar e manter um relacionamento produtivo com a outra parte ao mesmo tempo em que utiliza uma abordagem de solução de problemas para as questões. Na busca dessa estratégia, as táticas apropriadas incluem a descrição de seus interesses e a concepção de opções para o ganho mútuo. As táticas estão subordinadas às estratégias; elas são estruturadas, direcionadas e propelidas por considerações de caráter estratégico.

As abordagens unilaterais *versus* as abordagens bilaterais às estratégias

Uma escolha unilateral é feita sem o envolvimento ativo da outra parte. As estratégias unilaterais são quase sempre implementadas por um único lado e desconsideram todas as informações sobre a outra parte. Contudo, as estratégias unilaterais podem ser problemáticas, exatamente por essa razão. Uma estratégia razoável deve incluir processos para obter informações sobre a outra parte. Incorporar essas informações na escolha de uma estratégia de negociação sempre é útil. Portanto, embora nosso foco inicial sejam as estratégias unilaterais por natureza, elas muitas vezes evoluem e passam a considerar o impacto da estratégia de uma parte na estratégia da outra.

O modelo das inquietações duais como ferramenta para descrever as estratégias de negociação

No Capítulo 1 utilizamos o modelo das inquietações duais para descrever as orientações básicas adotadas em situações de conflito.[3] Esse modelo propõe que os conflitos têm dois níveis de preocupações relacionadas: um nível de preocupação com os próprios resultados e um nível de preocupação com os resultados da outra parte (ver a Figura 1.3). Savage, Blair e Sorenson propõem um modelo semelhante para a escolha de uma estratégia de negociação.[4] Segundo eles, a escolha unilateral de um negociador com relação a uma estratégia se reflete nas respostas a duas questões básicas: (1) qual é o nível de preocupação em relação à realização dos resultados substantivos em jogo nessa negociação (as metas substantivas)? (2) Qual é o nível de preocupação em relação à qualidade atual e futura do relacionamento com a outra parte (metas de relacionamento)? As respostas a essas perguntas geram o *mix* de estratégias alternativas mostrado na Figura 4.1.

As estratégias situacionais alternativas.
O poder deste modelo está no fato de ele exigir que o negociador defina a importância relativa e a prioridade das duas dimensões no acordo desejado. Como mostra a Figura 4.1, as repostas a essas questões sugerem ao menos quatro tipos de estratégias iniciais: a evitação, a acomodação, a competição e a colaboração. O forte interesse em atingir apenas resultados substantivos – fechar este acordo, vencer a negociação, com pouco ou nenhum interesse pelo efeito no relacionamento ou nas trocas futuras com a outra parte – tende a favorecer uma estratégia competitiva (distributiva). Por sua vez, o interesse em atingir apenas as metas relacionais – a construção, preservação ou melhoria de um relacionamento com a outra parte – sugere uma estratégia de acomodação. Se tanto a substância quanto o relacionamento forem importantes, o negociador deve adotar uma estratégia colaborativa (integrativa). Por fim, se nem os resultados substantivos, nem um relacionamento melhor forem importantes, então a parte terá mais vantagens optando por uma negociação de evitação. Essas diferentes abordagens estratégicas têm implicações diferentes para o planejamento e a preparação da negociação.[5] Discutiremos as estratégia de engajamento e não engajamento a seguir.

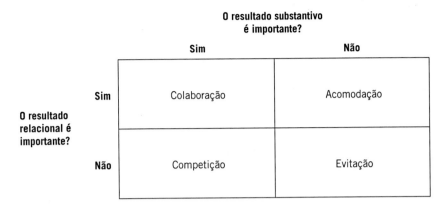

Figura 4.1 O modelo das inquietações duais.
Fonte: Walter B. Newsom, *Academy of Management Executive*. Copyright 1989 ACAD OF MGMT. Reproduzido com permissão de ACAD OF MGMT no formato Textbook via Copyright Clearance Center.

A estratégia de não engajamento: a evitação. A evitação tem diversas finalidades estratégicas na negociação. Na verdade, são muitas as razões para os negociadores decidirem não negociar (as quais são semelhantes às razões para a evitação de conflitos, discutidas no Capítulo 1):

- Quando é possível atingir os resultados esperados sem negociar, a estratégia de evitação faz sentido.
- Talvez os resultados não compensem o esforço e o tempo gastos em negociar (embora às vezes existam razões para negociar nesses casos; ver a seção sobre acomodação, a seguir).
- A decisão sobre negociar ou não tem relação estreita com a atratividade das alternativas disponíveis – os resultados que podem ser atingidos se as negociações não derem certo.

Um negociador com alternativas muito fortes tem poder considerável, porque não precisa que a negociação tenha êxito para conseguir um resultado satisfatório. Possuir alternativas limitadas coloca o negociador em desvantagem. Uma alternativa influencia a decisão de evitar ou não a negociação em dois cenários distintos. Primeiro, o negociador com uma alternativa forte pode evitar a negociação com base somente no aspecto eficiência – é muito mais fácil e rápido adotar a alternativa disponível do que se envolver em uma negociação. Porém, quando essa alternativa não é boa, sugere-se evitar a negociação: quando a negociação começa, a pressão leva a um resultado abaixo das expectativas, e o negociador se sente obrigado a aceitá-lo porque a alternativa inicial igualmente deixava a desejar. Contudo, ele talvez obtenha o resultado desejado, mas a um custo expressivo.

As estratégias de envolvimento ativo: a acomodação, a competição e a colaboração. A competição e a colaboração foram descritas em detalhe nos dois capítulos anteriores. Ao longo deste livro a competição é descrita como uma barganha distributiva ou de perde-ganha, ao passo que a colaboração é uma negociação integrativa ou ganha-ganha.

A acomodação é uma estratégia ganha-perde como a competição, embora tenha uma imagem muito diferente: ela envolve o desequilíbrio de resultados, mas na direção oposta ("eu perco, você ganha" em lugar de "eu ganho, você perde"). A Figura 4.1 mostra que uma estratégia de acomodação pode ser mais apropriada nos casos em que o negociador considera o relacionamento mais importante do que o resultado substantivo. Dito de outro modo, ele quer deixar a outra parte vencer e fazê-la feliz, pois não deseja colocar o relacionamento em perigo ao forçar a concretização de uma meta relativa a questões substantivas. De modo geral, essa estratégia é adotada quando a principal meta da barganha é fortalecer o relacionamento (ou a outra parte), e quando o negociador está disposto a sacrificar o resultado. Uma estratégia de acomodação é indicada se o negociador espera que o relacionamento vá além de um único episódio de negociação. A ideia é que, se "eu perco, você ganha" desta vez, ao longo de negociações no futuro as situações ganha-perde se equilibrem entre as partes. Em qualquer relacionamento social de longo prazo, um negociador deve aceitar um resultado subótimo em dada negociação na expectativa de uma acomodação recíproca (toma lá, dá cá) do outro negociador no futuro.[6] Essa reciprocidade é chamada de "cola que une os grupos sociais".[7]

Porém, quais são as diferenças entre as três estratégias – a competição, a colaboração e a acomodação? A Tabela 4.1[8] resume os três tipos de estratégias (distributivas, integrativas e de acomodação), comparando-as e contrastando-as em diversas dimensões.

Além das características positivas descritas na tabela, as três estratégias de negociação têm desvantagens previsíveis nos casos em que são aplicadas sem critério, cuidado ou flexibilidade:

- As estratégias distributivas tendem a criar padrões como "nós-eles" ou "superioridade-inferioridade" e levar a distorções no julgamento das contribuições e esforços da outra parte, além de distorções nas percepções dos valores, necessidades e posições da outra parte (ver a discussão sobre vieses no enquadramento, no Capítulo 5).
- Se um negociador adota uma estratégia integrativa sem considerar a estratégia da outra parte, esta terá a chance de manipular e explorar o colaborador e tirar proveito da boa-fé e da boa vontade demonstradas. A busca cega por um processo integrativo também elimina a responsabilidade do negociador perante aqueles que representa, quando ele passa a negociar apenas por negociar. Por exemplo, o negociador que entra no processo com uma atitude agressiva, do tipo "sou capaz de resolver qualquer problema", fecha acordos inaceitáveis para as entidades que representa (por exemplo, as empresas para a qual trabalha). Esses acordos serão rejeitados, forçando-o a retomar as discussões que a outra parte julgava concluídas.
- As estratégias de acomodação geram um padrão de desistência constante, para a outra parte ficar satisfeita ou para evitar um confronto. Esse padrão estabelece um precedente difícil de romper. Além disso, ele gera uma falsa sensação de bem-estar devida à satisfação que acompanha a "harmonia" de um bom relacionamento e que ignora todos os pontos que foram objeto de desistência. Com o tempo, esse desequilíbrio perde a força, mas os esforços para interromper a desistência ou restaurar o equilíbrio podem ser vistos com surpresa ou ressentimento.

É importante lembrar que essas descrições são formas puras e que não representam as possibilidades de combinação de questões e motivos que na verdade caracteri-

Tabela 4.1 As características das diferentes estratégias de engajamento

Aspecto	Competição (barganha distributiva)	Colaboração (negociação integrativa)	Negociação de acomodação
Estrutura de compensação	Normalmente um montante fixo de recursos a ser dividido	Normalmente um montante variável de recursos a ser dividido	Normalmente um montante fixo de recursos a ser dividido
Busca de metas	Busca de metas próprias às custas da outra parte	Busca de metas a serem alcançadas em conjunto	Subordinação das próprias metas em favor das da outra parte
Relacionamentos	Foco no curto prazo; as partes não esperam trabalhar juntas no futuro	Foco no longo prazo; as partes esperam trabalhar juntas no futuro	Foco no curto prazo (deixa-se a outra parte vencer para manter a paz), ou no longo prazo (deixa-se a outra parte vencer para incentivar a reciprocidade no futuro)
Motivação primária	Maximizar o resultado próprio	Maximizar o resultado conjunto	Maximizar o resultado da outra parte ou deixar que ela vença e assim melhorar o relacionamento
Confiança e sinceridade	Sigilo e postura defensiva; autoconfiança alta; baixa confiança na outra parte	Confiança e sinceridade; escuta ativa; exploração conjunta de alternativas	Uma parte é relativamente aberta e expõe as suas vulnerabilidades à outra
Conhecimento das necessidades	As partes conhecem suas próprias necessidades, mas as ocultam ou representam incorretamente; as partes não revelam suas reais necessidades	Uma parte conhece e expressa suas reais necessidades ao mesmo tempo em que tenta descobrir e responder às necessidades da outra	Uma parte se sente excessivamente responsável pelas necessidades da outra, a ponto de suprimir as próprias
Previsibilidade	As partes usam a imprevisibilidade e o elemento surpresa para confundirem-se uma à outra	As partes são previsíveis e flexíveis quando apropriado e tentam não surpreender uma à outra	As ações de uma parte são totalmente previsíveis e sempre satisfazem à outra
Agressividade	As partes recorrem a ameaças e blefes para manter o controle	As partes compartilham informações sinceras e se tratam com compreensão e respeito	Uma parte abre mão de sua posição para modificar a posição da outra
Comportamento de busca por soluções	As partes se esforçam para parecerem comprometidas com uma posição usando argumentos e manipulação	As partes se esforçam para encontrar soluções satisfatórias a ambas com base na lógica, na criatividade e no caráter construtivo dessas soluções	Uma parte se esforça para encontrar caminhos para acomodar a outra

(Continua)

Tabela 4.1 As características das diferentes estratégias de engajamento (*Continuação*)

Aspecto	Competição (barganha distributiva)	Colaboração (negociação integrativa)	Negociação de acomodação
Medidas de sucesso	O sucesso é aperfeiçoado criando uma imagem negativa da outra parte; níveis altos de hostilidade entre as partes e de fidelidade entre integrantes de uma parte	O sucesso exige o abandono de imagens ruins e a consideração de ideias com base no mérito	O sucesso é determinado pela minimização ou pela evitação de conflitos e a atenuação de todas as hostilidades; os sentimentos individuais são ignorados em favor da harmonia
Evidência de um extremo prejudicial	Um extremo prejudicial é atingido quando uma parte assume o jogo da soma-zero; derrotar a outra parte é um fim em si mesmo	O extremo prejudicial é atingido quando uma parte agrupa todos os interesses próprios na categoria de bem comum, perdendo sua identidade e responsabilidade	O extremo prejudicial é atingido quando a desistência da outra parte é total, à custa de metas pessoais e/ou daqueles que o negociador representa
Postura principal	A postura principal é "eu ganho, você perde"	A postura principal é "qual é a melhor maneira de abordar as necessidades de todas as partes?"	A postura principal é "você ganha, eu perco"
Solução para o colapso	No caso de impasse, talvez seja necessário convidar um mediador ou árbitro	Se ocorrerem dificuldades, um facilitador de dinâmica de grupo pode ser necessário	Se o comportamento se tornar crônico, a parte fica impossibilitada de negociar

Fonte: adaptado e ampliado de Robert W. Johnston, "Negotiation Strategies: Different Strokes for Different Folks," Personnel 59 (March – April 1982), pp. 38-39. Reproduzido com permissão do autor.

zam a evolução da maioria das estratégias de negociação no mundo real.[9] Assim como os conflitos de modo geral não são totalmente competitivos ou totalmente cooperativos, a maior parte das estratégias reflete uma variedade de metas, intenções e restrições situacionais que tendem a dificultar a compreensão de uma estratégia "pura".

Como compreender o fluxo das negociações: estágios e fases

Antes de explorar os processos específicos do planejamento de uma negociação, é preciso compreender as etapas típicas de seu fluxo para descobrir como ela evolui – e por que seu planejamento é tão importante.

Muitos pesquisadores estudaram o fluxo da negociação no tempo, classificando o tipo de comunicação que as partes utilizam nas diversas etapas do processo. Essas pesquisas confirmaram que, tal como a comunicação adotada por grupos de solução de problemas e vista em outras formas de interações sociais ritualizadas, a negociação avança segundo fases ou estágios distintos.[10]

Recentemente Greenhalgh desenvolveu um modelo de estágios da negociação relevante sobretudo na análise da modalidade integrativa do fenômeno.[11] Para Greenhalgh, o processo ideal de negociação é composto por sete etapas-chave (Figura 4.2):

- A preparação, que compreende a decisão sobre o que é importante, a definição de metas e a reflexão sobre como trabalhar com a outra parte na negociação que está para começar.
- A construção do relacionamento, que envolve conhecer a outra parte, compreender as semelhanças e diferenças entre você e ela, e construir um compromisso no sentido de atingir um conjunto de resultados vantajosos para todos. Greenhalgh argumenta que este estágio é crítico para o andamento dos estágios subsequentes.
- A coleta de informações, que diz respeito ao que você precisa saber sobre as questões, sobre a outra parte e suas necessidades, sobre a exequibilidade dos acordos possíveis e sobre o que pode acontecer se você não conseguir chegar a um acordo com ela.
- O uso das informações, que representa o momento em que os negociadores preparam a defesa dos resultados e acordos que preferem, os quais maximizam suas necessidades. Muitas vezes essa apresentação é usada para "vender" o resultado desejado à outra parte.
- As ofertas, que envolvem as iniciativas entre a posição inicial e ideal de um negociador e a obtenção do resultado real. As ofertas formam o processo no qual

Fase 1	Fase 2	Fase 3	Fase 4	Fase 5	Fase 6	Fase 7
Preparação	Construção do relacionamento	Coleta de informações	Uso de informações	Ofertas	Fechamento do acordo	Implementação do acordo

Figura 4.2 As fases da negociação.

Fonte: Leonard Greenhalgh, *Managing Strategic Relationships: The Key to Business Success*. Copyright 2001 Leonard Greenhalgh. Reimpresso com permissão de The Free Press, Simon & Schuster Adult Publishing Group.

as partes começam apresentando uma proposta inicial, até chegarem a um meio termo. Esse processo foi descrito em detalhe no Capítulo 2.

O fechamento do acordo, que tem como objetivo construir um compromisso com o acordo atingido na fase anterior. Ambas as partes têm de se certificar de que atingiram um acordo satisfatório ou ao menos aceitável.

A implementação do acordo, que define as responsabilidades após o acordo ter sido atingido. Frequentemente as partes descobrem que o acordo tem falhas, que pontos importantes não foram negociados, ou que a situação mudou e que surgiram novas questões. As falhas nas fases anteriores ficam aparentes na implementação, e o acordo talvez tenha de ser visado para que essas questões sejam negociadas por um mediador, um árbitro, ou mesmo um tribunal.

Greenhalgh argumenta que esse modelo é essencialmente prescritivo – isto é, ele representa o modo como as pessoas deveriam negociar – e o defende com veemência.[12] Contudo, ao examinarmos a prática dos negociadores na vida real, percebemos que muitas vezes estes desviam-se desse modelo e que essas práticas são influenciadas por fatores culturais (ver o Capítulo 11). Por exemplo, de modo geral os negociadores norte-americanos veem o processo de negociação sobretudo em termos distributivos, ou "ganha-perde". Eles não concentram esforços na construção de relacionamentos ou no planejamento, preferindo ir direto às ofertas, ao fechamento e à implementação do acordo. Contrastando com esses costumes, os negociadores asiáticos investem muito tempo na construção de relacionamentos e reduzem a duração das etapas finais do processo de negociação.

Como se preparar para implementar a estratégia: o processo de planejamento

A base do sucesso na negociação não está no jogo ou na dramatização. A força principal que define o sucesso ou o fracasso de uma negociação é o planejamento que precede o diálogo entre as partes. O planejamento efetivo também exige muito trabalho nos pontos:

- A definição de questões
- A compilação das questões e definição do *mix* de barganha
- A definição de interesses
- A definição dos pontos de resistência
- A definição de alternativas (BATNA)
- A definição das metas e objetivos de uma parte e abertura de ofertas (o ponto de partida)
- A avaliação das entidades representadas e do contexto social em que a negociação ocorrerá
- A análise da outra parte
- O planejamento da apresentação da questão e de sua defesa
- A definição do protocolo – quando e onde a negociação ocorrerá, quem estará presente, quais são os itens na pauta e assim por diante

O restante deste capítulo discute cada uma dessas etapas em detalhe (ver também um resumo do guia de planejamento na Tabela 4.2, o qual pode ser usado para plane-

Tabela 4.2 O guia de planejamento da negociação

1. Quais são as questões envolvidas na negociação prestes a iniciar?
2. Com base em uma revisão de *todas* as questões, qual é o *mix* de barganha? (Quais são as questões que temos de resolver? Quais são as questões que estão relacionadas a outras?)
3. Quais são os meus interesses?
4. Qual é o meu ponto de resistência? Qual é o meu ponto de *walkaway*?
5. Qual é a minha alternativa?
6. Qual é o meu ponto de partida e qual é a minha meta na definição de metas e preços pedidos?
7. Quem são as entidades que represento como negociador e o que esperam de mim?
8. Quem são os negociadores da outra parte e o que desejam?
9. Que estratégia global devo escolher?
10. Que protocolo deve ser seguido durante esta negociação?

jar sua próxima negociação). A lista representa o conhecimento coletivo de diversas fontes,[13] cada qual com sua lista de quatro etapas, cuja ordem é variável.

1. A definição das questões

Esta etapa normalmente começa com uma análise do que deve ser discutido na negociação. Algumas negociações consistem em uma única questão – por exemplo, o preço de um item, como uma mesa de centro em uma venda de garagem ou um carro usado. Outras são mais complexas. A aquisição de uma empresa por outra inclui um grande número de questões, como o preço, o remanejamento de estoques, a retenção, a transferência e a demissão de executivos e funcionários e a localização da nova sede.

Muitas vezes o número de questões em um negociação e a relação entre o negociador e a outra parte são os principais fatores determinantes na decisão de usar uma estratégia distributiva ou uma estratégia integrativa. As negociações de questão única tendem a ocorrer de acordo com uma estratégia distributiva, porque a única questão em jogo é o preço ou a "distribuição" dessa questão. Em contrapartida, negociações envolvendo múltiplas questões seguem estratégias integrativas, já que as partes podem recorrer a processos como a troca de favores, por exemplo, para criar "pacotes" de questões vantajosos para ambas.

Embora o número de questões possa determinar a estratégia adotada, ele não exclui a possibilidade de que uma negociação de questão única seja integrativa ou que negociações envolvendo múltiplas questões se mantenham distributivas. As negociações de questão única muitas vezes podem ser convertidas em negociações integrativas quando se trabalha para *aumentar* o número de questões. Por exemplo, ao comprar uma casa, as duas partes envolvidas têm a escolha de partir do pressuposto de que o preço é a única questão, mas logo percebem que outras questões são igualmente importantes: o financiamento e a data da venda ou da entrega do imóvel, eletrodomésticos e mobília incluída, o conserto de uma cerca estragada, ou o pagamento do combustível existente no tanque do aquecedor. Durante o processo de compra, o advogado do comprador, o representante da instituição financeira ou o corretor de imóveis prepara uma lista de outros fatores a serem considerados: os impostos, quantias de reserva para solucionar problemas imprevistos ou uma declaração por escrito dizendo que o vendedor deve desocupar o imóvel deixando-o limpo (além dos valores pagos a todos os profissionais envolvidos nessas atividades!) Observe que uma lista como essa pode ficar extensa. Em qualquer negociação, a melhor maneira de elaborar uma lista completa de questões na pauta inclui:

1. Uma análise de todas as questões possíveis que devem ser decididas
2. A experiência anterior em negociações semelhantes
3. As pesquisas para obter informações (por exemplo, o estudo da vizinhança, uma inspeção do imóvel, uma leitura instrutiva sobre como comprar uma casa)
4. A consulta com especialistas do setor (corretores, agentes de financiamento, advogados, contadores ou amigos que compraram um imóvel recentemente)

2. A compilação das questões e a definição do *mix* da barganha

A próxima etapa do planejamento é a compilação de todas as questões que foram definidas para formar uma lista abrangente. A combinação de listas preparada por cada parte na negociação determina o *mix* de barganha (ver o Capítulo 2). Ao criar uma lista de questões, os negociadores talvez percebam que incluíram um número muito grande de discussões na pauta, ou que puseram muito na mesa de negociações. Normalmente, isso ocorre quando as partes não dialogam com frequência ou quando estão envolvidas em muitos negócios. Contudo, conforme dissemos na etapa 1, a apresentação de uma lista de questões durante o processo muitas vezes aumenta, não diminui, as chances de sucesso, desde que todas as questões contidas nela sejam reais. Um *mix* de barganha muito grande permite um número muito grande de componentes ou arranjos no acordo, o que aumenta as chances de que um pacote específico atenda às necessidades de ambas as partes e portanto traga êxito ao acordo.[14] Ao mesmo tempo, um *mix* grande também prolonga as negociações, porque o número de combinações de questões a serem discutidas é muito alto. Outra desvantagem é que ele aumenta a dificuldade de avaliar o acordo.

Após reunir as questões e definir a pauta, o negociador precisa estabelecer a prioridade de cada uma. Essa etapa é dividida em duas:

1. *Determine a importância das questões.* Logo que a negociação começa, as partes podem facilmente se perder nas informações, discussões, ofertas, contraofertas, *trade-offs* e concessões. O negociador que não tem claro para si o que deseja e o que pode ser concedido pode facilmente perder a perspectiva e acabar concordando com acordos subótimos, ou se distrair com longos debates sobre pontos de pouca importância. Quando os negociadores não têm prioridades, eles estão mais expostos a ceder acerca dos pontos defendidos de forma mais agressiva pela outra parte, do que fazer alguma concessão fundamentada em seus princípios pessoais.

As prioridades podem ser definidas de diversas maneiras. Uma medida simples consiste em estabelecer uma ordem, perguntando "qual é o ponto mais importante?", "qual é o segundo ponto na sequência?" e "qual é o ponto menos importante?". Um processo ainda mais simples consiste em agrupar as questões em categorias de importância, como alta, média e baixa. Quando um negociador é o representante de outras pessoas presentes, é importante envolvê-las na definição de prioridades. As prioridades podem ser definidas considerando os interesses e questões mais específicas das partes. De acordo com um terceiro método, mais preciso, estabelece-se uma escala de 100 pontos para o pacote de questões. É feito um rateio desses pontos entre as questões, de acordo com a importância relativa de cada uma. Se o negociador tem confiança no peso relativo dos pontos dados a elas, a troca e a reunião de acordos em pacotes se torna um processo mais sistemático.[15] Também é importante estabelecer prioridades (e, possivelmente, designar pontuações) a questões tanto tangíveis quanto intangíveis. As questões intangíveis muitas vezes são difíceis de discutir e dispor em ordem de importância; contudo, se não forem quantificadas e continuarem subjetivas, os negociadores correm o risco de enfatizar a importância delas demasiada ou mesmo insuficientemente. É fácil deixar de lado essas questões em favor de questões concretas, específicas e numéricas. Por essa razão, os negociadores precisam ter cautela para impedir que a "barganha dura" envolvendo números acabe obliterando uma discussão breve sobre questões e interesses intangíveis.

Por fim, os negociadores precisam também especificar uma variação de barganha para cada questão no *mix*. Isso permite especificar um pacote como "melhor possível" e "mínimo aceitável", além de um nível almejado e um nível mínimo para cada questão no *mix*.

2. *Descubra se as questões estão vinculadas ou separadas.* Se estiverem separadas, as questões podem ser adicionadas ou subtraídas com facilidade. Se estiverem conectadas, o acordo sobre uma estará vinculado aos acordos sobre as outras, o que por sua vez vincula as concessões sobre uma questão àquelas envolvendo as demais. O negociador precisa decidir se as questões estão de fato conectadas – por exemplo, se o preço que ele pagará pela casa depende do valor que o banco financia –, em comparação com um vínculo simples que ele tem para si, no sentido de fechar um bom negócio.

3. A definição de interesses

Após definir as questões, o negociador precisa definir os interesses e necessidades inerentes. Conforme discutimos nos Capítulos 2 e 3, as *posições* – as ofertas ou pontos-alvo – são o que o negociador deseja. Os *interesses* dizem respeito às razões que ele tem para desejar as posições. Um ponto-alvo de $200.000 para um apartamento seria uma posição; esse é o valor que o negociador espera pagar. O interesse seria "pagar um preço de mercado justo, um valor que posso pagar por um apartamento de dois dormitórios". Embora a definição de interesses seja mais importante na negociação integrativa que na barganha distributiva, as discussões dessa natureza se beneficiam quando as partes definem os interesses principais. Ao passo que as questões são úteis na definição do *que* desejamos, compreender os interesses ajuda a entender *por que* essas questões são necessárias. Fazer perguntas em busca da razão de algo auxilia a ter uma noção dos valores críticos, necessidades ou princípios que desejamos atingir em uma negociação[16] (ver o Capítulo 6). Nesse sentido, os interesses podem ser:

- Substantivos, isto é, diretamente relacionados às questões na pauta das negociações.

- Processuais, os quais estão relacionados ao modo como os negociadores se comportam durante a negociação.
- Baseados no relacionamento, isto é, atrelados ao relacionamento atual ou futuro entre as partes.

Os interesses também podem ser baseados nos intangíveis da negociação – que incluem os princípios ou padrões aos quais as partes desejam aderir, as normas informais segundo as quais elas negociarão e os pontos de referência que utilizarão como orientação – para atingir um acordo justo ou razoável ou finalizar a negociação com rapidez.

4. A definição de limites

O que acontece se a outra parte se recusa a aceitar alguns dos termos propostos na pauta, ou coloca as questões de maneira a se tornarem inaceitáveis? A boa preparação exige que você estabeleça dois pontos claros: o seu *ponto de resistência* e suas *alternativas*.

Um *ponto de resistência* é aquele no qual você decide parar a negociação por completo, porque qualquer acordo além dele não é aceitável. Se você é o vendedor, o seu ponto de resistência é o valor mínimo para o item à venda. Porém, se você é o comprador, o seu ponto de resistência é o valor máximo que você está disposto a pagar pelo item.

A definição do ponto de resistência é uma etapa essencial no planejamento. A maioria de nós já se encontrou em uma situação de compra na qual o item que queríamos não estava em estoque e fomos convencidos a adquirir um produto mais caro. Contudo, em algumas situações competitivas existe uma pressão crescente para um aumento de preço. Por exemplo, em um leilão, se há uma guerra de ofertas, uma pessoa talvez acabe pagando mais do que havia planejado. Da mesma forma, os apostadores em uma mesa de jogos às vezes se encontram em uma maré de azar e perdem mais do que estavam preparados para perder. Pontos de resistência ajudam a evitar acordos que posteriormente seriam vistos como ruins.

5. A definição de alternativas

Por outro lado, as *alternativas* representam os acordos adicionais que os negociadores podem atingir para atender a suas necessidades. As alternativas são muito importantes tanto em processos distributivos quanto integrativos, porque definem se o desfecho obtido é melhor ou não que outra possibilidade. Nas duas situações, quanto melhores forem as alternativas, maior o poder que você tem, porque isso permite abandonar a negociação atual ciente de que suas necessidades e interesses ainda podem ser satisfeitos (ver os Capítulos 2 e 7). No exemplo da compra da casa, quanto mais um comprador pesquisa o mercado imobiliário e avalia outros imóveis, mais facilmente ele se convence de que poderá abandonar a negociação em andamento e iniciar uma negociação de outro imóvel aceitável.

6. A definição de metas e preços pedidos

Após a definição das questões, a criação de uma pauta provisória e a avaliação de outras questões apropriadas ou necessárias, a etapa seguinte consiste em definir dois pontos-chave: o *ponto-alvo* específico, que representa a expectativa realista do ponto em que o acordo será fechado, e o *preço pedido*, que é o melhor valor possível de ser obtido.

Existem muitas maneiras de definir uma meta. É possível perguntar, "qual é o resultado que mais me agradaria?", "qual é o ponto que me trará satisfação?", "o que as outras pessoas obtiveram nesta situação?", "o que seria um acordo justo e razoável?". Metas não são tão inflexíveis como pontos de resistência ou alternativas. É possível definir um intervalo geral ou uma classe de resultados igualmente aceitáveis.

Tal como as metas, é possível definir o preço pedido de diversas formas. Uma oferta inicial pode ser o melhor resultado possível, uma solução ideal, algo ainda melhor do que o resultado anterior. Contudo, existe o risco do excesso de confiança, de definir um preço pedido tão irreal, que vira motivo de chacota, raiva ou abandono da negociação pela outra parte, antes de ela fazer uma contraproposta. Embora os preços pedidos normalmente sejam formulados em torno do "melhor acordo possível", existe a tentação de aumentá-los a ponto de serem autodestrutivos, porque são irreais aos olhos de negociadores ou observadores que tenham uma perspectiva mais realista.

É preciso ter em mente diversos princípios ao definir um ponto-alvo:

1. *As metas precisam ser específicas, difíceis, atingíveis e confirmáveis.* As pesquisas sobre a definição de metas como ferramenta motivacional e de desempenho são fontes de muitas informações sobre como definir um ponto-alvo.[17] Primeiro, as metas precisam ser específicas. Na negociação de um salário é preciso definir um valor (por exemplo, $75.000), não uma meta geral (por exemplo, qualquer valor acima de $60.000 ao ano). Segundo, as metas devem ser difíceis, mas atingíveis. Uma meta deve ser definida como um melhoramento da situação ou das circunstâncias atuais, e não pode ser difícil a ponto não poder ser atingida. Por fim, é preciso definir uma meta que não deixe dúvidas de que não foi atingida. Isso não é um problema se a meta definida é quantificável, como um valor a ser pago ou um salário em moeda corrente, mas pode se tornar um se a meta definida é difusa (por exemplo, um salário decente que eu mereça. "Decente" e "que eu mereça" são metas muito subjetivas, que o negociador terá dificuldade de perceber que tenham sido atingidas).

2. *A definição de metas requer o pensamento positivo sobre os próprios objetivos.* Ao entrar em uma negociação, é comum prestarmos muita atenção na outra parte – no modo como se comporta, suas exigências e os aspectos envolvidos na negociação com ela. Se um negociador focar sua atenção na outra parte, em detrimento do que almeja, ele corre o risco de acabar definindo suas metas como se fossem meras reações às metas dela. Estratégias reativas fazem com que os negociadores se sintam ameaçados e na defensiva, o que afeta a flexibilidade e a criatividade (e talvez limite as metas que julgam atingíveis). Em comparação, uma postura proativa na definição de metas torna os negociadores mais flexíveis com relação ao que aceitarão e melhora a probabilidade de as partes chegarem a um resultado satisfatório para ambas.

3. *A definição de metas normalmente requer uma análise de como metas e objetivos múltiplos podem ser reunidos em pacotes.* A maioria dos negociadores tem uma variedade de objetivos diferentes. Por essa razão, é preciso considerar a melhor maneira de satisfazê-los em um cenário de múltiplas questões. Para reuni-las

em um pacote eficiente, os negociadores precisam compreender essas questões, as prioridades relativas de cada uma e o *mix* de barganha. É possível definir e avaliar alguns desses pacotes como "ofertas de abertura" e outros como "metas", a exemplo da avaliação de questões individuais. Nos casos em que esses pacotes envolvem questões intangíveis ou questões para as quais é difícil especificar metas claras, a dificuldade de avaliar e comparar pacotes aumenta, mas os esforços nesse sentido não devem ser abandonados.

4. *A definição de metas exige uma compreensão dos trade-offs e itens descartáveis.* A elaboração de pacotes gera um desafio: e se a outra parte propõe um pacote no qual as questões A, B e C são as principais em sua oferta de abertura e no qual apenas menciona D? Na próxima oferta, ela sequer menciona D – mas a questão é algo que você pode conceder sem problemas. Se você pode ceder D com facilidade, a outra parte poderia exigir menos em termos de A, B ou C? Às vezes é preciso considerar ceder "alguma coisa em troca de nada", se isso for interessante para a transação. Uma questão que não tem importância para você talvez seja importante para a outra parte. A consciência do valor real ou provável dessas concessões em um pacote pode aumentar, de forma considerável, o valor do que uma parte oferece à outra a um custo muito baixo ou mesmo inexistente. No exemplo da compra do imóvel, se a pessoa que vende o apartamento tem oito meses de acesso a um estacionamento ou a um clube no bairro, é possível incluir essas vantagens no pacote de venda. Para ela, essas vantagens não tem valor, mas para o comprador podem ser um atrativo extra.

Para avaliar esses pacotes é preciso ter algumas noções sobre o valor de cada item no *mix*, em termos do que pode ser comparado ou substituído nas questões. Conforme mencionado, é interessante avaliar todos os itens no *mix* segundo uma dimensão em comum, como o valor em moeda corrente, ou uma escala de pontos para comparar as questões no *mix* da barganha ou comparar tangíveis e intangíveis. Por exemplo, em negociações salariais, os lados tentam avaliar uma questão em termos de uma relação custo/benefício baseada na moeda local. Mesmo que não seja possível acomodar as propostas perfeitamente, qualquer acordo é melhor que nenhum. Além disso, quando os intangíveis são parte importante do *mix* da barganha, os negociadores precisam conhecer o ponto no qual abandonarão a busca de um intangível em favor de ganhos expressivos com tangíveis.

7. A avaliação dos integrantes e do contexto social da negociação

Quando as pessoas negociam por conta própria – por exemplo, na compra de uma bicicleta usada ou de uma esteira para exercícios – elas determinam o *mix* de barganha segundo seus próprios termos. Porém, quando a negociação ocorre em um contexto profissional, pode haver mais de duas partes envolvidas. Primeiro, é possível que haja mais de dois negociadores à mesa. A presença de múltiplas partes à mesa normalmente induz os negociadores a formar alianças, nas quais eles alinham suas iniciativas para vencer a negociação.[18] Segundo, os negociadores estão vinculados a seu "público", isto é, os seus superiores, que tomam as decisões finais, ou a outras partes, que avaliam e criticam a solução obtida. Além disso, é comum haver observadores que analisam e comentam a negociação. A presença dessas entidades representadas pelo negociador ou por observadores levanta questões sobre quem deve conduzir a negociação, quem pode participar dela e quem tem a palavra final em um acordo negociado. Por fim, a negociação ocorre em um contexto de regras, isto é, um sistema de leis, costumes, práticas, normas culturais e pressões de natureza política comuns no mundo dos negócios.

Uma das maneiras de avaliar todas as partes essenciais em uma negociação é a "análise de campo". Imagine que você seja o capitão de um time de futebol. A partida está prestes a iniciar (ver a Figura 4.3). Avaliar o público representado pelo negociador equivale a avaliar todas as partes presentes no estádio:

1. Quem é, ou deveria ser, meu time? Talvez essa equipe se resuma ao negociador (um jogo entre dois participantes). Porém, às vezes precisamos de ajuda: um advogado, um contador ou um especialista, ou alguém que nos oriente, dê apoio moral, escute atentamente o que diz a outra parte e tome notas.
2. Quem está no outro lado do campo? A resposta a essa pergunta é discutida em detalhe na próxima seção.
3. Quem está nas linhas laterais do campo e pode influenciar a partida? Quem são os proprietários, gerentes e estrategistas? Esse grupo de pessoas inclui o superior direto ou a pessoa que precisa aprovar ou autorizar o acordo negociado. O mais importante é que essas considerações afetam diretamente o modo como as decisões são tomadas no que diz respeito aos pontos aceitáveis ou inaceitáveis para cada parte.
4. Quem está nas arquibancadas? Quem está assistindo ao jogo, está interessado nele e pode afetar os resultados, ainda que indiretamente? Esse grupo inclui os gerentes seniores, acionistas, competidores, analistas financeiros, a mídia, entre outros. Quando múltiplas partes entram na negociação – sejam as partes nas linhas laterais, que são ativas na negociação, sejam as "partes interessadas", que são afetadas pelo acordo – o processo se torna mais complexo.

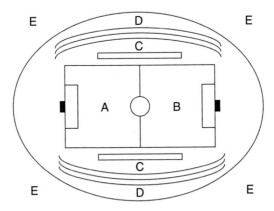

A. Os jogadores diretos (quem está no campo a nosso lado?)
B. Os jogadores de oposição (quem está no outro lado do campo?)
C. Os participantes indiretos (quem está nas linhas laterais?)
D. Os observadores interessados (quem está nas arquibancadas?)
E. Os fatores ambientais (o que está acontecendo no ambiente global do jogo – no lado de fora do estádio, mas influencia o que ocorre aqui dentro?)

Figura 4.3 Uma análise do campo da negociação.

5. O que acontece no ambiente amplo em que a negociação se desenrola? Diversas questões "contextuais" afetam a negociação:
   - Qual é o histórico de relacionamento com a outra parte e como ele afeta as expectativas gerais que as partes têm na negociação? (ver o Capítulo 9.)
   - Que tipo de relacionamento com a outra parte é esperado ou desejado no futuro e como essas expectativas afetam a negociação atual? (ver o Capítulo 9.)
   - Com que frequência esperamos negociar no futuro – isto é, quantas rodadas de negociação existirão? As negociação em múltiplas rodadas geram questões relativas a precedentes de gestão, planejamento de pautas futuras e a garantia de que os acordos atuais serão implementados e monitorados.[19]
   - Quais são os prazos finais? Recorrendo à analogia com um jogo de futebol mais uma vez, toda partida tem uma duração, que é dividida em tempos ou segmentos. Existem restrições semelhantes que limitam a negociação?
   - Quais são "as regras do jogo" pelas quais o acordo será administrado? Existe um conjunto de regras fixas, como uma estrutura legal de assentimento e execução de um contrato? A estrutura de regras é negociável, para permitir às partes compor suas próprias regras sobre como determinados problemas e situações serão abordados?
   - Quais são as práticas comuns e aceitáveis no sistema ético no qual o acordo está sendo realizado? (ver o Capítulo 8.) Como perceberemos quando uma parte está "trapaceando"? Existem regras claras sobre o que é e o que não é justo?

A consideração dessas questões é importante no andamento da negociação. O negociador que representa uma entidade (uma empresa, um sindicato, um departamento, um clube ou uma família) precisa consultá-la para que possa incluir os interesses e prioridades dela no *mix*. Tomemos o exemplo da compra de um imóvel por um casal. Vamos supor que um cônjuge esteja incumbido da negociação e que o outro está impossibilitado de ir à reunião. Se o negociador não considerar os interesses do outro cônjuge no tocante às condições nas quais a casa se encontra, ou se ignorar o desejo dos filhos de que a mudança não ocorra durante o ano letivo, a solução negociada corre o risco de ser rejeitada por uma das entidades que o negociador representa. O negociador que representa uma entidade está subordinado a ela e deve incluir os desejos dela nas propostas – esforçando-se em satisfazê-los ou explicando por que não foram satisfeitos na negociação. Contudo, quando o negociador representa uma entidade maior, como uma empresa, um sindicato ou uma comunidade, o processo de consulta sobre interesses e necessidades pode ser laborioso e cansativo. O negociador reconhece que o desejo da entidade que representa não é realista ou exequível, e exige que ele negocie com a própria entidade os pontos realistas passíveis de serem incluídos na pauta. Além disso, é essencial compreender o que ocorre quando as duas partes se aproximam de um acordo. O negociador tem autoridade para fechá-lo, ou precisa da aprovação da entidade que representa. Essas entidades controlam seus negociadores limitando o poder de decisão deles, e é a compreensão desses limites que mantém os negociadores alinhados às entidades que representam.

8. A análise da outra parte

Já discutimos a importância de atribuir prioridades a suas próprias metas e objetivos. Obter informações sobre a outra parte é outra etapa essencial no planejamento da negociação. Conhecer fatores como as questões, preferências, prioridades, interesses, alternativas e restrições da outra parte é quase tão importante quanto definir esses fatores para si. Se os negociadores não têm a oportunidade de se reunir previamente com representantes do outro lado, eles devem encontrar uma maneira de começar a ver a negociação sob a ótica da outra parte, ou obter informações sobre as questões, interesses e prioridades dela. Nesse sentido, como alternativa os negociadores podem ter uma conversa informal com a outra parte antes da negociação propriamente dita, ou tentar ver a situação da perspectiva dela e assim prever o que ela deseja. Além disso, é possível falar com terceiros que conheçam a outra parte ou com pessoas que estiveram nessa situação antes. O objetivo é compreender como a outra parte aborda a negociação e descobrir o que deseja. Ao comparar essa análise com a situação da parte que ele representa, um negociador tem os elementos para definir áreas sujeitas a conflitos significativos (envolvendo questões de alta prioridade às duas partes), fazer *trade-offs* simples (nos casos em que as duas partes querem a mesma coisa, mas com prioridades diferentes), ou para perceber que não há conflito algum (ambas querem coisas muito diferentes e não terão problemas em atingir os respectivos objetivos).

Quais são as informações de que uma parte precisa para avaliar a outra e se preparar com eficiência? Várias informações de natureza geral são na verdade muito importantes nessa hora, como:

- Os recursos, questões e o *mix* de barganha
- Os interesses e necessidades
- O ponto de *walkaway* e as alternativas
- Os pontos-alvo e as propostas iniciais
- As entidades representadas, a estrutura social e a autoridade para fechar o acordo
- A reputação do negociador e seu estilo de negociar
- As estratégias e táticas mais prováveis

Em tese, seria muito útil dispor do maior número possível dessas informações antes de a negociação iniciar. Contudo, na vida real nem sempre elas estão disponíveis nesse momento. Nesses casos, o negociador deve tentar coletar o máximo possível dessas informações já nas etapas iniciais do processo de deliberação.

Os recursos, as questões e o *mix* de barganha da outra parte. Quanto mais informações são obtidas sobre a outra parte mediante uma pesquisa inicial, melhor. A relevância dos dados obtidos depende das questões e elementos que podem estar no *mix* da barganha. Uma análise do histórico de negócios da outra parte ou de negociações anteriores, de sucesso ou não, contribui com informações úteis. Dados financeiros sobre ela podem ser obtidos em canais de busca como a Internet, balanços, registros financeiros da empresa, relatórios de estoque acionário, entrevistas, documentos legais e decisões judiciais. Também é possível investigar os estoques da outra parte. Às vezes, uma simples visita à outra parte ou uma conversa com amigos e colegas dela são fontes de muitas informações. Outra forma de aprender algo sobre a outra parte consiste em conversar com pessoas que já fizeram negócios com ela. Quanto mais informações o negociador obtiver (ainda que seja apenas uma noção geral sobre a capacidade de a outra parte abordar e satisfazer as próprias necessidades ou sobre as questões que ela trará à mesa de negociações), melhores as chances de prever como o processo se desenrolará.

Os interesses e necessidades da outra parte. Além de aprender sobre as principais questões e recursos da outra parte, é preciso obter informações sobre seus interesses e necessidades atuais (ver o Capítulo 3). Essas informações podem ser obtidas por diversos caminhos:

- Conduzindo uma entrevista preliminar que inclua uma discussão ampla do que a outra parte gostaria de obter nas negociações prestes a ocorrer (com foco em interesses amplos, não apenas em questões).
- Prevendo os interesses da outra parte (como se você estivesse "na pele dela")
- Conversando com quem a conhece ou já fez negócios com ela
- Lendo sobre como ela é retratada na mídia

A importância dessas questões, desses interesses e da natureza do relacionamento anterior com a outra parte influencia o quanto um negociador deve se esforçar na busca por informações. Embora sejam necessários tempo e esforço para obter informações, de modo geral os resultados valem o investimento, porque às vezes um simples telefonema ou uma visita podem gerar informações valiosas.

O ponto de *walkaway* e as alternativas da outra parte. Além dos recursos, interesses, necessidades e questões fundamentais para a outra parte, é importante ter uma noção do ponto de *walkaway* e das alternativas que ela tem. Até que ponto ela é capaz de ir? Qual é o mínimo que está disposta a ceder? O que fará se esta negociação não tiver êxito? Compreender os limites e alternativas da outra parte é importante porque nos traz algumas informações sobre até que ponto podemos "forçá-la". Suas alternativas são boas? Se a outra parte tem uma alternativa forte e viável, ela provavelmente se sentirá confiante, estabelecerá objetivos elevados e estará disposta a lutar pela realização desses objetivos. Em contrapartida, se a alternativa for fraca, a outra parte dependerá mais de você para atingir um resultado satisfatório e talvez não exerça muita pressão nesse intuito.

É importante lembrar que em uma negociação distributiva a outra parte talvez não se disponha a revelar o seu ponto de *walkaway* e suas alternativas, e/ou pode apresentar uma versão alterada deles para pressionar um acordo favorável a ela. Porém, em uma negociação integrativa, as partes têm posturas mais abertas, o que melhora a definição desses fatores.

As metas e ofertas de abertura da outra parte. Após os negociadores terem obtido as informações sobre as questões, o *mix* de barganha e os interesses da outra parte, eles precisam entender suas metas. É muito comum existir uma visão estereotipada dos interesses e metas da outra parte; as pessoas usam suas próprias metas e valores como padrão de comparação e pressupõem (muitas vezes equivocadamente) que os outros são como elas e querem as mesmas coisas. Um gerente que só pensa em um salário maior pode se surpreender quando descobre que os seus subordinados estão mais interessados em um emprego mais desafiador, na flexibilidade de horários, em mais tempo de lazer.

Como é possível entender e avaliar as metas da outra parte? A especulação sobre os objetivos da outra parte raramente é proveitosa, mas a maior parte das pessoas *não* obtém informações de modo sistemático – embora devessem. Uma das melhores maneiras de obter essas informações sobre a outra parte consiste em buscá-las diretamente com ela. Uma vez que as informações sobre as metas da outra parte são muito importantes para a definição das estratégias a serem adotadas por ambas, frequentemente os negociadores profissionais trocam dados sobre metas ou ofertas iniciais dias ou mesmo semanas antes de a negociação começar. Se isso não for possível, então o negociador deve tentar obter essas informações já na primeira reunião com a outra parte.

As entidades representadas, a estrutura social e a autoridade da outra parte. Assim como na etapa 7, é importante compreender o contexto social amplo no qual a negociação ocorrerá aos olhos da outra parte. Quem ela trará à mesa? A quem ela responde? Quais são as regras ou procedimentos que adotará? Essa análise pode ser muito simples na compra de um computador, mas muito complexa em negociações multinacionais extensas.

O contexto social amplo influencia sobretudo a capacidade do outro negociador de fechar acordos que serão cumpridos. O fato de os negociadores representarem outras entidades restringe o seu poder de fechar acordos. Às vezes as entidades representadas estipulam que o negociador não pode fazer acordos finais. Frequentemente ele é limitado a apresentar as propostas das entidades que representa ou coletar informações e transmiti-las a seus superiores.

Existem muitas razões para limitar a autoridade de um negociador. Quando não tem poder de decisão, o negociador não está sujeito a ser derrotado por uma estratégia concebida para forçá-lo a aceitar algo que a parte que ele representa não deseja. Além disso, ele não tem autorização para ceder informações sigilosas. Embora essas limitações possam ser úteis a um negociador, elas também são motivo de frustração. Quando um negociador depende da aprovação das entidades que representa para prosseguir com a negociação, a outra parte pode se recusar a continuar até que alguém investido de mais poder de decisão entre no processo. As equipes de negociação devem refletir com cuidado sobre a indicação de um negociador com autoridade limitada. Embora essa pessoa não seja capaz de fechar acordos sem autorização prévia (e talvez problemáticos), a limitação da autoridade pode frustrar a outra parte, criando uma tensão contraproducente ao relacionamento de negociação.

De modo geral, o negociador precisa saber como a organização da outra parte toma decisões em apoio ou ratificação de um acordo. Existe um executivo sênior que toma a decisão final? As pessoas votam? A decisão é tomada por um comitê? O modo como as decisões são tomadas pode ter implicações dramáticas para os integrantes da outra parte que precisam ser influenciados diretamente pelo negociador.

A reputação e o estilo de negociação da outra parte. Já discutimos que o comportamento da outra parte no passado é um bom indicador de como ela se comportará no futuro. Para um negociador sem experiência com a outra parte, uma simples conversa com quem já negociou com ela pode ser valiosa. A outra parte atuou de modo distributivo ou integrativo?

Esse tipo de informação é um determinante importante do modo de abordar a outra parte na negociação. A reputação de adotar uma postura cooperativa ou competitiva afeta a estratégia usada na próxima negociação. Por outro lado, existe um perigo em potencial em tirar conclusões com base nessas informações. Pressupor que a outra parte atuará no futuro da mesma maneira que atuou no passado não passa de especulação. As pessoas podem se comportar diferentemente em circunstâncias e momentos distintos. Embora a coleta de informações sobre o comportamento passado da outra parte seja um ponto de partida indicado para a elaboração de hipóteses, é preciso lembrar que as pessoas mudam.

A impressão que um negociador tem da outra parte é baseada em diversos fatores:
1. Como os precursores da outra parte negociaram com você no passado.
2. Como a outra parte negociou com você no passado, em contextos semelhantes ou diferentes.
3. Como a outra parte negociou com outras partes no passado.

As estratégias e táticas da outra parte. Por fim, é importante obter informações sobre as estratégias e táticas que a outra parte pretende adotar. Embora seja improvável que ela revele suas estratégias sem restrições – sobretudo quando tem a intenção de utilizar táticas distributivas – é possível inferir essas informações com base em dados coletados durante a preparação. As informações sobre questões, objetivos, reputação, estilo, alternativas e autoridade podem revelar muito sobre as estratégias que a outra parte pretende adotar. Conforme discutimos, o negociador precisa obter essas informações pouco a pouco, à medida que a negociação se desenrola. Se suas expectativas estiverem erradas, ele terá de adaptar sua resposta estratégica.

9. Como apresentar as questões à outra parte

Um dos aspectos importantes da negociação é a apresentação de uma posição com clareza, apoiada em fatos e argumentos. Outro aspecto relevante é a recusa dos argumentos da outra parte mediante a apresentação de contra-argumentos.

Devido à magnitude e à diversidade de questões que podem ser incluídas em uma negociação, não é possível especificar todos os procedimentos a serem usados para coletar informações. Contudo, existem algumas orientações gerais que o negociador pode adotar:

1. Quais são os fatos que dão suporte a meu ponto de vista? Como posso validar essas informações como confiáveis?
2. A quem devo consultar para obter ajuda na elaboração ou no esclarecimento de fatos? Quais registros, arquivos ou fontes de dados dão suporte a meus argumentos? É possível recorrer a especialistas em apoio a eles?
3. Essas questões foram negociadas antes por outras partes em circunstâncias semelhantes? É possível consultar esses negociadores para determinar os argumentos que utilizaram, os que tiveram êxito e os que fracassaram?
4. Qual é o provável ponto de vista da outra parte? Quais são os seus interesses? Quais são os argumentos que ela provavelmente apresentará? Como posso responder a esses argumentos e alcançar posições mais criativas que vão além na abordagem às questões e interesses da outra parte?
5. Como desenvolver e apresentar os fatos de maneira convincente? Que recursos visuais, imagens, gráficos, testemunhos de especialistas e assemelhados podem ser úteis na defesa de minhas posições?

O Capítulo 7 apresenta conselhos ao negociador sobre como usar o poder e as fontes dele para aumentar a sua capacidade de exercer influência.

10. Quais são os protocolos que devem ser seguidos durante a negociação?

Todo negociador deve observar alguns elementos do protocolo ou do processo da negociação:

- *Que pauta devo seguir?* Esse ponto foi mencionado brevemente na etapa 7, na avaliação da estrutura social. Um negociador pode, por conta própria, preparar uma lista de questões muito antes de a negociação começar. Esse processo é importante porque força os negociadores a refletir sobre suas posições e a definir seus objetivos. A lista unilateral de questões constitui uma pauta preliminar para a negociação. Ela contém os tópicos que o negociador deseja discutir, além da *ordem* ou *prioridade* desses tópicos (por exemplo, a questão mais importante é a primeira da pauta).

  Embora o negociador possa propor pautas unilateralmente, essa iniciativa tem riscos em potencial. Se a lista do negociador é diferente da pauta predefinida ou da lista da outra parte, ele corre o risco de pôr na mesa questões para as quais ela não se preparou, ou de definir prioridades que não podem ser concretizadas de forma realista. Os negociadores não gostam de surpresas ou do constrangimento de ver a outra parte levantar uma questão para o qual não se prepararam. Nesses casos, os negociadores experientes solicitam um intervalo para obter informações necessárias e se preparar para discutir a nova questão, o que gera atrasos imprevistos. Eles podem até se recusar a incluir o novo item na pauta, alegando que não tiveram tempo de se preparar. Se a outra parte também responde a uma entidade específica, ela talvez não queira rediscutir decisões tomadas ou perder tempo avaliando uma questão nova. Por essa razão, muitos negociadores profissionais, como sindicalistas e diplomatas, frequentemente substituem e negociam itens na pauta com antecipação. Eles preferem especificar as questões a serem discutidas na pauta antes de entrarem em uma negociação substantiva sobre elas.

- *Onde devemos negociar?* Os negociadores se sentem mais confortáveis em "seu próprio chão" – o seu escritório, prédio ou cidade. Esses locais são familiares. Neles, os negociadores se sentem à vontade e relaxados e têm acesso direto a toda a infraestrutura de que precisam – secretárias, informações sobre pesquisas, conselhos de especialistas e computadores. Nas negociações entre pessoas de diferentes culturas (ver o Capítulo 11), o idioma e as diferenças culturais entram em jogo. As partes normalmente precisam viajar por grandes distâncias e fusos horários, hospedarem-se em locais desconhecidos, ingerir alimentos que não são familiares e lidar com outros problemas dessa natureza. Para minimizar as vantagens que um negociador tem ao negociar em seu território, ele pode escolher um espaço neutro, no qual as partes não sofram com essas desvantagens. Além disso, todo negociador pode definir o grau de informalidade no ambiente da negociação. Deliberações formais são feitas em salas de reunião em empresas e em hotéis, ao passo que negociações menos informais podem ocorrer em restaurantes, clubes privados de companhias aéreas e até mesmo em bares.

- *Quanto tempo a negociação deve durar?* Se os negociadores preveem que a negociação será longa, eles podem estabelecer a duração das reuniões. A que horas começamos? Quanto tempo durará a discussão? Quando precisaremos encerrar a negociação? Qual é o melhor momento para pedir um intervalo para um café ou para uma conversa privada com nossa equipe?

- *O que fazer se a negociação falhar?* O que acontece se houver um impasse? É possível "refazer" o acordo? Poderemos recorrer a terceiros sem interesses diretos? É possível usar outras técnicas?

- *Como manteremos registro do que foi decidido?* Muitos negociadores desconsideram a importância de registrar exatamente o que foi discutido e acordado. A tarefa de tomar nota desses procedimentos muitas vezes é vista como enfadonha e cansativa. Porém, os negociadores experientes sabem que esse papel é essencial. Primeiro, a pessoa que fez os melhores apontamentos se torna a "memória" da reunião. Essas notas são consultadas posteriormente para determinar o que foi dito e discutido. Segundo, essa pessoa pode ser indicada para redigir uma versão preliminar do acordo, pois tem certo conhecimento sobre como ele foi formulado e os pontos enfatizados nele. Por fim, se o teor do relatório for altamente técnico e complexo, é indicado que seja lido por especialistas – advogados, analistas financeiros, contadores, engenheiros e outros profissionais.

  Em relacionamentos novos, as discussões sobre essas questões processuais devem ocorrer *antes* de as questões substantivas serem abordadas. A dificuldade ou a facilidade de discuti-las pode ser usada como termômetro para prever como as questões substantivas serão tratadas. Se o negociador tiver sucesso nessas negociações processuais, será mais fácil atingir um acordo mais tarde envolvendo as questões substantivas.

- *Como sabemos se temos um bom acordo em mãos?* Por fim, temos um processo para garantir que, assim que o acordo for concluído, possamos avaliar como ele se compara com (1) nosso plano inicial e (2) nossa noção do melhor a ser obtido perante as restrições estruturais e processuais da outra parte?

Resumo do capítulo

O planejamento é uma atividade essencial em toda negociação. O planejamento efetivo permite aos negociadores projetar um mapa que os conduza a um acordo. Embora esse mapa muitas vezes precise ser alterado e atualizado à medida que as discussões avançam e o mundo ao redor da negociação muda, trabalhar com base nele é muito mais eficiente do que trabalhar sem ele.

Começamos este capítulo com uma discussão básica sobre os conceitos de estratégia, e abordamos a importância de definir metas claras com base nas questões principais em jogo. Após, apresentamos um modelo para a escolha da estratégia de negociação, retornando ao já familiar Modelo das Inquietações Duais. O planejamento cuidadoso de uma negociação inclui:

1. Entender as questões principais que devem ser resolvidas na negociação que está para acontecer.
2. Reunir todas as questões e compreender a complexidade do *mix* de barganha.
3. Entender e definir os principais interesses em jogo que motivam essas questões.
4. Definir os limites – os pontos nos quais abandonamos a negociação temporária ou definitivamente.
5. Definir as alternativas – as outras possibilidades de acordo se a proposta de acordo atual não for aprovada.
6. Esclarecer os pontos-alvo a serem atingidos e os preços pedidos dos quais parte a negociação.
7. Entender o conceito de entidade representada, o que ela espera de seu negociador e o contexto social em que está inserida.
8. Entender a outra parte na negociação – suas metas, questões, estratégias, interesses, limites, alternativas, metas, ofertas iniciais e autoridade.
9. Planejar o processo pelo qual o negociador apresenta e "vende" suas ideias à outra parte (e talvez à própria entidade que ele representa).
10. Definir os pontos importantes do protocolo do processo – a pauta, os participantes à mesa ou os observadores da negociação, onde e quando ela ocorre, etc.

Quando os negociadores são capazes de considerar e avaliar esses fatores, eles saberão o que desejam e terão uma noção clara da direção na qual deverão prosseguir. Esse senso de direção e a confiança gerada por ele são fatores essenciais, que afetam os desfechos das negociações.

Referências

1. Mintzberg and Quinn, 1991.
2. Quinn, 1991.
3. Pruitt and Rubin, 1986.
4. Savage, Blair, and Sorenson, 1989.
5. Ver também Johnston, 1982.
6. Homans, 1961.
7. Por exemplo, Cialdini, 2001.
8. Adaptado de Johnston, 1982.
9. Lax and Sebenius, 1986.
10. Douglas, 1962; Greenhalgh, 2001; Morley and Stephenson, 1977.
11. Greenhalgh, 2001.
12. Ibid.
13. Ver Richardson, 1977; Asherman and Asherman, 1990; Burnstein, 1995; Fisher and Ertel, 1995; Lewicki, Hamm, and Olander, 1996; Lewicki and Hiam, 1999; Greenhalgh, 2001; Watkins, 2002.
14. Rubin and Brown, 1975.
15. Ver Simons and Tripp, 2002, 2006, para um exemplo.
16. Ury, 1991.
17. Por exemplo, Locke and Latham, 1984.
18. Compare com Wheeler, 2004.
19. Ibid.

Capítulo 5

A percepção, a cognição e a emoção

Objetivos

1. Entender o importante papel das percepções, cognições e emoções nas negociações.
2. Explorar as maneiras como as percepções se distorcem e geram vieses em negociações e julgamentos.
3. Considerar as maneiras como as cognições (o processamento de informações) na negociação podem ser afetadas por processos de enquadramento e como as emoções e o estado de espírito influenciam o processo.
4. Discutir sugestões sobre como administrar a percepção, a cognição e as emoções em situações de negociação.

A percepção, a cognição e a emoção são os elementos básicos de toda interação social, inclusive da negociação, pois nossas ações são orientadas pelo modo como percebemos, analisamos e sentimos a outra parte, a situação e nossos próprios interesses e posições. O conhecimento prático de como os seres humanos percebem o mundo ao redor, processam informações e vivenciam emoções é peça importante na compreensão dos comportamentos observados em um cenário de negociação.

Começamos este capítulo examinado como a **percepção** psicológica se relaciona com o processo de negociação, com atenção especial às formas da distorção perceptiva que dificultam a compreensão e o entendimento por parte dos negociadores. Após, examinamos o modo como os negociadores utilizam as informações para tomar decisões sobre táticas e estratégias – chamado de processo de **cognição**. Essa discussão é feita de dois ângulos. Primeiro, debatemos o *enquadramento* – o uso estratégico da informação para definir e expressar uma questão ou situação de negociação. Segundo, discutimos os *vieses cognitivos* – os diversos tipos de erros sistemáticos no processamento das informações, muito comuns nas negociações e que podem comprometer o desempenho do negociador. Esta seção também analisa como um negociador administra percepções equivocadas e vieses cognitivos para maximizar vantagens estratégicas e minimizar os efeitos adversos deles.

Contudo, as interações sociais são muito mais do que meras ocasiões para a ocorrência de percepções e cognições. Nelas vivenciamos e expressamos **emoções**, e a negociação certamente não é exceção. No final da seção principal deste capítulo, discutimos o papel do estado de espírito e das emoções nas negociações – tanto como origem de comportamentos quanto consequência de resultados negociados.

A percepção

Uma definição de percepção

Os negociadores abordam as situações de barganha com base nas percepções de situações passadas e atitudes e comportamentos atuais. A percepção é o processo pelo qual as pessoas se relacionam com o ambiente em que vivem. Muitos fatores influenciam o modo como o sujeito dotado da capacidade de percepção compreende e dá sentido a mensagens e eventos, inclusive seu estado de espírito, seu papel e a compreensão que tem de eventos passados.[1] A meta da negociação é perceber e interpretar com exatidão o que a outra parte está dizendo e analisar suas intenções. Nesta seção examinamos em detalhe como as percepções são geradas e afetam a evolução das negociações.

A percepção é o processo de "dar sentido a algo". As pessoas interpretam o ambiente em que vivem para se capacitar a reagir de forma adequada a ele (ver a Figura 5.1). Ambientes são inerentemente complexos – eles disponibilizam uma variedade e uma quantidade de estímulos, cada qual com características próprias, como intensidade, cor, forma, textura e ineditismo. Essa complexidade impossibilita processar todas as informações em um ambiente e, por essa razão, tornamo-nos seletivos aos estímulos existentes nele, sintonizando alguns e negligenciando outros. Essa percepção seletiva evolui mediante numerosos "atalhos" da percepção, que permitem processar informações com rapidez. Porém, a eficiência perceptiva às vezes ocorre à custa da exatidão.

As distorções na percepção

Em toda negociação, as necessidades, desejos, motivações e experiências pessoais do ser perceptivo geram uma predisposição com relação à outra parte. Essa predisposição se torna preocupante quando leva a vieses e erros na percepção e, consequentemente, na comunicação. Discutiremos quatro importantes erros de natureza perceptiva: a estereotipagem, o efeito halo, a percepção seletiva e a projeção. A estereotipagem e o efeito halo são exemplos de distorções perceptivas causadas pela generalização: conclusões generalizantes são tiradas com base em um número muito pequeno de informações. Já a percepção seletiva e a projeção são formas de distorção que envolvem a previsão de certos atributos e qualidades. O ser dotado da capacidade de percepção filtra e distorce informações para construir uma imagem consistente e previsível da outra pessoa.

A *estereotipagem* é uma modalidade de distorção muito comum no processo perceptivo. Ela ocorre quando um indivíduo atribui características a outro exclusivamente com base na inserção deste em um contexto social ou demográfico específico. Muitos grupos são estereotipados, como uma "nova geração", homens ou mulheres,

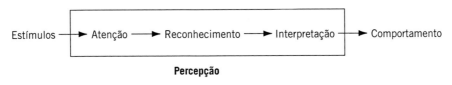

Figura 5.1 O processo de percepção.

italianos ou alemães, pessoas de diferentes raças, religiões ou orientações sexuais. Esses estereótipos tendem a se formar de acordo com um mesmo mecanismo. As pessoas encaixam um indivíduo em um grupo com base em informações perceptivas (por exemplo, a idade da pessoa). Após, designam uma gama de outras características do grupo a este indivíduo (por exemplo, "os idosos são conservadores. Esta pessoa é idosa e por isso é conservadora" ou "os jovens são rebeldes. Essa pessoa é jovem e portanto é rebelde"). Muitas vezes a conclusão de que um determinado idoso é conservador é tirada sem qualquer embasamento real: ela é fundamentada na generalização dos atributos dados ao grupo maior, com ou sem exatidão. Esse equívoco pode ser agravado se outras características dessa categoria forem atribuídas ao indivíduo estereotipado.

Uma vez formados, os estereótipos podem ser difíceis de reverter. O simples processo de usar um único critério – mesmo um critério arbitrário – para separar pessoas em grupos encoraja os seus integrantes a se definir como "nós" e ao outro grupo como "eles", e a fazer comparações. A estereotipagem é favorecida por algumas condições, como a pressão do tempo, o estresse cognitivo e o estado de espírito,[2] além de conflitos envolvendo valores, ideologias e a competição direta por recursos entre grupos.[3]

O *efeito halo* na percepção é semelhante à estereotipagem. Porém, em vez de usar a inclusão de uma pessoa em um grupo como base para a classificação, o efeito halo ocorre quando as pessoas generalizam sobre uma variedade de atributos com base no conhecimento de uma característica de um indivíduo.[4] Por exemplo, uma pessoa sorridente pode ser considerada mais honesta do que uma pessoa carrancuda ou mal-humorada, embora não exista uma relação consistente entre um sorriso e a honestidade. O efeito halo pode ser positivo ou negativo. Quando um atributo positivo é generalizado, as pessoas são vistas com bons olhos; quando o atributo generalizado é ruim, o efeito é o oposto. Quanto mais um atributo consegue influenciar a opinião geral sobre um indivíduo, maior a probabilidade de ele ser usado para interpretar quaisquer informações adicionais a partir de uma perspectiva condizente com a opinião já formada. O efeito halo se manifesta com mais frequência quando (1) existe pouca experiência com a pessoa em algum contexto específico (e, por essa razão, o ser perceptivo generaliza algo sobre ela com base no conhecimento adquirido em outros contextos), (2) quando a pessoa é muito conhecida e (3) quando as suas características têm implicações morais fortes.[5]

O efeito halo e os estereótipos são problemas muito comuns em uma negociação. Os negociadores têm inclinação a formar impressões rápidas uns dos outros com base em uma quantidade restrita de informações iniciais, como a aparência pessoal, a participação em um grupo ou as declarações iniciais. Os negociadores tendem a preservar esses julgamentos à medida que conhecem melhor uns aos outros, encaixando cada informação nova em um padrão consistente. Além disso, a mera sugestão de que a outra parte pode ser vista sob uma ótica moral – como honesta ou desonesta, ética ou antiética, por exemplo – afeta a percepção dos outros atributos que ela possui.[6]

A *percepção seletiva* ocorre quando o ser perceptivo isola algumas informações que dão suporte ou reforçam uma convicção anterior ao mesmo tempo em que filtra informações que não a confirmam. A percepção seletiva perpetua estereótipos ou o efeito halo: após fazerem julgamentos rápidos sobre alguém com base em informações limitadas, as pessoas descartam evidências que enfraqueçam essas avaliações. Um sorriso inicial da outra parte é capaz de levar o negociador a acreditar que ela é sincera ou cooperativa, mas também pode induzi-lo a dar menos importância às posturas de competência ou competitividade dela. Contudo, se o negociador julgar o mesmo sorriso inicial como malicioso, existe o risco de ele não perceber as intenções dela de iniciar um relacionamento honesto e cooperativo. Nos dois casos, os vieses do negociador – as predisposições a ver um sorriso como sincero ou falso – podem afetar o modo como o comportamento da outra parte é percebido e interpretado.

A *projeção* ocorre quando uma pessoa atribui suas características ou sentimentos a outra. De modo geral, a projeção emana da necessidade de proteger o conceito que alguém tem de si mesmo – o quanto o indivíduo se vê como confiável e honesto. É comum os negociadores assumirem que a outra parte reage da mesma maneira que eles reagiriam se suas posições fossem invertidas. Por exemplo, um negociador que esteja muito incomodado com os atrasos nas negociações e precisa avisar à outra parte que haverá mais um atraso inevitável provavelmente esperará que ela demonstre frustração com a notícia. Embora a outra parte possa de fato se irritar, também é provável que ela acolha esse atraso como uma oportunidade para finalizar alguma tarefa em outro projeto, e que julgue que a frustração era apenas uma projeção da mente do negociador. Há casos em que a tendência de projetar leva o negociador a superestimar o quanto a outra parte conhece sobre ele ou suas preferências e desejos.[7]

O enquadramento

Um dos fatores essenciais na percepção e na negociação é o enquadramento, definido como o mecanismo subjetivo pelo qual as pessoas avaliam e dão significado a situações e que lhes permite adotar ou evitar diferentes ações no futuro.[8] O enquadramento ajuda a explicar "como os negociadores interpretam uma sequência atual de eventos à luz de experiências passadas". Assim como a reavaliação de informações e posições, o enquadramento e o reenquadramento "estão atrelados ao processamento de informações, a padrões de mensagens, a indícios de comunicação e a significados construídos na esfera social".[9] O enquadramento envolve o focalização, a conformação e a organização do ambiente. Ele dá sentido a uma realidade complexa e define-a em termos compreensíveis. Em síntese, o enquadramento define uma pessoa, um evento ou um processo e os isola do complexo mundo que os envolve.[10]

O enquadramento é um conceito popular entre os cientistas sociais que estudam os processos cognitivos, a tomada de decisão, a persuasão e a comunicação. A importância do enquadramento está no fato de que duas ou mais pessoas envolvidas em uma mesma situação ou em um problema complexo o veem ou definem de modos diferentes.[11] Por exemplo, dois indivíduos entram em uma sala cheia e veem coisas diferentes: um (o extrovertido) vê uma grande festa; o outro (o introvertido) vê uma multidão assustadora e inamistosa. As pessoas têm passados, experiências, expectativas e necessidades diferentes, e portanto enquadram pessoas, eventos e processos em categorias distintas. Além disso, esses enquadramentos variam com a perspectiva e o tempo. O que começa como um jogo de pega-pega entre duas crianças pode acabar em briga. No futebol, o zagueiro que marca um gol é um craque; porém, quando deixa o adversário marcar, é visto como "perdedor".

Os enquadramentos são importantes no contexto das negociações porque muitas disputas têm caráter indefinido e estão abertas a interpretações distintas por conta das diferenças de origem, história pessoal e experiências passadas.[12] Um enquadramento é uma maneira de rotular essas diferentes interpretações da situação. Mary Parker Follet, uma das pioneiras na teoria da gestão e a primeira estudiosa a pesquisar a negociação integrativa, observou que as partes que chegam a um acordo conjunto atingem a unidade "não por cederem, mas porque são capazes 'de colocar seus desejos dentro de um campo de visão'".[13] Logo, os enquadramentos emergem e convergem à medida que as partes dialogam sobre suas preferências e prioridades. Eles permitem que as partes desenvolvam uma definição em comum das questões e criem processos para solucioná-las.

A extensão em que as partes enquadram e definem uma questão ou um problema no palco da negociação é um reflexo forte e inequívoco dos aspectos críticos aos objetivos do processo, das expectativas e preferências por determinados resultados, das informações obtidas e usadas para defender posições, dos procedimentos utilizados para apresentar questões e do modo como resultados concretos são avaliados.[14] Os enquadramentos são inevitáveis. Ao definir e expressar um aspecto de uma situação social complexa, um indivíduo, implicitamente, usa de certos enquadramentos e abandona outros. Esse processo muitas vezes ocorre sem qualquer intenção real do negociador. É possível enquadrar uma situação com base em experiências passadas profundamente enraizadas, em atitudes e valores consolidados ou em emoções fortes. Os enquadramentos também podem ser influenciados pelo tipo de informação escolhida ou pelo cenário e o contexto no qual ela é apresentada.

Compreender a dinâmica do enquadramento ajuda os negociadores a alavancar o processo de forma consciente, o que lhes permite controlá-lo de forma efetiva. Os negociadores que entendem como enquadram um problema têm uma noção mais completa do que eles e a outra parte estão fazendo e de como é possível controlar o processo. Por fim, as pesquisas atuais, tanto teóricas quanto práticas, demonstram que os enquadramentos podem ser maleáveis e, se forem, podem também ser moldados ou remoldados em função das informações e das comunicações trocadas durante a negociação. Nas páginas a seguir discutiremos vários aspectos do enquadramento:

- Os diferentes tipos
- O funcionamento das situações de negociação
- As abordagens considerando os interesses, os direitos e o poder
- O modo como afetam o andamento das negociações

A tipologia dos enquadramentos

Muitos pesquisadores estudaram os diferentes tipos de enquadramento em contextos variados. Com base nos trabalhos sobre enquadramentos em disputas ambientais,[15] apresentamos exemplos usados pelas partes nesses conflitos:

1. *Enquadramentos substantivos* – o tema do conflito. As partes que adotam um enquadramento substantivo têm uma disposição específica sobre a questão ou interesse principal na negociação.
2. *Enquadramentos de resultados* – a predisposição de uma parte para atingir um resultado ou desfecho específico na negociação. Dependendo do quanto o negociador espera um resultado específico, o enquadramento dominante pode ser concentrar todas estratégias, táticas e comunicações na concretização desse resultado. Uma parte com um enquadramento forte de um resultado que enfa-

tize o interesse próprio e menospreze qualquer preocupação com a outra parte tem mais chances de se envolver em uma negociação distributiva (ganha-perde ou perde-perde).
3. *Enquadramentos de aspirações* – uma predisposição para satisfazer um conjunto maior de interesses ou necessidades na negociação. Em vez de concentrar esforços em um resultado específico, o negociador tenta garantir que seus interesses, necessidades e preocupações sejam atendidos. As partes que têm um enquadramento forte de uma aspiração estão mais propensas a se engajarem em uma negociação integrativa (ganha-ganha).
4. *Enquadramentos processuais* – o modo como as partes resolvem suas divergências. Os negociadores que têm um enquadramento processual consistente estão menos preocupados com as questões específicas da negociação e mais interessados no modo como as deliberações avançam ou como a disputa é resolvida. Quando as principais preocupações têm caráter processual, não substantivo, os enquadramentos processuais são mais sólidos.
5. *Enquadramentos de identidade* – como as partes definem "quem são". As partes são membros de diversos grupos sociais – gênero (masculino), religião (católica), origem étnica (italiana), local de nascimento (o bairro do Brooklyn, em Nova York), o local atual de residência (Londres), entre outros. Essas são apenas algumas das muitas categorias que as pessoas utilizam para construir um enquadramento de identidade que as defina e distinga de outras pessoas.
6. *Enquadramentos de caracterização* – como uma parte define a outra. Um enquadramento de caracterização pode ser delineado pela experiência com a outra parte, por meio de informações sobre a história ou a reputação dela ou pelo modo como ela se manifesta no começo da negociação. Em um cenário de conflito, o enquadramento de identidade tende a ser positivo, enquanto o de caracterização tende a ser negativo.
7. *Enquadramentos de perdas e ganhos* – como as partes definem o risco ou a recompensa associados a resultados específicos. Por exemplo, um comprador em uma negociação pode interpretar a transação nos termos de uma perda (o custo monetário da aquisição) ou nos termos de um ganho (a importância do item). Essa forma de enquadramento é discutida em detalhe ainda neste capítulo, quando trataremos dos vieses cognitivos.

Como os enquadramentos atuam na negociação

É difícil identificar o tipo de enquadramento que uma parte está adotando, a menos que ela o revele (você pode escutar ou ler o que ela diz ou escreve) ou que você tire conclusões com base no comportamento dela. Mesmo assim, as interpretações podem ser difíceis e estar sujeitas a erros. Além disso, os enquadramentos adotados por você também podem gerar vieses. Contudo, as pesquisas sobre enquadramentos esclarecem como as partes definem o tema da negociação, utilizam a comunicação para defender os próprios enquadramentos, tentam influenciar as direções que tomam e resolvem suas diferenças quando ambas estão operando com base em enquadramentos distintos. Segundo essas pesquisas, os efeitos do enquadramento são:[16]

1. *Os negociadores podem adotar mais de um enquadramento.* Um investidor do setor imobiliário que discute um conflito sobre um campo de golfe em um terreno

alagadiço define o campo (a questão substantiva), suas preferências sobre como a área deve ser aterrada (um enquadramento de resultado), a voz ativa que os grupos de ambientalistas e moradores devem ter na definição do que acontece com a área incluída na propriedade privada do investidor (um enquadramento processual) e as chances de ele ter uma opinião favorável sobre esses grupos (um enquadramento de caracterização).
2. *As discrepâncias de enquadramento entre as partes são fontes de conflito.* Dois negociadores dialogam usando enquadramentos distintos (por exemplo, um tem um enquadramento de resultados enquanto o outro tem um enquadramento processual), conteúdos diferentes em um mesmo enquadramento (ambos têm o enquadramento processual mas preferências por procedimentos distintos), ou níveis diferentes de abstração (um enquadramento de aspirações amplo *versus* um enquadramento de resultados específico). Essas discrepâncias geram conflito e dúvida, o que por sua vez leva à incompreensão, ao agravamento do conflito ou a um impasse. Além disso, as partes talvez tenham de "reenquadrar" o conflito segundo enquadramentos mais compatíveis e que levem a uma solução. Em disputas muito polarizadas, o reenquadramento mútuo talvez não seja possível sem a interferência de terceiros.
3. *As partes negociam diferentemente, dependendo do enquadramento.* Os enquadramentos podem despertar certas estratégias ou repostas emocionais e cognitivas dos negociadores. Por exemplo, quando as partes se sentem compelidas a enquadrar uma negociação em termos emocionais, elas tendem a se envolver mais e a se comportar de forma mais competitiva, o que aumenta as chances de impasse.[17]
4. *Alguns enquadramentos são mais comuns com certos tipos de questões.* Em uma negociação de uma oferta de emprego, as partes que discutem o salário talvez utilizem enquadramentos de resultados, enquanto as partes que discutem questões de relacionamento usam enquadramentos de caracterização.
5. *Alguns tipos de enquadramento podem conduzir a tipos específicos de acordos.* Por exemplo, as partes que atingem acordos integrativos usam enquadramento de aspiração e discutem um número muito grande de questões durante as deliberações. Em comparação, a partes que usam enquadramento de resultado ou de caracterização negativo têm opiniões desfavoráveis sobre a outra parte e uma forte preferência por resultados específicos, o que por sua vez pode intensificar conflitos e gerar resultados distributivos (ou mesmo não levar a acordo algum).
6. *As partes podem assumir um enquadramento em particular por conta de fatores diversos.* As diferenças em termos de valores, personalidade e poder, e as distinções no histórico e contexto social dos negociadores podem fazer com que as partes adotem enquadramentos diferentes. Para um exemplo, ver o Quadro 5.1.

Outra abordagem aos enquadramentos: interesses, direitos e poder

Outra abordagem às disputas envolvendo enquadramentos sugere que as partes em conflito usem um de três enquadramentos:[18]

Interesses. As pessoas muitas vezes se preocupam com o que precisam e com o que querem. Elas conversam sobre suas "posições", mas frequentemente o que está em jogo são os seus interesses. Uma pessoa diz que "precisa" de um novo celular que permita o envio de mensagens de texto, mas o que ela real-

Quadro 5.1 Os enquadramentos de negociação adotados na China

Embora os negociadores competentes saibam que os seus enquadramentos e os de seus oponentes são definidos pela experiência e pela cultura, alguns se dedicam a examinar mais de perto os elementos culturais que formam as percepções gerais de um conflito. Por exemplo, Catherine Tinsley, da Universidade de Georgetown, identificou os cinco conceitos da cultura chinesa que precisam ser reconhecidos por negociadores que atuam naquele país:

- *Elo social.* Os chineses acreditam que as pessoas devem ser vistas no contexto de seus grupos sociais amplos, não como indivíduos isolados.
- *Harmonia.* Uma vez que as pessoas estão inerentemente inseridas em suas redes sociais, a coexistência pacífica é muito valorizada.
- *Papéis.* Para manter a harmonia social, as pessoas precisam entender e aceitar as exigências impostas por seus papéis em uma rede de relacionamentos. Os papéis especificam responsabilidades, poder e privilégios e o ponto em que um indivíduo se encontra em uma hierarquia relacional.
- *Obrigações recíprocas.* Cada papel especifica as obrigações que as pessoas esperam cumprir e receber em um cenário social. Essas obrigações persistem com o tempo, solidificando a rede de relacionamentos entre gerações.
- *Reputação.* O valor que os chineses dão à reputação tem importância central na percepção que têm das interações sociais. A reputação é perdida se uma pessoa atua de maneira inconsistente com o seu papel ou não consegue cumprir obrigações recíprocas. A reputação é tão valorizada, que o risco de perdê-la é a principal força que garante o cumprimento dessas obrigações e, em vista disso, a continuação da hierarquia relacional.

Os negociadores que entram em deliberações com os chineses devem considerar a perspectiva do conflito com base nessas realidades culturais. Por exemplo, os negociadores individuais muitas vezes recorrem ao poder de suas próprias redes pessoais para atingir os fins esperados. Essa perspectiva, que Tinsley chamou de "enquadramento relacional de barganha", encoraja as partes a aumentar o seu poder, solicitando o apoio de pessoas poderosas e defendendo a legitimidade de suas posições. Enquanto os negociadores oriundos de uma cultura individualista podem rejeitar de imediato o argumento de que um acordo proposto seria impopular, esse argumento teria muito poder na cultura chinesa, mais coletivista. Por essa razão, as partes no enquadramento relacional têm maior probabilidade de requisitar opiniões externas. Uma estratégia poderosa consiste em motivar as partes a alinhar suas posições para que sejam compatíveis com as metas do ambiente coletivo social maior.

Fonte: C. H. Tinsley, *Understanding Conflict in a Chinese Cultural Context*, em R. Bies, R. Lewicki and B. Sheppard (Eds.) *Research on Organizations*, vol. 6. (Stamford, CT: JAI, 1997), pp. 209-25.

mente deseja é um novo brinquedo eletrônico, porque todos os seus amigos têm um. As partes que se concentram em seus interesses muitas vezes são capazes de encontrar maneiras de resolver essa disputa.

Direitos. As pessoas também se preocupam com o que é "certo" – isto é, quem tem legitimidade, quem está correto ou o que é justo. Disputas sobre direitos muitas vezes são resolvidas quando as pessoas encontram um modo justo de definir quem está "certo", ou chegam à conclusão de que ambas estão certas. Essa resolução requer o uso de algum padrão ou critério para resolver a disputa, como a alternância do direito à escolha, a divisão de direitos ou a prevalência de algum atributo específico dos envolvidos. Em muitos casos, as disputas sobre direitos são entregues à responsabilidade de árbitros formais ou informais, que decidem se os direitos de uma parte são mais legítimos do que os da outra.

Poder. As pessoas também decidem enquadrar uma negociação com base no poder. As negociações resolvidas dessa maneira evoluem segundo quem é fisicamente mais forte ou tem maior capacidade de coação; porém, na maioria das vezes outros tipos de custos estão envolvidos – pressão econômica, experiência, autoridade legítima, entre outros. As disputas resolvidas pelo poder normalmente definem com clareza vencedores e perdedores e apresentam todas as consequências típicas da polarização de conflitos.

As partes decidem como abordam uma negociação segundo critérios como interesses, direitos e poder. Uma mesma negociação pode ser enquadrada de diversas maneiras, com consequências distintas. Por exemplo, consideremos a situação de um estudante que tem uma disputa com uma oficina mecânica próxima à universidade. O problema diz respeito à despesa com o conserto de seu automóvel. Ele pensa que pagou demais pelo serviço – o mecânico fez mais do que o solicitado, usou as peças mais caras e não deu a ele a oportunidade de aprovar o orçamento antes de o serviço ser iniciado. O estudante pode "enquadrar" essa disputa em três categorias:

Interesses. O estudante argumenta, "bem, as empresas pequenas têm o direito de cobrar um preço justo por um serviço de qualidade. Eu vou até lá para tentar entender o sistema de cobrança de serviço de manutenção do dono da oficina mecânica. Vamos conversar sobre o que seria um preço justo para o trabalho, pagarei a conta e provavelmente voltarei a usar os serviços dessa oficina".

Direitos. O estudante trabalhou em uma oficina mecânica há algum tempo e sabe que os consertos são cobrados segundo valores estabelecidos em diretrizes sobre mão de obra (horas trabalhadas × valor da hora) e o custo das peças. "Pedirei para ver o manual e a fatura das peças. Farei uma visita à oficina em que trabalhei para perguntar ao dono se ele acha que o valor cobrado é justo. Vou propor o pagamento das peças ao preço de custo e da mão de obra de acordo com a tabela de valores de mão de obra".

Poder. "Vou até essa oficina e tirar satisfações sobre o preço extorsivo que cobrou de mim e dizer que avisarei a todos os meus amigos para que não consertem seus carros lá. Escreverei uma carta sobre o serviço dessa oficina e a enviarei ao jornal da universidade. Minha mãe é advogada e vou pedir a ela que telefone ao proprietário. Vou dar uma lição nele".

Observe que os diferentes enquadramentos podem gerar discussões completamente distintas entre o estudante e o dono da oficina. Quanto mais o estudante recorre ao poder, maiores as chances de o proprietário da mecânica responder com uma manifestação de seu próprio poder (por exemplo, reter o veículo até o estudante pagar, não reduzir o valor e chamar o seu advogado). O confronto pode avançar e acabar em um juizado especial. Em contrapartida, quanto mais o estudante usa os seus interesses, maiores as chances de o dono da oficina recorrer aos deles. As partes discutirão acerca do que é justo com base nos serviços prestados. Embora o estudante possa acabar pagando mais (em comparação com uma situação em que ele "vencesse" usando o argumento do poder), o tom da discussão provavelmente será diferente e o estudante talvez ficará em uma posição muito mais favorável para obter descontos ou um atendimento melhor no futuro.

O enquadramento de uma questão varia com o andamento da negociação

A definição das questões em jogo em uma negociação pode mudar o modo como ela evolui. Além de se concentrar nos enquadramentos dominantes no começo da negociação, é importante considerar os padrões de mudança à medida que a comunicação avança. Por exemplo, um estudo clássico sobre disputas legais sugeriu que elas tendem a se transformar de acordo com um processo chamado de "nomeação, culpa e reivindicação".[19] A *nomeação* ocorre quando as partes em uma disputa rotulam ou identificam um problema e caracterizam o tema dele. A *culpa* vem a seguir, quando tentam definir quem ou o que causou o problema. Por fim, a *reivindicação* ocorre quando o indivíduo que tem o problema decide confrontar, queixar-se ou tomar alguma atitude contra o indivíduo ou a organização que o causou.

Os enquadramentos são definidos durante as deliberações sobre as questões presentes no *mix* de barganha. Embora ambas as partes possam abordar a negociação com enquadramentos iniciais que lembrem as categorias descritas, a interação em andamento entre elas delimita a discussão à medida que cada lado argumenta com base em sua própria perspectiva ou contra a perspectiva da outra parte. Diversos fatores afetam o modo como as conversas e os enquadramentos são definidos:

1. Os negociadores tendem a discutir *questões de estoque*, preocupações levantadas toda vez que as partes negociam. Por exemplo, questões relativas a salários ou condições de trabalho às vezes são discutidas em uma negociação trabalhista. O sindicato sempre as põe em pauta, os empregadores sabem disso e estão prontos para respondê-las. As negociações relativas a questões de estoque podem ser estruturadas para incluir um número maior ou menor de questões, aumentando a probabilidade de encontrar uma solução.[20]

2. Ao tentar fazer *a melhor defesa possível* de sua perspectiva preferida, uma parte pode reunir fatos, números, testemunhos ou outras evidências para convencer a outra parte sobre a validade de seu argumento ou perspectiva. Já no começo da negociação, é comum as partes falarem sobre assuntos diferentes e acharem que estão falando da mesma coisa. Ambas tentam controlar a discussão por meio de algum enquadramento ou perspectiva, em vez de escutar e se sintonizar com a outra parte. Por fim, os argumentos e enquadramentos se redirecionam à medida que as partes concentram esforços para refutar os argumentos uma da outra ou modificar o próprio argumento com base no da outra parte.[21]

3. Os enquadramentos definem grandes *mudanças e transições* em uma negociação ampla e complexa. O sucesso das negociações diplomáticas foi descrito como um processo de dois estágios chamado de "fórmula/detalhe".[22] Nele, as partes inicialmente desenvolvem uma estrutura ampla de princípios e objetivos sobre os quais concordam. Após, elas começam a trabalhar nos detalhes dos pontos

do acordo. O modelo da fórmula/detalhe tem três estágios: (a) o *diagnóstico*, no qual as partes reconhecem a necessidade de mudança ou melhorias, revisam os aspectos relevantes do histórico da negociação e preparam suas posições; (b) a *fórmula*, na qual a partes tentam desenvolver uma percepção em comum do conflito, inclusive de termos comuns, pontos de referência e critérios de igualdade; (c) os *detalhes*, quando as partes definem detalhes operacionais condizentes com a fórmula básica.[23]

4. Por fim, os *múltiplos itens de pauta* definem o desenvolvimento das questões. Embora as partes normalmente tenham um ou dois objetivos principais, prioridades ou questões centrais, muitas vezes existe um número elevado de itens secundários. Quando são inseridos nas deliberações, esses itens influenciam a discussão sobre os itens principais. Um estudo que analisou as negociações de professores em dois distritos educacionais revelou como as questões se transformam ao longo da negociação.[24] Por exemplo, uma questão sobre horários foi reenquadrada como uma questão relativa à preparação de lições, enquanto uma questão sobre o custo de seguro contra acidentes pessoais foi reenquadrada como uma questão relativa à extensão da cobertura do seguro.

Um dos aspectos essenciais do desenvolvimento de questões é o processo de *reenquadramento*, isto é, as mudanças gradativas na confiança, no tom e no foco de uma deliberação à medida que as partes se envolvem nela. O reenquadramento é um processo dinâmico, que pode ocorrer muitas vezes em uma mesma negociação, à medida que as partes desafiam uma à outra ou buscam maneiras de reconciliar perspectivas aparentemente incompatíveis. O reenquadramento pode também ocorrer quando uma parte usa metáforas, analogias ou casos específicos para ilustrar um ponto, o que induz a outra parte a usar uma metáfora ou um exemplo como uma nova maneira de definir a situação. O reenquadramento pode ser feito de modo intencional por uma das partes ou surgir nas conversações como um desafio lançado por ela, para acender a competitividade e a imaginação da outra. Nos dois casos, as partes muitas vezes propõem uma maneira nova de abordar o problema.

"Quando formos explicar isso para a mamãe e o papai teremos de apresentar a interpretação certa."

© 1988. Reimpresso com permissão de Bunny Hoest e *Parade Magazine*.

Resumo da seção

O enquadramento diz respeito ao foco, à forma e à organização do ambiente. Ele ajuda a compreender as realidades complexas e a defini-las para que façam sentido. Discutimos os diferentes tipos de enquadramento e a importância que têm para a compreensão das escolhas estratégicas em uma negociação. Abaixo apresentamos algumas sugestões sobre o enquadramento de problemas:

- *Os reenquadramentos definem as questões principais e o modo como são discutidas.* Dependendo das preferências das partes com relação à discussão das questões, aos resultados a serem obtidos ou aos processos a serem abordados, elas devem garantir que os seus próprios enquadramentos sejam aceitos e reconhecidos.
- *Ambas as partes têm enquadramentos.* Quando os enquadramentos são equiparáveis, as partes têm maior disposição de se concentrarem em questões em comum e em uma definição compartilhada da situação; quando não são, a comunicação entre as partes é incompleta e difícil.
- *Os enquadramentos são controláveis, até certo ponto.* Se os negociadores conhecem o enquadramento que estão usando e aquele empregado pela outra parte, eles conseguem redirecionar a deliberação para o enquadramento que querem que a outra parte adote.
- *As conversações transformam o enquadramento de maneiras que os negociadores não são capazes de prever, mas conseguem administrar.* As partes discutem uma questão, apresentam argumentos e provas, defendem um curso de ação, a conversa muda e o enquadramento também. É essencial que o negociador fique atento a essa mudança e compreenda aonde ela pode levar.
- *Alguns enquadramentos têm melhores chances de levar a certos tipos de processos e resultados.* Por exemplo, uma parte competitiva provavelmente tem um enquadramento de identidade favorável de si própria, um enquadramento de caracterização negativo da outra e uma preferência por abordagens ganha-perde para resolver a disputa. O reconhecimento dessas tendências dá poder ao negociador para reenquadrar a imagem que tem de si mesmo e da outra parte, ou o mecanismo de solução de disputas, na busca por um processo que resolverá o conflito de forma mais produtiva.

Os vieses cognitivos na negociação

Já examinamos as maneiras como as informações são percebidas, filtradas, distorcidas e enquadradas. Nesta seção investigamos como os negociadores usam as informações para tomar decisões durante a negociação. Os negociadores não são perfeitos processadores de informações. Ao contrário, eles (como todas as pessoas que tomam decisões) têm uma tendência a cometer erros sistemáticos no processamento de informações.[25] Esses erros, chamados de *vieses cognitivos*, prejudicam o desempenho do negociador e incluem: (1) a intensificação irracional do comprometimento, (2) a convicção mítica de que as questões em negociação formam um montante fixo, (3) o processo de ancoramento e ajustamento da tomada de decisão, (4) o enquadramento de questões e problemas, (5) a disponibilidade de informações, (6) a maldição do vencedor, (7) o excesso de confiança do negociador, (8) a lei dos pequenos números, (9) os vieses em favor próprio, (10) o efeito da capitalização, (11) a tendência de ignorar as cognições dos outros e (12) o processo de desvalorização reativa. Esses erros são discutidos em detalhe abaixo.

1. A intensificação irracional do comprometimento

Às vezes os negociadores mantêm um comprometimento com dado curso de ação mesmo quando ele representa um comportamento irracional. Trata-se de um fenômeno psicológico amplo, chamado de "intensificação do comprometimento", que se manifesta como a tendência de tomar decisões com base em um curso de ação fracassado.[26] Exemplos clássicos incluem um país que insiste em destinar recursos militares a um conflito armado que não tem chances de vencer, ou um investidor que injeta dinheiro em um estoque de ações em queda, esperando uma virada na sorte (às vezes essa intensificação de comprometimento é chamada de "jogar fora dinheiro bom após jogar fora dinheiro ruim"). A intensificação do comprometimento se deve em parte aos vieses em percepções e julgamentos individuais. Uma vez que um curso de ação foi escolhido, os negociadores buscam evidências que confirmem ou deem suporte a essa escolha, ao mesmo tempo em que ignoram ou não conseguem encontrar evidências em contrário. Os comprometimentos iniciais se consolidam de forma irrevogável (ver a discussão sobre ancoramento e ajustamento), e um desejo por consistência impede que os negociadores os alterem. Esse desejo muitas vezes é acerbado pela vontade de manter a reputação e causar uma impressão de negociador experiente que está no controle da situação. Ninguém gosta de admitir erros ou fracassos, sobretudo quando a outra parte pode entender essa iniciativa como demonstração de fraqueza.

Uma das maneiras de combater essas tendências consiste em recorrer a um consultor que sirva de ponto de referência para a realidade – alguém que não seja consumido pelo "calor do momento", capaz de alertar os negociadores quando inadvertidamente começam a se comportar de forma irracional. As pesquisas sugerem que os tomadores de decisão que vivenciaram o arrependimento por terem insistido em conflitos no passado estão menos propensos a repetir esse comportamento.[27]

2. A convicção mítica em montantes fixos

Muitos negociadores assumem que todas as negociações envolvem montantes fixos.[28] Com frequência, eles abordam oportunidades para uma negociação integrativa como se fossem situações de soma zero ou barganhas ganha-perde. Aqueles que acreditam na existência de montantes fixos pressupõem que não existem possibilidades para acordos integrativos e *trade-offs* mutuamente benéficos, e suprimem os esforços em busca desses acordos.[29] Em uma negociação envolvendo uma vaga de emprego, o candidato que pressupõe que o salário é a única questão em jogo pode, por exemplo, insistir no valor de $55.000, quando o empregador oferece apenas $52.000. É somente quando as duas partes discutem os detalhes das possibilidades que percebem que alterar despesas e a data de início do trabalho também são itens negociáveis, o que facilita a solução da questão salarial.

A tendência de ver a negociação em termos de um montante fixo varia, dependendo de como as pessoas interpretam uma situação de conflito.[30] Os negociadores concentrados em interesses pessoais estão mais dispostos a se deixarem influenciar pela convicção em montantes fixos e a abordarem a situação de forma competitiva. Em contrapartida, aqueles que se concentram em valores estão menos expostos a esse risco e mais inclinados a abordar a situação de forma cooperativa.

3. O ancoramento e o ajustamento

Os vieses cognitivos no ancoramento e no ajustamento estão relacionados ao efeito do padrão (ou âncora), contra o qual ajustes subsequentes são feitos durante a negociação. Um exemplo clássico de uma âncora em uma negociação consiste em escutar a oferta inicial da outra parte e pensar, "puxa, essa oferta está muito abaixo do que eu esperava. Talvez eu tenha entendido mal o valor e deva reconsiderar minhas metas e táticas". Âncoras como essas colocam uma armadilha potencialmente perigosa no caminho do negociador da outra parte, porque a escolha de uma âncora (por exemplo, uma oferta inicial ou uma meta pretendida) pode ser baseada em informações incompletas e, portanto, ser enganosa. Contudo, uma vez que a âncora foi definida, as partes tendem a tratá-la como um padrão de referência real e válido pelo qual todos os outros julgamentos devem ser ajustados, como o valor do objeto da negociação ou a dimensão de uma contraoferta.[31] Um estudo realizado com corretores de imóveis revelou que os avaliadores de uma casa sofriam forte influência do preço pedido.[32] Esse preço servia como âncora conveniente a ser usada em uma estimativa do valor da casa. Em uma negociação, as metas – realistas ou não – também podem atuar como âncoras. Elas podem ser visíveis ou não à outra parte (um preço anunciado no mercado ou uma expectativa não revelada) e, pela mesma razão, a pessoa pode estar ciente (ou não) de que tem uma âncora (uma expectativa específica contra uma expectativa ou norma não questionada). Com a ajuda da preparação e de conselhos de um "advogado do diabo" ou de uma pessoa que observe a realidade com outros olhos, o negociador consegue evitar erros de ancoramento e de ajustamento.

4. O enquadramento de questões e os seus riscos

Conforme dissemos no começo deste capítulo, o enquadramento é uma perspectiva ou ponto de vista que as pessoas usam quando obtêm informações ou resolvem problemas. Os enquadramentos podem induzir as pessoas a buscar, evitar ou adotar uma postura neutra diante dos riscos em uma negociação. O modo como uma negociação é enquadrada pode deixar os negociadores tanto mais avessos quanto mais propensos a correr riscos. Por exemplo, as pessoas reagem de modos totalmente diferentes quando estão negociando para "ganhar" algo e para "não perder" algo.[33] Uma das descobertas básicas das pesquisas, que levou ao desenvolvimento da chamada "teoria dos prospectos"*, diz que as pessoas são mais *avessas* ao risco quando um problema relativo a uma decisão é enquadrado como possível *ganho*, e mais *inclinadas* ao risco quando ele é enquadrado como *perda*.[34] Dito de outro modo, em uma situação enquadrada como perda, o negociador tem uma reação negativa; porém, se a mesma situação for enquadrada como ganho, a reação dele é positiva. Portanto, como negociador você precisa "evitar as armadilhas de ser enquadrado ao mesmo tempo em que consegue entender como enquadrar o seu oponente, de forma positiva ou negativa".[35] Os negociadores avessos ao risco são mais propensos a aceitar qualquer oferta viável simplesmente porque temem a perda. Contrastando com isso, os negociadores mais inclinados a correr riscos entendem que devem esperar por uma oferta melhor ou concessões futuras.

---

* N. de T.: Chamada por alguns de *teoria das perspectivas*.

A importância do processo de enquadramento positivo ou negativo está no fato de uma oferta poder induzir a cursos de ação marcadamente distintos, dependendo de como é enquadrada em termos de ganha-perde. As negociações cujos resultados têm enquadramentos negativos normalmente envolvem um número menor de concessões e de acordos. Além disso, esses resultados são vistos como menos justos, em comparação com resultados enquadrados positivamente.[36] As soluções para os efeitos potencialmente negativos do enquadramento são semelhantes aos efeitos de outros vieses cognitivos já mencionados (por exemplo, a conscientização do viés, informações suficientes, análise detalhada e avaliações do quadro real). Contudo, essas soluções podem ser difíceis de obter, porque os enquadramentos muitas vezes estão atrelados a valores ou convicções muito enraizados ou âncoras difíceis de detectar.

5. A disponibilidade de informações

Os negociadores também precisam se preocupar com o possível viés causado pela disponibilidade de informações ou pela facilidade de obtê-las – isto é, o modo como podem ser lembradas e usadas para esclarecer ou avaliar um processo ou uma decisão.[37] No viés da disponibilidade, as informações são apresentadas de forma vívida, colorida e chamativa, o que facilita a lembrança e realça a importância delas na avaliação de eventos e opções. Independentemente da precisão das informações, aquelas apresentadas em mensagens, diagramas ou fórmulas claras (ainda que simplificadas) são mais prontamente aceitas como verdadeiras do que as apresentadas em um formato confuso ou detalhado. Além disso, a disponibilidade das informações também se manifesta na adoção de padrões de busca conhecidos. Os negociadores que têm uma maneira favorita de coletar informações ou procurar sinais relevantes usam esse padrão repetidamente e dão demasiado valor às informações obtidas desse modo.

6. A maldição do vencedor

A maldição do vencedor se refere à tendência de os negociadores, sobretudo em um cenário de leilão, escolherem um item com muita rapidez e posteriormente sentirem um mal-estar por conta de uma vitória muito fácil na negociação.[38] Se a outra parte desiste com muita rapidez, o negociador se pergunta, "eu poderia ter obtido essa vitória investindo menos?" ou "o que há de errado com o item/produto/opção?". Às vezes o negociador suspeita que a outra parte sabe muito ou tem *insights* sobre uma vantagem desconhecida. Logo, o negociador diz a si mesmo, "eu poderia ter me saído melhor" ou "esse acordo é ruim".

Por exemplo, há muitos anos, em um antiquário, um dos autores deste livro viu um relógio que atraiu a atenção dele e de sua esposa. Após passar a tarde nas imediações da loja, decidindo sobre uma estratégia de negociação (uma oferta inicial, o valor limite, a hora certa, o desinteresse forjado, a tática do bom policial e do mau policial, etc.), o casal retornou à loja para pôr em prática a estratégia escolhida. O proprietário aceitou a primeira oferta. Ao chegar em casa, sofrendo da maldição do vencedor, o casal acabou deixando o relógio na garagem, onde está até hoje, acumulando poeira.

A melhor solução para a maldição do vencedor é impedir que ela ocorra. Para isso, é preciso adiantar esforços para evitar fazer uma oferta que será aceita de imediato. A investigação e a preparação detalhadas permitem verificar valores aceitáveis, sem influência da outra parte. Os negociadores também têm a escolha de tentar garantir o desempenho ou a qualidade junto à outra parte, para ter certeza de que o resultado não seja enganoso ou insatisfatório.

7. O excesso de confiança

O excesso de confiança é a tendência do negociador de acreditar que suas habilidades são mais apropriadas ou precisas do que realmente são. O excesso de confiança tem dois lados, pois pode: (1) aumentar o grau em que os negociadores dão suporte a posições ou opções incorretas ou inadequadas, e (2) induzir os negociadores a diminuir o valor ou a legitimidade dos julgamentos da outra parte, efetivamente excluindo-a como fonte de informações, interesses e opções necessários para o sucesso da negociação integrativa. Um estudo descobriu que os negociadores que não haviam sido treinados para se conscientizarem do problema do excesso de confiança tinham a tendência a superestimar as chances de terem sucesso, ao mesmo tempo em que as probabilidades de assumirem um comprometimento ou de obterem acordos eram menores.[39] Outra pesquisa revelou que indivíduos com excesso de confiança eram mais persistentes e preocupados com os seus resultados, em comparação com negociadores com um nível mais realista de confiança.[40] Contudo, isso não quer dizer que os negociadores precisam suprimir a confiança ou o otimismo. As pesquisas sobre barganhas distributivas indicam que os negociadores otimistas obtinham acordos mais rentáveis, comparados aos que tinham percepções precisas ou uma predisposição para o pessimismo.[41] Esses dados deixam clara a necessidade de mais investigações sobre as interações entre o otimismo, o excesso de confiança e os resultados de uma negociação.

8. A lei dos pequenos números

Na teoria da decisão, a lei dos pequenos números rege a tendência das pessoas a tirar conclusões com base em pequenos tamanhos amostrais. Na negociação, essa lei se aplica ao modo como os negociadores aprendem e fazem projeções embasados na própria experiência. Se esta for limitada em termos de tempo ou abrangência (isto é, se todas as negociações anteriores foram difíceis e distributivas), a tendência será de definir, com base na experiência, as negociações futuras (por exemplo, toda negociação é distributiva). Em muitos casos essa inclinação torna real uma profecia: as pessoas que esperam ser tratadas segundo uma abordagem distributiva (1) estão mais inclinadas a interpretar o comportamento da outra parte como distributivo e (2) estão mais predispostas a tratar a outra parte com igual postura. Diante disso, a outra parte provavelmente interpretará o comportamento do negociador como indício de uma tendência distributiva e, portanto, reagirá da mesma maneira. Quanto menor a amostra inicial (isto é, quanto mais limitada a experiência com negociações), maior a probabilidade de as lições aprendidas no passado serem usadas de forma equivocada no esforço de prever acontecimentos futuros. Estilos e estratégias que funcionam no presente talvez não funcionem no futuro ou, na melhor das hipóteses, não surtam os resultados esperados – se as negociações por vir forem muito diferentes das experiências acumuladas.

9. Os vieses em favor próprio

As pessoas muitas vezes explicam o comportamento umas das outras atribuindo aspectos a uma pessoa (por exemplo, os comportamentos foram causados por fatores internos como habilidades, estados de espírito ou esforços) ou a uma situação (por exemplo, os comportamentos foram causados por fatores externos como a tarefa, outras pessoas ou o destino).[42] Ao "explicar" o comportamento de outra pessoa, a tendência é de superestimar o papel causal dos fatores pessoais ou internos e de subestimar o de fatores situacionais ou externos. Por exemplo, consideremos o estudante que chega atrasado para uma aula. Talvez ele seja preguiçoso (uma explicação interna, de disposição), ou talvez o pneu do carro tenha furado durante o trajeto (uma explicação externa, situacional). Na falta de informações, o professor tende para a explicação interna (ele é preguiçoso). Os vieses perceptivos muitas vezes são intensificados pelo efeito do ator-observador, no qual as pessoas tendem a atribuir o próprio comportamento a fatores situacionais, mas atribuem comportamentos alheios a fatores pessoais, dizendo, "se eu fizer algo errado, é má sorte (a situação ou culpa de outra pessoa, etc.); se você fizer algo errado, a culpa é sua!"[43]

Pesquisas revelaram os efeitos de vieses em favor próprio no processo de negociação. Por exemplo, um estudo descobriu que os negociadores de diferentes escolas avaliam seus estabelecimentos de ensino de maneira a atender aos próprios interesses, isto é, as escolas que escolhiam como padrão de comparação para suas instituições eram aquelas que faziam estas últimas parecerem mais favoráveis.[44] Outro estudo descobriu que os negociadores acreditavam que usavam táticas construtivas e que a força desse viés em favor próprio aumentava com a intensidade do conflito entre as partes.[45]

Os erros de percepção também podem ser expressos como vieses ou distorções na avaliação das informações. Por exemplo, o efeito do falso consenso é uma tendência de superestimar o apoio e o consenso relativos a posições, opiniões ou comportamento.[46] Além disso, existe a tendência de assumir que nossas próprias convicções ou opiniões são baseadas em informações confiáveis, ao passo que as convicções alheias são fundamentadas em informações duvidosas.[47] Esses vieses podem ser muito prejudiciais aos esforços de negociação – os negociadores que sucumbem a eles avaliam táticas e possíveis resultados de forma precária e insuficiente.

10. O efeito da capitalização

O efeito da capitalização é a tendência de supervalorizar algo que você tem ou que você acredita que possui. A existência do efeito da capitalização foi mostrada de modo muito contundente em uma série de experiências com xícaras de café.[48] Em uma das experiências, foi perguntado aos participantes se preferiam uma quantia em dinheiro ou xícaras de diferentes preços. As respostas revelaram que eles atribuíram um valor médio um pouco maior que $3,00 às xícaras. Outros participantes tiveram de se colocar na posição de compradores e atribuir um preço às xícaras. O valor médio foi um pouco menor que $3,00. Os integrantes de um terceiro grupo receberam uma xícara de presente e tiveram de responder se venderiam suas xícaras a diferentes valores. As respostas indicaram que esses participantes atribuíam um valor acima de $7,00 às xícaras!

Em uma negociação, o efeito da capitalização pode induzir a estimativas exageradas do valor, as quais interferem na obtenção de um bom acordo. Em um estudo que discutiu o efeito da capitalização no contexto das negociações relativas a questões ambientais, Max Bazerman e colaboradores argumentaram que o status quo atua como "um ponto de ancoragem potencialmente problemático, porque dificulta trocas vantajosas às partes".[49] Um processo semelhante ocorre na aceitação de uma oferta em uma negociação. Um estudo demonstrou que, uma vez aceita, a proposta foi mais bem acolhida pelos negociadores, comparada às propostas que eles próprios haviam feito durante o processo de negociação.[50]

11. A tendência de ignorar a cognição dos outros

Os negociadores normalmente não indagam sobre as percepções e pensamentos da outra parte. Isso faz com que trabalhem com informações incompletas e gerem resultados insatisfatórios. Quando não consideram as cognições alheias, os negociadores simplificam o modo de pensar sobre processos que na verdade são complexos. Isso favorece estratégias distributivas e leva ao fracasso de reconhecer a natureza contingente dos comportamentos e respostas dos dois lados. Embora essa falha ao considerar as cognições alheias possa ser atribuída a uma predisposição interna contra a outra parte, as pesquisas sugerem que muitas vezes ela é o caminho para facilitar a complexa tarefa de tomar uma decisão em condições de risco e incerteza.[51] As pesquisas também indicam que o treinamento e a conscientização sobre essa armadilha ajudam a reduzir seus efeitos.[52] O impulso de ignorar as cognições da outra parte é enraizado, e somente pode ser evitado se os negociadores se concentrarem explicitamente no esforço necessário para formar uma compreensão clara dos interesses, metas e perspectivas da outra parte.

12. A desvalorização reativa

A desvalorização relativa consiste em desvalorizar as concessões feitas pela outra parte simplesmente porque foi ela que as fez.[53] Essa desvalorização se fundamenta em aspectos emocionais ("eu não gosto dele") ou na desconfiança alimentada por experiências passadas. A desvalorização reativa leva os negociadores a minimizarem a magnitude de uma concessão feita por um alguém de quem não gostam, a reduzirem a disposição de responder com uma concessão de igual tamanho ou a obterem ainda mais da outra parte logo que a concessão é apresentada.[54] A desvalorização reativa pode ser minimizada mantendo uma visão objetiva do processo, designando um colega para a tarefa, esclarecendo as preferências sobre opiniões e concessões de cada lado,[55] ou recorrendo a terceiros para mediar ou filtrar os processos de concessões.

Como administrar as concepções equivocadas e os vieses cognitivos na negociação

De modo geral, concepções equivocadas e vieses cognitivos se originam da conscientização que os negociadores desenvolvem durante o processamento de informações. A questão sobre qual é a melhor maneira de administrar vieses cognitivos e de percepção é difícil de responder. Certamente, o primeiro passo para administrar essas distorções é reconhecer que elas existem. Contudo, essa conscientização por si só não basta. As pesquisas mostram que citar concepções equivocadas e vieses cognitivos não neutraliza seus efeitos.[56] Por exemplo, em um estudo, os pesquisadores tentaram ensinar estudantes a evitar a maldição do vencedor em uma série de simulações de leilões. Eles descreveram os resultados de 128 leilões executados no período de quatro

"Cuidado – pode ser uma armadilha."

©2002 The New Yorker Collection, cartoonbank.com. Todos os direitos reservados.

semanas, mas esse treinamento teve pouco impacto na redução da maldição do vencedor nos estudantes.[57]

Mais pesquisas são necessárias para esclarecer como superar os efeitos negativos das concepções equivocadas e dos vieses cognitivos na negociação. Por enquanto, o melhor conselho para um negociador é: conscientize-se dos aspectos negativos desses efeitos e discuta-os de maneira organizada com os colegas e os negociadores da outra parte.

O estado de espírito e as emoções na negociação

As pesquisas sobre negociação sempre foram dominadas por uma perspectiva que favorecia a análise racional, cognitiva e econômica do processo. Essas abordagens de modo geral analisavam a racionalidade da negociação, examinavam como os negociadores cometem erros de julgamento que se afastam da racionalidade, ou avaliavam como os negociadores podem otimizar seus resultados. Nelas, os negociadores são retratados como seres racionais, perspicazes, calmos e no controle da situação. Porém, essa imagem negligencia o papel das emoções na negociação.

O papel do estado de espírito e das emoções na negociação é assunto de um crescente número de pesquisas e teorias desenvolvidas na última década.[58] A distinção entre estado de espírito e emoção é baseada em três características: especificidade, intensidade e duração. Estados de espírito são mais difusos, menos intensos e mais duradouros que estados de emoção, que tendem a ser mais impetuosos e direcionados a alvos específicos.[59] As interações desempenham papéis importantes nos diversos estágios de uma negociação.[60] Muitos avanços recentes e interessantes foram feitos no estudo do efeito do estado de espírito e das emoções na negociação. A seguir apresentamos alguns dos resultados mais relevantes.

As negociações geram emoções positivas e negativas. As emoções positivas resultam da atração pela outra parte, das boas impressões sobre o desenvolvimento do processo de negociação, do progresso feito pelas partes, ou da aprovação dos resultados gerados pela negociação.[61] Em contrapartida, as emoções negativas nascem da decepção com a outra parte, de sentimentos ruins sobre o andamento do processo ou de resultados indesejados. De modo geral, as emoções positivas são classificadas com um único termo: *felicidade*; contudo, a classificação das emoções negativas é mais ramificada.[62] Algumas emoções negativas tendem a surgir com o abatimento, outras surgem com a agitação. As emoções associadas ao abatimento resultam da decepção, da frustração ou da insatisfação, ao passo que as emoções negativas associadas à agitação surgem com a ansiedade, o temor ou alguma ameaça.[63] As emoções associadas ao abatimento podem induzir os negociadores a atuar de forma agressiva, enquanto as emoções associadas à agitação os fazem retaliar ou abandonar a situação.[64]

As emoções positivas normalmente têm consequências positivas para os negociadores. As emoções positivas podem ter as seguintes consequências:

- *Os sentimentos positivos têm melhores chances de conduzir as partes a processos integrativos.* Os pesquisadores demonstraram que os negociadores que têm emoções positivas um em relação ao outro estão mais propensos a buscar acordos integrativos e a serem mais flexíveis sobre o modo como chegam a uma conclusão para um problema.[65]
- *Os sentimentos positivos criam uma atitude positiva com o outro lado.* Quando os negociadores gostam da outra parte eles, tendem a ser mais flexíveis nas negociações. Atitudes positivas melhoram as concessões, diminuem comportamentos hostis e geram confiança entre as partes.[66]
- *Os sentimentos positivos promovem a persistência.* Se existe uma atração positiva, os negociadores se sentem mais confiantes e, por essa razão, persistem na tentativa de tratar de seus interesses e de resolver questões abordadas na negociação, obtendo melhores resultados.[67]

Os aspectos do processo de negociação que podem gerar emoções positivas. Pesquisas recentes exploraram as consequências das emoções na negociação. Duas informações sobre o modo como a negociação influencia os resultados associados a emoções devem ser citadas:

- *Os sentimentos positivos resultam de procedimentos justos durante a negociação.* Os pesquisadores investigaram como as respostas emocionais estão relacionadas à experiência de justiça durante o processo de negociação. Os resultados indicam que os negociadores que veem o processo como justo têm sentimentos mais positivos e estão menos inclinados a expressar emoções negativas em reuniões subsequentes.[68]
- *As emoções positivas resultam de comparações sociais favoráveis.* As evidências mostram que a satisfação individual com uma negociação é maior quando os resultados de um negociador em especial se comparam favoravelmente com outros, em situações semelhantes.[69] Contudo, é interessante observar que essa des-

coberta é válida para comparações sociais *externas* (isto é, a comparação de seu resultado com resultados externos à negociação recém concluída), mas não para comparações sociais *internas* (a comparação de seu resultado com aquele obtido pela outra parte, em uma negociação). Isso ocorre porque as comparações com um oponente – mesmo as favoráveis – fazem com que o negociador se concentre nas oportunidades perdidas na tentativa de reivindicar valor adicional nessa negociação.

As emoções negativas geralmente têm consequências negativas para os negociadores. Conforme observado, sentimentos negativos às vezes têm origem na apatia ou na agitação, uma ou ambas as partes estão sujeitas a essas emoções, e o comportamento de uma parte pode suscitar uma reação emocional da outra. Algumas descobertas específicas sobre esse aspecto são discutidas abaixo. Ver o Quadro 5.2 para sugestões sobre como lidar com um oponente que traz emoções negativas para a mesa de negociações.

- *As emoções negativas induzem as partes a definirem a situação como competitiva ou distributiva.* Um estado de espírito negativo aumenta as chances de uma parte demonstrar um comportamento mais hostil com a outra parte.[70] Em uma situação de negociação, esse comportamento negativo normalmente assume a forma de uma postura mais distributiva sobre as questões.
- *As emoções negativas podem comprometer a capacidade de um negociador de analisar a situação com precisão, o que afeta resultados individuais.* Um estudo indicou que negociadores irritados avaliam os interesses da outra parte e lembram os próprios interesses com menos exatidão, comparados a negociadores com emoções neutras.[71] É interessante observar que a manipulação da raiva não teve relação com a negociação propriamente dita – a raiva foi despertada durante uma etapa supostamente separada (os participantes acreditavam que essa etapa não era parte da experiência da negociação). Esse efeito de transferência da raiva revela a capacidade das emoções negativas de desviar a atenção e o foco no problema discutido na negociação.
- *As emoções negativas podem induzir à intensificação do conflito.* Quando o estado de espírito é negativo – especialmente quando ambas as partes se sentem abatidas, frustradas e culpam-se uma à outra – aumentam as chances de o conflito descambar para o lado pessoal, de o número de questões em discussão subir e de outras partes serem chamadas à disputa.[72] As expressões de raiva de uma parte podem acender a ira da outra, reduzindo as probabilidades de sucesso no acordo.[73]
- *As emoções negativas podem induzir as partes à retaliação, o que atrapalha resultados integrativos.* Quando as partes estão com raiva uma da outra e suas interações anteriores despertaram o desejo de punirem-se uma à outra, uma delas pode querer retaliar.[74] As emoções negativas também geram desfechos menos efetivos. Quanto mais um negociador achar que a outra parte é responsável por um comportamento destrutivo em uma interação anterior, maior a raiva e menor a compaixão que ele sentirá por ela. Isso diminui a preocupação com os interesses da outra parte e reduz as chances de as duas partes encontrarem soluções vantajosas a ambas.[75]
- *Diferentes emoções negativas têm efeitos distintos.* A raiva pode levar a uma intensificação do conflito e incitar as partes à retaliação. Porém, o que dizer das emo-

> **Quadro 5.2 Como reagir às emoções negativas**
>
> As emoções são inevitáveis em qualquer negociação. Tentar evitá-las ou acabar com elas não são atitudes realistas. Barbara Gray, uma estudiosa das negociações, defende a tese de que negociadores eficientes descobrem como lidar com as explosões de emoções da outra parte, a qual, muitas vezes, está apenas tentando "acender o pavio" deles. Ela apresenta algumas sugestões para lidar com um oponente que expressou suas emoções de modo explosivo ou mesmo ofensivo:
>
> 1. *Separe a emoção do modo como é expressada.* Talvez a emoção seja a maneira de a outra pessoa sinalizar um interesse importante. Por que ela está se comportando assim? Que interesse é tão importante para justificar esse comportamento?
> 2. *Vire a mesa.* Coloque-se no lugar da outra pessoa e se pergunte, "por que eu me comportaria dessa maneira?" Isso pode ajudá-lo a identificar uma circunstância na qual esse tipo de explosão emocional seria justificável. A ideia é não aceitar o comportamento da outra pessoa (pois é incabível), interpretando-o como um reflexo de alguma necessidade ou interesse identificável a ser tratado na negociação.
> 3. *Demonstre compreensão sobre as emoções expressadas.* Às vezes, sentimentos fortes são indício de que a outra parte simplesmente quer ser ouvida. Deixe claro que você a está escutando e que a preocupação que causou essa emoção foi compreendida. Isso não quer dizer que você ache essa preocupação justa ou que esteja concedendo algo: você apenas está reconhecendo que a outra parte é humana e tem sentimentos. Talvez isso seja tudo o que ela quer.
> 4. *Faça perguntas para descobrir a questão ou interesse por trás dessas emoções.* Descobrir a preocupação oculta possibilita ir da emoção à substância e tratá-la como uma questão na mesa de negociação.
>
> *Fonte:* adaptado de B. Grey, "Negotiating with Your Nemesis", *Negotiation Journal* 19 (2003a), pp 299-310.

ções menos intensas, como preocupação, decepção, culpa e arrependimento? As pesquisas mostram que os negociadores fazem exigências menores de oponentes preocupados ou decepcionados, talvez por se sentirem desconfortáveis com a situação, e que fazem menos concessões a oponentes que sentem culpa ou arrependimento. Contudo, os negociadores têm impressões mais favoráveis de oponentes arrependidos, os que são vistos como pessoas mais sensíveis nas relações interpessoais, em comparação com pessoas que expressam preocupação ou arrependimento.[76]

Os aspectos do processo de negociação podem despertar emoções negativas. Assim como os estudos das emoções positivas, as pesquisas que exploram as consequências das emoções negativas na negociação são recentes e limitadas. As principais conclusões são resumidas a seguir:

- *As emoções negativas podem resultar de uma mentalidade competitiva.* Os negociadores que acreditam em montantes fixos em uma negociação tendem a se satisfazer menos com os desfechos do que aqueles com uma orientação integrativa.

Isso pode ser resultado da percepção de que, quando uma parte vê uma negociação como uma situação de soma zero, os ganhos de outra parte implicam uma perda equivalente para ela.[77]

- *As emoções negativas podem surgir de um impasse.* Quando uma negociação termina em impasse, os negociadores estão mais propensos a sentir emoções negativas como raiva e frustração, comparados aos que têm sucesso ao fechar um acordo.[78] Contudo, as pessoas com mais confiança em suas competências de negociação estão menos sujeitas a emoções negativas quando se deparam com um impasse. Isso é importante, porque um impasse nem sempre é ruim – a meta é atingir um bom resultado, não apenas um acordo.
- *As emoções negativas podem surgir com a mera expectativa do começo da negociação.* É possível assumir que negociadores inexperientes sejam mais predispostos ao nervosismo, com a aproximação de uma rodada de negociações, ainda que mesmo os negociadores mais experientes também sintam ansiedade nessa situação. Contudo, a ansiedade não é de todo ruim: ela desperta a criatividade que ajuda a gerar resultados construtivos.[79]

Os efeitos das emoções positivas e negativas nas negociações. Assim como as emoções positivas podem gerar resultados negativos, as emoções negativas podem ter desfechos vantajosos:

- *Os sentimentos positivos podem ter consequências negativas.* Primeiro, os negociadores com um bom estado de espírito estão menos sujeitos a examinar os argumentos da outra parte muito de perto. O resultado disso é que eles ficam mais suscetíveis às táticas enganosas de um concorrente competitivo.[80] Além disso, uma vez que os negociadores com sentimentos positivos estão menos concentrados nos argumentos da outra parte, eles obtêm resultados subótimos.[81] Por fim, se os sentimentos positivos criam expectativas positivas fortes, as partes que não são capazes de encontrar um acordo integrativo têm maiores chances de sofrer uma derrota mais intensa e, talvez, de ameaçar a outra parte com mais ênfase.[82]
- *Os sentimentos negativos podem gerar resultados positivos.* Assim como as emoções positivas podem gerar resultados negativos, está claro que as emoções negativas podem levar a consequências positivas na negociação. Primeiro, as emoções negativas carregam informações úteis. Elas alertam as partes de que a situação é problemática e precisa de atenção especial, o que pode motivá-las a resolver o problema, ou abandonar o processo.[83] Evidências recentes dão conta de que quando um negociador usa uma linguagem que desperta emoções negativas, a outra parte assume uma postura mais otimista, pois percebe que a negociação será resolvida com sucesso.[84] Em síntese, a raiva e outros sentimentos negativos podem servir como sinal de perigo, que motiva ambas as partes a enfrentar o problema e buscar uma solução.[85]

Está claro que a raiva também sinaliza que um negociador é difícil ou ambicioso. As pesquisas revelam que os negociadores irritados ganham mais concessões do que um negociador feliz ou que não demonstra emoções.[86] Porém, ainda que às vezes uma demonstração de raiva traga resultados positivos (como sinal de recrudescimento ou relutância em chegar a um acordo), as pesquisas também revelam que a raiva pode ter efeito oposto ao desejado. Ela reduz as chances de concessões quando a parte que é objeto da raiva do negociador (1) tem a oportunidade de reagir de forma enganosa (por exemplo, representar falsamente os próprios interesses) ou (2) tem pouco em jogo, isto é, não tem muitos prejuízos se o negociador raivoso do outro lado da mesa de negociações rejeitar sua oferta.[87]

As emoções podem ser usadas estrategicamente como manobra inicial. Já discutimos o efeito que emoções genuínas têm na negociação. Diante do poder que têm para influenciar o outro lado no sentido de aceitar nosso ponto de vista, as emoções podem também ser usadas estrategicamente, como tática de manipulação e de influência. Por exemplo, os negociadores podem, de forma intencional, dissimular emoções para induzir a outra parte a aceitar certas convicções ou realizar determinadas ações.[88]

Um estudo revelou que os negociadores treinados para adotar uma postura emocional positiva tinham melhores chances de fechar acordos que incorporavam um relacionamento comercial futuro entre as partes, comparados àqueles que adotavam uma estratégia baseada em emoções negativas ou neutras. Além disso, os negociadores que exibiam uma estrutura emocional mais positiva tinham maiores chances de induzir a complacência da outra parte diante da apresentação de ofertas na forma de ultimatos.[89]

Além do caráter estratégico da expressão das próprias emoções (genuínas ou não), os negociadores podem se envolver na moderação ou na administração das emoções da outra parte. Negociadores competentes são capazes de ajustar suas mensagens diante do estado emocional dela.[90] Alguns psicólogos entendem que a capacidade de perceber e administrar emoções é um elemento de diferenciação individual estável, chamado de inteligência emocional.[91]

Em síntese, as emoções são fatores essenciais nas negociações. Elas complementam a noção clássica de negociação: um processo racional de tomada de decisão em um cenário de riscos e incertezas. Nessa visão tradicional, a negociação é definida com base no modo como os negociadores analisam informações e tomam decisões que otimizam os resultados esperados. Os negociadores, conforme dissemos, são vistos como atores racionais, calmos, sagazes, que estão no controle da situação. Porém, as pesquisas ajudaram a compreender que as negociações são realizadas por seres humanos que não apenas desviam-se dos julgamentos racionais, como também, inevitavelmente, vivenciam e expressam emoções em circunstâncias nas quais muito está em jogo.

Resumo do capítulo

Neste capítulo adotamos uma perspectiva multifacetada para examinar o papel da percepção, da cognição e da emoção nas negociações. A primeira parte deste capítulo apresentou uma visão geral do processo de percepção e discutiu quatro tipos de distorções perceptivas: a estereotipagem, o efeito halo, a percepção seletiva e a projeção. Após, voltamos nossas atenções para a influência do enquadramento nas percepções nas negociações e para o modo como o reenquadramento e o desenvolvimento de questões alteram as percepções do negociador durante o processo.

Abordamos uma das áreas mais importantes das pesquisas recentes sobre negociações: os vieses cognitivos. Essa discussão foi seguida de uma análise das maneiras de administrar as percepções equivocadas e os vieses cognitivos em uma negociação. Na última seção consideramos o estado de espírito e as emoções, que representam uma interessante alternativa aos processos cognitivos e perceptivos na compreensão do comportamento durante a negociação.

Referências

1. Babcock, Wang, and Loewenstein, 1996; de Dreu and van Lange, 1995; Thompson, 1995; Thompson and Hastie, 1990a.
2. de Dreu, 2003; Devine, 1989; Forgas and Fiedler, 1996.
3. Sherif, Harvey, White, Hood, and Sherif, 1988.
4. Cooper, 1981.
5. Bruner and Tagiuri, 1954.
6. Ibid.
7. Van Boven, Gilovich, and Medvec, 2003.
8. Bateson, 1972; Goffman, 1974.
9. Putnam and Holmer, 1992, p. 129.
10. Buechler, 2000.
11. Thompson, 1998.
12. Roth and Sheppard, 1995.
13. Follett, 1942, citado em Putnam and Holmer, 1992.
14. Observe que os enquadramentos não podem ser "vistos". Eles são abstrações, percepções e pensamentos usados para definir uma situação, organizar informações, determinar o que é importante, etc. É possível especular acerca dos enquadramentos usados por outras pessoas perguntando diretamente, escutando o que dizem umas às outras e observando seu comportamento. Da mesma forma, podemos entender nossos próprios enquadramentos, refletindo sobre os aspectos de uma situação aos quais devemos prestar atenção, enfatizar, concentrar esforços ou ignorar – ou observando nossas próprias palavras e ações. Não é possível enxergar ou medir um enquadramento, diretamente.
15. Gray, 1997; Gray and Donnellon, 1989; Lewicki, Gray, and Elliott, 2003.
16. Gray, 1991, 1997; Lewicki, Gray, and Elliott, 2003.
17. Conlon and Hunt, 2002; Hunt and Kernan, 2005.
18. Ury, Brett, and Goldberg, 1988.
19. Felstiner, Abel, and Sarat, 1980-81.
20. Jensen, 1995.
21. Putnam and Wilson, 1989; Putnam, Wilson, and Turner, 1990.
22. Ikle, 1964.
23. Zartman, 1977; Zartman and Berman, 1982.
24. Putnam, 1994.
25. Para revisões detalhadas das pesquisas sobre vieses cognitivos nas negociações, ver Bazerman and Carroll, 1987; Neale and Bazerman, 1992a; e Thompson and Hastie, 1990b. O fato de os pesquisadores perceberem ou processarem informações de forma equivocada é tema de debate técnico na literatura da comunicação e negociação, e vai além do escopo deste livro.
26. Brockner, 1992; Staw, 1981.
27. Ku, 2008.
28. Thompson, 1990a.
29. Pinkley, Griffith, and Northcraft, 1995; Thompson and Hastie, 1990a, 1990b.
30. Harinck, de Dreu, and Van Vianen, 2000.
31. Kristensen and Garling, 1997. Ver também Diekmann, Tenbrunsel, Shah, Schroth, and Bazerman, 1996; Ritov, 1996.
32. Northcraft and Neale, 1987.
33. Schurr, 1987. Ver também Bazerman, Magliozzi, and Neale, 1985; de Dreu, Carnevale, Emans, and van de Vliert; 1994; Neale, Huber, and Northcraft, 1987.
34. Kahneman and Tversky, 1979.
35. Neale and Bazerman, 1992b, p. 50.
36. Bazerman and Neale, 1992.
37. Tversky and Kahneman, 1982.
38. Bazerman and Samuelson, 1983. Ver também Ball, Bazerman, and Carroll, 1991; Foreman and Murnighan, 1996.
39. Neale and Bazerman, 1983.
40. Lim, 1997.
41. Bottom and Paese, 1999.
42. Heider, 1958.
43. Jones and Nisbett, 1976.
44. Babcock, Wang, and Loewenstein, 1996.
45. de Dreu, Nauta, and van de Vliert, 1995.
46. Ross, Greene, and House, 1977.
47. Fragale and Heath, 2004.
48. Kahneman, Knetsch, and Thaler, 1990.
49. Bazerman, Moore, and Gillespie, 1999, p. 1288.
50. Curhan, Neale, and Ross, 2004.
51. Carroll, Bazerman, and Maury, 1988.
52. Carroll, Delquie, Halpern, and Bazerman, 1990.
53. Stillenger, Epelbaum, Keltner, and Ross, 1990.
54. Neale and Bazerman, 1992a.
55. Stillenger et al., 1990.
56. Babcock and Loewenstein, 1997; Thompson and Hastie, 1990a.
57. Foreman and Murnighan, 1996.
58. Para revisões da literatura sobre as emoções nas negociações, ver Allred, Mallozzi, Matsui, and Raia, 1997; Barry, Fulmer, and Goates, 2006; Barry, Fulmer, and Van Kleef, 2004; Kumar, 1997.
59. Forgas, 1992; Parrott, 2001.
60. Barry and Oliver, 1996.
61. Carver and Scheir, 1990.
62. Kumar, 1997.
63. Higgins, 1987.
64. Berkowitz, 1989.
65. Carnevale and Isen, 1986; Isen and Baron, 1991.
66. Baron, 1990; Druckman and Broome, 1991; Pruitt and Carnevale, 1993.
67. Kramer, Pommerenke, and Newton, 1993.
68. Hegtvedt and Killian, 1999.
69. Novemsky and Schweitzer, 2004.

70. Veitch and Griffith, 1976.
71. Gonzalez, Lerner, Moore, and Babcock, 2004.
72. Kumar, 1997.
73. Friedman, Anderson, Brett, Olekalns, Goates, and Lisco, 2004.
74. Allred, 1999; Bies and Tripp, 1998.
75. Allred, Mallozzi, Matsui, and Raia, 1997.
76. Van Kleef, de Dreu, and Manstead, 2006.
77. Thompson and DeHarpport, 1994.
78. O'Connor and Arnold, 2001.
79. Wheeler, 2004.
80. Bless, Bohner, Schwartz, and Strack, 1988.
81. Kumar, 1997.
82. Parrott, 1994.
83. van de Vliert, 1985.
84. Schroth, Bain-Chekal, and Caldwell, 2005.
85. Daly, 1991.
86. Sinaceur and Tiedens, 2006; Van Kleef, de Dreu, and Manstead, 2004.
87. van Dijk, Van Kleef, Steinel, and van Beest, 2008.
88. Barry, 1999.
89. Kopelman, Rosette, and Thompson, 2006.
90. Thompson, Nadler, and Kim, 1999.
91. Mayer, Salovey, and Caruso, 2000.

Capítulo 6

A comunicação

Objetivos

1. Analisar o que é comunicado em uma negociação e o modo como as pessoas se comunicam.
2. Discutir as maneiras como a comunicação pode ser melhorada em uma negociação.
3. Desenvolver ferramentas práticas para melhorar os processos de comunicação em qualquer negociação.

A essência da negociação se reduz a uma forma de comunicação interpessoal. Os processos de comunicação, verbais ou não, são essenciais à concretização das metas de uma negociação e à solução de conflitos. Este capítulo examina os processos pelos quais os negociadores comunicam seus próprios interesses, posições e metas e entendem os da outra parte e da negociação como um todo. Apresentamos uma discussão sobre o *que* é comunicado em uma negociação e analisamos *como* as pessoas se comunicam nesse processo. O capítulo termina com uma exposição de alternativas para melhorar a comunicação, sobretudo nas etapas finais de uma negociação.

O que é comunicado em uma negociação?

Uma das questões fundamentais examinadas pelos pesquisadores da comunicação e da negociação é: o que é comunicado em uma negociação? Para responder a esta pergunta, os pesquisadores recorrem a diversos métodos. Os principais são a gravação em áudio ou vídeo de dramatizações de negociações e a análise dos padrões de comunicação observados nesses eventos. Em um estudo sobre o tema, os pesquisadores gravaram 60 minutos de negociações entre três executivos de duas empresas do setor do petróleo em vídeo.[1] Os resultados do estudo mostraram que mais de 70% das táticas verbais adotadas por compradores e vendedores eram integrativas. Além disso, compradores e vendedores tinham uma tendência a adotar a reciprocidade de comportamentos – quando uma parte recorria a uma tática integrativa, a outra respondia com tática do mesmo tipo.

A maior parte da comunicação em uma negociação não envolve as preferências do negociador.[2] Embora as proporções de conteúdos integrativo e distributivo variem em função das questões em discussão, está claro que o teor da comunicação tem responsabilidade limitada nos desfechos de uma negociação.[3] Por exemplo, uma parte decide não revelar algumas coisas (os motivos para ter escolhido um fornecedor diferente) e, por essa razão, a outra (o fornecedor excluído) talvez não entenda por que alguns resultados não se verificam. Nas seções a seguir discutimos cinco categorias distintas de comunicação observadas no decorrer de negociações e analisamos a validade da noção de que mais comunicação é sempre melhor que menos.

1. As ofertas, as contraofertas e as motivações

As comunicações que veiculam ofertas e contraofertas estão entre as mais importantes das negociações.[4] Os negociadores têm preferências definidas e, sempre que atuam de acordo com essas preferências, estão agindo de modo racional. Essas preferências dão uma boa medida das motivações do negociador, as quais também são comunicadas ao longo do processo e exercem forte influência nas ações da outra parte e nos resultados da negociação. As estruturas concebidas para explicar o papel da comunicação na negociação se baseiam nas hipóteses de que (1) a comunicação de ofertas é um processo dinâmico (as ofertas variam com o tempo), (2) o processo de apresentação de ofertas é interativo (os negociadores influenciam uns aos outros) e (3) vários fatores internos e externos (por exemplo, limitações de tempo, normas de reciprocidade, alternativas, pressões exercidas pelas entidades representadas) definem a direção que a negociação vai tomar.[5] Dito de outro modo, o processo de apresentação de ofertas e contraofertas é dinâmico e interativo, e está sujeito a restrições de natureza situacional e ambiental. Nele, os parâmetros da negociação se alteram constantemente, o que acaba estreitando a variação de barganha e direcionando a discussão a um ponto de acordo.

2. As informações sobre alternativas

A comunicação na negociação não está limitada à troca de ofertas e contraofertas. Um dos temas importantes investigados nas pesquisas diz respeito ao modo como o compartilhamento de informações com a outra parte influencia o processo de negociação. Por exemplo, uma melhor alternativa para um acordo negociado (BATNA) é suficiente para dar ao negociador uma vantagem sobre a outra parte? A BATNA de uma parte deve ser comunicada à outra? As pesquisas sugerem que a existência de uma BATNA altera vários aspectos de uma negociação: (1) um negociador que possui uma BATNA interessante define preços de reserva mais altos, em comparação com a outra parte; (2) um negociador que negocia com uma parte que possui uma BATNA atraente define preços de reserva mais baixos; (3) quando ambas as partes estão cientes de que uma delas tem uma BATNA promissora, esta obtém um resultado mais positivo na negociação.[6] Logo, os negociadores devem informar a outra parte de que têm uma BATNA atraente, se esperam obter benefícios completos. É preciso lembrar que o estilo e o tom usados para transmitir informações sobre uma BATNA atraente são importantes. Um tom educado (ou mesmo sutil) para informar à outra parte que você tem uma boa alternativa pode alavancar os resultados que você pretende obter, sem indispô-la. Por outro lado, o negociador que se gabar de ter uma BATNA interessante de modo impositivo ou condescendente pode ser visto como agressivo e ameaçador.

3. As informações sobre resultados

A pesquisadora Leigh Thompson e seus colaboradores investigaram os efeitos do compartilhamento de informações sobre as avaliações que negociadores fazem do próprio sucesso.[7] O estudo se concentrou no modo como vencedores e perdedores avaliaram os desfechos alcançados com suas negociações (os vencedores foram definidos como negociadores que receberam mais pontos na simulação de uma negociação). A equipe de pesquisadores descobriu que vencedores e perdedores avaliaram os próprios resultados de modo análogo quando não tinham ideia do desempenho da outra parte; contudo, quando sabiam que o negociador da outra parte havia se saído melhor ou se sentia satisfeito com os resultados obtidos, essa avaliação tinha um tom menos positivo. Outro estudo sugeriu que, mesmo quando os negociadores sabem que a outra parte não se saiu muito bem, a satisfação com os resultados é menor em comparação com uma situação em que essas informações não estão disponíveis.[8] Vistos em conjunto, esses resultados sugerem que os negociadores deveriam ser cautelosos ao compartilharem seus resultados, ou mesmo dividirem suas reações positivas com a outra parte, sobretudo se negociarão com ela no futuro.

4. Os relatos sociais

Outro tipo de comunicação que ocorre em uma negociação são os "relatos sociais", usados para explicar algo à outra parte, sobretudo quando é preciso dar notícias ruins.[9] Três tipos de explicações são importantes: (1) as explicações sobre circunstâncias amenizantes, nas quais os negociadores sugerem que não tiveram alternativa para as posições assumidas; (2) as explicações sobre circunstâncias desobrigantes, nas quais esclarecem suas posições a partir de uma perspectiva mais ampla e sugerem que, embora a posição atual possa parecer negativa, ela deriva de motivações positivas (como no caso de um erro não intencional, por exemplo); (3) as explicações de reenquadramento, nas quais os resultados são explicados com uma mudança de contexto (por exemplo, um prejuízo no curto prazo ou um lucro no longo prazo).[10] Os negociadores que usam diversas explicações têm maiores chances de obter resultados melhores, e os efeitos negativos de desfechos insatisfatórios podem ser amenizados apresentando explicações sobre cada um.[11]

5. A comunicação sobre processos

Por fim, é possível adotar comunicações específicas sobre o processo de negociação propriamente dito, isto é, o grau em que ele evolui bem ou quais procedimentos devem ser implementados para melhorar a situação. Algumas dessas comunicações são conversas aparentemente triviais, as quais "quebram o gelo" ou geram harmonia entre os negociadores. Contudo, está claro que algumas modalidades de comunicação não são apenas úteis: elas são essenciais (como na intensificação de um conflito, quando os negociadores correm risco de deixar que as hostilidades impeçam o andamento do processo). Uma das estratégias usadas envolve atrair a atenção para as ações contenciosas da outra parte e explicitamente rotular o processo como contraproducente.[12] Os negociadores que tentam sair de uma espiral conflituosa precisam resistir ao instinto de pagar as comunicações hostis da outra parte na mesma moeda. Como qualquer ser humano, o negociador pode se sentir tentado a ir em frente, apresentando ofertas e contraofertas na busca de um resultado, quando o indicado seria fazer uma pausa e "perder" tempo discutindo um processo que não está dando certo. Às vezes as ações necessárias se resumem a esse intervalo na deliberação substantiva e a uma maior atenção ao processo.

Concluímos essa seção discutindo *o que* é a comunicação na negociação, com três perguntas.

Os negociadores são consistentes ou adaptativos?

Os negociadores competentes são capazes de adaptar suas estratégias e estilos à situação de barganha específica em que se encontram. Porém, embora essa aptidão pareça boa, as pesquisas indicam que, em relação aos padrões de comunicação, os negociadores tendem a ser mais consistentes em suas estratégias, evitando alterá-las.[13] Um negociador reage a apenas uma pequena parcela dos indícios comunicados pela outra parte e, nesse processo, usa uma variedade estreita de respostas possíveis. Além disso, essa variedade diminui ainda mais com o avanço da negociação, o que significa que as modalidades de negociação ficam mais raras à medida que o processo evolui.[14] Tudo indica que, com relação a decisões relativas à comunicação, muitos negociadores preferem as alternativas mais conhecidas e evitam improvisos.

O que foi dito no começo da negociação é importante?

Uma parcela relativamente pequena do que é comunicado em uma negociação pode ter efeitos significativos nos resultados desejados. Os pesquisadores descobriram que as "fatias finas" do processo de negociação – os padrões de comunicação vistos nos primeiros cinco minutos – têm um efeito expressivo nos acordos que as partes fecharão.[15] O tom da conversa durante os primeiros cinco minutos é importante: quanto maior a ênfase na expressão oral de um negociador, com variações no tom e no volume, piores os resultados que ele obterá e melhores os resultados da outra parte.[16] Em outras palavras, o controle "da palavra" – sem excessos ou manifestações emocionais – é importante já no começo da negociação.

O controle da conversa no início do processo tem influência positiva no desempenho geral de um negociador; porém, ele ajuda as partes a atingirem resultados integrativos? Existem evidências de que a obtenção de ganhos mútuos é influenciada pelo que acontece no começo da negociação. Um estudo descobriu que os negociadores que vão além da "pose" e trocam informações sobre questões e prioridades antes da negociação avançar têm ganhos mútuos mais representativos.[17]

Uma quantidade maior de informações sempre é boa?

Algumas pesquisas sugerem que o excesso de informações durante a negociação pode na verdade ser prejudicial aos negociadores. Alguns pesquisadores chamam isso de "efeito informação é ponto fraco".[18] Os negociadores que conhecem as preferências completas de ambas as partes podem ter mais dificuldade em determinar desfechos justos, comparados aos negociadores que não têm essas informações.

Existem evidências de que grandes volumes de informações não se traduzem automaticamente em melhores resultados. Um estudo descobriu que a quantidade de informações trocadas não melhorou a percepção de uma parte sobre as preferências da outra.[19] A influência da troca de informações precisas sobre os resultados de uma negociação não é tão direta quanto se pensa, isto é, a mera troca de informações não é garantia de uma compreensão imediata das preferências da outra parte nem de resultados melhores.

Como as pessoas se comunicam em uma negociação

Embora possa parecer óbvio que o modo como os negociadores se comunicam é tão importante quanto o teor de suas comunicações, as pesquisas também examinam outros aspectos relativos às maneiras nas quais a comunicação evolui em uma negociação. Nesta seção, discutiremos três aspectos associados aos modos de se comunicar: as características da linguagem usada pelos comunicadores, o uso de comunicação não verbal na negociação, e a seleção de um canal de comunicação para o envio e recebimento de mensagens.

As características da linguagem

Em toda negociação, a linguagem opera em dois níveis: o nível *lógico* (para propostas ou ofertas) e o nível *pragmático* (que envolve variáveis de semântica, sintaxe e estilo). O significado traduzido por uma proposta ou declaração é uma combinação de uma mensagem superficial lógica e diversas mensagens pragmáticas (isto é, sugeridas ou inferidas). Dito de outro modo, não são apenas o conteúdo e o modo como este é comunicado que importam: as informações adicionais, veladas ou mais profundas, que se pretende transmitir ou que são percebidas também têm relevância. As ameaças ilustram bem essa condição. É comum reagir não apenas à substância de uma declaração ameaçadora, como também (e, muitas vezes, com mais intensidade) às mensagens não verbalizadas que possam insinuar algo sobre a probabilidade de a ameaça ser levada à cabo, sobre o relacionamento, ou sobre as chances de as partes negociarem no futuro. O Quadro 6.1 mostra como as ameaças, as quais, já no começo da negociação, podem ser diretas o bastante para compelir a outra parte a fazer uma concessão, na verdade são complexas e nuançadas quando vistas em termos dos elementos específicos de linguagem que as compõem.

Não importa se a intenção é comandar, compelir, vender, persuadir ou obter um comprometimento: o modo como as partes se comunicam em uma negociação parece depender da capacidade de o falante codificar pensamentos adequadamente e de o ouvinte compreender e decodificar as mensagens enviadas. Além disso, o uso de expressões idiomáticas e coloquialismos muitas vezes é problemático, sobretudo em cenários de negociações transculturais. O sentido pretendido pode estar claro para o falante, mas confuso para o ouvinte (por exemplo, para alguns norte-americanos a frase "estou disposto a ficar até o último criminoso* ser enforcado" é uma declaração de comprometimento positivo. Contudo, para outros – e para pessoas de outras culturas – ela é no mínimo confusa). Se o sentido estiver claro, a escolha de uma palavra ou metáfora pode traduzir uma falta de sensibilidade ou gerar um sentimento de exclusão, como é comum quando negociadores do sexo masculino expressam interesses usando metáforas esportivas ("bem, é a quarta cobrança de falta e ainda não marcamos. É hora de acertar o gol"). Curiosamente, como um negociador muitas vezes não está consciente das falhas de comunicação em sua própria cultura, ele demonstra mais preparação para lidar com esses problemas quando negocia com pessoas de culturas diferentes do que quando negocia com alguém de mesma nacionalidade.

---

* N. de T.: A expressão original é "until the last dog is hung". Nela, o termo *dog* (cachorro) é usado na acepção de fora da lei, bandido ou criminoso comum.

> **Quadro 6.1** Todas ameaças são iguais?
>
> Uma ameaça é uma mera declaração sobre coisas ruins que acontecerão a outras pessoas caso se mostrem resistentes, ou é algo mais? Gibbons, Bradac e Busch (1992) identificam cinco dimensões linguísticas das ameaças:
>
> 1. A *linguagem polarizada*: o uso de palavras positivas quando se fala das próprias posições (por exemplo, "generosas", "razoáveis" ou "justas") e palavras negativas ao se referir às posições da outra parte ("muquiranas", "irracionais", "autoritárias").
> 2. O *imediatismo verbal*: a medida da presteza, da urgência ou da distância psicológica relativa que as partes pretendem transmitir. Quando é intenso, o imediatismo verbal tem o objetivo de coagir a outra parte ("OK, então vai ser assim", ou "eu tomei muito cuidado para..."); quando atenuado, a meta é gerar uma noção de distância ou afastamento ("bem, o caso é o seguinte...", ou "é preciso tomar cuidado para...").
> 3. A *intensidade da linguagem*: quando elevada, traduz sentimentos fortes sobre o interlocutor (como em afirmativas ou o uso frequente de blasfêmias); quando é reduzida, demonstra sentimentos amenos.
> 4. A *diversidade lexical*: o domínio de um vocabulário rico e variado; quando elevada, denota uma posição confortável e a competência com a linguagem; quando limitada, traduz desconforto, ansiedade ou inexperiência.
> 5. O *estilo poderoso*: quando é atenuado, manifesta-se como autoproteção, hesitação ou civilidade; quando é intenso, revela-se como intenção de dominação e como clareza, firmeza de expressão e autoconfiança.
>
> Segundo Gibbons, Bradac e Busch, as ameaças são mais verossímeis quando incluem descrições negativas polarizadas da outra parte e de suas posições, e quando são expressas com imediatismo, intensidade, diversidade lexical e um estilo diferenciadamente poderoso.
>
> *Fonte:* Adaptado de P. Gibbons, J. J. Bradac e J. D. Busch. "The Role of Language in Negotiations: Threats and Promises", in L. Putman and M. Roloff (eds.), *Communication and Negotiation* (Newbury Park, CA: Sage, 1992), pp. 156-75.

Por fim, a escolha das palavras não apenas sinaliza uma posição, como também delimita e prevê a conversa que se segue. O pesquisador Tony Simons examinou padrões linguísticos da comunicação nas negociações e fez duas descobertas importantes:[20]

1. A parte cujas declarações comunicavam os seus interesses tanto sobre a substância da negociação (o objeto dela) quanto sobre o relacionamento com a outra parte obtinha resultados melhores e soluções mais integrativas do que a parte cujas declarações eram voltadas ou para a substância, ou para o relacionamento.
2. Já no começo da negociação os padrões de expressão verbal ajudam a resolver questões que permitem que as partes encontrem possibilidades integrativas no decorrer do processo.

O uso de comunicação não verbal

Uma parcela expressiva da comunicação interpessoal ocorre por vias não verbais. Exemplos incluem expressões faciais, linguagem corporal, movimentos de cabeça e tom de voz. Alguns atos não verbais, chamados de *comportamentos assistentes*, têm importância especial na conexão com outras pessoas durante uma interação coordenada, como uma negociação. Esses comportamentos revelam que você está escutando e preparando a outra parte para receber a sua mensagem. Discutiremos três comportamentos assistentes: o contato visual, a posição corporal e o estímulo.

Faça contato visual. As pessoas insinceras e covardes têm dificuldade de estabelecer contato visual. Os poetas dizem que o olho é a janela da alma. Essa sabedoria popular ilustra a importância do contato visual. Em geral, estabelecer contato visual é uma das maneiras de mostrar que você está prestando atenção e escutando algo importante. Claro que é possível escutar atentamente mesmo sem estar olhando para a outra pessoa. Na verdade, talvez olhar em outra direção enquanto alguém fala seja mais fácil, porque você tem a chance de se concentrar nas palavras faladas, sem se confundir com informações de natureza visual. Porém, a questão é que, ao não fazer contato visual, um negociador não está dando indícios de que esteja prestando atenção e escutando o que é dito.

No processo de persuasão, é importante fazer contato visual durante a verbalização da parte mais importante da mensagem.[21] A combinação de recursos verbais e não verbais nesse momento enfatiza a importância da mensagem transmitida. Além disso, o contato visual é importante não apenas ao falar, como também ao receber uma comunicação.[22] No entanto, é preciso reconhecer que os padrões descritos aqui são características da sociedade ocidental. Em outras partes do mundo prevalecem padrões diferentes. Por exemplo, manter o olhar baixo é sinal de respeito em alguns países da Ásia.[23]

Ajuste a posição do corpo. Os pais frequentemente alertam seus filhos para a postura ao sentarem ou se manterem de pé, sobretudo em situações formais como a escola, a igreja ou jantares. A ordem "sente-se ereto!" muitas vezes é acompanhada do comando "e preste atenção!" Ao darem essas instruções, os pais estão ensinando seus filhos uma convicção amplamente aceita na sociedade – a postura corporal indica se a pessoa está ou não prestando atenção ao que está sendo dito. Para dar certeza de que está escutando, o negociador deve manter-se empertigado, ligeiramente inclinado para frente, e olhar seu interlocutor direto nos olhos.[24] Se o negociador aceita e acata a mensagem da outra parte, é preciso ter cautela para não demonstrar desrespeito com a posição do corpo (por exemplo, reclinando ou girando o corpo, ou pondo os pés sobre a mesa).[25] Em contrapartida, cruzar os braços, curvar a cabeça, franzir o cenho e contrair as sobrancelhas podem ser interpretados como sinais fortes de desrespeito ou desaprovação.[26]

Encoraje ou desencoraje, não verbalmente, a outra parte naquilo que ela diz. É possível sinalizar atenção e interesse no que a outra parte está dizendo por meio de diversos comportamentos simples, como acenar com a cabeça, fazer um gesto simples com a mão, ou murmurar "aham" para sinalizar que você compreendeu a mensagem e que a outra parte pode ir em frente, por exemplo. Na verdade, você pode incentivar alguém a continuar falando sobre assuntos diversos simplesmente acenando afirmativamente com a cabeça durante a exposição. Um breve contato visual ou um sorriso e um aceno com a cabeça são sinais de incentivo. Em contrapartida, uma careta, um olhar zangado, uma negativa com a cabeça ou uma mão posta no peito simulando um gesto de dor são sinais de desaprovação.

A comunicação não verbal – quando usada adequadamente – pode ajudar os negociadores a obter resultados melhores por meio da coordenação mútua. Um estudo comparou a evolução da harmonia entre negociadores que tinham acesso visual um ao outro, e negociadores privados desse acesso. Os pesquisadores definiram harmonia como "um estado de positividade e interesse mútuo que surge com a convergência de comportamento expressivo não verbal em uma interação."[27] Eles descobriram que a interação frente a frente estimula essa harmonia com base em comunicação não verbal, melhorando a coordenação e as chances de maiores ganhos mútuos. Contudo, presume-se que essas vantagens se concretizam na proporção em que as partes sejam capazes de interpretar a comunicação não verbal com precisão.

A seleção de um canal de comunicação

O canal de veiculação da comunicação influencia o modo como esta é percebida. É possível conceber uma negociação como um processo de interação pessoal direta – uma hipótese respaldada pela metáfora da "mesa de negociação". Porém, a realidade é que as pessoas negociam mediante uma gama de meios de comunicação: o telefone, por escrito e, cada vez mais, por canais eletrônicos como *e-mail*, teleconferência, mensagens instantâneas e mesmo mensagens de texto em telefones móveis. O uso de tecnologias de informação em rede nas negociações é chamado de *negociação virtual* (ou *e-negotiation*). O uso de um canal específico define as percepções da comunicação em andamento e as normas de conduta apropriada. Por isso, o uso de diferentes canais tem efeitos importantes nos processos e desfechos de uma negociação.[28]

O principal aspecto que distingue um canal de comunicação de outro é a *largura da banda social* – a capacidade de um canal de transmitir indícios sociais e relacionais sutis do remetente ao receptor que ultrapassam o texto literal da mensagem.[29] Por exemplo, como alternativa a uma interação frente a frente, o telefone preserva a capacidade de transmitir indícios sociais no tom de voz, mas anula a possibilidade de se comunicar por meio de expressões faciais ou gestos. Na comunicação escrita, existem apenas palavras e símbolos no papel, embora a escolha de palavras e o modo como elas se inserem no texto traduzam o tom, o grau de formalidade e as emoções de quem as escreve.

O *e-mail*, uma modalidade de comunicação interpessoal e interorganizacional muito popular, muitas vezes é visto como uma forma de comunicação que envolve uma transmissão eletrônica – por mera coincidência. Contudo, há distinções importantes entre o *e-mail* e outras formas de comunicação escrita. Para muitos, o *e-mail* é um meio em que prevalece a informalidade. Nele, muitas pessoas não têm problema algum em enviar mensagens estilística e gramaticalmente incorretas, mesmo em cenários nos quais jamais despachariam uma comunicação mal redigida em uma folha de papel (como no trabalho, por exemplo). Algumas pessoas incorporam os *emoticons* para transmitir sinais sociais em suas mensagens (o conhecido rosto sorridente,:-), é exemplo mais comum de *emoticon*). As primeiras pesquisas sobre comunicação interpessoal com pequenos grupos no ambiente virtual indicou que a falta de indícios sociais diminui a inibição do comunicador e favorece comportamentos mais agressivos.[30] Porém, uma parte representativa dessas pesquisas iniciais sobre a comunicação mediada pelo computador tinha como foco as interações anônimas. Não está claro se a limitação em indícios sociais tem o mesmo efeito em contextos de comunicação como as negociações, nos quais as partes se conhecem e, muitas vezes, conhecem-se muito bem.[31]

Na última década, os pesquisadores investigaram os efeitos dos canais de comunicação em geral, e o *e-mail* em particular, nos processos e nos desfechos das negociações. Infelizmente, são poucos os resultados consistentes que revelam efeitos claros. Sabe-se que as partes que interagem têm maior facilidade de encontrar uma harmonia na comunicação frente a frente, em comparação com outros canais,[32] e que os negociadores que negociam diretamente um diante do outro estão mais inclinados a revelar informações verdadeiras, o que aumenta as chances de obterem ganhos mútuos maiores.[33] As pesquisas também descobriram que a negociação por escrito está mais propensa a terminar em impasse, comparada à negociação frente a frente ou ao telefone.[34]

Existem evidências de que os negociadores que usam o *e-mail* fecham acordos marcados por uma divisão mais uniforme de recursos, em comparação com aqueles que usam a negociação face a face.[35] Isso talvez se deva às chances de a comunicação eletrônica "uniformizar o campo de jogo" entre negociadores fortes e fracos. Como ferramenta que dá ao negociador o tempo necessário para refletir sobre a mensagem da outra parte e para revisar suas próprias comunicações, o *e-mail* pode ajudar negociadores menos capacitados na comunicação interpessoal a melhorar o seu desempenho, sobretudo quando têm a alternativa de evitar uma negociação espontânea (frente a frente ou ao telefone) com um negociador mais capacitado.

Um número crescente de pesquisas indica que os negociadores que recorrem ao *e-mail* precisam trabalhar mais ativamente na construção da harmonia entre as partes e assim superar as limitações deste canal que, na maioria das vezes, obstrui a obtenção de acordos ótimos ou leva a impasses. O que falta às negociações via *e-mail* é a chance de se apresentar como pessoa agradável diante da outra parte, em interações que não abordam o tópico da negociação e que se concentram em aspectos do relacionamento interpessoal puro, interações estas que são possíveis nas negociações frente a frente.[36] Esse tipo de interação representa um caminho importante para a harmonia e a construção de confiança no relacionamento da negociação. Um estudo descobriu que os negociadores que mantinham essas interações ao telefone antes de uma negociação por *e-mail* fechavam um número maior de acordos e obtinham resultados mais positivos. Além disso, esses negociadores desfrutavam de melhorias na cooperação, na confiança e no otimismo em negociações futuras com a outra parte.[37]

Diante da popularidade do *e-mail*, é importante destacar que existem outros mecanismos on-line para a realização de negociações virtuais. Um estudo comparou negociações via *e-mail* e via mensagens instantâneas. A diferença mais importante entre esses dois canais é a velocidade de resposta: enquanto no *e-mail* as respostas podem demorar a chegar, nas mensagens instantâneas o tempo de resposta é semelhante ao das interações verbais. Em um estudo que simulou uma negociação entre vendedores e compradores, um grupo de vendedores recebeu instruções para usar argumentos complicados para apoiar suas decisões, enquanto o outro grupo recebeu instruções para usar argumentos simples. Os pesquisadores descobriram que os vendedores que usaram argumentos complexos tiveram melhor desempenho empregando mensagens instantâneas (um meio rápido), em comparação com o *e-mail* (o meio lento).[38] Os resultados indicam que os vendedores que recorreram a argumentos complexos foram capazes de dominar o diálogo no meio rápido e, com isso, obter concessões da outra parte.

Em síntese, as negociações via *e-mail* e outras tecnologias em rede abrem oportunidades ao mesmo tempo em que criam desafios importantes para o negociador. Ele deve compreender esses desafios antes de escolher um meio específico para uma negociação importante. Ver o Quadro 6.2 para uma lista de maneiras úteis de maximizar a eficiência em ambientes virtuais de negociação.

Como melhorar a comunicação nas negociações

As diversas maneiras pelas quais a comunicação pode ser interrompida e distorcida apontam para o esforço que os negociadores precisam fazer para conseguirem com-

Quadro 6.2 As 10 regras principais para uma negociação virtual

1. Estabeleça um relacionamento frente a frente antes da negociação ou no começo dela, para que o interlocutor associe uma voz e um rosto aos *e-mails* que você enviar.
2. Seja explícito sobre o processo normativo a ser seguido durante a negociação.
3. Se terceiros estiverem presentes durante uma negociação virtual (no seu ou no outro lado), certifique-se de que todos saibam quem está nela, e por quê.
4. Escolha o canal (frente a frente, videoconferência, voz, *e-mail*, etc.) mais eficiente para colocar na pauta todas as informações e detalhes a serem analisados por completo por todas as partes.
5. Evite discussões acaloradas. Se for preciso expressar emoções, descreva-as explicitamente para que a outra parte saiba a origem dessas emoções.
6. Esteja ciente de que não é necessário esperar formalmente que o outro negociador responda, mas tente sincronizar ofertas e contraofertas. Manifeste-se caso as partes não saibam "de quem é a vez de falar".
7. Verifique as hipóteses que você está fazendo sobre os interesses, ofertas, propostas ou conduta da outra parte. Menos contato frente a frente implica menos informações sobre ela e maiores chances de uma interferência causar problemas. Por essa razão, faça as perguntas necessárias.
8. Entenda que, em muitas negociações virtuais (como nos *e-mails*, por exemplo), tudo é comunicado por escrito. Portanto, tenha cuidado para não assumir compromissos mal calculados que podem ser usados contra você. Da mesma forma, você não deve tirar proveito da outra parte dessa maneira. Discuta e esclareça o que for necessário, até todos concordarem.
9. Atente para o fato de que o ambiente virtual favorece o uso de táticas antiéticas, devido à dificuldade de comprovar algumas afirmações. Resista a essa tentação. As consequências de usar essas táticas são graves e talvez sejam pioradas pelo fato de as comunicações virtuais serem rastreáveis, o que mantém as provas incriminadoras disponíveis.
10. Lembre-se de que alguns estilos não funcionam em determinados cenários. Esforce-se por desenvolver um estilo de negociação pessoal (colaboração, competição, etc.) que se encaixe no canal de comunicação que você escolher.

Fonte: adaptado de R. J. Lewicki e B. R. Dineen, "Negotiating in Virtual Organizations", in R. L. Heneman and D. B. Greenberger (eds.), *Human Resource Management in the Virtual Organization* (New York: John Wiley and Sons, 2000).

preender uns aos outros. Falhas e distorções na percepção, cognição e comunicação são as principais causas de problemas nas negociações. As pesquisas demonstram que mesmo as negociações envolvendo partes cujas metas são compatíveis ou integrativas podem não terminar em acordo, ainda que subótimo, devido às percepções equivocadas da outra parte, ou por conta de falhas no processo de comunicação.

Três técnicas importantes são usadas para melhorar as comunicações nas negociações: o uso de perguntas, a prática de escutar e a inversão de papéis.

O uso de perguntas

As perguntas são elementos essenciais na obtenção de informações nas negociações. Boas perguntas permitem aos negociadores obter muitas informações sobre a posição, os argumentos e as necessidades da outra parte.

As perguntas podem ser divididas em duas categorias básicas: as que são administráveis e as que não são – e por isso geram dificuldades (ver a Tabela 6.1).[39] As questões administráveis despertam a atenção ou preparam a mente da outra parte para perguntas adicionais ("posso fazer uma pergunta?"), são usadas para obter informações ("quanto isso vai custar?") e refletir ("você tem alguma sugestão para melhorar isso?"). Por sua vez, as questões não administráveis geram dificuldades, geram informações ("você não sabia que não poderíamos pagar por isso?") e levam a discussão a uma falsa conclusão ("você não acha que já discutimos este assunto o bastante?"). As perguntas não administráveis têm maior probabilidade de gerar uma posição defensiva e despertar a raiva da outra parte. Embora essas questões tenham o potencial de gerar informações, elas podem fazer com que a outra parte se sinta desconfortável e menos disposta a cooperar na disponibilização de dados no futuro.

Os negociadores também podem usar perguntas para administrar negociações difíceis ou estagnadas. Além dos usos consagrados para a coleta e diagnóstico de informações, ou para a ajuda à outra parte na abordagem e expressão de necessidades e interesses, as perguntas são empregadas com um enfoque tático para alavancar uma negociação e assim evitar seu colapso ou um impasse. A Tabela 6.2 identifica algumas situações desse tipo e apresenta perguntas para lidar com elas.[40] O valor dessas perguntas parece estar na capacidade de ajudar ou forçar a outra parte a enfrentar os efeitos ou consequências de seus comportamentos intencionais ou previstos.

A prática de escutar

"Escuta ativa" e "reflexão" são termos muito empregados por profissionais que trabalham com auxílios psicológicos como terapia e aconselhamento.[41] Os terapeutas reconhecem que as comunicações muitas vezes são ricas em significados diferentes. Além disso, eles sabem que devem identificar esses sentidos sem perturbar o agente da comunicação, evitando despertar raiva ou induzir adoção de posturas defensivas, por exemplo. Existem três modalidades principais da prática de escutar:

1. A *escuta passiva* envolve receber a mensagem sem dar *feedback* sobre a precisão ou a integridade da recepção ao remetente. Às vezes a escuta passiva é suficiente para fazer com que o remetente mantenha o fluxo de informações. Um negociador que percebe que a outra parte fala muito descobre que a melhor estratégia é permanecer escutando até ela assumir ou abandonar sua posição.

Tabela 6.1 As perguntas usadas em negociações

Perguntas administráveis	Exemplos
Perguntas de resposta aberta – não podem ser respondidas com um simples "sim" ou um "não". São perguntas que começam com *Quem, o que, quando, onde,* e *por que*.	"Por que você assumiu essa posição nessas deliberações?"
Perguntas abertas – induzem o outro a pensar.	"O que você acha de nossa proposta?"
Perguntas direcionadoras – indicam uma resposta.	"Você não acha que nossa proposta é justa e razoável?"
Perguntas controladas – têm baixo teor emocional.	"Qual é a taxa adicional que teremos de pagar se você fizer as melhorias na propriedade?"
Perguntas planejadas – fazem parte de uma sequência lógica desenvolvida com antecedência.	"Após você fazer as melhorias na propriedade, quando você acha que poderemos ocupar o imóvel?"
Perguntas de deleite – elogiam o oponente ao mesmo tempo em que geram informações.	"Você poderia nos dar mais algumas de suas excelentes noções sobre o problema?"
Perguntas-janela – ajudam a examinar a mente da outra pessoa.	"Você poderia nos dizer como chegou a essa conclusão?"
Perguntas diretas – concentram-se em um ponto específico.	"Quanto será o aluguel por metro quadrado, após as melhorias?"
Perguntas-termômetro – medem como a outra parte se sente.	"Como você se sente com relação a nossa proposta?"
Perguntas não administráveis	**Exemplos**
Perguntas fechadas – forçam a outra parte a ver as coisas como você vê.	"Você não está tentando tirar vantagem de nós, está?"
Perguntas carregadas – expõem a outra parte, independentemente da resposta.	"Você está querendo me dizer que essas são as únicas condições que aceitará?"
Perguntas intensas – têm alto teor emocional e desencadeiam respostas emocionais.	"Você não acha que passamos bastante tempo discutindo essa proposta ridícula que você apresentou?"
Perguntas impulsivas – ocorrem "no calor do momento", sem planejamento e tendem a desviar o rumo do diálogo.	"Já que estamos discutindo esse assunto, o que você acha que devemos dizer aos outros grupos que estão fazendo exigências semelhantes para nós?"
Perguntas ardilosas – parecem exigir uma resposta sincera, mas na verdade têm um teor tendencioso.	"O que você vai fazer? Aceitar nossas exigências ou entregar a negociação para um árbitro?"
Perguntas ardilosas reflexivas – induzem a outra parte a concordar com o seu ponto de vista.	"Essa é minha interpretação da situação – você concorda?"

Fonte: Gerard Nierenberg, *Fundamentals of Negotiating* (New York: Hawthorn Books, 1973), pp. 125-26. Reproduzido com permissão.

Tabela 6.2 Perguntas usadas em situações difíceis

A situação	Perguntas possíveis
Ultimatos do tipo "é pegar ou largar".	"Se conseguirmos propor uma alternativa mais atraente, você ainda assim vai me dizer para 'pegar ou largar' sua oferta?" "Preciso decidir agora, ou tenho algum tempo para pensar nisto?" "Você está se sentindo pressionado para fechar esta negociação?"
Pressão para responder a um prazo final irracional	"Por que não podemos negociar este prazo final?" "Se você está sob pressão para alcançar este prazo final, o que posso fazer para ajudar a diminuir esta pressão?" "O que há de especial nesta tarde? Que tal a primeira hora da manhã?"
Táticas de jogo alto ou jogo baixo	"Qual é o seu raciocínio em apoio a esta posição?" "O que você acha que eu considero uma oferta justa?" "Que padrões você acha que a resolução final deveria atingir?"
Um impasse	"O que mais podemos fazer para acabar com a diferença entre nossas posições?" "De quais concessões especificamente você precisa para podemos finalizar este negócio?" "Se já tivessem se passado seis semanas e estivéssemos relembrando esta negociação, o que poderíamos desejar ter trazido à mesa?"
A indecisão entre aceitar e rejeitar uma proposta	"Qual é a sua melhor alternativa neste instante para poder recusar minha oferta?" "Se você rejeitar minha oferta, que alternativa você melhor você tem?" "Como você pode ter certeza de que conseguirá um negócio melhor em outro lugar?"
A oferta que você fez é igual àquela oferecida a outros	"O que você acha que é uma oferta justa e, com base nisso, o que você acha da minha oferta atual para você?" "Você acredita que o meu maior interesse é ser injusto com você?" "Você acredita que as pessoas podem ser tratadas de forma diferente sem serem tratadas injustamente?"
Tentativas de pressionar, controlar ou manipular	"Não deveríamos sair satisfeitos desta negociação?" "Como você se sentiria se nossos papéis se invertessem e você estivesse sentindo a pressão que sinto agora?" "Você está sob pressões externas para concluir essa negociação?"

Fonte: adaptado de *What to Ask When You Don't Know What to Say*, Sam Deep and Lyle Sussman © 1993. Prentice Hall/uma Divisão da Simon & Schuster, Englewood Cliffs, NJ. Reproduzido com permissão.

2. O *reconhecimento* é uma prática de escutar ligeiramente mais ativa que a escuta passiva. Ao praticarem o reconhecimento, os receptores da comunicação acenam com a cabeça, mantêm contato visual ou respondem com "entendo", "*aham*", "interessante", "mesmo?" "certamente", "continue", etc. Essas respostas bastam para

fazer com que o remetente continue enviando mensagens, embora exista o risco de ele interpretar essas reações como a aceitação de suas posições pelo receptor, não como um simples reconhecimento de que suas mensagens foram recebidas.
3. A *escuta ativa* é a prática de escutar na qual o receptor escuta com atenção, reafirmando ou parafraseando a mensagem em suas próprias palavras. Alguns exemplos são:[42]

REMETENTE: Não sei como resolver esse problema difícil.
RECEPTOR: Você realmente está com dificuldade de solucioná-lo.
REMETENTE: Por favor, não me faça perguntas agora.
RECEPTOR: Pelo visto você está muito ocupado no momento.
REMETENTE: A reunião de hoje não teve resultado algum.
RECEPTOR: Você se decepcionou muito com a reunião.

Nas negociações, a princípio pode parecer que a escuta ativa não é adequada, porque, diferentemente de um terapeuta, o receptor muitas vezes têm uma posição definida e pode ter opiniões muito fortes sobre as questões. Quando recomendamos a adoção da escuta ativa não estamos sugerindo que os receptores devam concordar automaticamente com as posições da outra parte e abandonar as próprias. Ao contrário, consideramos a escuta ativa como uma habilidade que motiva as pessoas a falar mais abertamente sobre seus sentimentos, prioridades, estruturas de referência e, por extensão, das posições que adotam. Quando a outra parte toma essa iniciativa, os negociadores entendem melhor as posições dela, os fatores e as informações que as suportam e as maneiras nas quais essas posições podem ser ajustadas, adaptadas ou negociadas segundo suas próprias preferências e prioridades.

A inversão de papéis

Discussões prolongadas sobre uma posição específica na pauta da negociação induzem à "cegueira do envolvimento", isto é, um ciclo de argumentações que se alimenta de si próprio e impede os negociadores de reconhecer as compatibilidades entre suas próprias posições e as da outra parte.[43] Em nossa discussão sobre a escuta ativa sugerimos que um de seus objetivos era entender a perspectiva ou estrutura de referência da outra parte. Contudo, a escuta ativa não deixa de ser um processo passivo. As técnicas de inversão de papéis permitem ao negociador entender as posições da outra parte de forma mais completa, debatendo-os até ela se convencer de que foi compreendida. Por exemplo, uma pessoa pergunta como você reagiria se estivesse na situação em que ela se encontra. Ao responder, você talvez consiga entender a posição dessa pessoa, talvez aceite sua validade e descubra como alterar tanto a sua posição quanto a dela, e assim torná-las mais compatíveis.

As pesquisas sugerem que a inversão de papéis é uma ferramenta útil para melhorar a comunicação e compreender com mais exatidão as posições da outra parte durante a negociação.[44] Talvez a principal utilidade da inversão de papéis esteja no estágio de preparação da negociação, ou durante a reunião de emergência de uma equipe, quando as coisas não vão bem. Porém, melhorar a compreensão não necessariamente facilita a solução de conflitos, sobretudo quando essa melhora na comunicação traz à tona uma incompatibilidade fundamental entre as posições dos dois lados.

Algumas considerações especiais sobre as comunicações no final das negociações

À medida que as negociações se aproximam de seu final, perto de um acordo, os negociadores precisam atentar para dois aspectos essenciais da comunicação e da negociação: a evitação de erros fatais e a conquista de um encerramento satisfatório e construtivo.

Evitando erros fatais

Chegar a um encerramento em uma negociação normalmente requer a tomada de decisões que envolvam a aceitação de ofertas, ou a apresentação de concessões sobre prioridades e questões para a outra parte – ou mesmo uma combinação dessas etapas. Esses processos de tomada de decisão podem ser divididos em quatro elementos principais: o enquadramento, a obtenção de informações, a definição de conclusões e o aprendizado com o *feedback*.[45] Os três primeiros elementos foram discutidos anteriormente. O quarto, a oportunidade de aprender (ou a falta dela) com o *feedback*, é uma questão sobretudo de comunicação, a qual envolve "acompanhar os acontecimentos tomando cuidado sistemático para não se empolgar com expectativas que atendam apenas a suas necessidades e certificando-se de revisar as lições trazidas pelo *feedback* já na próxima vez que for preciso tomar uma decisão".[46] No Capítulo 5 discutimos as armadilhas envolvendo as decisões que resultam de vieses perceptivos e cognitivos. Embora algumas dessas armadilhas possam ocorrer já nos primeiros estágios da negociação, é possível que várias surjam no final, quando as partes estão com pressa de resolver pendências e selar um acordo.

Um encerramento satisfatório

Gary Karrass, ao estudar especificamente as negociações em vendas, apresenta alguns conselhos relativos à comunicação ao final de uma negociação.[47] Para ele, os negociadores precisam "saber a hora de ficarem calados", evitando a revelação desnecessária de informações ou comentários inadequados que possam fazer com que a outra parte, se indecisa, desista de vez do acordo. Em contrapartida, é preciso reconhecer as falhas e comentários inadequados da outra parte pelo que representam, sem reagir ou se irritar com eles. Karrass também lembra os negociadores da importância do cuidado com problemas de última hora, como a discussão de assuntos irrelevantes e críticas a assuntos já decididos por terceiros que não participaram da negociação, mas que têm o direito ou a responsabilidade de fazer comentários. Karrass também alerta os negociadores para que se preparem e enfrentem esses desafios com firmeza. Por fim, o pesquisador ressalta a importância de finalizar o acordo por escrito, e reconhece que a parte que o redige tem a incumbência de garantir a clareza de propósitos e de conduta no documento final.

Resumo do capítulo

Neste capítulo discutimos os elementos da arte e da ciência da comunicação importantes para o entendimento das negociações.

Primeiro, estudamos *o que* é comunicado na negociação. Além de ser uma troca de preferências sobre soluções, uma negociação cobre uma gama de tópicos em um ambiente no qual as partes tentam influenciar uma à outra. Após, exploramos as três questões associadas ao *modo* como as pessoas se comunicam nas negociações: as características da linguagem, a comunicação não verbal e a escolha de um canal. Discutimos também como a decisão de negociar em ambientes on-line (via *e-mail*, por exemplo) influencia o comportamento dos negociadores e os resultados do processo.

Nas últimas seções deste capítulo tratamos das maneiras de melhorar a comunicação nas negociações, como o aperfeiçoamento da competência de escutar a outra parte, o uso de perguntas e a apresentação de considerações especiais no final do processo.

Referências

1. Alexander, Schul, and Babakus, 1991.
2. Carnevale, Pruitt, and Seilheimer, 1981.
3. Weingart, Hyder, and Prietula, 1996; Olekalns, Smith, and Walsh, 1996.
4. Tutzauer, 1992.
5. Ibid.
6. Pinkley, 1995; Pinkley, Neale, and Bennett, 1994.
7. Thompson, Valley, and Kramer, 1995.
8. Novemsky and Schweitzer, 2004.
9. Bies and Shapiro, 1987; Shapiro, 1991.
10. Sitkin and Bies, 1993.
11. Ibid.
12. Brett, Shapiro, and Lytle, 1998.
13. Taylor and Donald, 2003.
14. Ibid.
15. Curhan and Pentland, 2007.
16. Ibid.
17. Adair and Brett, 2005.
18. Ver Roth and Malouf, 1979; Schelling, 1960; Siegel and Fouraker, 1960.
19. O'Connor, 1997.
20. Simons, 1993.
21. Beebe, 1980; Burgoon, Coker, and Coker, 1986; Kleinke, 1986.
22. Kellerman, Lewis, and Laird, 1989.
23. Ivey and Simek-Downing, 1980.
24. Ibid.
25. Stacks and Burgoon, 1981.
26. Nierenberg and Calero, 1971.
27. Drolet and Morris, 2000, p. 27.
28. Bazerman, Curhan, Moore, and Valley, 2000; Lewicki and Dineen, 2002.
29. Barry and Fulmer, 2004. Ver também Short, Williams, and Christie, 1976, que utilizaram o termo "presença social".
30. Sproull and Kiesler, 1986.
31. Barry and Fulmer, 2004.
32. Drolet and Morris, 2000.
33. Valley, Moag, and Bazerman, 1998.
34. Ibid.
35. Croson, 1999.
36. Morris, Nadler, Kurtzberg, and Thompson, 2000.
37. Ibid.
38. Loewenstein, Morris, Chakravarti, Thompson, and Kopelman, 2005.
39. Nierenberg, 1976.
40. Deep and Sussman, 1993.
41. Rogers, 1957, 1961.
42. Estes exemplos são encontrados em, 1977.
43. Rapoport, 1964.
44. Johnson, 1971; Walcott, Hopmann, and King, 1977.
45. Russo and Schoemaker, 1989.
46. Ibid., p. 3.
47. Karrass, 1985.

Capítulo 7

Como encontrar e utilizar o poder da negociação

Objetivos

1. Analisar as diferentes abordagens que explicam o poder nas negociações e por que ele é tão importante.
2. Explorar as diferentes fontes ou bases do poder nas negociações.
3. Discutir as diferentes abordagens estratégicas que um negociador pode adotar para lidar com uma parte que tenha mais ou menos poder do que ele.

O foco deste capítulo é o poder nas negociações. No escopo deste livro, *poder* é o conjunto de competências que conferem ao negociador uma vantagem ou aumentam a probabilidade de os objetivos almejados por ele serem alcançados. O poder é o desejo de todo negociador. Para ele, é importante saber o que pode ser feito para pressionar a outra parte, persuadi-la a ver a situação da perspectiva dele, dar a ele o que quer, sobrepujá-la ou fazer com que ela mude de ideia. É preciso observar que, segundo esta definição, muitas táticas baseadas no uso do poder foram discutidas nos Capítulos 2 e 3. As táticas da barganha distributiva e da negociação integrativa são *táticas de alavancagem*, isto é, táticas usadas para exercer influência na outra parte para obter o melhor acordo para uma ou ambas as partes.

Iniciamos este capítulo definindo a natureza do poder e discutindo a dinâmica de seu uso na negociação. Concentramos nossa discussão nas fontes de poder que dão aos negociadores a capacidade de exercerem essa influência. Entre as muitas fontes de poder, neste capítulo examinaremos as três principais: (1) a informação e a experiência, (2) o controle de recursos e (3) a posição em uma organização ou rede.[1]

Por que o poder é importante para os negociadores?

A maior parte dos negociadores acredita que a importância do poder nas negociações está no fato de ele conferir uma *vantagem* em relação à outra parte. Os negociadores que têm essa vantagem normalmente preferem usá-la para garantir uma fatia maior dos resultados ou obter a solução pretendida. De modo geral, a busca pelo poder em uma negociação surge com uma das percepções abaixo:

1. O negociador acredita que, no momento, tem *menos poder* do que a outra parte. Nessa situação, ele pensa que a outra parte já conta com alguma vantagem que poderá e será usada e, por essa razão, *ele busca o poder como forma de neutralizar ou contrabalançar essa vantagem.*
2. O negociador acredita que precisa de *mais poder* que a outra parte para aumentar as chances de garantir o resultado desejado. Nesse contexto, ele acredita que mais poder é necessário para *obter ou manter a própria vantagem na negociação que se aproxima.*

Essas duas convicções incluem importantes questões relativas a táticas e motivações. As táticas podem ser concebidas para aumentar o poder do próprio negociador ou diminuir o poder da outra parte, além de criar um estado de equilíbrio (as duas partes têm poderes iguais ou equivalentes) ou de diferença de poder (uma tem mais poder que a outra). As questões sobre motivações dizem respeito às razões para um negociador usar essas táticas. Na maioria das vezes, os negociadores adotam táticas projetadas para promover o equilíbrio de poderes e com isso deixar as partes em pé de igualdade. A meta é minimizar a capacidade de que uma delas domine o relacionamento. Isso abre espaço para discussões voltadas para a obtenção de um acordo tolerante, colaborativo ou integrativo. Em contrapartida, os negociadores também adotam táticas voltadas para a criação de uma diferença de poder como meio de obter vantagens ou impedir as iniciativas desse tipo pela outra. Essas táticas melhoram a capacidade de uma parte dominar o relacionamento e abrem caminho para uma estratégia competitiva ou dominadora e, portanto, um acordo distributivo. O Quadro 7.1 apresenta uma estrutura sobre os méritos do uso do poder como tática de negociação (em comparação com o foco nos interesses ou uma ênfase nos "direitos" em uma disputa).

De modo geral, os negociadores que não se preocupam com o poder ou que têm poderes equiparáveis – igualmente altos ou baixos – descobrem que suas deliberações evoluiriam para um desfecho satisfatório e aceitável a ambos, de modo mais fácil e simples. Em compensação, os negociadores que se preocupam de fato com o poder que têm e tentam igualá-lo ou mesmo exceder o poder da outra parte preferem uma solução na qual não perdem a negociação (uma postura defensiva) nem a dominam (uma postura ofensiva).

O poder está envolvido no uso de muitas táticas competitivas e colaborativas descritas, como a insinuação de que você tem alternativas boas (uma BATNA forte), para aumentar a sua alavancagem. Um número relativamente pequeno de estudos se concentrou nas táticas de poder e influência nas negociações. Os resultados dessas pesquisas serão discutidos neste capítulo. Contudo, a maioria dos conhecimentos atuais sobre poder discutidos neste capítulo foi extraída de estudos mais abrangentes sobre como os gerentes influenciam uns aos outros em suas organizações. Essas descobertas são discutidas em relação às situações de negociação.

Uma definição de poder

De modo geral, o poder é definido como a "capacidade de obter resultados desejados" ou a "habilidade de fazer com que as coisas sejam feitas segundo um modo preferido".[2] Nesse sentido, é de se esperar que uma parte com poder seja capaz de induzir a outra parte a fazer algo que do contrário não faria.[3]

Quadro 7.1 Os interesses, os direitos e o poder nas negociações

Uma das maneiras de considerar o papel do poder nas negociações consiste em compará-lo com outras posições estratégicas. No Capítulo 5 apresentamos uma estrutura desenvolvida por Ury, Brett e Goldberg (1993), a qual compara três diferentes abordagens estratégicas à negociação: os interesses, os direitos e o poder.

- Os negociadores se concentram nos interesses quando precisam conhecer os interesses e prioridades próprios e os da outra parte para obter um acordo satisfatório para todos e que crie valor.
- Os negociadores se concentram nos direitos quando precisam resolver uma disputa com base em regras ou padrões de decisão embasados nos princípios da lei, padrões sociais, noções de imparcialidade ou mesmo um contrato existente.
- Os negociadores se concentram no poder quando recorrem a ameaças ou outros meios de tentar coagir a outra parte a fazer concessões.

Esta estrutura pressupõe que as três abordagens podem coexistir em uma situação. Os negociadores escolhem a abordagem em que se concentrarão. Porém, os negociadores realmente usam todas? Eles deveriam usá-las? Essas perguntas foram tratadas em um estudo conduzido por Anne Lytle, Jeanne Brett e Debra Shapiro.

Lytle e suas colaboradoras descobriram que os negociadores transitavam entre essas estratégias – interesses, direitos e poder – em uma mesma reunião de negociações. As pesquisadoras também observaram que eles apresentavam a tendência de responder com a mesma estratégia que a outra parte implementara com eles. Uma estratégia de poder coercitivo era tratada com uma estratégia baseada no poder, o que pode levar a uma espiral conflituosa e a um acordo ruim (ou não acabar em acordo algum). As pesquisadoras resumiram o uso do poder nas negociações em três pontos principais:

- Iniciar uma negociação demonstrando o próprio poder pode compelir a outra parte a um acordo rápido – se a ameaça for verossímil. Contudo, se a outra parte entender que você está blefando, você tem duas escolhas: ou leva a ameaça a cabo, ou fica com a imagem arranhada. Essas consequências não são desejáveis.
- As táticas baseadas no poder (e as táticas baseadas nos direitos) podem ser mais úteis quando a outra parte se recusa a negociar, ou quando as negociações fracassaram e precisam ser reiniciadas. Nessas situações, não existem muitos riscos em fazer alguma ameaça com base em direitos ou poder. Além disso, essa ameaça pode abrir os olhos da outra parte para a gravidade da situação.
- O sucesso das táticas baseadas no poder (e das baseadas nos direitos) depende muito do modo como são feitas. Para surtirem o efeito desejado, as ameaças precisam ser específicas e plausíveis, almejando os interesses prioritários da outra parte. Do contrário, ela terá poucos motivos para ceder. Certifique-se de que você tem um caminho aberto, o qual permita à outra parte desistir da ameaça, preservar a reputação e retomar as negociações concentradas nos interesses.

Fonte: adaptado de A. L. Lytle, J. M. Brett e D. L. Shapiro, "The Strategic Use of Intrerests, Rights and Power to Resolve Disputes", *Negotiation Journal* 15, no. 1 (1999), pp. 31-51.

Mas isso traz um problema: a definição desenvolvida até agora parece se concentrar no poder absoluto e coercitivo, que é muito limitado para permitir uma compreensão de como é usado nas negociações. Na verdade, existem duas perspectivas sobre o poder: o poder usado para dominar e controlar o outro (provavelmente em um contexto de barganha distributiva), e o poder usado para trabalhar ao lado da outra parte (em um contexto de barganha integrativa).[4] Do ponto de vista de quem detém poder, a primeira perspectiva se encaixa na definição de poder *sobre* alguém e tem caráter coercitivo. Do ponto de vista da outra parte, este uso de poder implica *impotência e dependência*. A dinâmica dessa relação de poder varia, de "benévola e apoiadora" (como observado em muitos relacionamentos envolvendo alguma forma de orientação) a opressiva e abusiva (como vemos em famílias autoritárias)".[5]

De acordo com a segunda perspectiva, a visão do negociador sobre o poder sugere *poder com*,[6] o que indica que a parte detentora do poder o desenvolve e o compartilha com a outra. A parte que "recebe" esse poder se sente *capacitada e independente*, e essa dinâmica reflete os benefícios do empoderamento, como uma maior participação dos funcionários, uma delegação mais expressiva da autoridade e uma maior capacidade de atuar com autonomia e integridade pessoal, por exemplo. Essa visão se encaixa na noção de poder que contrasta com a definição de *poder sobre*:

> Um ator... tem poder em certa situação (poder situacional) na mesma medida em que consegue satisfazer as finalidades (metas, desejos ou aspirações) que tenta atender nesta situação. O poder é um conceito relacional; ele não reside no indivíduo, mas na relação dele com o ambiente. Logo, o poder de um ator em certa situação é determinado pelas características da situação e pelos atributos dele.[7]

Existe uma tendência de os outros interpretarem o poder como atributo exclusivo do ator. Essa inclinação ignora os elementos do poder oriundos da situação ou do contexto em que o ator opera. A declaração "A é mais poderoso que B" deve ser vista de três perspectivas distintas, mas relacionadas: (1) o poder do ambiente ("A normalmente tem mais capacidade de influenciar o ambiente em que atua como um todo e/ou superar qualquer resistência, comparado a B"), (2) o poder do relacionamento ("A geralmente tem maior capacidade de influenciar B de modo favorável e/ou vencer a resistência de B, em comparação com B em relação a A"), e (3) o poder pessoal ("na maioria das vezes A tem mais sucesso ao satisfazer os seus desejos, comparado a B").[8]

Antes de prosseguirmos, é preciso chamar a atenção para a inconsistência das discussões sobre o poder. Seria ótimo poder escrever um capítulo contendo uma discussão abrangente sobre as fontes de poder usadas pelos negociadores, as principais configurações das bases de poder como estratégias de influência e as condições nas quais essas configurações podem ser adotadas. Porém, uma tarefa como essa é intimidadora, ou mesmo impossível, por duas razões. Primeiro, o uso eficiente do poder exige um toque de sensibilidade e de aptidão, e as consequências desse uso podem variar muito de pessoa para pessoa. Nas mãos de um indivíduo, as ferramentas do poder conseguem construir um cenário de prosperidade e realizações; nas mãos de outro, criam um pesadelo de tirania e desordem.[9] Segundo, não são apenas os atores e os alvos que mudam de situação para situação: o contexto em que essas ferramentas são usadas também varia. Por essa razão, o melhor a fazer é identificar as principais fontes de poder.

As fontes de poder – como as pessoas o adquirem

A melhor maneira de entender as formas nas quais o poder é posto em prática consiste em examinar a tipologia de sua origem. Em seu importante estudo sobre o poder, French e Raven identificaram cinco tipos principais de poder: o poder especialista, o poder de recompensa, o poder coercitivo, o poder legítimo e o poder referente.[10] A maioria dessas modalidades de poder se manifesta na natureza:

- O *poder especialista*: surge com a posse de informações exclusivas e detalhadas sobre um assunto.
- O *poder de recompensa*: origina-se da capacidade de recompensar outras pessoas por terem feito o que fizeram.
- O *poder coercitivo*: surge com a capacidade de punir outras pessoas por não terem feito o que deveriam.
- O *poder legítimo*: nasce da indicação a um cargo oficial ou título formal em uma organização e do uso da autoridade associada a esse cargo (por exemplo, um vice-presidente ou um diretor).
- O *poder referente*: origina-se do respeito ou da admiração conquistados por conta de atributos como personalidade, integridade e estilo interpessoal. Diz-se que A tem poder referente sobre B conforme B se identifica ou deseja uma associação próxima com A.

Muitas discussões atuais sobre o poder se fundamentam nesta tipologia (é interessante que Raven tenha revisado essa classificação várias vezes desde sua introdução, há mais de 50 anos). Neste capítulo examinaremos o poder de uma perspectiva mais ampla, estudaremos o modo como ele se insere no contexto da negociação, e reunimos as principais fontes de poder em cinco modalidades diferentes (ver a Tabela 7.1):

- As fontes informacionais de poder
- As fontes pessoais de poder
- O poder baseado na posição em uma organização
- As fontes de poder baseadas em relacionamentos
- As fontes de poder contextuais

Conforme observamos ao longo deste capítulo, essas categorias não são rígidas ou arbitrárias. O poder pode ser gerado de diversas maneiras e em muitos contextos, e uma fonte de poder pode passar de uma categoria para outra, com o tempo. À medida que detalhamos essas abordagens, indicaremos como o modelo de French e Raven foi revisado e atualizado.

As fontes informacionais de poder

No contexto de uma negociação, talvez as informações sejam a maior fonte de poder. O poder associado a elas deriva da habilidade do negociador de reunir e organizar fatos e dados em suporte a sua posição, argumentos ou resultados desejados. Os negociadores também podem usar as informações como ferramentas para desafiar as posições da outra parte, alterar os resultados desejados ou afetar a eficiência dos argumentos dela. Até nos contextos mais simples de negociação as partes assumem

Tabela 7.1 As principais fontes de poder

Fonte de poder	Descrição
Informacional	• Informações: a acumulação e a apresentação de dados para influenciar os pontos de vista ou as posições da outra parte sobre uma questão. • Experiência: a acumulação representativa de informações ou o domínio de uma base de informações sobre um problema ou questão específicos. A experiência pode ser positiva (acreditamos na outra parte devido à reconhecida experiência que ela tem) ou negativa (nossa desconfiança é tão grande que a experiência que a outra parte diz ter nos induz a um curso de ação oposto àquele que ela defende).
Personalidade e diferenças pessoais	O poder derivado de diferenças em: • Orientação psicológica (orientações amplas para o uso do poder). • Orientação cognitiva (ideologias sobre o poder). • Orientação motivacional (motivações específicas para usar o poder). • Disposições e habilidades (orientações para cooperação e competição). • Orientação moral (orientações filosóficas para o uso do poder).

Baseado na posição	O poder derivado de um cargo específico em uma organização ou estrutura de comunicação assume diferentes formas:
	• Poder legítimo, ou autoridade formal, derivado de uma posição em uma organização hierárquica. Contudo, o poder legítimo também pode influenciar normas sociais, como:
	  A reciprocidade, ou troca esperada de favores.
	  A igualdade, ou retorno esperado quando se faz algo mais pelo outro.
	  A dependência, ou obrigação devida a outros, os quais precisam de ajuda.
	• Controle de recursos, ou acumulação de dinheiro, matérias-primas, mão de obra, tempo e equipamentos que podem ser usados como incentivos para aceitação, ou como punições para a não aceitação. O controle de recursos se manifesta como:
	  O poder de recompensa, ou uso de prêmios tangíveis ou aprovação pessoal para obter a aprovação dos outros.
	  O poder de punição, ou uso de punições tangíveis ou da retenção de aprovação pessoal para obter a aprovação dos outros.

Baseado no relacionamento	• A interdependência de metas – como as partes veem suas metas. O poder referente – baseado em um apelo ao outro segundo experiências em comum, participação em um grupo, status, etc. O poder referente também pode ser positivo (acreditamos no outro porque o respeitamos) ou negativo (nossa desconfiança é tão grande que a experiência que a outra parte diz ter nos induz a um curso de ação oposto àquele que ela defende). • O acesso ou controle às informações, ou o fluxo ou acesso ao suprimento de recursos, dependendo do ponto em que estão em uma rede.
Contextual	Poder derivado do contexto no qual as negociações ocorrem. As fontes comuns de poder contextual incluem: • A existência de BATNAs. • A cultura organizacional e nacional. • A disponibilidade de agentes, entidades representadas e públicos que podem, direta ou indiretamente, afetar os resultados de uma negociação.

uma posição e apresentam argumentos e fatos em apoio a ela. Quero vender uma motocicleta usada por $1.500, mas você diz que ela vale apenas $1.000. Eu prossigo, informando quanto eu paguei por ela, indicando que ela está em boas condições e explicando por que ela vale $1.500. Você observa que ela tem cinco anos, enfatiza os arranhões, amassados e pontos de ferrugem, e comenta que os pneus estão carecas e precisam ser substituídos. Você também me diz que não pode pagar $1.500. Depois de 20 minutos uma quantidade expressiva de informações sobre a motocicleta foi trocada, com relação ao preço inicial, idade, uso, depreciação e condição atual, além de sua situação financeira e de minha necessidade de levantar um montante em dinheiro. Decidimos que o preço final de $1.300 é adequado, parte do qual é um "empréstimo" de $300 que fiz a você. (Ver o Quadro 7.2 sobre os modos como o poder da informação, hoje espalhado na Internet, mudou a maneira das pessoas comprarem carros novos).

A troca de informações em uma negociação também está no centro do processo de concessões. À medida que as partes apresentam informações, origina-se uma definição em comum da situação. A quantidade e o tipo das informações compartilhadas e o modo como os negociadores as compartilham permitem às partes desenvolver um panorama em conjunto (e, espera-se, realista) da condição atual da motocicleta, de seu valor de mercado e das preferências das partes. Além disso, essas informações não precisam ser 100% exatas para serem eficientes; blefes, exageros, omissões e mentiras também funcionam. Eu talvez não tenha informado que a embreagem precisa ser substituída. Talvez você não confesse que na verdade pode pagar $1.500, ou não revele que simplesmente não quer gastar tanto ou que, ao contrário, na verdade deseja comprar essa motocicleta não importa o preço. Retornaremos às questões pertinentes a blefes e interpretações equivocadas no Capítulo 8, no qual discutimos a ética da mentira e da enganação.

O poder gerado pela experiência é uma forma especial de poder da informação. O poder da informação está disponível a qualquer pessoa capaz de reunir fatos e números em apoio a seus argumentos. Contudo, o poder especialista está reservado àqueles que conquistaram certo domínio sobre um conjunto de informações. Os especialistas recebem respeito, consideração e credibilidade com base em sua experiência, educação formal ou realizações. Durante uma negociação, uma ou mesmo ambas as partes dão mais credibilidade aos argumentos de um especialista do que àqueles apresentados por pessoas sem experiência específica. Contudo, essa credibilidade resulta do quanto essa experiência é relevante na situação em questão.[12] Por exemplo, uma pessoa que conhece automóveis talvez não seja especialista em motocicletas. Logo, um negociador que gostaria de aproveitar sua própria experiência muitas vezes têm de demonstrar que ela (1) de fato existe e (2) é relevante no contexto das questões discutidas.

O poder baseado na personalidade e nas diferenças pessoais

A orientação pessoal.
As pessoas têm diferentes orientações psicológicas com relação a situações sociais. Três dessas orientações têm papel decisivo, pois são "as orientações cognitivas, motivacionais e morais diante de certa situação que guiam o comportamento e as respostas de uma pessoa".[13] Essas diferenças têm caráter individual e estável – isto é, os atributos da personalidade – e afetam o modo como as pes-

Quadro 7.2 O poder das informações em uma negociação de compra de carro

Antes da era da Internet, muitos consumidores encaravam a compra de um automóvel com o mesmo entusiasmo de ir ao dentista. Os clientes sabiam que o seu papel incluía ridicularizar o preço pedido, ameaçar abandonar a negociação e adotar posturas mais rígidas a fim de fechar o melhor negócio possível. Porém, apesar dessas posturas, já no momento em que deixavam o pátio da concessionária surgiam dúvidas sobre as chances de terem pago um preço alto demais pelo carro novo.

Os clientes experientes sempre souberam que deviam definir suas reais necessidades relativas a um carro novo, pesquisar veículos que se encaixassem nos seus objetivos, analisar as tabelas de preços das concessionárias, entrar em contato com proprietários de modelos de seu interesse para sondar o quanto estão satisfeitos com seus veículos e evitar vínculos afetivos com um modelo específico. Essas estratégias ajudaram as pessoas a se preparar para negociações com uma concessionária.

Porém, os clientes também dependiam de conjecturas para definir as ofertas de preço aceitáveis, na opinião do vendedor.

Contudo, hoje as informações sobre preços de carros novos ou usados são amplamente disponibilizadas na Internet e outras fontes. Os clientes podem iniciar uma negociação com uma concessionária armados de fatos e números precisos sobre o preço de custo de um modelo, o preço real de acessórios, os preços cobrados em outros estados – além dos incentivos dados tanto pelas concessionárias quanto pelos próprios clientes em dado momento. Os compradores de carros que despendem tempo obtendo informações sobre preços "reais" relatam terem poupado centenas ou mesmo milhares de dólares na compra de veículos. Essa riqueza de informações dá aos consumidores mais poder nas negociações com suas concessionárias. Em última análise, esse poder induz a uma redução nos preços de carros novos.[11]

soas adquirem e usam o poder. Apresentamos uma breve discussão dessas orientações abaixo.

A orientação cognitiva. As diferenças individuais nas estruturas ideológicas de referência (as maneiras de representar uma orientação cognitiva) têm importância central na abordagem ao poder. Existem três tipos de estruturas ideológicas:

- A estrutura unitária, caracterizada pela convicção de que a sociedade é um todo integrado e de que os interesses do indivíduo e da sociedade se fundem em um único interesse, de maneira que o poder pode ser ignorado ou, quando necessário, usado por autoridades benevolentes em benefício de todos (uma noção comum a muitas sociedades e culturas "comunitárias").
- A estrutura radical, caracterizada por convicções de que a sociedade está em constante conflito de interesses sociais, políticos e de classe, e de que o poder é inerente e estruturalmente desequilibrado (uma noção comum a simpatizantes do marxismo e ideologias afins).
- A estrutura pluralista, caracterizada por convicções de que o poder é distribuído de modo relativamente uniforme entre diversos grupos que competem e barganham por um equilíbrio de poder em constante evolução (uma visão comum a muitas democracias liberais).[14]

Essas perspectivas ideológicas operam como uma "estrutura" (ver o Capítulo 5) ou perspectiva do mundo, definindo as expectativas sobre algo que mereça atenção, o modo como os eventos transcorrem e a maneira de se envolver em situações de poder. A perspectiva ideológica também afeta o modo como os indivíduos processam informações sociais sobre o poder (as situações em que ele é limitado ou expansível, competitivo ou cooperativo, ou igual ou desigual) e como a orientação afeta a disposição de as pessoas com autoridade compartilharem o poder.[15]

A orientação motivacional. A segunda orientação se concentra nas diferenças em motivações individuais – isto é, as diferenças enraizadas sobretudo em necessidades e "elementos energizantes" da personalidade, em comparação com uma ideologia. As diferenças individuais na "motivação do poder" se manifestam na inclinação que algumas pessoas têm para a influenciar e controlar outras e para obter posições de poder e autoridade. Essas diferenças foram estudadas nos anos que se seguiram à Segunda Guerra Mundial, que se caracterizou pelo desejo de Hitler e de Mussolini de erguer impérios. Na época, os pesquisadores da teoria da personalidade descreveram a "personalidade autoritária" como um indivíduo que tem uma forte necessidade de dominar outros e ao mesmo tempo identificar-se com e se submeter a pessoas com muita autoridade.[16] Essas orientações normalmente operam nas situações de "poder sobre" ou "sem poder", dependendo do status da outra parte.

As disposições e habilidades. Vários autores sugeriram que as orientações relativas ao poder se fundamentam sobretudo nas disposições individuais de serem cooperativas ou competitivas (por exemplo, o modelo das inquietações duais, apresentado no Capítulo 1).[17] As disposições e habilidades competitivas enfatizam a abordagem "poder sobre" e sugerem que as pessoas com essas disposições têm habilidades como a energia e a disposição física, boa concentração mental, experiência pessoal, autoconfiança elevada e tolerância significativa com conflitos. As disposições e habilidades cooperativas estão mais aliadas à abordagem "poder com" e enfatizam habilidades como a sensibilidade a outras pessoas, a flexibilidade e a capacidade de considerar e incorporar as opiniões alheias em um acordo.

A orientação moral. Por fim, os indivíduos diferem em relação a suas noções morais de poder e uso dele. Um pesquisador ressalta que existe uma relação significativa entre os ideais implícitos relativos ao igualitarismo – a convicção profunda no ideal de igualdade de poderes para todos – e a disposição de compartilhar poder com indivíduos menos poderosos.[18] No Capítulo 8 mostramos como as diferenças relativas à orientação moral afetam o emprego de táticas éticas e antiéticas na negociação.

O poder baseado na posição em uma organização

Discutimos duas das principais fontes de poder com base na posição em uma organização: (1) o poder legítimo, que se baseia em títulos, obrigações e responsabilidades de uma descrição de trabalho e o "nível" em que a pessoa está na hierarquia de uma organização, e (2) o poder baseado no controle de recursos (orçamento, financiamentos, etc.) associado com essa posição.

O poder legítimo. O poder legítimo deriva de um emprego, cargo ou posição em uma hierarquia organizacional. Nesse caso, o poder reside no título, nas obrigações e nas responsabilidades da função, e a "legitimidade" do detentor vem do título e das obrigações constantes na descrição do seu cargo no contexto da organização. Logo, um vice-presidente recém-empossado adquire poder simplesmente por ter esse título.

Há vezes em que as pessoas reagem às ordens dadas por outra, mesmo quando estas não agradam, porque sentem que é adequado (legítimo) que a outra pessoa dê as direções e que é adequado (obrigatório) que sejam obedecidas. Esse é o efeito do poder legítimo.

O poder legítimo está na base de nossa estrutura social. Quando pessoas e grupos se organizam em um sistema social – uma pequena empresa, uma unidade de combate, um sindicato, uma organização de mobilização política, um time de futebol, uma força-tarefa – uma modalidade de estrutura e hierarquia é formada quase imediatamente. Essas pessoas elegem ou indicam um líder e introduzem regras formais para a tomada de decisão, a divisão do trabalho, a distribuição de responsabilidades e a gestão de conflitos. Sem essa ordem social, ou o grupo não conseguirá adotar ações coordenadas (o caos prevalece), ou todos terão de participar de todas as decisões e a coordenação do grupo se estende por um tempo impraticável. As estruturas sociais são eficientes e efetivas, o que cria a base do poder legítimo. Com essas estruturas, as pessoas demonstram mais disposição de abrir mão do direito de participar de todas as decisões e delegam autoridade a um indivíduo que pode agir como seu representante (um presidente, um líder ou um porta-voz). Ao desenvolver uma estrutura de grupo que confere uma base de poder a uma pessoa, os membros desenvolvem a disposição de obedecer às diretrizes dadas por esse representante.

As pessoas adquirem o poder legítimo de diversas maneiras. Primeiro, ele pode ser hereditário. Elizabeth II tem o título de Rainha do Reino Unido da Grã-Bretanha e da Irlanda do Norte, e toda a importância que esse título engloba. Ela também controla uma boa parte da riqueza pessoal da monarquia. Contudo, ela tem pouco poder de fato em termos da administração de assuntos nacionais da Grã-Bretanha, situação esta que gerou controvérsia e ressentimento nos últimos anos. Segundo, o poder pode ser adquirido por eleição a determinado cargo. O presidente dos Estados Unidos tem um expressivo poder legítimo com base na estrutura constitucional do governo norte-americano. Terceiro, o poder legítimo é obtido simplesmente com a indicação ou a promoção a algum cargo organizacional. Logo, os títulos de diretor geral ou gerente geral conferem a seus detentores todos os direitos, responsabilidades e privilégios que acompanham esses cargos. Por fim, autoridade legítima é dada também a um indivíduo que ocupa uma posição pela qual as pessoas simplesmente demonstram respeito. De modo geral, esse respeito deriva de um bem social intrínseco ou de valores sociais importantes dessa posição ou organização. Em muitas sociedades os jovens escutam e obedecem aos mais velhos. As pessoas também demonstram respeito por reitores de universidades e membros do clero. Elas seguem os conselhos dados por esses indivíduos porque acreditam que é a conduta adequada a adotar. Embora os integrantes do clero, os reitores de universidades e muitos outros indivíduos em posição de autoridade às vezes tenham muito pouco a oferecer como recompensa ou impor como castigo, eles desfrutam de considerável poder legítimo.[19]

A efetividade da autoridade formal deriva da disposição dos seus seguidores de reconhecer a legitimidade da estrutura organizacional e do sistema de regras e regulamentações que conferem poder.[20] Em síntese, o poder legítimo somente se concretiza com a obediência ou o consentimento de quem é governado. Se um número alto o bastante de cidadãos britânicos questionasse a legitimidade da Rainha e de sua

NON SEQUITUR   BY WILEY

NON SEQUITUR © Wiley Miller. Distribuído por UNIVERSAL PRESS SYNDICATE. Reimpresso com permissão. Todos os direitos reservados.

autoridade – independentemente dos séculos de tradição e da lei que alicerçam a monarquia britânica – seu reinado correria grande risco. Se um número representativo de católicos desafiasse as determinações do papa sobre o aborto, o controle da natalidade ou qualquer outra política social, a autoridade do pontífice cairia por terra. Se os integrantes do gabinete do presidente e seus principais consultores se recusassem a obedecer às ordens presidenciais, a efetividade dele como líder seria nula. Quando um número alto o suficiente de pessoas tem receios sobre uma autoridade ou duvida de sua legitimidade, elas passam a desafiá-la, o que compromete o potencial dessa pessoa ou organização como fonte de poder.

Uma vez que o poder legítimo pode ficar comprometido se a autoridade do detentor for questionada, este tem a opção de acumular outras fontes (como o controle de um recurso ou informações) para fortalecer sua base de poder. O controle de recursos e o poder da informação muitas vezes acompanha um título, uma posição ou uma descrição de cargo. Em muitos casos, o poder legítimo é oriundo da manipulação destas e de outras fontes. Os militares sabem disso há muito tempo. Todas as organizações que tenham uma estrutura militar, como a polícia, por exemplo, praticam treinamento, embora os batalhões já não marchem em campos de batalha como faziam no passado. Existem muitas razões para isso: um treinamento é um evento que favorece a apresentação de instruções, a manutenção da disciplina e da obediência, o monitoramento de um grande número de pessoas e a administração rápida de punições e recompensas. Os treinamentos permitem que um número elevado de pessoas se habitue a receber ordens de uma pessoa específica, sem questionamentos. Aqueles que obedecem a essas ordens são recompensados, enquanto os que as desobedecem são rapidamente punidos, em público. Após algum tempo, a necessidade de recompensa e punição diminui, e o soldado passa a aceitar como naturais ou legítimas as ordens de um oficial, sem questionar motivos ou indagar sobre as consequências.

As estruturas e posições organizacionais conferem legitimidade a uma pessoa. Porém, a noção de legitimidade também pode ser aplicada a certas normas ou convenções sociais que exercem forte controle sobre as pessoas.[21] Por exemplo:

1. O poder legítimo da reciprocidade, isto é, uma norma social muito forte, segundo a qual, se uma pessoa faz algo positivo ou favorável para outra, o gesto

pode ser pago na mesma moeda ("eu fiz um favor a você, espero que você faça um para mim").

2. O poder legítimo da igualdade, outra norma social importante, é aquela na qual o agente tem o direito de solicitar compensação da outra parte se ele deixa de fazer algo em proveito próprio ou tolera algum sofrimento em favor dela ("eu já fiz muito por você. O que peço agora é o mínimo que você pode fazer por mim").

3. O poder legítimo da responsabilidade ou da dependência, a terceira norma social, diz que temos a obrigação de ajudar a alguém que precisa de auxílio e depende de nós ("entendo que o outro realmente não foi capaz de fazer o necessário sozinho e por isso precisou de ajuda nesta situação").

O controle de recursos. As pessoas que controlam recursos têm o poder de liberá-los àqueles que obedecem a seus comandos e de negá-los (ou retirá-los) de quem não faz o que solicitam. O conceito de recursos engloba muitas coisas. Alguns recursos específicos são úteis como instrumentos de poder na medida em que são valorizados pelos participantes da negociação. Em um contexto organizacional, alguns dos recursos mais importantes são:

1. O *dinheiro*, em suas muitas formas: espécie, salário, disposições orçamentárias, bolsas de estudo, bonificações, cobertura de despesas e doações.
2. Os *suprimentos*: matérias-primas, componentes, pedaços e partes.
3. O *capital humano*: mão de obra disponível, quadro de pessoal que pode ser alocada a um problema ou tarefa, mão de obra temporária.
4. O *tempo*: tempo livre, a habilidade de atender prazos e de controlá-los. Se a pressão do tempo é sentida por uma ou ambas as partes, a habilidade de ajudar alguém a atender ou alterar um prazo final pode representar uma importante fonte de poder (discutimos prazos nas negociações no Capítulo 3).
5. Os *equipamentos*: máquinas, ferramentas, tecnologia, *hardware* e *softwares* de computadores, veículos.
6. Os *serviços essenciais*: conserto, manutenção, conservação, instalação e entrega, suporte técnico e transporte.
7. O *suporte interpessoal*: elogios verbais e motivação para um bom desempenho, ou críticas ao mau desempenho. Esse recurso é interessante, porque está disponível a praticamente qualquer pessoa, não exige esforço significativo para ser desenvolvido, e tem um impacto inerente muito forte.

A habilidade de controlar e distribuir recursos é uma grande fonte de poder nas organizações. Porém, o poder também deriva da criação de estoques de um recurso em um ambiente onde este pode estar escasso. Em seu livro *Managing with Power*,[22] Jeffrey Pfeffer ilustrou como nomes poderosos das esferas pública e privada construíram impérios utilizando o controle de recursos. Em seus primeiros anos no congresso dos Estados Unidos, Lyndon Johnson assumiu o controle do "Pequeno Congresso" (um escritório para assessores e funcionários dos deputados), convertendo-o em uma importante base de poder que abriu caminho para que se tornasse o presidente da Câmara e, mais tarde, presidente dos Estados Unidos. Da mesma forma, Robert Moses, que começou sua carreira como comissário dos parques de Nova York, construiu um império de poder que culminou na construção de 12 pontes, 35 autoestradas, 751 *playgrounds*, 13 campos de golfe, 18 piscinas e mais de 2 milhões de acres em parques

> **Quadro 7.3** As relações de poder nas negociações de emprego
>
> O especialista em salários e negociações Paul Barada, da Monster.com, ressalta que o poder é uma das dinâmicas mais supervalorizadas, e mais importantes, em qualquer negociação. Para ele, as relações de poder não são exatamente um jogo de cartas, mas há um paralelo: o poder está com quem tem as melhores. Na maioria das vezes é o empregador que tem as melhores cartas, porque possui algo que o candidato deseja: a oferta de emprego. Nessas situações, provavelmente existem muitos candidatos que também querem esta vaga (uma boa BATNA). Contudo, se o candidato tem competências raras e desejadas pelo empregador, ou se existe uma escassez de talentos em uma área em particular, o candidato tem muito poder (e, portanto, cartas boas). Um candidato a uma vaga pode aumentar o seu poder seguindo alguns conselhos:
>
> - Defina as qualidades que você tem e as que podem ser úteis no cargo em questão.
> - Investigue a demanda por essas competências em diversos cargos em diferentes setores.
> - Saiba o que é justo e razoável em termos de salário para a vaga aberta, considerando as condições de mercado e a área geográfica na qual o emprego é oferecido.
> - Esteja preparado para apresentar um conjunto de argumentos convincentes para descrever o valor que você pode trazer a seu futuro empregador em potencial.
> - Defina uma taxa de compensação justa (meta) e um valor limite abaixo do qual não há acordo (ponto de *walkaway*).
>
> Se o candidato percebe que não tem as competências, a formação ou a experiência adequadas, ele deve considerar as maneiras de construir essas habilidades e assim obter mais poder em uma negociação de emprego.
>
> *Fonte*: P. W. Barada, *Power Relationships and Negotiation* (2008). http://www.career-advice.monster.com/salary-negotiation/Power-Relationships-and-Negotiation/home.asp.

na região metropolitana da cidade – uma base de poder que ele utilizou para se tornar uma importante figura de poder em Nova York.

A fim de usar recursos como base de poder, os negociadores precisam desenvolver ou manter o controle sobre algum aspecto desejado pela outra parte – como espaço físico, empregos, autorizações orçamentárias ou matérias-primas – ou dominar algum aspecto que possa ser usado como punição, a qual ela tenta evitar. Conforme observamos, esses prêmios e punições podem ser tangíveis ou intangíveis, como a aprovação e o respeito, entre outros. O sucesso no controle de recursos também exige que a outra parte lide diretamente com quem detém o poder. Por fim, o detentor precisa estar disposto a alocar recursos segundo a complacência ou a cooperação da outra parte. A piora na escassez de recursos de todos os tipos gerou uma nova regra básica nas organizações: "quem tem a chave do cofre dita as regras".

O poder baseado nos relacionamentos

Esta seção descreve três tipos de poder: a interdependência de metas, o poder referente e o poder baseado em relacionamentos em redes pessoais e profissionais.

A interdependência de metas. O modo como as partes veem suas metas – e a extensão em que são realizadas em função do comportamento da outra parte – exerce forte impacto nas chances de utilizarem o poder de forma construtiva. As metas cooperativas tendem a levar à orientação "poder com", mesmo entre superiores e subordinados. Essas metas geram "expectativas maiores em relação à assistência, mais assistência, maior suporte, mais persuasão e menos coerção, mais confiança e atitudes amistosas".[23] Em contrapartida, as metas competitivas levam as partes a adotar a orientação "poder sobre", reforçar ou assinalar diferenças atuais no poder e usar esse poder para maximizar as próprias metas, muitas vezes à custa da outra.[24] Por exemplo, os relacionamentos e a interdependência de metas são fontes de poder essenciais na negociação de um emprego (ver o Quadro 7.3).

O poder referente. Como definido acima, o poder referente deriva do respeito ou da admiração conquistados por conta de atributos como personalidade, integridade, estilo interpessoal, entre outros. Diz-se que A tem poder sobre B na medida do quanto B se identifica ou deseja estar intimamente associado a A. O poder referente muitas vezes tem por base a atração por experiências, um passado ou um destino em comum, ou a participação em um mesmo grupo. O poder referente fica *aparente* quando uma parte identifica o quanto tem em comum com a outra, no esforço de aumentar o poder que tem (normalmente a capacidade de persuasão) sobre ela. Logo, diante da chance de conhecer a outra parte e descobrir o que tem em comum com ela (cidade-natal, universidade que frequentou, time de futebol para o qual torce, perspectiva política), o negociador talvez consiga desenvolver um elo entre ele e a outra parte que facilitará o acordo. Assim como o poder especialista, o poder referente tem manifestações negativas. Muitas vezes o poder referente negativo é usado quando as partes tentam criar uma distância ou uma divisão entre elas e assim rotularem uma à outra. Por exemplo, rivais na política frequentemente se rotulam como "liberais" ou "conservadores de direita" no esforço de aumentar a rejeição do oponente na próxima eleição.[25]

As redes. O terceiro tipo de poder relacional também deriva do local em uma estrutura organizacional, mas não necessariamente uma estrutura hierárquica. Neste caso, o poder tem origem em tudo o que flui em dado ponto da estrutura (normalmente informações ou recursos, como o dinheiro). A pessoa que ocupa certa posição talvez não tenha um título ou posto oficial. O poder que possui vem da habilidade de controlar e administrar o que "flui" por esse ponto. Por exemplo, antes de a China iniciar seu processo de modernização na década de 1980, motoristas de automóveis tinham um poder enorme, ainda que a posição não fosse de prestígio. Se um motorista não gostasse de um passageiro ou não estivesse disposto a dirigir até dado local, ele poderia dificultar muito a vida ou impor consequências sérias para o usuário (por exemplo, atrasar a saída, dirigir muito lentamente, seguir por caminhos mais longos, etc.)

Esse exemplo mostra que, mesmo sem uma posição ou um título de destaque, as pessoas podem se tornar poderosas devido ao modo como suas ações e responsabilidades se inserem nos fluxos de informações, bens, serviços e contatos. Por exemplo, os operadores de dados, os quais têm acesso a uma grande quantidade de os informações e que são responsáveis pela coleta, administração e alocação de recursos vitais (dinheiro, matérias-primas, permissões e autorizações), podem conquistar muito poder.[26] Mesmo sem um nome sofisticado, uma equipe de funcionários subalternos ou um *corner office** espaçoso, um cargo pode conferir poder expressivo a quem o tem, por conta do volume de informações e recursos que passam por ele.

A compreensão do poder segundo essa perspectiva nasceu com o conceito de uma organização cujas operações não são hierarquizadas, mas redes de relacionamentos. As esquematizações de redes representam os indivíduos principais como círculos ou nodos, e os relacionamentos entre eles como linhas de transação (ver a Figura 7.1 para uma comparação entre uma rede e uma hierarquia organizacional).

Essas linhas (*laços*) conectam indivíduos (*nodos*), que interagem ou precisam interagir na organização. As informações e os recursos são o foco das transações. Por essa razão, os relacionamentos pessoais, o poder referente e a "pressão" também podem ser negociados entre as linhas. Em uma hierarquia formal, a autoridade está diretamente relacionada à altura da posição no gráfico da organização vertical e ao número de pessoas dos níveis inferiores que se reportam à pessoa que a ocupa. Em contrapartida, em uma rede o poder é determinado pela posição segundo um conjunto de relacionamentos e o fluxo que passa por esse nodo. Diversos aspectos importantes das redes definem o poder: a força dos laços, o teor de cada um, e a estrutura da rede (inclusive a centralidade, a importância, a flexibilidade e a visibilidade de um nodo).

A força dos laços. A força dos laços indica a potência ou a qualidade dos relacionamentos. A qualidade pode ser mensurada pela proximidade, a quantidade de informações compartilhadas ou a disposição de ajudar. A força dos laços entre indivíduos pode ser determinada pela frequência com que as partes interagem, o tempo há que se conhecem, a intimidade no relacionamento pessoal, as diferentes maneiras em que as duas partes interagem e a reciprocidade ou mutualidade no relacionamento (para que ambas as partes contribuam igualmente no processo de dar e receber). Laços resistentes normalmente indicam maior poder para compelir o outro a concordar com um pedido.

O teor dos laços. O teor é o recurso que flui no laço (dinheiro, informações, suporte, emoções ou outro recurso). Quanto maior a capacidade de o teor de um laço construir um relacionamento pessoal forte e criar respeito e confiança mútuos, mais forte ele será.[27]

A estrutura da rede. Enquanto a força e o teor de um laço se referem a um relacionamento individual em uma rede, a estrutura da rede diz respeito ao conjunto total de relacionamentos inseridos em um sistema social (por exemplo, o ambiente de trabalho, um departamento em uma empresa, uma escola ou outro ambiente social). Alguns aspectos da estrutura da rede que definem o poder em uma determinada posição são:

1. A *centralidade*. Quanto mais central um nodo estiver em uma rede de trocas e transações, maior o poder que seu ocupante terá. A centralidade é determinada pela quantidade de informações ou pelo número total de transações que passam por um nodo (ou pelo quanto ele é central em relação à gestão do fluxo de informações). Na rede ilustrada na Figura 7.1, a estrela tem a posição mais central e, portanto, mais poder que os outros nodos. Os pesquisadores demonstraram que estar no centro do fluxo de informações – o fluxograma, a rede de comunicação

---

* N. de T.: Sala no canto de um prédio de escritórios. Por ter duas paredes externas e portanto uma vista privilegiada, é reservada a pessoas com cargos importantes.

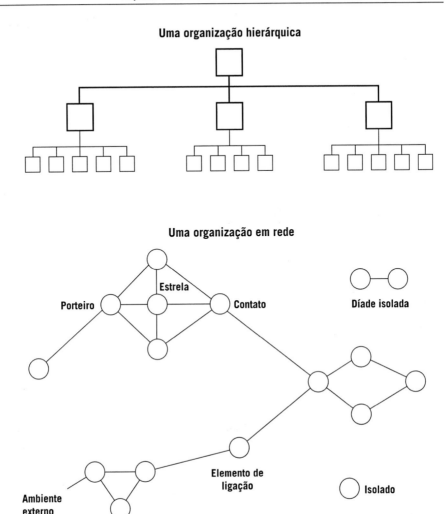

Figura 7.1 A comparação entre uma organização hierárquica e uma organização em rede.

informal e a rede de amizades – tem importância especial quando o assunto é uma promoção.[28] Um professor recém-contratado decide se oferecer para liderar o programa de "palestrantes" dos seminários de uma faculdade porque essa atividade o colocaria no centro de muitas comunicações sobre apresentações semanais.

2. O *caráter crítico e a relevância*. A segunda fonte de poder em rede é o caráter crítico do nodo. Mesmo quando a quantidade de informações ou recursos que flui por um nodo em particular não é grande, o que de fato passa por ele talvez seja essencial à missão da organização, a uma tarefa importante ou ao produto principal que ela comercializa. As pessoas que dependem muito das outras podem se tornar essenciais, dependendo do grau com que são incumbidas da coleta de informações em diversos pontos. Isto é, elas talvez estejam em contato frequente com muitas pessoas importantes, ou tenham de inserir as informações que essas

pessoas geram em uma recomendação, uma ação estratégica ou uma decisão. Na Figura 7.1, os contatos e os pontos de união é que desempenham esse papel. Os funcionários que desejam ter sucesso rápido muitas vezes são aconselhados a procurar posições de importância e centralidade em uma organização, a fim de obterem a experiência e a visibilidade necessárias para uma promoção. Ser importante – ou mesmo insubstituível – é atributo essencial para a obtenção e a conservação do poder.

3. A *flexibilidade*. A terceira fonte de poder em rede está na flexibilidade da posição, isto é, o grau em que o indivíduo essencial tem liberdade para tomar certas decisões ou conceder acesso a elas. A flexibilidade muitas vezes está relacionada ao caráter crítico (ver a discussão acima). Um exemplo clássico de flexibilidade é o porteiro (Figura 7.1), a pessoa em uma rede que controla o acesso a uma figura ou grupo-chave. Qualquer pessoa que deseje chegar à estrela tem de passar pelo porteiro. Se você quer falar com o chefe, você precisa ter permissão e obter acesso com sua secretária.

4. A *visibilidade*. Os nodos diferem em termos de sua visibilidade – isto é, o quanto o desempenho em uma tarefa é visível aos outros na organização. Se um negociador recebe concessões significativas da outra parte enquanto está sendo observado, a equipe passa a conferir a ele muito respeito. Um nodo com alto teor de centralidade e caráter crítico forte talvez não seja visível. Nesse caso, as chances de ser reconhecido e recompensado são muito menores.

5. A *participação em uma aliança*. Por fim, no papel de um nodo em uma organização, você pode ser um integrante de um ou mais subgrupos ou alianças. As alianças normalmente atuam juntas para representar um ponto de vista ou promover uma ação ou mudança. Quanto maior o número de alianças de que você participa, maiores as chances de você ser capaz de fazer "amigos" que o ajudem a encontrar pessoas importantes, obter informações relevantes (muitas vezes essas informações são "privilegiadas") ou realizar objetivos.

As fontes contextuais de poder

Por fim, embora o poder esteja nas pessoas e suas relações sociais, ele também depende do contexto, da situação ou do ambiente em que a negociação ocorre. Apesar do fato de essas formas de poder muitas vezes não serem reconhecidas no curto prazo (devido à nossa tendência de interpretá-lo como uma qualidade individual, não como um fator inserido na estrutura ou no contexto de um conflito), essas fontes são igualmente importantes.

As BATNAs. Nos Capítulos 3 e 4 discutimos o papel da melhor alternativa para um acordo negociado – isto é, um ajuste alternativo que um negociador pode tentar obter se ele não chega a um acordo com a outra parte. Uma BATNA oferece ao negociador uma dose expressiva de poder, porque dá a ele a escolha entre aceitar a proposta da outra parte ou o ajuste alternativo. Uma BATNA permite a ele recusar a versão do acordo provisório ou usá-la como alavancagem para tentar um acordo melhor nas discussões em andamento. Os estudantes que recebem duas ofertas de bolsas de estudos de diferentes universidades têm muito mais poder em mãos para aumentar a qualidade dessas bolsas, em comparação com aqueles que têm apenas uma bolsa.

A cultura. A cultura determina o "sistema de significados" de um ambiente social. Em muitos casos, ela define as modalidades de poder vistas como legítimas ou não e o modo como as pessoas usam a influência e reagem a ela. Por exemplo, em uma organização conhecida pelos autores deste livro, o CEO apresentou algumas ideias para mudanças expressivas na estratégia de negócios em uma série de reuniões com as equipes de gerentes. Os gerentes sênior fizeram pouquíssimos comentários importantes sobre essas ideias durante as reuniões, mas expressaram desacordo em conversas reservadas com o CEO e entre eles próprios. Essa falta de abertura e franqueza em público – um valor cultural naquela organização – permitiu que muitas decisões que aparentemente contavam com o consenso das gerências em público fossem muito prejudicadas pelas mesmas pessoas que tomaram parte no processo de decisão. Muitas culturas contêm regras "implícitas" para o uso do poder e a adequabilidade de processos do tipo "poder sobre" ou "poder com".[29]

Exploraremos essa abordagem em detalhe na discussão sobre negociações internacionais, no Capítulo 11.

Por fim, a cultura – tanto organizacional quanto nacional – muitas vezes se traduz em desigualdades estruturais profundamente enraizadas em uma sociedade. A extensão em que as mulheres, as minorias étnicas ou religiosas, certas classes sociais ou outros interesses minoritários são tratados de forma injusta em uma sociedade é reflexo de uma longa evolução de desigualdades que caracterizam o poder em estruturas e instituições sociais ao longo da história. Muitos problemas sociais significativos, e as negociações feitas na tentativa de alterá-los, se inserem no percurso histórico dessas disposições em uma cultura, e são precisos anos de muito esforço e concentração para conseguir alguma mudança perceptível nesses paradigmas.

Os agentes, as entidades representadas e os públicos externos. A maioria das negociações descritas neste livro ocorre entre duas pessoas – você e o outro negociador. Porém, as negociações aumentam em complexidade quando os negociadores representam interesses de terceiros (isto é, atuam como agentes de sua organização ou são representados por outra pessoa) e quando existem múltiplas partes, as mídias e/ou públicos interessados em observar, criticar e avaliar o processo. Quando presentes em uma negociação, esses terceiros podem se envolver ativamente no sentido de exercer pressão, formal ou não, como elemento do processo. Essa presença altera a dinâmica do poder.

Como lidar com terceiros que têm mais poder que você

Até agora nossa discussão se concentrou nas numerosas maneiras com que os negociadores recrutam e utilizam o poder em vantagem própria em uma negociação. Um número relativamente pequeno de pesquisas abordou o modo como as partes negociam quando uma tem poder expressivamente maior do que a outra (poder este de uma ou mais das modalidades discutidas neste capítulo). Encerramos este capítulo com uma lista de conselhos aos negociadores que estão na posição de menor poder. Michael Watkins[30] tratou do problema que chamou de "dança com elefantes" (uma metáfora para um acordo feito com um oponente muito maior do que você) e discute os caminhos que esses negociadores menos poderosos devem trilhar para negociar com os grandes jogadores em acordos e parcerias de negócios. Alguns desses conselhos são:

1. *Nunca aceite um acordo do tipo "tudo ou nada".* Se você deixar que a parte poderosa conceba um acordo nesse estilo, sua posição na negociação ficará muito vulnerável. Por exemplo, uma empresa de pequeno porte que aceite uma proposta de fornecimento com exclusividade à Walmart corre o risco de ser completamente controlada pela grande varejista. As partes com menos poder em uma negociação devem tentar diversificar o seu risco, aceitando acordos com um número grande de parceiros para impedir que algum jogador mais poderoso tire um parceiro menos poderoso do campo.
2. *Diminua o tamanho da outra parte.* Ao negociar com uma parte poderosa, sobretudo se ela for um grupo ou organização, é preciso tentar estabelecer parcerias múltiplas e se envolver em negociações diversas. Ao negociar com um número elevado de diferentes indivíduos e departamentos da parte poderosa, é possível "dividir para conquistar", diversificando os relacionamentos e os interesses que podem ser satisfeitos ao trabalhar com esses subgrupos distintos.
3. *Apresente-se como um parceiro de grande porte.* Pela mesma razão, os jogadores com menos poder em uma negociação devem tentar construir relacionamentos com outros jogadores em uma posição equivalente de poder. Com isso, é possível aumentar o poder de barganha coletivo.
4. *Encarregue-se de definir o ritmo de uma sequência de negociações.* Os primeiros acordos em uma sequência de negociações podem ser voltados para a formação de relacionamentos, para o fortalecimento do relacionamento com a parte poderosa ou mesmo para obter recursos (informações, tecnologia, capital inicial, etc.). Selecione os alvos com muito poder que tenham mais a ganhar e maximize a visibilidade desses acordos diante das outras partes.
5. *Utilize a capacidade de competição para alavancar o poder.* Esta é uma variante do poder de uma BATNA. Se você tem algo a oferecer, certifique-se de oferecê-lo a mais de uma parte poderosa. Ao promover a competição entre elas por esse recurso que você oferece, é possível que uma delas aceite um acordo vantajoso para você simplesmente para tirar as outras partes da disputa.
6. *Restrinja-se.* Amarre suas próprias mãos, limitando as maneiras de negociar ou o número de parceiros. Contudo, ao mesmo tempo em que essas limitações podem inibir a concorrência, elas têm a capacidade de limitar suas atuações além do desejado.
7. *Informações de qualidade sempre são uma fonte de poder.* Busque informações que fortaleçam sua posição na negociação e o ajudem a defender sua tese. Selecione as informações mais atraentes ou que tenham maior capacidade de persuadir a outra parte. Organize-as para poder recorrer a elas com rapidez e apresente-as da maneira mais convincente possível.
8. *Faça muitas perguntas e obtenha muitas informações.* As pesquisas demonstram que os negociadores menos poderosos fazem mais perguntas de natureza diagnóstica do que perguntas condutoras. Além disso, eles constantemente demonstram sua disposição de cooperar. Essas iniciativas levam a desfechos melhores.[31]
9. *Faça o possível para administrar o processo.* Se a parte poderosa controla o processo de negociação (a pauta, o ritmo, o tempo e a localização), ela o faz para garantir os resultados que deseja. Se é a parte menos poderosa que controla o processo, ela igualmente está em posição de abrir caminho para um acordo vantajoso para si.[32]

Resumo do capítulo

Neste capítulo discutimos a natureza do poder nas negociações. Apresentamos as duas principais maneiras de interpretá-lo: o "poder sobre", que sugere que ele tem caráter fundamentalmente dominante, e o "poder com", que indica que o poder é compartilhado com a outra parte para desenvolver metas e objetivos coletivos. Existe uma forte tendência de interpretar e definir o poder segundo a primeira modalidade. Porém, conforme discutimos neste capítulo e com base em nossas ideias sobre as estratégias básicas de negociação, o "poder com" é essencial para o sucesso da negociação integrativa.

Neste capítulo analisamos cinco importantes fontes de poder:

- As fontes informacionais de poder (a informação e a experiência).
- As fontes pessoais de poder (a orientação psicológica, a orientação cognitiva, a orientação motivacional, certas disposições e a orientação e as competências morais).
- As fontes de poder baseadas na posição (o poder legítimo e o controle de recursos).
- O poder baseado no relacionamento (a interdependência de metas, o poder referente e as redes).
- As fontes contextuais de poder (a existência de BATNAs, a disponibilidade de agentes e a cultura na qual a negociação ocorre).

Em suma, dois pontos devem ser assinalados. Primeiro, embora tenhamos apresentado muitos caminhos para conquistar o poder, é preciso lembrar que ele pode se manifestar de forma muito fugidia e oscilante em uma negociação. Qualquer fator ou variável capaz de dar ao negociador uma vantagem temporária sobre a outra parte (por exemplo, uma BATNA ou uma informação importante) pode ser usado como fonte de poder. Segundo, o poder é meramente a capacidade de exercer influência. Usá-lo com habilidade e eficiência exige uma boa dose de preparo e de sofisticação do negociador.

Referências

1. French and Raven, 1959; Pfeffer, 1992.
2. Salancik and Pfeffer, 1977.
3. Dahl, 1957; Kotter, 1979.
4. Coleman, 2000.
5. Ibid, p. 111.
6. Follett, 1942.
7. Deutsch, 1973, pp. 84-95.
8. Ibid, p. 85.
9. Os pesquisadores definiram uma diferença de caráter individual chamada de competência de comunicação (Spitzberg and Cupach, 1984). As pessoas que têm uma competência de comunicação elevada têm melhores habilidades verbais e elaboram estratégias sobre o modo como se comunicam de uma situação para a outra com mais eficiência. Além disso, elas são capazes de reconhecer a perspectiva da outra parte mais facilmente e de se adaptar a diferentes situações, necessidades e preferências em dada situação.
10. French and Raven, 1959.
11. Blumenstein, 1997; McGraw, 1997.
12. Cronkhite and Liska, 1976, 1980.
13. Deutsch, 1985, p. 74.
14. Burrell and Morgan, 1979.
15. Coleman, 2000, p. 116.
16. McClelland, 1975; McClelland and Burnham, 1976; Adorno, Frenkl-Brunswick, Levinson, and Sanford, 1950.
17. Pfeffer, 1992; Frost, 1987.
18. Coleman, 1997.
19. Ver Cialdini, 2001, sobre as ilusões de autoridade.
20. Barnard, 1938.
21. Raven, 1993; Raven, Schwartzwald, and Koslowski, 1998.
22. Pfeffer and Salancik, 1974; Pfeffer, 1992.
23. Tjosvold, 1997, p. 297.
24. Deutsch, 1973; Howard, Gardner, and Thompson, 2007.
25. Raven and Rubin, 1976.
26. Ver Charan, 1991; Kaplan, 1984; Krackhardt and Hanson, 1993.
27. Ibarra and Andrews, 1993.
28. Brass, 1984.
29. Schein, 1988.
30. Watkins, 2002.
31. de Dreu and Van Kleef, 2004.
32. Watkins, 2002.

Capítulo 8

A ética nas negociações

Objetivos

1. Compreender as abordagens mais tradicionais a padrões e raciocínios éticos.
2. Analisar como a ética afeta os processos de negociação.
3. Considerar os diferentes tipos e as percepções sobre táticas problemáticas do ponto de vista ético.
4. Entender como táticas no limiar da antiética são recebidas em uma negociação e aprender a detectar e lidar com táticas enganosas.

Neste capítulo exploraremos a questão da existência ou da necessidade de se adotar padrões éticos de comportamento nas negociações. Nos últimos anos, a ética vem recebendo mais atenção dos pesquisadores das negociações. Para nós, questões importantes sobre a ética são parte natural desses processos. O negociador competente precisa reconhecer quando as questões são relevantes e quais fatores precisam ser considerados. Identificaremos as principais dimensões éticas das negociações, descreveremos a opinião geral sobre essas escolhas éticas e apresentaremos uma estrutura que auxilia a tomar decisões éticas fundamentadas.

Porém, antes de entrar neste assunto, vamos analisar alguns dilemas hipotéticos.

Uma amostra de problemas éticos

Consideremos as situações:

1. Você está tentando vender o seu equipamento de som para obter algum dinheiro para uma viagem internacional que fará em breve. O aparelho funciona muito bem, e um amigo seu que é apreciador de música diz que se estivesse querendo comprar um desses equipamentos (mas não está), ofereceria $500 por ele. Alguns dias depois o primeiro comprador em potencial vai à sua casa para ver o aparelho. Ele o examina e faz algumas perguntas sobre seu funcionamento. Você garante ao comprador que o equipamento está em perfeitas condições. Quando ele pergunta quanto você está pedindo, você diz que já tem uma oferta de $500. O comprador leva o aparelho por $550.

É ético você dizer que tinha uma oferta de $500?

2. Você é um empresário interessado em adquirir uma empresa concorrente. Contudo, o proprietário não demonstra interesse em vendê-la ou em fazer uma fusão com sua companhia. Querendo conhecer mais sobre essa empresa, você contratou um consultor para entrar em contato com as empresas com que ela tem negócios e descobrir se tem algum problema sério que represente alguma ameaça a sua viabilidade. Se esses problemas forem reais, você terá a chance de usar essas informações para oferecer emprego aos funcionários da concorrente ou convencer o proprietário a vendê-la.

Essas ações são éticas? O que você faria se estivesse no lugar desse empresário?

3. Você é o vice-gerente do departamento de recursos humanos de uma companhia e está negociando novo acordo salarial com um sindicalista. Ele se recusa a assinar novos contratos, a menos que a empresa concorde com um aumento no número de feriados pagos, de seis para sete. A gerência de sua empresa estima que isso representaria um custo de $220.000 por feriado e argumenta que a empresa não tem como atender a essa exigência. Contudo, você sabe que, na verdade, o dinheiro não é o problema – a empresa simplesmente não acredita que a condição é justificável. Para convencer os líderes do sindicato a retirarem a exigência, você considera três alternativas: (a) avisar ao sindicato que a empresa não tem condições de aceitá-la, sem dar explicações; (b) preparar relatórios financeiros falsos para mostrar que a iniciativa custaria $300.000 por feriado pago, valor este que você não tem como assumir; (c) oferecer ao sindicato uma viagem "a trabalho" com todas as despesas pagas a um *resort* na Flórida, se eles retirarem a exigência.

Essas estratégias suscitam preocupações éticas? Quais? Por quê?

4. Você está prestes a concluir um curso de MBA de uma importante universidade. Você se especializou na sistemas de gestão de informação (MIS, *management information systems*) e começará a trabalhar em uma empresa que desenvolve *websites*. Você tem um computador um pouco antigo e decide vendê-lo para comprar um novo, após ver os tipos de projetos que o seu empregador desenvolve. Você fixa um anúncio oferecendo o computador no quadro de avisos do campus e decide não alertar compradores em potencial que o disco rígido da máquina dá sinais de que não vai durar muito tempo e que ele às vezes tranca, sem aviso.

Essa postura é ética? Você faria isso se fosse esse estudante?

5. Você compra um novo par de calçados em uma liquidação. A nota fiscal deixa claro que o produto não pode ser devolvido. Você usa os sapatos um dia, em casa, e percebe que o tamanho não é o ideal. Você leva o par de calçados de volta para a loja. O funcionário cita a observação na nota fiscal, a qual diz que o produto não pode ser devolvido. Porém, isso não o desanima, e você começa a gritar, com raiva, reclamando do péssimo serviço oferecido pela loja. Os outros clientes começam a encarar você. O funcionário chama o gerente. Após uma conversa, ele concorda em devolver o dinheiro.

Essa postura é ética? Você faria isso se fosse o cliente?

Estas situações são hipotéticas. Contudo, os problemas que representam são reais nas negociações. Dentro e fora de organizações as pessoas rotineiramente se deparam com decisões importantes sobre as estratégias que adotam para atingir objetivos importantes, sobretudo quando têm à disposição uma variedade de táticas de influência. Essas decisões muitas vezes têm implicações éticas. Neste capítulo tratamos dos principais aspectos de natureza ética suscitados pelas perguntas abaixo:

1. O que é ética e por que ela se aplica às negociações?
2. Quais são as questões éticas que surgem em uma negociação?
3. O que motiva o comportamento antiético e quais são as consequências dele?
4. Como os negociadores lidam com o uso de táticas enganosas pela outra parte?

O que significa "ética" e por que ela é importante na negociação?

A definição de ética

Ética é definida como o conjunto de padrões sociais amplamente adotados para descrever o que é certo ou errado em uma situação específica, ou o processo implementado para definir esses padrões. Esses padrões diferem da moral, que é definida como o conjunto de convicções individuais e pessoais sobre o que é certo ou errado. A ética surge de filosofias particulares, cuja proposta é (1) definir a natureza do mundo em que vivemos e (2) prescrever regras para a vida em grupo. Diferentes filosofias têm perspectivas distintas sobre essas questões, o que na prática significa que podem induzir diferentes julgamentos sobre o que é certo ou errado em uma situação. No cotidiano, a dificuldade consiste em descobrir como essas filosofias diferem umas das outras, decidir quais abordagens são preferidas por diferentes pessoas e aplicá-las em situações diárias.

Nosso objetivo é diferenciar os critérios, ou padrões, para o julgamento e a avaliação das ações de um negociador, em especial nos casos em que questões éticas estão envolvidas. Embora nosso interesse seja a negociação, os critérios envolvidos na verdade não diferem daqueles que podem ser usados para avaliar a ética nos negócios de modo geral. Um negociador se depara com um dilema ético sempre que ações ou estratégias possíveis colocam as vantagens econômicas de um acordo em conflito com as obrigações sociais com outras partes envolvidas ou com a comunidade.

Muitos pesquisadores da ética nos negócios desenvolveram estruturas que mostraram a existência de padrões éticos opostos (muitos desses modelos são baseados em teorias clássicas da filosofia ética publicados há algum tempo). Tomando por base essas pesquisas, apresentamos quatro padrões de avaliação de estratégias e táticas nos negócios e nas negociações:[1]

- A escolha de um curso de ações com base nos resultados que espero obter (por exemplo, o maior retorno do investimento possível).
- A escolha de um curso de ações com base em minha obrigação de defender regras e princípios (por exemplo, a lei).
- A escolha de um curso de ações com base nas normas, valores e estratégias adotados por minha organização ou comunidade (por exemplo, a maneira usual de fazer as coisas nesta empresa).

- A escolha de um curso de ações com base em minhas convicções pessoais (por exemplo, o que minha consciência me manda fazer).

Essas abordagens refletem posturas fundamentalmente distintas para a realização do raciocínio ético. A primeira pode ser chamada de *ética dos resultados finais*, na qual a lisura de uma ação é determinada mediante um exame das consequências positivas e negativas que ela pode gerar. A segunda é um exemplo do que pode ser denominado *ética das obrigações*, na qual a boa-fé de uma ação é determinada pela obrigação de aderir a princípios, leis e padrões sociais consistentes que estabelecem o que é certo ou errado (e onde está a linha divisória). A terceira representa uma forma de *ética do contrato social*. Nela, a retidão de uma ação é avaliada com base nos costumes e normas de uma comunidade em particular. Por fim, a quarta abordagem é chamada de *ética personalista*, na qual o caráter fidedigno de uma ação é visto à luz da consciência e de padrões morais próprios. A Tabela 8.1 apresenta uma visão geral dessas quatro abordagens.

Como aplicar o raciocínio ético à negociação

As abordagens listadas abaixo podem ser usadas para analisar as cinco situações hipotéticas apresentadas no início do capítulo. Por exemplo, na primeira situação, que envolve a venda de um aparelho de som e a declaração feita a um provável comprador sobre a existência de outro:

- Se você acreditasse na *ética dos resultados finais*, então você deveria fazer o necessário para obter o melhor desfecho possível (inclusive mentir sobre a existência de um comprador alternativo).
- Se você acreditasse na *ética das obrigações*, você talvez perceberia a obrigação de nunca usar subterfúgios e portanto rejeitaria a tática baseada em uma mentira descarada.
- Se você acreditasse na *ética do contrato social*, você poderia embasar suas escolhas táticas em sua interpretação do que é uma conduta apropriada em sua comunidade; se as outras pessoas dessa comunidade usassem esse tipo de fraude em situação semelhante, você seguiria o exemplo e mentiria para o comprador.
- Se você acreditasse na *ética personalista*, você consultaria sua consciência e decidiria se a necessidade de dinheiro para sua viagem justificaria uma tática enganosa ou desonesta.

O que esse exemplo revela é que a abordagem ao raciocínio ético escolhida afeta o tipo de julgamento ético feito e o comportamento adotado em situações que contenham uma dimensão ética.

A ética *versus* a prudência *versus* a praticidade *versus* a legalidade

As discussões sobre ética nos negócios muitas vezes confundem o que é *ético* (apropriado conforme algum padrão de conduta moral) com o que é *prudente* (isto é, sensato, com base na tentativa de entender a eficácia da tática e as consequências que pode trazer ao relacionamento com o outro), *prático* (aquilo que o negociador pode desencadear em dada situação) e *permitido* (o que a lei define como prática aceitável).[2] Nos capítulos anteriores discutimos as estratégias e táticas de negociação segundo

Tabela 8.1 As quatro abordagens ao raciocínio ético

Sistema ético	Definição	Principal proponente	Princípios centrais	Principais problemas
Ética dos resultados finais	A lisura das ações é determinada segundo suas consequências.	Jeremy Betham (1748-1832) John Stuart Mill (1860-1873)	• É preciso considerar as consequências. • As ações são corretas quando promovem a felicidade, e erradas quando geram a tristeza. • A felicidade é definida como presença de prazer e ausência de dor. • A promoção da felicidade normalmente é o objetivo final. • A felicidade conjunta de todos os envolvidos é a meta.	• Como definir a felicidade, o prazer e a utilidade? • Como a felicidade, o prazer e a utilidade são mensurados? • Como trocar a felicidade de curto prazo pela felicidade de longo prazo? • Se as ações geram felicidade para 90% do mundo e tristeza para 10%, elas continuam sendo éticas?
Ética das obrigações	A retidão de uma ação é determinada pela obrigação de aplicar padrões e princípios universais.	Immanuel Kant (1724-1804)	• A conduta humana deve se orientar por princípios morais essenciais, ou "deveres". • As pessoas devem defender seus princípios e limitar ações adotando regras. • O bem maior está em uma vida de virtudes (atuação baseada em princípios), não de prazeres. • Não devemos adaptar a lei moral a nossas ações, mas adaptar nossas ações à lei moral.	• Com que autoridade aceitamos regras em particular ou a "natureza boa" destas regras? • Que regra devemos seguir quando as regras entram em conflito? • Como adaptamos regras gerais a situações específicas? • De que forma as regras mudam quando as circunstâncias mudam? • O que acontece quando as regras boas trazem consequências ruins? • Quais são as regras sem exceção?

(Continua)

Tabela 8.1 As quatro abordagens ao raciocínio ético *(Continuação)*

Sistema ético	Definição	Principal proponente	Princípios centrais	Principais problemas
Ética do contrato social	A lisura de uma ação é determinada pelos costumes e normas de uma comunidade.	Jean-Jacques Rousseau (1712-1778)	• As pessoas devem ser capazes de viver em um contexto social e em comunidade para sobreviver. • As comunidades se tornam "corpos morais" para a determinação de regras básicas. • A responsabilidade e a obrigação unem a comunidade e o indivíduo um ao outro. • O que é melhor para o bem comum determina o padrão definitivo. • As leis são importantes, mas a moralidade é que determina as leis e os padrões do certo e do errado.	• Como determinamos a vontade da maioria? • Qual é o significado de "bem comum"? • O que fazemos com pensadores independentes que desafiam a moralidade da ordem social existente (como Jefferson, Gandhi, Martin Luther King, por exemplo)? • Um estado pode ser corrupto ao mesmo tempo em que a sua sociedade é vista como "moral" (por exemplo, a Alemanha nazista)?
Ética personalista	A retidão de uma ação é determinada pela consciência de cada um.	Martin Buber (1878-1965)	• A existência humana abriga uma centelha de verdade. • A consciência de cada um nos chama a cumprir nosso papel humano e decidir entre o certo e o errado. • As regras da decisão pessoal são os verdadeiros padrões. • Perseguir um objetivo nobre por meios espúrios leva a um resultado espúrio. • Não há fórmulas gerais e absolutas para a vida. • É preciso seguir o grupo, como também é preciso defender as convicções individuais.	• Como podemos justificar a ética sem dizer "pareceu a coisa certa a ser feita"? • Como podemos obter uma definição coletiva do que é ético se não há consenso entre as pessoas? • Como podemos garantir a unidade e o consenso em um grupo que busca apenas as perspectivas pessoais? • Como uma organização pode garantir uniformidade na ética?

Fonte: adaptado de W. Hitt, *Ethics and Leadership: Putting Theory into Practice* (Columbus, OH: Battelle Press, 1980).

critérios de prudência e praticidade. Neste capítulo abordamos a avaliação das estratégias e táticas de negociação de acordo com critérios éticos.

A Figura 8.1 apresenta a importância de analisar e compreender um dilema ético. Ela mostra um modelo de análise de um problema desenvolvido por Larue Hosmer, um pesquisador da ética nas negociações.[3] Segundo ele, antes de refletir sobre uma situação, é preciso desenvolver uma compreensão completa do problema moral em jogo. De acordo com o lado esquerdo da figura, essa compreensão envolve a percepção dos diversos padrões subjetivos (normas, convicções, valores, etc.) atuantes entre as partes, e o reconhecimento da combinação de perdas, vantagens e direitos potencialmente envolvidos na situação. Uma vez que o problema tenha sido caracterizado por completo, o caminho para uma solução convincente passa pelas três modalidades de análise mostradas no lado direito da figura: (1) a determinação dos resultados econômicos dos cursos de ação possíveis, (2) a análise das exigências legais associadas à situação e (3) a avaliação das obrigações éticas das outras partes envolvidas com relação ao que é "certo", "justo" e "honesto".[4] O último elemento – o raciocínio ético – refere-se às estruturas éticas básicas mencionadas (ver a Tabela 8.1).

Quais são as questões relacionadas à conduta ética que surgem em uma negociação?

Por que alguns negociadores optam por táticas que podem ser antiéticas? A primeira resposta que ocorre a muitas pessoas é que esses negociadores são corruptos, degenerados ou imorais. Contudo, essa resposta é muito simplista. Conforme discutimos no Capítulo 5, as pessoas tendem a considerar o comportamento inadequado *das outras pessoas* como uma consequência de uma inclinação da personalidade, ao passo que atribuem as causas do *próprio* comportamento a fatores externos no ambiente social.[5] Logo, um negociador pode entender que um adversário que use uma tática eticamente questionável seja uma pessoa sem princípios, motivada pelo lucro pessoal ou disposta a qualquer coisa para obter o que deseja. Contrastando com essa noção, ao tentar explicar por que você, como negociador, pensa em usar a mesma tática, você

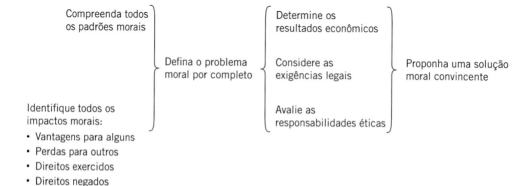

Figura 8.1 O processo de análise da solução de problemas morais.
Fonte: L. T. Hosmer (2003). *The Ethics of Management* (4th ed.). New York: McGraw-Hill/Irwin.

diz que é uma pessoa de princípios, mas que tem boas razões para se desviar deles essa única vez.

Nesta seção discutiremos as táticas da negociação que trazem à tona questões éticas. Começamos discutindo o significado de tática "eticamente ambígua" e vinculamos a ética do negociador à questão básica do compromisso com a verdade. Após, comentamos as pesquisas que tentam identificar e classificar essas táticas e analisar as atitudes das pessoas com relação a elas. Além disso, abordamos as diferenças entre formas passivas e ativas da mentira – as mentiras de omissão *versus* as mentiras de comissão. A seção termina com um modelo que retrata o processo de tomada de decisão do negociador com relação ao possível uso dessas táticas.

As táticas eticamente ambíguas: o mais importante é a verdade (quase sempre)

Neste ponto discutimos os tipos de táticas eticamente ambíguas e o modo como podem propiciar uma vantagem estratégica temporária. O modo como usamos a expressão *eticamente ambígua* reflete uma escolha criteriosa de palavras. Um dicionário define "ambíguo" como "aberto a mais de uma interpretação... duvidoso ou incerto".[6] Nosso interesse está nas táticas que podem ou não ser inadequadas, dependendo das circunstâncias e do raciocínio ético do indivíduo.

A maioria das questões éticas nas negociações diz respeito aos padrões do compromisso com a verdade – o quanto o negociador deve ser honesto, sincero e aberto. Aqui, a atenção se volta para o que os negociadores *dizem* (comunicam) ou o que dizem que farão (e como eles dizem isso), não para o que *de fato fazem* (embora os negociadores também possam atuar de forma antiética). Alguns negociadores trapaceiam (violam regras formais e informais, isto é, afirmam que as regras sobre prazos ou procedimentos são se aplicam a eles, por exemplo) ou roubam (por exemplo, invadem os bancos de dados da outra parte ou arrombam a sede da empresa para obter documentos ou memorandos sigilosos), mas o foco da ética na negociação está na mentira.

A maioria dos negociadores provavelmente dá muito valor à reputação de ser verdadeiro. Contudo, o que significa ser verdadeiro? As perguntas sobre o ato de dizer a verdade são diretas, mas as respostas nem sempre são claras. Primeiro, qual é a definição de *verdade*? Você segue um conjunto de regras claras, determina qual é o contrato social para a verdade em seu grupo ou organização, ou segue sua consciência? Segundo, como uma pessoa define e classifica os desvios em relação à verdade? Esses desvios são mentiras, independentemente da importância e do tamanho que têm? Por fim, é possível adicionar uma dimensão relativista a essas questões: uma pessoa deve dizer a verdade todo o tempo, ou há horas em que omiti-la é aceitável (ou mesmo necessário) em termos de conduta? Essas questões são muito importantes para os negociadores (e para os filósofos, desde a antiguidade!) que se esforçam para decidir sobre o que podem ou não dizer e para manter a postura ética.

Diversos artigos publicados em periódicos especializados em negócios investigaram as questões éticas em torno do compromisso com a verdade. Por exemplo, em um controverso artigo intitulado "Is Business Bluffing Ethical?" (*O blefe é ético no mundo dos negócios?*), publicado há 40 anos na *Harvard Business Review*, um empresário chamado Carr defendeu a ideia de que a estratégia em um contexto de negócios é igual à estratégia no jogo de pôquer.[7] Para ele, exceto pela trapaça deslavada (como marcar uma carta ou esconder outra na manga, por exemplo), as pessoas de negócios devem entrar no jogo como fazem os jogadores de pôquer. Da mesma maneira como um bom jogo de pôquer envolve a retenção de informações e o blefe (convencer os outros que você tem cartas que na verdade não tem), as transações de negócios incluem as mesmas táticas. Em nome de seus interesses e dos de suas companhias, muitos executivos regularmente se sentem atraídos pela ideia de praticar alguma forma de tapeação em suas transações com clientes, fornecedores, sindicatos, autoridades oficiais ou mesmo outros executivos importantes. É mediante inverdades, exageros ou ocultação de fatos pertinentes – isto é, blefes – que tentam persuadir os outros a concordar com eles. Carr argumenta que, se um executivo se recusa a blefar em certas ocasiões – se ele sente a obrigação de dizer a verdade, toda ela e nada mais –, ele provavelmente está ignorando as oportunidades oferecidas pelas regras dos negócios e se encontra em grande desvantagem em tratativas.[8]

Segundo Carr, os blefes, os exageros e a ocultação ou manipulação das informações são maneiras legítimas de indivíduos e corporações maximizarem seus interesses. Essas estratégias podem ser vantajosas ou não. Um executivo pode alegar que não dispõe de recursos para pagar um salário pedido por um candidato a emprego em sua empresa, e com isso poupar uma expressiva quantia todos os meses. Contudo, a mesma atitude com relação ao corte de despesas pode fazer com que alguns executivos fracassem ao tentar implementar melhorias em segurança ou qualidade em um dos produtos da empresa, o que tem sérias consequências no longo prazo. Sem dúvida, as noções defendidas por Carr suscitaram intensos debates entre os leitores da *Harvard Business Review*. Alguns críticos argumentaram que pessoas de negócios e empresas deveriam ter padrões altos de conduta ética e censuraram as posições defendidas por Carr.[9]

As questões e o debate em torno dos padrões éticos na negociação continuam abertos. Conforme afirmamos em nossa discussão sobre interdependência (no Capítulo 1), a negociação é baseada na dependência relativa a informações – a troca de informações sobre as verdadeiras preferências e prioridades do outro negociador.[10] Chegar a um acordo claro, preciso e efetivo depende da disposição das partes de compartilhar informações precisas sobre suas preferências, prioridades e interesses. Ao mesmo tempo, uma vez que os negociadores também podem estar interessados em maximizar os próprios interesses, eles provavelmente terão de revelar apenas o mínimo sobre suas posições – sobretudo se pensam que conseguirão resultados melhores manipulando as informações reveladas à outra parte (ver o Capítulo 3). Isso resulta em dilemas fundamentais na negociação, envolvendo confiança e honestidade. O *dilema da confiança* é aquele no qual o negociador que acredita em tudo o que a outra parte diz pode ser manipulado pela insinceridade. O *dilema da sinceridade* é aquele no qual o negociador que revela à outra parte todas suas exigências e limites inevitavelmente nunca obterá um acordo melhor do que o seu ponto de *walkaway*. Manter o relacionamento de barganha implica escolher um ponto intermediário entre a sinceridade total e a mentira irrestrita.[11]

Como último aspecto do compromisso com a verdade, existe, além da ética, a questão das obrigações *legais* relativas à sinceridade. Nas negociações, os artifícios podem atingir a condição de fraude punível nos tribunais. A lei sobre esse assunto (como tantos outros!) é complexa e muitas vezes difícil de entender. O Quadro 8.1 apresenta orientações sobre o caráter legal ou ilegal da mentira em uma negociação.[12]

Quadro 8.1 Em que casos a mentira não é ilegal?

Embora um dos principais aspectos da ética das negociações seja a moralidade dos artifícios, o negociador competente pode se beneficiar familiarizando-se com a *legalidade* dessa postura. Richard Shell, advogado, professor e autor de obras sobre a negociação, apresenta uma interpretação da lei norte-americana em seu artigo "When Is It Legal to Lie in Negotiation?" (*Em que casos a mentira é legal em uma negociação?*)

Shell começa com a definição básica de fraude segundo o direito consuetudinário: "Uma *representação intencionalmente falsa* de um *fato material* do qual a vítima *depende* até certo ponto e que *causa* prejuízos" (p.94, a ênfase é nossa).

Um exame detalhado do significado dos termos principais (em itálico) nesta definição traz à tona questões legais sobre a mentira nas negociações.

Uma *representação falsa*: é uma declaração inverídica sobre algo.

Uma representação *intencionalmente* falsa: segundo Shell, é uma representação falsa feita por alguém que está ciente da falsidade do que diz. Isso significa que você pode andar à margem das responsabilidades legais evitando contato com o conhecimento envolvido? Shell diz que não – os tribunais considerariam essa postura como um forte desrespeito com a verdade.

Um *fato*: para ser ilegal, em tese, a coisa representada enganosamente precisa ser um fato objetivo. Porém, segundo Shell, na prática a declaração inverídica de uma opinião ou intenção pode trazer problemas se for baseada em uma interpretação falsa ou se for especialmente odiosa – sobretudo se você sabe da falsidade no momento em que faz a declaração ou a promessa.

Um fato *material*: nem todos os "fatos" são objetivos ou materiais. Shell afirma que, de acordo com os padrões do direito nos Estados Unidos, exigências e pontos de reserva não são considerados "materiais" no acordo e, por essa razão, blefar sobre eles não constitui fraude. Contudo, ele alerta para o fato de que mentir sobre alternativas ou outras ofertas e compradores pode colocar o negociador em uma situação problemática. Não está claro se essas ofertas ou compradores são materiais, mas esse tipo de problema pode ser levado a um tribunal, para que o juiz decida se a acusação de fraude vai ou não a julgamento.

A *dependência* e a *causalidade*: para que uma declaração falsa seja considerada fraude do ponto de vista legal, a vítima precisa provar que confiou na veracidade da declaração e que por isso teve problemas.

Isso significa que toda tramoia ilegal envolve declarações afirmativas falsas? O silêncio o protege das responsabilidades legais? Shell responde que não: existem condições nas quais você tem a obrigação legal de compartilhar informações verdadeiras. Por exemplo, você é obrigado a revelar informações em situações nas quais:

- Uma revelação parcial pode ser considerada enganosa.
- As partes têm um relacionamento de confiança.
- A parte que não revela informações tem "informações importantes" que são "vitais".
- As partes estão envolvidas em certas transações especializadas, como apólices de seguro, por exemplo.

Fonte: adaptado de G. Richard Shell, "When Is It Legal to Lie in Negotiations?" *Sloan Management Review* 32, no.3 (1991), pp. 93-101.

Como identificar as táticas eticamente ambíguas e quais são as melhores maneiras de lidar com elas

Quais são os tipos de táticas eticamente ambíguas? Os artifícios e os subterfúgios podem assumir diversas formas em uma negociação. Nas duas últimas décadas, os pesquisadores se dedicaram a identificar essas táticas e a estrutura na qual se baseiam,[13] explorando a natureza e a organização conceitual delas. Nos estudos conduzidos com esse propósito, a abordagem geral consiste em pedir a estudantes e executivos que classifiquem algumas táticas de acordo com algumas dimensões: a probidade da tática, a probabilidade de o entrevistado utilizar a tática e/ou a eficiência percebida dela. A análise dos resultados desses estudos mostra que as respostas deram origem a seis categorias distintas de tática, que foram confirmadas mediante coleta de dados adicionais.[14] Essas categorias estão listadas na Tabela 8.2. É interessante observar que, das seis categorias observadas, duas – a manipulação emocional e o uso de "táticas de barganha competitiva tradicionais" – de modo geral são vistas como apropriadas e úteis. Portanto, essas táticas, ainda que relativamente inapropriadas, são vistas como adequadas e eficientes para o sucesso de uma barganha distributiva. As outras quatro categorias – a representação falsa, o blefe, a representação enganosa da rede do oponente e a coleta inapropriada de informações – normalmente são vistas como condenáveis e antiéticas nas negociações.

É errado usar táticas eticamente ambíguas? As pesquisas sugerem a existência de regras tácitas para o jogo da negociação. Segundo essas regras, algumas formas menos importantes de inverdades – a representação falsa da posição do negociador para a outra parte, os blefes e as manipulações emocionais – são vistas como eticamente acei-

Tabela 8.2 As categorias de táticas de negociação no limiar da antiética

Categoria	Exemplo
Barganha competitiva tradicional	Não revela o ponto de *walkaway*; faz uma oferta inicial exagerada.
Manipulação emocional	Finge raiva, medo e decepção; finge alegria e satisfação extremas.
Representação falsa	Distorce as informações ou os eventos da negociação ao descrevê-los a outros.
Representação falsa das redes do oponente	Corrompe a reputação do oponente perante os outros.
Coleta inapropriada de informações	Suborna, infiltra-se, espia, etc.
Blefe	Faz ameaças ou promessas inverídicas.

Fontes: adaptado de R. Robinson, R. J. Lewicki, and E. Donahue, "Extending and Testing a Five Factor Model of Ethical and Unethical Bargaining Tactics: The SINS Scale," *Journal of Organizational Behavior* 21 (2000), pp. 649-64; e B. Barry, I. S. Fulmer, and A. Long, *Ethically Marginal Bargaining Tactics: Sanction, Efficacy, and Performance*. Apresentado no encontro anual da Academia de Estudos de Administração de Toronto, agosto de 2000.

táveis e inseridas no contexto das negociações (por alguns negociadores, não todos). Em contrapartida, muitas vezes a mentira e a falsidade irrestritas são interpretadas como fora do escopo das regras. Contudo, é preciso ter extrema cautela com essas conclusões. Primeiro, essas afirmativas são baseadas nas classificações feitas por grupos grandes de pessoas (sobretudo estudantes de administração). De modo algum elas podem ou devem ser usadas para prever como um negociador percebe ou faz uso dessas táticas, ou como as partes vitimadas por elas as classificam (discutiremos as reações do ponto de vista da "vítima" ainda neste capítulo). Segundo, essas observações são baseadas sobretudo no que as pessoas disseram que fariam, não no que de fato fizeram. As percepções e reações podem ser muito diferentes quando as partes tomam decisões em uma negociação real, em comparação com o momento em que classificam táticas em um questionário sem relação com qualquer experiência direta com outra pessoa em um contexto social pertinente. Terceiro, o fato de um pesquisador realizar uma pesquisa sobre táticas eticamente ambíguas (como nós, autores deste livro, já fizemos), e de relatar os resultados obtidos, não significa que ele aprova o uso de táticas no limiar da antiética. Ao contrário, nosso objetivo é concentrar o debate exclusivamente nas instâncias em que elas podem ser apropriadas ou devem ser usadas. Por fim, reconhecemos que a visão que apresentamos prevalece no Ocidente, onde é o indivíduo que determina o que é aceitável no âmbito da ética. Em algumas culturas, como em países asiáticos, por exemplo, as decisões sobre o que é uma tática ética cabem ao grupo ou à organização, ao passo que em outras (como em alguns mercados emergentes) as restrições éticas a transações envolvendo negócios são mínimas ou difíceis de caracterizar, e o costume manda que "o comprador cuide de si mesmo".

As mentiras de omissão e as mentiras de comissão

As táticas enganosas podem ser empregadas de forma ativa ou passiva. Para ilustrar essa dualidade vamos examinar um estudo que avaliou a tendência de os negociadores representarem enganosamente seus interesses em uma questão que tem valor para as duas partes – e em relação à qual ambas buscam o mesmo resultado.[15] Um negociador que utiliza essa tática engana a outra parte sobre suas expectativas com a questão de interesse comum e então aceita, de mau grado, a preferência dela – a qual, na verdade, equivale à sua. Ao dar a entender que fez uma concessão, o negociador pode pleitear uma concessão da outra parte. Do total de entrevistados no estudo, 28% apresentou a questão de interesse mútuo de forma enganosa, na tentativa de tirar alguma concessão da outra parte. Os pesquisadores descobriram que os negociadores utilizam duas formas de estratégia na representação inverídica da questão com valor em comum para as partes: a representação enganosa por *omissão* (a não revelação de algo que possa beneficiar a outra parte) e a representação enganosa por *comissão* (a mentira sobre a questão que interessa a ambas).

Em outra pesquisa, os estudantes interpretaram papéis em dramatizações envolvendo a venda de um carro com um problema na transmissão.[16] Os estudantes tinham liberdade de mentir por omissão – não mencionar o problema – ou por comissão – negar que a transmissão estivesse com defeito, mesmo se a outra parte perguntasse. Um número significativamente maior de estudantes preferiu mentir por omissão (não revelar toda a verdade) que por comissão (dar resposta falsa a uma pergunta). Esse resultado revela uma importante característica da natureza humana: muitas pessoas preferem deixar a outra ir em frente, sob premissas falsas, a apresentar uma declaração falsa sobre si mesmas. Isso reforça a norma do *caveat emptor** (o comprador que cuide de si mesmo), sugerindo que compete às partes fazer as perguntas certas e ver a oferta da outra parte com ceticismo.

A decisão de adotar táticas eticamente ambíguas: um modelo

Concluímos esta seção do capítulo com um modelo relativamente simples, que pode ajudar a explicar como um negociador decide se usa ou não táticas enganosas (ver a Figura 8.2). O modelo coloca um negociador em uma situação na qual ele precisa decidir quais táticas utilizar para influenciar a outra parte. O indivíduo identifica as possíveis táticas de influência que podem ser efetivas em certa situação e decide se usa uma ou mais. A escolha e o uso de uma tática pode ser influenciada pelas motivações do próprio negociador e por suas percepções e julgamentos sobre a integridade dela. As consequências da adoção de determinada tática são analisadas segundo três parâmetros: (1) o funcionamento (a geração do resultado esperado), (2) o modo como o negociador se sente ao adotar a tática e (3) o modo como ele pode ser julgado pela outra parte ou por terceiros. As conclusões positivas ou negativas tiradas com base nesses critérios induzem o negociador a explicar ou justificar a adoção da tática e afetam a decisão de utilizá-la outra vez no futuro.

Por que usar táticas enganosas? As motivações e as consequências

No começo deste capítulo discutimos a natureza da ética e os tipos de táticas de negociação que podem ser consideradas eticamente ambíguas. Agora, voltamos nossa

---

* N. de T.: Princípio que imputa ao consumidor a obrigação de obter informações e adotar cuidados durante a decisão de compra. As obrigações do ofertante se resumem a atuar como manda a lei.

Capítulo 8 A ética nas negociações **195**

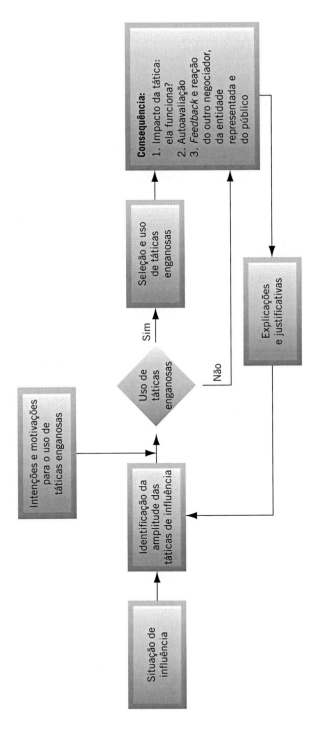

Figura 8.2 Um modelo simples de engano nas negociações.

atenção para o porquê de essas táticas serem atraentes e para as consequências de ceder a essa tentação. Começamos com as motivações, cuja origem sempre está no poder.

A motivação pelo poder

A finalidade de usar táticas de negociação eticamente ambíguas consiste em aumentar o poder do negociador no ambiente de barganha. A informação é a maior fonte de avanço em uma negociação. Ela tem poder porque a negociação se propõe a ser uma atividade racional que envolve a troca de dados e o uso convincente deles. Muitas vezes, a parte que tem as melhores informações ou que as usa de modo mais persuasivo é aquela que tem maiores chances de "vencer" o processo.

Essa visão pressupõe que as informações sejam precisas e verdadeiras. Supor o contrário – que não sejam – equivale a questionar as mesmas suposições nas quais as comunicações sociais diárias se baseiam e a honestidade e a integridade de quem apresenta essas informações. Claro que levantar essas dúvidas pode insultar a outra parte e afetar a confiança implícita depositada nas informações. Além disso, averiguar a franqueza e a sinceridade de outra pessoa é tarefa que consome tempo e recursos. Por isso, quaisquer declarações imprecisas ou inverídicas (por exemplo, mentiras) introduzidas nessa interação social representam um meio de manipular as informações a favor de quem as apresenta. É mediante as táticas descritas – blefes, falsidade, representação enganosa, intriga e revelação seletiva – que o mentiroso leva vantagem. Na verdade, foi demonstrado que os indivíduos têm maior disposição de utilizar táticas enganosas quando a outra parte deixa transparecer que não está informada ou instruída sobre a situação em negociação, especialmente quando as apostas são altas.[17]

As outras motivações para se comportar de forma antiética

A motivação de um negociador pode afetar sua tendência a usar táticas enganosas. A "orientação motivacional" de uma pessoa – a motivação de um negociador para atuar de forma cooperativa, competitiva ou individualista em relação à outra parte – influencia escolha de estratégias e táticas. Em um estudo sobre o assunto, os pesquisadores manipularam as orientações motivacionais dos negociadores em relação à situação, predispondo-os a adotar uma postura competitiva ou cooperativa.[18] Os negociadores competitivos – aqueles que tentavam maximizar os próprios resultados independentemente das consequências para a outra parte – estavam mais predispostos a utilizar uma representação falsa como estratégia de negociação. As diferenças culturais também podem afetar as influências motivacionais: existem indícios de que as pessoas de culturas que preconizam o individualismo (como os Estados Unidos, por exemplo) são mais inclinadas a usar táticas enganosas para lucro pessoal do que as pessoas de culturas onde o coletivismo é valorizado (como Israel).[19]

Porém, o impacto da motivação pode ser mais complexo. Um estudo analisou a predisposição dos negociadores de utilizar táticas eticamente ambíguas.[20] Diferentes versões de um questionário pediram aos participantes que adotassem uma orientação motivacional competitiva ou cooperativa diante da outra parte e que previssem que a outra parte poderia fazer o mesmo. Para os pesquisadores, as motivações competitivas promoveriam a adoção de táticas ambíguas de forma mais intensa. Os resultados revelaram que a inclinação motivacional do próprio negociador (cooperativa, não competitiva) *não* afetou sua opinião sobre a legalidade do uso dessas táticas, mas a percepção que ele tinha da motivação esperada da outra parte influenciou sua opinião sobre essas táticas! Em outras palavras, os negociadores acreditavam que táticas eticamente ambíguas eram apropriadas se conseguissem prever que a outra parte seria competitiva, não cooperativa. Essa descoberta sugere que os negociadores racionalizam o uso de táticas eticamente ambíguas se conseguem prever a conduta da outra parte, mas não assumem responsabilidades pessoais pelo uso dessas táticas a serviço de sua própria inclinação competitiva.

As consequências da conduta antiética

Um negociador que adota uma tática antiética arca com consequências positivas ou negativas, em função de três aspectos da situação: (1) a efetividade da tática, (2) o modo como a outra pessoa, as entidades representadas e o público avaliam a tática e (3) o modo como o negociador a mede. Os três aspectos são discutidos a seguir.

A efetividade. Vamos considerar as consequências com base no sucesso da tática. Sem dúvida, a efetividade de uma tática exerce um impacto nas chances de ela ser usada outra vez (dito de outro modo, o negociador passa por um processo de aprendizado e consolidação do que aprendeu). Se a conduta antiética não está sujeita a punições e o uso de táticas antiéticas permite obter resultados compensadores que não seriam possíveis com uma postura ética, é provável que a conduta antiética seja usada com maior frequência, porque o negociador acredita que pode sair ileso. Logo, as consequências reais – as recompensas e punições do uso ou não de uma tática – não apenas propulsionam o comportamento atual do negociador como também afetam a predisposição de recorrer a essas táticas em circunstâncias equivalentes no futuro. Por enquanto ignoraremos as consequências dessas táticas na reputação e na fidedignidade do negociador, as quais os negociadores mais ardilosos infelizmente ignoram no curto prazo.

Essas proposições não foram testadas em situações de negociação, mas foram extensivamente analisadas em pesquisas sobre a ética na tomada de decisão. Por exemplo, em uma pesquisa envolvendo o pagamento de propina, os candidatos que tinham a expectativa de uma recompensa por uma decisão antiética não apenas aceitaram participar do estudo, como também se ofereceram para participar de experimentos futuros.[21] Além disso, quando os participantes dessas pesquisas se sentem pressionados a competir – por exemplo, quando é anunciado que se saíram bem em uma tarefa e quando um prêmio é dado ao participante com o melhor desempenho – a frequência de adoção de condutas antiéticas aumentou de forma mais expressiva.

As reações dos outros. O segundo conjunto de consequências das condutas antiéticas surge dos julgamentos e avaliações da parte "vitimada" pela tática, pelas entidades representadas pelo negociador, ou pelo público que observa a tática. O negociador recebe um *feedback* na proporção em que estas partes reconhecem e avaliam a tática como adequada ou não. Se a pessoa almejada não está ciente da tática enganosa usada, sua reação pode se limitar à decepção por ter perdido uma negociação. Contudo, se a vítima percebe a falsidade, as reações podem ser intensas. As pessoas que descobrem que foram enganadas ou exploradas normalmente sentem raiva. Além de terem "perdido" a negociação, elas se sentem tolas por terem se permitido manipular ou enganar

NON SEQUITUR © Wiley Miller. Distribuído por UNIVERSAL PRESS SYNDICATE. Reimpresso com permissão. Todos os direitos reservados.

por um estratagema. Nesses casos, a vítima normalmente quer vingança, generaliza as negociações como insinceras, e jamais volta a confiar no negociador antiético.

Essas consequências negativas ficaram claras em uma pesquisa que descobriu que as vítimas sofriam reações emocionais fortes quando tinham um relacionamento estreito com o tema, quando a informação em jogo era importante e quando entendiam que a mentira era um comportamento inaceitável naquele relacionamento (por exemplo, nos casos em que as expectativas com o compromisso com a verdade eram violadas).[22] Na maioria das vezes, a descoberta da mentira foi o que levou a vítima a encerrar o relacionamento. Quanto mais grave, pessoal e prejudicial à confiança entre as partes, mais destrutiva era a mentira. Da mesma forma, existem evidências de que as pessoas que adotam posturas enganosas são vistas como parceiras menos confiáveis e menos desejadas em interações futuras.[23] É preciso enfatizar que o dano à reputação pode ser muito difícil de desfazer. Um estudo revelou que os efeitos de ações insinceras na credibilidade podem ser remediados com a adoção de um comportamento confiável, desde que as ações que causaram a quebra de confiança não envolvam uma mentira. Porém, quando a mentira é a causa do rompimento, as tentativas de restaurar a confiança mediante pedidos de desculpas ou outros comportamentos semelhantes não surtem efeito algum.[24] Em síntese, embora o uso de táticas antiéticas possa levar ao sucesso no curto prazo, essas ações muitas vezes criam um adversário desconfiado ou, pior, um desejo de vingança e revanche.

As reações do próprio negociador. Em algumas circunstâncias, como nos casos em que a outra parte sofreu consequências negativas palpáveis – o negociador pode se sentir desconfortável, estressado, culpado ou arrependido. Isso faz com que ele busque maneiras de reduzir esse desconforto psicológico. Um estudo mostrou que as pessoas que haviam mentido para o parceiro de negócios em uma simulação de negociação fizeram concessões maiores, como meio de compensação.[25] Essa compensação por uma mentira anterior foi muito comum entre os participantes que haviam se declarado possuidores de "atributos morais" elevados (por exemplo, honestidade, justiça e bom caráter) e entre aqueles que disseram representar uma organização "que se orgulha da honestidade e da imparcialidade com que conduz seus negócios".

Claro que os negociadores que não veem problema algum em usar táticas enganosas não apenas sentem-se à vontade para usá-las sempre que necessário, como também refletem sobre como fazê-lo com mais eficiência. Por um lado, embora o uso de táticas eticamente questionáveis possa ter consequências graves para a reputação e confiabilidade do negociador, as partes aparentemente não se preocupam com essas consequências no curto prazo. Por outro, sobretudo se a tática funcionou, o negociador poderá racionalizar e justificar sua utilização. Exploraremos essas racionalizações e justificativas a seguir.

As explicações e justificativas

Quando um negociador usa uma tática eticamente ambígua que desperta uma reação – como descrevemos acima –, ele deve se preparar para defender o uso dela para si mesmo (por exemplo, "eu sou uma pessoa íntegra, mas decidi fazer algo que pode ser visto como antiético"), para a vítima, para as entidades representadas e para o público. A principal finalidade dessas explicações e justificativas é racionalizar, explicar ou se desculpar pelo comportamento adotado – expressar o bem em palavras e legitimar a razão pela qual essa tática foi usada. A seguir discutimos alguns exemplos:[26]

- *A tática foi inevitável.* Os negociadores muitas vezes justificam suas ações dizendo que a situação impôs a adoção delas. O negociador talvez não estivesse no controle total de suas ações ou ficou sem opções. Logo, ele não deve ser responsabilizado. É provável que ele sequer tivesse qualquer intenção de prejudicar alguém, mas se sentiu pressionado por outra pessoa a usar a tática.
- *A tática não causou prejuízos.* O negociador pode alegar que o que fez foi muito trivial e pouco importante. As pessoas contam pequenas mentiras o tempo todo. Por exemplo, você cumprimenta seu vizinho com um alegre "bom dia, que bom ver você", embora, na verdade, a manhã não esteja tão boa assim e você teria preferido não encontrá-lo, porque está com raiva do cachorro dele, que latiu a noite toda. Os exageros, os blefes ou a espionagem das anotações da outra parte durante as negociações são ações que podem ser explicadas como inofensivas. Contudo, é importante observar que essa justificativa funciona da perspectiva de quem adota essas ações, não da perspectiva da vítima, que pode discordar e sofrer prejuízos reais.
- *A tática ajuda a evitar consequências negativas.* Ao usar essa justificativa, os negociadores defendem a tese de que os fins justificam os meios. Nesses casos, a justificativa é a de que a tática ajudou a evitar um mal maior. Não há problema em mentir para um ladrão sobre o local onde você esconde o seu dinheiro e assim evitar o furto. Pela mesma razão, os negociadores às vezes interpretam uma mentira (ou qualquer tática do tipo "os fins justificam os meios") como aceitável, se ela os protege contra consequências ainda piores caso a verdade venha à tona.
- *A tática produz consequências desejáveis ou tem motivação altruísta.* Mais uma vez, os fins justificam os meios, mas de modo positivo. Um negociador que julga uma tática com base nas consequências que ela tem está atuando segundo os preceitos do utilitarismo – os quais dizem que a qualidade de qualquer ação é julgada pela consequências que traz. Os adeptos do utilitarismo argumentam que certos tipos de mentiras ou táticas do tipo "os fins justificam os meios" são apropriados, porque geram um bem maior – por exemplo, Robin Hood roubava dos ricos para dar aos pobres. Na verdade, a maioria dos negociadores adota táticas enganosas em proveito próprio, não pelo bem geral.

- *"Eles sabiam que isso aconteceria", "eles merecem", ou "estou apenas levando o que é meu"*. Essas declarações são variantes do uso de mentiras e práticas enganosas contra um indivíduo que tirou proveito de você no passado ou contra uma fonte de autoridade ampla (por exemplo, "o sistema"). As pesquisas revelam o desgaste da honestidade nos Estados Unidos – as pessoas estão cada vez mais convencidas de que não há mal algum em tirar proveito do sistema, das mais diversas formas. Exemplos dessas ações incluem a sonegação fiscal, pequenos furtos, roubos em estabelecimentos comerciais, pedidos infundados de falência, excessos jornalísticos e distorções na propaganda.[27]
- *"Eles teriam feito isso de qualquer maneira, por isso saí na frente e fiz primeiro"*. Há casos em que o negociador legitima o uso de táticas antiéticas porque prevê que a outra parte pretende adotá-las. Um estudo descobriu que as pessoas demonstravam maior disposição de usar táticas enganosas quando negociavam com um parceiro que tinha reputação de ser antiético.[28] Outro estudo associou a propensão de enganar e de julgar à integridade da outra parte. Quanto mais um indivíduo acreditava que a outra parte mentiria, mais ele sentia-se tentado a fazer o mesmo.[29] Logo, a própria tentação de faltar com a verdade gera uma lógica própria, segundo a qual você deve mentir, porque os outros mentirão. Ao mesmo tempo, de modo geral todos os participantes daquele estudo declararam-se mais éticos do que os colegas, o que sugere que as pessoas sofrem de uma combinação de ilusões, as quais são positivas sobre si mesmas e o próprio comportamento, e negativas sobre os outros e as posturas que adotam.
- *"Foi ele que começou"*. Esta é uma variante do ponto anterior. Porém, neste caso a explicação está no fato de os outros *já terem violado* as regras, o que dá ao negociador o direito de violá-las também. Nessas situações, as táticas antiéticas são empregadas como revanche, para restaurar o equilíbrio ou "dar aos outros o que merecem".
- *A tática é justa e apropriada para a situação*. Esta abordagem usa um tipo de relativismo moral (situacional) como justificativa para adotar uma tática antiética. De modo geral, as interações sociais, inclusive as negociações, são governadas por um conjunto de regras geralmente bem entendidas de conduta e comportamento adequados. Vale lembrar que no passado uma negociação era vista como um jogo que tinha um etos que legitimava ações que do contrário seriam vistas como antiéticas.[30] Esses argumentos foram refutados por aqueles que acreditavam que o engano era tão imoral nos negócios quanto em qualquer outra área da vida, e que a analogia com o jogo, como qualquer outra analogia, não consegue legitimar a conduta antiética.[31] Nas palavras de um estudioso, "se todos os sistemas éticos são igualmente válidos, então nenhum julgamento moral pode ser feito sobre o comportamento individual e estamos livres para fazer o que quisermos com os outros, dentro dos limites econômicos e das restrições legais".[32] Compete ao leitor decidir se essas premissas são boas ou não.

Como racionalizações, as explicações permitem que o negociador convença os outros – sobretudo a vítima – de que uma conduta vista como errada em uma situação é aceitável em outra. As explicações e justificativas ajudam as pessoas a racionalizar esses comportamentos também para si mesmas. Porém, existe um perigo: imaginamos que quanto mais os negociadores se envolvem em procedimentos voltados apenas para seus interesses, maiores as chances de os julgamentos sobre padrões e valores éticos sofrerem vieses, o que diminui a capacidade de "ver" a verdade. As táticas antiéticas podem ser usadas, a princípio, para obter poder em uma negociação, mas os negociadores que as usam com muita frequência talvez se deem conta de que o poder conquistado diminui com o tempo. Esses negociadores são vistos como pessoas de pouca integridade e credibilidade, e serão tratados segundo essa opinião, isto é, como pessoas que exploram as situações em proveito próprio, sempre que as oportunidades permitem. É mais fácil manter uma boa reputação do que recuperá-la depois de maculada.

Como os negociadores podem lidar com as mentiras da outra parte?

As pessoas mentem e, na verdade, o fazem com muita frequência.[33] Por essa razão, este capítulo não estaria completo sem uma breve menção das coisas que um negociador pode fazer quando acredita que a outra parte está usando táticas enganosas. A Tabela 8.3 mostra algumas estratégias verbais para tentar descobrir se a outra parte está mentindo. Algumas opções são discutidas a seguir.

Faça perguntas investigativas. Muitos negociadores não conseguem definir o número certo de questões que devem ser feitas para a outra parte. Contudo, essas perguntas trazem ao debate uma quantidade muito grande de informações, algumas das quais a outra parte pode ter omitido intencionalmente durante a negociação.[34] Em uma simulação informal de uma negociação sobre a venda de um computador, duas configurações foram observadas: (1) os compradores demonstraram uma disposição muito forte de fazer perguntas sobre a condição do computador, ou (2) não se motivavam a fazer pergunta alguma.[35] De modo geral, as perguntas sobre a condição do computador diminuíam a ocorrência de comentários enganosos do vendedor (mentiras de comissão). Contudo, em certas condições, as perguntas dos compradores aumentaram o uso de mentiras de omissão sobre outras características do computador. Logo, ao mesmo tempo em que as perguntas podem ajudar um negociador a descobrir se a outra parte está mentindo, uma inquirição mais profunda pode aumentar a tendência de o vendedor omitir informações em áreas sobre as quais perguntas não são feitas. Consulte o Capítulo 6 para um exame detalhado sobre como fazer perguntas pertinentes.

Formule as perguntas de modos diferentes. Robert Adler, um estudioso da lei e da ética, enfatiza que os negociadores que usam táticas enganosas não estão de fato mentindo (o que aumentaria os riscos de serem acusados de fraude); ao contrário, "eles trapaceiam, fogem, burlam e dão voltas na verdade, acreditando que suas declarações serão interpretadas como verdades ou não serão desafiadas".[36] Uma pergunta feita de determinada maneira pode atrair uma resposta que seja tecnicamente verdadeira e ao mesmo tempo ocultar a verdade que o questionador quer ver revelada. Considere este exemplo: como comprador em potencial de uma casa, pergunto, "como está o sistema de aquecimento?" O vendedor responde, "funcionando corretamente", o que me faz concluir que não há problema algum com ele. Porém, eu poderia ter perguntado, "quando o sistema de aquecimento foi inspecionado e qual foi o resultado?" (ou mesmo pedido uma declaração escrita da inspeção), e talvez fosse revelado que o sistema

Tabela 8.3 Como detectar uma mentira

Os pesquisadores identificaram diversas táticas verbais úteis para descobrir se a outra parte está adotando uma postura enganosa.

Tática	Explicação e exemplos
Intimidação	Force a outra parte a admitir que está usando táticas enganosas intimidando-a para que diga a verdade. Faça uma acusação sem fundamento. Critique-a. Bombardeie-a com perguntas desafiadoras. Finja indiferença ao que ela tem a dizer ("não estou interessado em qualquer coisa que você diga sobre o assunto").
Retrato da inutilidade	Enfatize a inutilidade e o perigo iminente associados com o hábito de contar mentiras constantes: "A verdade virá à tona um dia", "não piore o problema tentando escondê-lo", "se você continuar escondendo as coisas, será pior no futuro", "você está sozinho nessa mentira".
Desconforto e alívio	Faça valer a máxima "a confissão é a salvação da alma". Ajude o outro a reduzir a tensão e o estresse associados à condição de ser um mentiroso.
Blefes	Minta para o outro para que ele acredite que você descobriu a mentira dele: "Os seus pecados estão prestes a serem revelados". Dê a entender que você sabe o que ela sabe, mas não vai discutir o assunto.
Cutucadas leves	Encoraje o outro a falar para que ele dê a você as informações que podem ajudar a identificar fatos e mentiras. Peça que explique melhor o tópico em questão. Faça perguntas mas deixe claro que você está perguntando "porque as outras pessoas querem saber". Assuma o papel de advogado do diabo e faça perguntas engraçadas. Elogie o outro para despertar nele a confiança que o leve a revelar o que oculta.
Minimização	Diminua a importância de qualquer ação enganosa. Ajude o outro a encontrar explicações para as mentiras que contou; minimize as consequências dessas ações; indique que outras pessoas já fizeram pior; transfira a culpa para outra pessoa.
Contradição	Faça com que o outro conte a história toda para descobrir mais informações que permitam detectar inconsistências e contradições em comentários e narrativas. Aponte para possíveis contradições e peça explicações. Faça a mesma pergunta várias vezes e procure inconsistências nas respostas. Mencione as contradições anteriores e peça explicações. Faça pressão para que o outro se denuncie ou diga coisas que não queria dizer.
Informações adulteradas	Adultere informações e tente induzir o outro a revelar o engodo. Cite as possíveis mentiras de forma exagerada para que o outro faça uma "correção". Faça uma pergunta envolvendo informações erradas e espere que ele o corrija.
Uma rachadura nas defesas	Tente fazer com que o outro admita ter dito uma pequena mentira sobre algum aspecto e use essa admissão para obter uma confissão sobre uma mentira maior: "Se você mentiu sobre esse aspecto pouco importante, como posso acreditar que você não tenha mentido sobre outras coisas também?"
Confissão própria	Revele algumas coisas sobre você, como alguma desonestidade, e espere que o outro passe a confiar em você e também revele alguma mentira que tenha contado.
Indícios de mentira	Indique comportamentos detectados que possam servir de indício de que o outro esteve mentindo: suor, nervosismo, tom de voz, incapacidade de olhar olho no olho, entre outros.

(Continua)

Tabela 8.3 Como detectar uma mentira *(Continuação)*

Os pesquisadores identificaram diversas táticas verbais úteis para descobrir se a outra parte está adotando uma postura enganosa.

Tática	Explicação e exemplos
Preocupação	Revele sua real preocupação com a condição do outro: "Você é importante para mim", "eu me preocupo muito com você", "eu compreendo o seu sofrimento".
Manutenção do *status quo*	Alerte o outro para que não falte com a verdade e assim consiga manter a boa reputação que tem. "O que as pessoas vão dizer?". Apele ao orgulho e ao desejo de conservar a própria reputação.
Abordagem direta	"Simplesmente diga a verdade", "vamos ser honestos", "você não vai se opor a me contar tudo o que sabe."
Silêncio	Crie um "vácuo verbal" que deixe o outro pouco à vontade e faça com que ele fale e revele informações. Quando ele diz uma mentira, mantenha contato visual, mas permaneça em silêncio.

Fonte: adaptado de Pamela J. Kalbfleisch, "The Language of Detecting Deceit", *Journal of Language and Social Psychology* 13, no. 4 (1994), pp. 469-96.

está em bom estado no momento ("funcionando corretamente"), mas que a última inspeção revelou que ele não vai durar muito e que deverá ser substituído em breve. Perguntas diferentes, respostas diferentes, menos evasão.

Force a outra parte a mentir ou desistir. Se você suspeita que a outra parte esteja ocultando algo, mentindo sobre uma questão, ou evitando fazer qualquer declaração direta em linguagem compreensível, faça uma pergunta que a force a dizer uma mentira deslavada (se a afirmação for falsa), deixe o assunto de lado ou qualifique a afirmação dela. Por exemplo, se o vendedor de uma propriedade menciona outros compradores interessados, dando a entender que há outras ofertas, faça uma pergunta clara sobre as outras ofertas que requeira "sim" ou "não" como resposta. Essa estratégia pode ser útil, já que, conforme observamos, as pesquisas mostram que as pessoas estão mais inclinadas a mentir por omissão do que por comissão. Algumas pessoas se sentem confortáveis ocultando algo ou mentindo, mas, se forem coagidas a mentir deslavadamente olhando no olho do interlocutor, suas consciências falam mais alto. Se não considerarmos o efeito da consciência, esse tipo de pergunta também pode fazer com que a outra parte fique nervosa sobre os riscos de adotar um comportamento falso em uma negociação. Logo, o uso calculado de uma pergunta direta e objetiva induz alguns adversários a desistir de contar uma mentira na sua frente. Contudo, o mentiroso patológico talvez veja essa situação como um desafio.

Teste a outra parte. Você não tem certeza se a outra parte é o tipo de pessoa que diria uma mentira? Considere fazer uma pergunta para a qual você já tem uma resposta.[37] Se a resposta dada for evasiva ou desonesta, você aprendeu algo importante sobre a outra parte e a sinceridade dela. Além disso, quando você achar que o compromisso de seu oponente com a verdade não é forte, anote algumas coisas durante a negociação e convide-o a confirmar a precisão das anotações. Isso ajuda a criar uma noção de responsabilidade pelo que foi dito.

Denuncie a tática. Deixe claro que você sabe que a outra parte está blefando ou mentindo. Use tato, mas seja firme, e não esconda sua desaprovação. Contudo, tenha em mente que denunciar mentiras nem sempre é fácil – ver o Quadro 8.2. Chamar a outra parte de mentirosa ou acusar o outro negociador de ser antiético, sem ter certeza, certamente não é o caminho para um processo construtivo e resultados positivos.

Ignore a tática. Se você está ciente de que a outra parte está blefando ou mentindo, simplesmente ignore a tática, sobretudo se a mentira diz respeito a um aspecto pouco importante para a negociação. Algumas pessoas mentem ou blefam porque sentem que essas são atitudes esperadas, que fazem parte do ritual da negociação e que não são reflexos de distorções da ética ou da moralidade. Às vezes um negociador assume compromissos imprudentemente – declarações que mais tarde serão motivo de arrependimento, por ter prometido algo que não queria dar ou ter descartado opções que teriam sido úteis. Às vezes a outra parte pode ter vantagens se ajudar esse negociador a escapar do compromisso e manter sua boa imagem. Uma lógica semelhante é aplicável a declarações falsas motivadas mais pela ingenuidade do que pela perversidade: deixe passar, evite constranger a outra pessoa, e siga em frente. A Tabela 8.3 apresenta algumas sugestões para lidar com situações nas quais existe a suspeita de que a outra parte está mentindo.

Discuta o que você vê e ofereça ajuda à outra parte para que ela adote comportamentos mais sinceros. Esta é uma variante da denúncia da tática; a diferença está

Quadro 8.2 A chamada "expressão sincera" existe mesmo?

Embora em sua maioria as pessoas não sejam boas em detectar mentiras, algumas acreditam que são capazes de descobrir se uma pessoa é sincera ou não, apenas examinando a expressão facial dela. Porém, qual a exatidão dessas avaliações?

Um estudo pediu aos participantes que observassem fotografias de uma mesma pessoa, quando criança, adolescente e adulta, e avaliassem a atratividade e a sinceridade do indivíduo com base nas feições do rosto. Os resultados foram comparados aos relatos de comportamentos honestos das pessoas mostradas nas fotografias, e revelaram que os atributos da face, como atratividade, "rosto inocente", tamanho dos olhos e simetria, contribuíam para as percepções de sinceridade. Os relatos dados pelos indivíduos fotografados mostraram que os homens que pareciam honestos nas fotos quando crianças eram também honestos quando envelheciam.

Por outro lado, as mulheres cujo comportamento fora menos honesto quando jovens pareceram mais honestas quando envelheceram, embora seus comportamentos não mudassem de forma significativa. Os participantes foram capazes de identificar corretamente a maior parte dos homens honestos à medida que envelheciam, mas suas avaliações sobre as mulheres de modo geral foram inexatas. Os pesquisadores concluíram que os rostos masculinos refletem com maior precisão a tendência para a honestidade, enquanto as faces femininas não foram indicadores muito fiéis de franqueza.

Fonte: adaptado de L. A. Zebrowitz, L. Voinescu, and M. A. Collins, "Wide-eyed and Crooked-Faced: Determination of Perceived and Real Honesty across the Life Span," *Personality and Social Psychology Bulletin* 22 (1996), pp.1258-69.

na tentativa de garantir que dizer a verdade é, no longo prazo, o melhor caminho para atingir os objetivos, contra a mentira e o blefe.

Responda na mesma moeda. Se a outra parte blefar, você blefa ainda mais. Se ela mentir, você mente também. Não recomendamos esse curso de ação, porque ele simplesmente intensifica o comportamento destrutivo e arrasta você e a outra parte para um atoleiro. Contudo, se ela perceber que você também está mentindo, é provável que reconheça que as táticas dela não funcionarão. Claro que, se as mentiras da outra parte são diretas e extremas a ponto de constituir fraude passível de execução judicial, então essa abordagem não deve ser imitada em circunstância alguma. De modo geral, responder na mesma moeda deve ser visto como a última tática a adotar.

Resumo do capítulo

Neste capítulo discutimos os fatores que os negociadores consideram quando decidem se uma tática em particular é enganosa e antiética. Analisamos as táticas eticamente ambíguas com base na estrutura da tomada de decisão e examinamos as implicações das escolhas que os negociadores fazem.

Utilizamos um conjunto de cenários hipotéticos para mostrar como as questões éticas são inerentes ao processo de negociação. Após, apresentamos quatro abordagens fundamentais ao raciocínio ético e úteis para decidir o que é apropriado da perspectiva ética. Sugerimos que a decisão de um negociador de usar táticas eticamente ambíguas (ou abertamente antiéticas) muitas vezes é resultado do desejo de aumentar o poder de negociação no panorama das informações (consideradas precisas). Discutimos a tipologia das táticas eticamente ambíguas e analisamos as motivações e as consequências de adotar um comportamento antiético em uma negociação. Por fim, examinamos como os negociadores podem reagir diante de uma parte que talvez esteja usando táticas enganosas ou subterfúgios.

Em síntese, sugerimos que os negociadores que consideram o uso de táticas enganosas façam a si próprios as seguintes perguntas:

- Essas táticas aumentarão de fato o meu poder e me ajudarão a atingir os meus objetivos?
- Como o uso dessas táticas afetará a qualidade de meu relacionamento com a outra parte no futuro?
- Como essas táticas podem influenciar minha reputação pessoal e profissional como negociador?

Os negociadores muitas vezes desprezam o fato de que, embora táticas ou meios antiéticos possam ajudá-los a obter o que desejam no curto prazo, as mesmas táticas talvez acabem manchando suas reputações e diminuindo as chances de atingirem seus objetivos no longo prazo.

Referências

1. Green, 1994; Hitt, 1990; Hosmer, 2003.
2. Missner, 1980.
3. Hosmer, 2003.
4. Ibid., p. 87.
5. Miller and Ross, 1975.
6. *The American Heritage Dictionary of the English Language* (3rd edition), Houghton Mifflin.
7. Carr, 1968.
8. Ibid., p. 144.
9. Por exemplo, Allhoff, 2003; Koehn, 1997.
10. Kelley and Thibaut, 1969.
11. Rubin and Brown, 1975.
12. O Quadro 8.1, sobre as implicações legais da mentira nas negociações, aborda o assunto com base no direito norte-americano. Claro que os sistemas jurídicos variam de país para país, como as doutrinas legais relativas à mentira e à fraude nas negociações.
13. Ver Lewicki, 1983; Lewicki and Robinson, 1998; Lewicki and Spencer, 1990; Lewicki and Stark, 1995.
14. Robinson, Lewicki, and Donahue, 2000; Barry, Fulmer, and Long, 2000.
15. O'Connor and Carnevale, 1997.
16. Schweitzer, 1997; Schweitzer and Croson, 1999.
17. Boles, Croson, and Murnighan, 2000.
18. O'Connor and Carnevale, 1997.
19. Sims, 2002.
20. Lewicki and Spencer, 1991.
21. Hegarty and Sims, 1978.
22. McCornack and Levine, 1990.
23. Boles, Croson, and Murnighan, 2000.
24. Schweitzer, Hershey, and Bradlow, 2006.
25. Aquino and Becker, 2005.
26. Os exemplos foram reproduzidos de Bok, 1978.
27. Por exemplo, Patterson and Kim, 1991; Yankelovich, 1982.

28. Volkema and Fleury, 2002.
29. Tenbrunsel, 1998.
30. Carr, 1968.
31. Bowie, 1993; Koehn, 1997.
32. Hosmer, 2003, p. 89.
33. Adler, 2007
34. Schweitzer, 1997; Schweitzer and Croson, 1999.
35. Schweitzer, Brodt and Croson, 2002.
36. Adler, 2007, p. 72.
37. Adler, 2007.

Capítulo 9

Os relacionamentos nas negociações

Objetivos

1. Entender como um relacionamento prévio entre as partes altera a dinâmica da negociação.
2. Analisar as diferentes formas de relacionamentos que podem ocorrer em uma negociação.
3. Examinar os papéis essenciais da reputação, da confiança e da imparcialidade nos relacionamentos de negociação.
4. Obter noções sobre como reconquistar a confiança e reparar relacionamentos prejudicados.

Já descrevemos o processo de negociação entre duas partes que nunca tiveram contato ou um relacionamento prévio, entraram em uma negociação e não voltaram a se reunir. A descrição dessa situação é apenas um "instantâneo", atemporal e não inserido em um contexto. Porém, esse não é o cenário em que a maioria das negociações se desenrolam. Na verdade, elas ocorrem em um ambiente social rico e complexo, que exerce um impacto significativo na interação entre as partes e na evolução do processo.

Um dos principais efeitos do contexto na negociação está no modo como as pessoas atuam em um relacionamento que tem passado, presente e futuro. Este capítulo discute como relacionamentos passados e futuros afetam uma negociação no presente. O assunto é abordado em duas seções. Na primeira, examinamos como um relacionamento passado, presente ou futuro pode afetar o processo de negociação. Essa discussão desafia muitas hipóteses gerais sobre a teoria e a prática da negociação – as quais não consideram um relacionamento entre as partes – e apresenta uma avaliação crítica da validade da teoria das negociações no entendimento e na gestão de negociações que envolvem um relacionamento. Apresentamos uma tipologia dos relacionamentos e das negociações que ocorrem no contexto de cada um, e descrevemos pesquisas que examinaram os processos de negociação em relacionamentos existentes. Por fim, examinamos três temas principais – a reputação, a confiança e a justiça – que têm importância especial para o sucesso de uma negociação inserida em um relacionamento.

A validade de abordagens consagradas na pesquisa sobre a negociação no contexto do relacionamento

O processo de negociação sempre foi estudado de duas maneiras. Na primeira, os pesquisadores investigam deliberações reais com negociadores de verdade, em situações práticas, como relacionamentos trabalhistas, por exemplo.[1] Na segunda, os estudiosos simulam negociações simplificadas em um laboratório de pesquisas. Jogos e simulações de negociações de baixa complexidade são desenvolvidos para explorar problemas e situações, com a participação de estudantes universitários como voluntários. Essa abordagem domina o processo de pesquisa em negociação há 40 anos.

Contudo, essa tradição consolidada de fazer pesquisa em um laboratório tem problemas sérios. De modo geral, as conclusões sobre o que é efetivo em negociações *complexas* foram obtidas com estudos usando um número limitado de jogos com barganhas *simples* e simulações em salas de aula. As descobertas feitas nessas pesquisas laboratoriais simplificadas são amplamente utilizadas para descrever como os negociadores devem se comportar em situações complexas. Logo, indo além da mera descrição do que as pessoas normalmente fazem em uma negociação (real ou simulada), muitos livros (inclusive este) utilizam a teoria para orientar os negociadores sobre *o que deveriam* fazer e *como deveriam* negociar. Porém, a precisão e a validade dessas sugestões são questionáveis, porque a maior parte das negociações ocorre entre pessoas que estão em um relacionamento com a outra parte e, portanto, têm um histórico importante e esperam manter esse relacionamento no futuro. Os esforços para investigar negociações reais em um contexto repleto de relacionamentos, e para apresentar sugestões mais apropriadas sobre como negociar quando as partes estão muito envolvidas em um relacionamento, são muito recentes.

Um grupo de pesquisa discutiu como a teoria atual fracassa ao tentar explicar a negociação inserida em um relacionamento. O grupo apresentou os seguintes exemplos:

> Marido e mulher discutem se passarão o próximo Natal com os pais dela ou com os pais dele. A Procter & Gamble e a Walmart discutem quem é o proprietário dos estoques em seu novo relacionamento. A Price Waterhouse discute o endividamento de um importante cliente de auditorias. Os integrantes de uma nova força-tarefa discutem seus novos papéis e descobrem que dois deles querem ocupar a mesma função. Essas discussões podem ser reproduzidas muito bem como um problema de negociação distributiva de questão única. Há duas partes: uma única dimensão essencial e posições opostas. Uma grande parcela dessas discussões envolve a descoberta ou a ocultação do ponto de *walkaway* das partes. Porém, as discussões são mais complicadas do que o problema distributivo em pauta.[2]

O grupo de pesquisa alega que o problema está no fato de os pesquisadores elaborarem generalizações com base em estudos simplificados (as "negociações transacionais") sobre o processo de negociação inserido em um relacionamento complexo. Algumas das muitas maneiras em que o contexto de um relacionamento existente afeta a dinâmica das negociações são discutidas a seguir.

1. *A negociação inserida em um relacionamento evolui com o tempo.* No Capítulo 3 observamos que uma das maneiras de converter uma negociação distributiva em uma negociação integrativa consiste em fazer com que as partes se revezem na

obtenção de uma vantagem ou recompensa. Quando as partes têm um relacionamento, essa estratégia é adotada sem grandes complicações. Marido e mulher conversam sobre um revezamento quando o assunto é um feriado na casa dos pais. O tempo se torna uma importante variável na negociação em relacionamentos. Compreender como as partes equilibram ou negociam questões à medida que a negociação evolui pode ser essencial para a gestão de situações difíceis.

2. *A negociação muitas vezes não é uma maneira de discutir uma questão, mas de aprender mais sobre a outra parte e aumentar a interdependência.* Em uma negociação transacional, as partes tentam obter informações uma sobre a outra para poderem chegar a um bom acordo. A brevidade de uma transação exige que uma parte atue de forma simplificada sobre suas preferências ou obtenha pequenas parcelas de informação sobre a outra antes de decidir sobre como atuar. Obter informações sobre as ideias, preferências e prioridades *do outro* frequentemente é a atividade mais importante em um relacionamento. Essas informações são usadas para conhecer e entender a forma de pensar da outra parte, seus hábitos no trabalho, entre outros aspectos, o que permite ao negociador melhorar a capacidade de coordenar as atividades e o relacionamento existente. Em síntese, em uma negociação transacional, a questão mais importante normalmente é o acordo; em uma negociação inserida em um relacionamento, a questão mais importante é a preservação ou a melhoria deste.

3. *A solução de questões distributivas simples tem implicações futuras.* O fator tempo pode ser tanto uma vantagem quanto uma desvantagem. A definição de uma questão da negociação cria precedentes indesejados ou imprevistos. O modo como a Procter & Gamble aborda uma questão relativa a estoques tem implicações no tratamento de questões semelhantes no futuro. Revezar as visitas aos pais em feriados nos dois primeiros anos do casamento não significa que o casal nunca poderá alterar o programa de visitas, ou que terão de adotar um revezamento em todas as questões sobre as quais discordam. Porém, eles talvez tenham de discutir abertamente quando certos precedentes são aplicáveis e explicar suas decisões a terceiros. Essas negociações também alteram o equilíbrio de poder e a dinâmica da dependência em relacionamentos futuros. Quanto mais as partes souberem uma sobre a outra, mais elas se tornam vulneráveis ou interdependentes. Com o tempo, a dinâmica distributiva pode criar problemas de reputação para as duas partes. O impacto da reputação será discutido em detalhe ainda neste capítulo.

4. *As questões distributivas em negociações inseridas em relacionamentos podem ter forte carga emocional.* Se uma parte tem opiniões fortes sobre as questões ou a outra tem uma postura provocadora, existe o risco de sentirem raiva uma da outra. Expressar essa raiva sem dúvida piora a negociação sobre outras questões (o efeito da emoção na negociação foi discutido no Capítulo 5). As partes dizem coisas que não queriam dizer, fazem comentários ofensivos, interrompem discussões e às vezes desistem do processo. Nesses casos o mínimo a fazer é acalmar os ânimos ou pedir desculpas antes de prosseguir. Em casos extremos, as partes alimentam a discórdia por anos, arrastando um fardo emocional que nunca se resolve e que impede que dialoguem sobre questões importantes para o relacionamento.

5. *A negociação inserida em um relacionamento talvez nunca termine.* Uma das vantagens de negociar em um jogo ou em uma simulação é a existência de um ponto final definido. Na verdade, muitos participantes de experiências com negociações desenvolvem uma estratégia específica para como jogar a "partida final"; muitas vezes eles abandonam estratégias cooperativas para terem a última cartada sobre a outra parte. Contudo, em muitos relacionamentos as negociações nunca terminam. Nestes, as partes estão constantemente tentando renegociar acordos ou questões antigas jamais resolvidas (ou resolvidas em favor de uma parte apenas). Essa situação pode ter várias consequências:
    a. *As partes adiam as negociações sobre questões difíceis para iniciar com o pé direito.* Se o casal imaginasse que o casamento estaria acabado em dois anos, marido e mulher se esforçariam para obter o que desejam enquanto estivessem casados; além disso, eles talvez negociassem um acordo específico sobre quem ficaria com o quê, quando o casamento terminasse. Porém, se o casal espera que o casamento dure para sempre, eles podem simplesmente combinar todos os seus bens, na esperança de que "tudo funcione bem" no futuro.
    b. *A tentativa de prever o futuro e negociar tudo de início muitas vezes é impossível.* Dois jovens empresários que decidem formar uma parceria de negócios não conseguem prever todos os resultados de seus esforços conjuntos ou as questões que terão de considerar se terminarem a parceria daqui a cinco anos. Quem consegue prever o sucesso ou as questões mais importantes do empreendimento? Na melhor das hipóteses, tudo o que podem fazer é assumir o compromisso de sempre se comunicarem um com o outro e de discutirem os problemas quando eles surgirem
    c. *As questões sobre a quais as partes realmente discordam talvez jamais sejam resolvidas.* Conforme sugerido, algumas negociações inseridas em relacionamentos nunca terminam. Duas pessoas que dividem um apartamento e têm padrões diferentes de limpeza – uma é organizada, a outra é bagunceira – talvez nunca resolvam qual preferência ditará as regras de convivência. O bagunceiro sempre estará disposto a deixar as coisas fora do lugar, ao passo que o organizado sempre se irritará com objetos largados aqui e ali. Enquanto dividirem o mesmo espaço, essa questão permanecerá viva entre eles. Os acordos sobre limpeza serão rompidos regularmente, ainda que os dois colegas tentem uma gama de soluções diferentes para acomodar suas preferências e hábitos.
6. *Em muitas negociações, a outra pessoa é o principal problema.* Uma teoria muito conhecida e amplamente aceita sobre a negociação integrativa diz que, para serem eficientes, os negociadores devem "separar a pessoa do problema".[3] Porém, o que acontece se a outra pessoa *é* o problema? Retornemos a um de nossos exemplos: quando um conjunto de questões carregadas de emocionalidade é combinado com um grupo de pessoas que têm grandes diferenças em valores ou estilos de vida, a receita para uma batalha que ultrapassa uma negociação de questão única está pronta. Na situação dos dois amigos que dividem um apartamento, a paixão do indivíduo organizado pela limpeza pode fazer com que ele veja a bagunça do colega não como uma simples questão de diferenças de estilos de vida, mas como uma postura intencional e provocadora: "Ele deixa uma bagunça por onde passa,

Quadro 9.1 As três regras para uma negociação inserida em um relacionamento

Jeswald Salacuse, um especialista em negociações internacionais, apresenta três regras importantes para uma negociação em um relacionamento:

- Não apresse a pré-negociação. Utilize o tempo necessário para conhecer a outra parte, visitando-a e aprendendo o que for possível sobre ela. Esse esforço melhora a coleta de informações e constrói um relacionamento baseado na confiança, no compartilhamento de informações e em discussões produtivas. Os executivos norte-americanos, em especial, têm a tendência de apressar as coisas e ir direto ao negócio, o que compromete esse estágio crítico da construção de um relacionamento.
- Reconheça o acordo de longo prazo como uma negociação prolongada. Mudanças e incertezas são uma constante em qualquer acordo de negócios. As discussões não terminam quando o contrato é assinado. Elas continuam à medida que as partes o cumprem, quando estas têm de se encontrar para solucionar problemas e renegociar pontos específicos do acordo.
- Considere a necessidade de mediação ou de conciliação. Por fim, considere os papéis que podem ser desempenhados por terceiros. Uma terceira parte pode ajudar a monitorar o acordo, resolver discordâncias sobre violações e garantir que ele não seja rompido por conta da incapacidade das partes de resolver suas diferenças ou de interpretar e pôr em prática o que ele determina.

Fonte: adaptado de J. Salacuse, "So, What's the Deal Anyway? Contracts and Relationships as Negotiating Goals", *Negotiation Journal* 14, no. 1 (1998), pp. 5-12.

porque sabe que eu me irrito quando este lugar parece um depósito de lixo! Ele faz isso para me provocar!". Já não se trata de um problema de frequência de limpeza ou de tolerância com os hábitos alheios. O problema se transformou em um conflito, no qual uma parte pensa que a outra é desrespeitosa e provocadora, o que aumenta o atrito devido à mera coexistência no mesmo espaço. Embora as partes possam adotar esforços significativos para "separar a pessoa do problema" e encontrar soluções viáveis, o fato é que a existência, as preferências, o estilo de vida ou o comportamento de uma parte irrita a outra, o que pode criar um problema que, se não for insolúvel, talvez só possa ser resolvido mediante uma separação definitiva ou a dissolução do relacionamento.

7. *Em algumas negociações, a conservação do relacionamento é a principal meta da negociação, e as partes talvez façam concessões relativas a questões substantivas para preservar ou melhorar o relacionamento.* Uma solução em potencial para uma negociação na qual "a pessoa é o problema" estipula que ambas as partes devem fazer concessões importantes sobre questões substantivas simplesmente para preservar o relacionamento. As partes envolvidas em transações de mercado tradicionalmente distributivas muitas vezes fazem concessões adotando posturas extremas no início e posições intermediárias no final do processo. Nesses casos, até a troca de favores é uma opção aceitável, porque as partes comparam

os benefícios que têm em duas questões diferentes e então fazem a troca. Contudo, é difícil entender como as partes negociam o valor do relacionamento que têm usando metas específicas sobre questões tangíveis como ponto de referência. Vamos supor que eu tenha um carro usado cujo valor de mercado é $5.000. Contudo, eu decido vendê-lo à minha mãe, que está precisando de um veículo para viagens ocasionais ou visitas a seus netos. Essa não é uma transação de mercado simples! Eu conseguirei convencer minha mãe de que ela deve pagar o mesmo preço que um estranho pagaria? Conseguirei convencer a mim mesmo? As respostas a estas perguntas provavelmente são definidas muito mais em função do valor que dou a meus relacionamentos passados e futuros com minha mãe do que pelo valor de mercado do carro. No Capítulo 1 discutimos a *acomodação* como escolha estratégica mais provável quando o relacionamento com a outra parte é importante e as questões distributivas não são. A acomodação é adotada com muito mais frequência como estratégia em negociações em um relacionamento do que em transações de mercado.[4]

Em suma, identificamos várias questões que diferenciam e tornam uma negociação inserida em um relacionamento um processo mais desafiador do que uma negociação distributiva ou integrativa entre partes que não têm um relacionamento passado e não planejam ter um no futuro. O modo como as lições aprendidas em transações de mercado se aplicam a negociações inseridas em relacionamentos nem sempre é claro. Para um exemplo, ver o Quadro 9.1.

As negociações inseridas em relacionamentos próximos

As pesquisas mostram que, em comparação com as partes envolvidas em outros tipos de negociações, as partes que mantêm um relacionamento próximo (ou que esperam ter um relacionamento futuro):

- São mais cooperativas e empáticas.[5]
- Fecham acordos melhores.[6]
- Têm desempenhos melhores tanto na tomada de decisão quanto em tarefas práticas.[7]
- Concentram suas atenções nos resultados da outra parte e nos próprios resultados.[8]
- Investem mais atenção nas normas desenvolvidas para regulamentar o modo como trabalham juntas.[9]
- Estão mais inclinadas a compartilhar informações e menos dispostas a usar táticas coercitivas.[10]
- Estão mais inclinadas a usar comunicação direta sobre questões conflituosas e desenvolver uma estrutura exclusiva para a solução de conflitos.[11]
- Podem se mostrar mais dispostas a adotar o comprometimento ou a solução de problemas como estratégia para acabar com um conflito.[12]

Contudo, não está claro se as partes em relacionamentos estreitos chegam a soluções melhores do que outros negociadores. Alguns estudos descobriram que as partes que *não* têm um relacionamento próximo obtinham soluções integrativas mais proveitosas.[13] Uma possível explicação está no fato de as partes nesse tipo de relacionamento não imporem uma solução preferida e assim evitarem conflitos, ou no fato de elas sacrificarem suas próprias preferências a fim de preservar o relacionamento.[14] Alguns pesquisadores descrevem essa tensão como um processo de equilíbrio entre investigação e defesa (ver o Quadro 9.2).[15]

Por fim, alguns estudos hoje se dedicam a explorar o modo como as partes em um relacionamento põem em prática diferentes formas de relacionarem-se e as consequências dessas distinções. Em um estudo com casais israelenses que escolheram uma mediação de divórcio, os homens estiveram mais inclinados a usar argumentos baseados nos princípios da lei e da prática costumeira para lidar com problemas e conflitos na dissolução do casamento, ao passo que as mulheres preferiram argumentos baseados na responsabilidade pessoal das partes uma com a outra. Os homens se mostraram mais reservados e pouco emotivos, enquanto as mulheres expressaram sentimentos profundos de ofensa e sofrimento.[16] O Quadro 9.3 apresenta alguns detalhes sobre a gestão de conflitos em relacionamentos.

Os principais elementos na gestão de negociações inseridas em relacionamentos

A reputação, a confiança e a justiça são três elementos cruciais e cuja importância é indiscutível em toda negociação. Nesta seção discutimos como os efeitos desses fato-

---

Quadro 9.2 O equilíbrio entre a investigação e a defesa

Os pesquisadores sugerem que a chave para minimizar conflitos interpessoais nos relacionamentos de trabalho e de resolvê-los de forma efetiva está no equilíbrio entre as habilidades de defesa – nas quais a maior parte dos gerentes é treinada – e as habilidades de investigação – as competências relativas a fazer perguntas. Com isso, as partes conseguem aprender mais uma sobre a outra. As orientações básicas para equilibrar a investigação e a defesa incluem os itens discutidos abaixo.

Ao defender suas opiniões:
- Explicite o seu raciocínio.
- Encoraje a outra parte a explorar suas opiniões.
- Encoraje a outra parte a apresentar opiniões diferentes.
- Faça perguntas sobre as opiniões da outra parte que diferem das suas.

Ao fazer perguntas sobre as opiniões da outra parte:

- Declare suas suposições com clareza e reconheça-as como tal.
- Compartilhe os "dados" nos quais suas suposições foram baseadas.
- Não faça perguntas se você não está verdadeiramente interessado nas respostas.

Ao chegar a um impasse:
- Encoraje a outra parte (ou a você mesmo) a conjecturar sobre as razões para o impasse.
- Se for interessante para ambas as partes, faça um *brainstorm* para encontrar ideias para superar os obstáculos.

Fonte: adaptado de L. A. Hill (1997), "Building Effective One-on-One Work Relationships" (Harvard Business School Note 9-497-028); e P. Senge, *The Fifth Discipline: The Art and Practice of the Learning Organization* (New York: Doubleday Currency, 1990).

> **Quadro 9.3** A solução de conflitos em relacionamentos intensos e complexos
>
> O psicólogo John Gottman é especialista na solução de conflitos em casamentos. Ele registra em vídeo milhares de conversas entre maridos e mulheres sobre problemas que desafiam seus relacionamentos, e apresenta algumas noções sobre como um relacionamento pode se fortalecer:
>
> 1. Os casais de sucesso procuram maneiras de manter o otimismo e dizer "sim" sempre que possível. Marido e mulher enaltecem as contribuições, ideias, opiniões e preferências um do outro o tempo todo. Isso tem importância especial para homens que muitas vezes têm de aceitar a influência da esposa.
> 2. Esses casais aceitam os conflitos como maneira de resolver suas diferenças, e não tentam evitá-los ou desistir de solucioná-los. Os conflitos típicos em um relacionamento envolvem preferências diferentes sobre assuntos como trabalho, lazer, pontualidade, e o modo como solucionar uma disputa quando discordam sobre algo importante.
> 3. Os bons relacionamentos se baseiam não apenas no modo de brigar, como também nos caminhos adotados para reparar uma situação após um problema. O humor, o afeto, os pedidos de desculpas e outras formas de "emoção positiva" que promovem uma "conexão" verdadeira com a outra parte são aspectos essenciais. Gottman lembra que esses conflitos não são complexos ou representativos em um relacionamento – eles muitas vezes são passageiros e triviais, mas essenciais para a gestão do relacionamento.
> 4. Os relacionamentos de longo prazo e de sucesso são caracterizados pela constante reafirmação do que uma parte gosta, valoriza, entende e respeita na outra. Em contrapartida, os melhores indicadores de que um relacionamento não vai durar são as críticas frequentes, as posturas defensivas quando a outra parte faz uma crítica, a negativa de dialogar ou de fazer uma concessão, e o desprezo ou o desgosto pela outra parte e suas opiniões. Para Gottman, o desprezo é o elemento mais prejudicial, capaz de fazer com que um bom relacionamento rapidamente se converta em um relacionamento ruim.
>
> *Fontes:* adaptado de John M. Gottman, *The Seven Principles for Making Marriage Work;* e "Making Relationships Work: A Conversation with Psychologist John Gottman," *Harvard Business Review,* December 2007, pp. 45-50.

res ficam mais pronunciados em negociações que transcorrem entre partes que têm um relacionamento.

A reputação

Sua reputação é o retrato das experiências que outras pessoas tiveram com você. Ela é o legado que todo negociador deixa após uma interação de negociação com a outra parte, uma "identidade da percepção, a qual reflete uma combinação de características e realizações pessoais salientes, comportamentos adotados e imagens apresentadas, preservados no tempo e observados diretamente ou relatados por terceiros".[17] Com base nessa definição, é possível esclarecer diversas facetas da importância da reputação:

- As reputações são impressões altamente subjetivas por natureza. Não é o modo como *gostaríamos* de ser vistos pelos outros, ou como acreditamos que somos vistos – é o que as pessoas *na verdade pensam sobre nós* que conta. Uma vez formada, uma reputação atua como uma lente ou "plano" pelo qual as pessoas geram expectativas sobre comportamentos futuros (ver nossa discussão sobre a percepção no Capítulo 5).[18]
- Um indivíduo pode ter diversas reputações diferentes ou mesmo conflitantes, porque ele talvez atue de formas distintas em cenários variados. Ele adota uma barganha distributiva com a pessoa que está vendendo objetos usados em uma venda de garagem e uma postura integrativa em uma negociação com um técnico de computadores. Embora as pessoas possam gerar reputações diferentes em contextos diversos, na maioria das vezes uma reputação é uma imagem única e consistente nutrida por muitas pessoas diferentes em uma série de contextos, as quais concordam sobre quem somos e como somos vistos.
- As reputações são definidas pelo comportamento passado. Por um lado, conhecemos a reputação de uma pessoa com base em nossas experiências com ela (por exemplo, um histórico de comportamento cooperativo ou competitivo). Por outro, nossas expectativas podem ser influenciadas pelo modo como o outro se comporta com outras pessoas. Logo, as reputações "diretas" (com base em nossa própria experiência) talvez sejam diferentes das reputações "indiretas" (construídas sobre as experiências de terceiros). As pessoas tendem a confiar mais em quem tem reputações diretas positivas e a utilizar estas em detrimento de reputações indiretas na hora de decidir se podem ou não confiar em alguém.[19]
- As reputações também são influenciadas pelas características e conquistas pessoais. Esses atributos incluem a idade, a raça, o sexo, a educação e a experiência passada, além da personalidade, habilidades e comportamentos. Juntos, esses atributos criam uma reputação ampla – o modo como as pessoas nos veem de modo geral –, além de uma reputação específica, que emerge de um estilo particular segundo o qual o indivíduo foi interpretado no passado.
- As reputações evoluem com o tempo. Uma vez desenvolvidas, são difíceis de mudar. Nossas primeiras experiências com outra pessoa – ou o que ouvimos sobre ela de terceiros – definem nossas opiniões sobre ela, as quais se traduzem em expectativas em situações futuras. Essas expectativas são confirmadas ou não na próxima vez que tivermos alguma experiência com o indivíduo. Logo, as primeiras impressões e experiências com ele são importantes na definição de nossas expectativas que, quando formadas, são difíceis de alterar. Um negociador que cria uma reputação de ser um "tubarão" da barganha distributiva em uma negociação inicial terá dificuldade de convencer o outro negociador de que ele é honesto, confiável e que espera trabalhar na obtenção de um acordo aceitável para ambos.[20]
- A reputação pode definir os estados emocionais e expectativas que as outras pessoas têm de um indivíduo. Reputações indiretas boas geram respostas emocionais positivas, ao passo que reputações indiretas ruins acarretam respostas emocionais negativas.[21]
- Por fim, reputações negativas são difíceis de "consertar". Quanto mais antiga a reputação negativa, mais trabalhosa qualquer iniciativa de alterá-la e torná-la positiva. As reputações precisam ser defendidas e renovadas de forma ativa, so-

bretudo quando um evento pode ser visto com maus olhos. Nesse caso é preciso esforço para defender e proteger a reputação e se certificar de que as pessoas não lembrem de uma experiência com olhos negativos. O modo como reconhecemos comportamentos passados, nos desculpamos por eles e pedimos que não sejam levados em conta (ou usamos pretextos e explicações para justificar algo visto como negativo) tem forte impacto na lembrança e na experiência das outras pessoas sobre nós. A seção abaixo detalha o papel dos pedidos de desculpas e outras formas de reconhecer responsabilidades.

A confiança

Muitas pesquisas identificaram a confiança como aspecto central dos relacionamentos.[22] Daniel McAllister definiu *confiança* como "uma convicção e uma disposição individual de atuar segundo as palavras, ações e decisões do outro".[23] Três aspectos contribuem para a confiança que um negociador deposita no outro: uma constante disposição pessoal de confiar nas pessoas (isto é, as diferenças individuais na personalidade que tornam algumas pessoas mais confiantes), os fatores situacionais (a oportunidade de as partes se comunicarem de modo adequado) e a história do relacionamento entre as partes.

As pesquisas recentes sobre a confiança na negociação. Muitos pesquisadores investigaram a confiança nas negociações.[24] Os primeiros estudos sobre o assunto foram baseados em conceitos muito primitivos de confiança e cenários experimentais relativamente rudimentares. Logo, as descobertas geradas eram um tanto limitadas. Não é difícil perceber que essas pesquisas mostravam que níveis elevados de confiança facilitavam as negociações, ao passo que níveis reduzidos tornavam o processo mais difícil. Pela mesma razão, os processos integrativos aumentavam a confiança, enquanto os processos distributivos a reduziam.[25] Algumas pesquisas recentes revelaram a existência de uma relação um tanto complexa entre a confiança e o comportamento na negociação. A seguir apresentamos um apanhado geral dessas descobertas:

- Muitas pessoas iniciam um novo relacionamento depositando muita confiança na outra parte. Apesar da expectativa de que as pessoas em um novo relacionamento iniciem com a confiança no "ponto zero", a maioria de nós assume que a outra parte é confiável e demonstra uma forte disposição de confiar nela, mesmo sabendo muito pouco sobre seus comportamentos e atitudes.[26]
- A confiança induz ao comportamento cooperativo. As partes que confiam uma na outra tratam-se com uma postura cooperativa. Portanto, a confiança predispõe as partes a um relacionamento mais estreito e cooperativo.[27]
- As motivações individuais também influenciam a confiança e as expectativas sobre o comportamento da outra parte. Um negociador que demonstra uma maior motivação para atuar de forma cooperativa alega ter uma confiança inicial mais alta na outra parte e impressões iniciais mais positivas sobre ela, comparado a um negociador com uma disposição individualista.[28]
- Tanto aqueles que depositam quanto os que recebem a confiança se concentram em aspectos diferentes à medida que o sentimento se fortalece. A princípio, os que depositam confiança se preocupam com os riscos inerentes (o quanto são vulneráveis, por exemplo) ao ato de depositar sua confiança em alguém, ao passo que os recebem confiança se concentram nas vantagens dessa condição. É

um viés de enquadramento (Capítulo 5) adotado tanto por quem dá quanto por quem recebe a confiança, o qual define o modo como as ações que envolvem esse sentimento são percebidas. Os que confiam estão mais predispostos a fazê-lo quando os riscos são pequenos, mas essa disposição não parece ter relação com as vantagens recebidas pela outra parte. Em contrapartida, esta demonstra uma maior satisfação por participar desse relacionamento de confiança quando as vantagens a serem recebidas são altas. Porém, esse contentamento também não parece ter relação com a vulnerabilidade sentida por quem deposita confiança nela. Além disso, uma parte não se mostra muito sensível aos fatores que afetam as decisões que a outra toma. Portanto, a construção da confiança pode ser muito facilitada se as partes se comunicam com clareza e objetividade sobre a vulnerabilidade ou as vantagens que uma ou outra sente ou aproveita, e sobre como administrar esses aspectos com eficiência.[29]

- A natureza distributiva ou integrativa da negociação pode afetar o modo como as partes avaliam a confiança. Em um contexto distributivo, a parte que deposita confiança se preocupa com os riscos que corre, enquanto a que recebe e pode retribuir essa iniciativa pensa nas vantagens da situação. Contudo, devido ao viés de enquadramento citado, normalmente as partes não consideram seus pontos de vista antes de tomarem a decisão de depositar ou de retribuir a confiança. Com isso, aumentam as chances de a confiança se romper ou não se concretizar, porque as partes veem esses riscos e recompensas de perspectivas diferentes. A reciprocidade da confiança aumenta quando existe o preparo para encarar a negociação da perspectiva da outra parte e considerar as visões dela na tomada de decisão.[30]

- Maiores expectativas de confiança entre os negociadores levam a um maior compartilhamento de informações com a outra parte, da mesma forma que maiores expectativas de desconfiança levam a menos compartilhamento de informações.[31]

- O compartilhamento de informações melhora a eficiência na obtenção de um bom resultado, ao passo que a retenção de informações tem efeito oposto – embora essa eficiência não necessariamente seja consequência de uma maior confiança entre as partes.[32]

- Os processos distributivos induzem os negociadores a interpretar o diálogo e os eventos principais que ocorrem nele como parte do processo (isto é, como dividir o montante) e a julgar a outra parte segundo enquadramentos negativos (ver a discussão sobre enquadramentos no Capítulo 5). As duas perspectivas tendem a reduzir a confiança. Em comparação, nos processos integrativos os negociadores estão inclinados a assumir que o diálogo diz respeito sobretudo a interesses, relacionamentos e efeitos positivos, e interpretam a outra parte segundo um enquadramento positivo. Essas perspectivas ajudam a aumentar a confiança.[33]

- A confiança aumenta a probabilidade de a negociação evoluir de forma favorável. No Capítulo 4 vimos que os pesquisadores se dedicam a examinar os pontos em que uma negociação toma um novo rumo – os eventos, comentários ou comportamentos principais que a levam em uma direção mais positiva (ou negativa). Um estudo demonstrou que a confiança aumenta as chances de pontos de virada positivos em relação a interesses e ao relacionamento entre as partes, ao mesmo tempo em que reduz os pontos de virada negativos envolvendo uma tarefa

Pepper . . . and Salt
THE WALL STREET JOURNAL

"Vamos pedir desculpas, mas sem expressar arrependimento, remorso ou responsabilidade."

Do *The Wall Street Journal*. Reproduzido com permissão de Cartoon Features Syndicate.

distributiva ou uma caracterização desfavorável da outra parte. Esses processos elevam a confiança entre as partes ao final da negociação.[34]
- A negociação frente a frente aumenta a confiança entre as partes, em comparação com negociações a distância. Existem indícios de que as partes prestes a iniciar uma negociação a distância esperam menos confiança uma da outra, sentem-se menos satisfeitas com os resultados e menos confiantes na qualidade do próprio desempenho no processo. Além disso, elas confiam menos uma na outra após a negociação e demonstram uma disposição menor de negociarem juntas outra vez.[35]
- Os negociadores que representam os interesses de outras entidades tendem a se comportar de modo menos confiável e esperam que a outra parte não deposite muita confiança neles. Por essa razão, esses negociadores se envolvem menos em qualquer processo de dar e receber – e esperam o mesmo da outra parte.[36]

A recuperação da confiança. A discussão acerca das pesquisas sobre a confiança nas negociações deixa claro que o sentimento aprimora o processo, favorece posturas integrativas e muitas vezes produz resultados melhores. Em contrapartida, a *desconfiança* obstrui o processo de negociação, favorece a negociação distributiva e reduz as chances de bons resultados. Diante da importância da confiança e das negociações positivas, vamos considerar como ela pode ser recuperada para redirecionar a negociação para resultados mais positivos.

Alguns estudos investigaram as maneiras de recuperar a confiança.[37] Essas pesquisas descobriram que:

- Quanto mais grave a quebra de confiança (o custo sofrido pela outra parte), mais difícil recuperá-la e renovar o relacionamento.
- Quanto melhor o relacionamento entre as partes, mais fácil recuperar a confiança.

- Quanto mais cedo um pedido de desculpas for apresentado, mais eficiente ele será.
- Quanto mais sincero esse pedido, maior sua eficácia para recuperar a confiança.
- Quanto maior a responsabilidade assumida e mais sincero o pedido, maior a efetividade dele. Os pedidos de desculpa nos quais um ator assume responsabilidade pessoal por ter criado a brecha foram mais efetivos do que aqueles nos quais o ator tentou culpar fontes externas.
- Quanto mais a perda de confiança parecer um fato isolado (não uma postura habitual e repetitiva da outra parte), mais efetivo o pedido de desculpas.[38]

Estudos recentes mostram que, após um período de comportamento pouco confiável, a confiança tem mais chances de ser recuperada se a violação ocorrida não for acompanhada de uma mentira. A mentira parece ser muito mais prejudicial à confiança do que uma ação indigna de confiança. Isso explica a dificuldade de recuperar a confiança após uma mentira ter sido descoberta.[39]

A justiça

O terceiro fator principal nos relacionamentos diz respeito ao que é justo ou não. A justiça é mais um dos tópicos amplamente investigados nas ciências organizacionais. Em uma organização, as pessoas discutem se o salário é justo, se o tratamento que recebem é bom, ou se algum grupo está sendo tratado com parcialidade (por exemplo, as mulheres, as minorias e os integrantes de outras culturas).

A justiça pode assumir diversas formas:[40]

- A *justiça distributiva* diz respeito à distribuição de resultados. Existe a preocupação de que uma parte esteja ficando com mais do que a outra ou com mais do que merece, de que os resultados devam ser distribuídos uniformemente ou com base nas necessidades.[41] Um estudo mostrou que, em uma negociação distributiva, a justiça de resultado muitas vezes é determinada como ponto médio entre as posições iniciais das duas partes (o que muitas vezes é chamado de acordo que envolve "dividir a diferença" – ver o Capítulo 2). A ocorrência deste ponto em que as partes obviamente concordam parece favorecer as concessões e as chances de um acordo.[42]
- A *justiça processual* envolve os métodos pelos quais os resultados são alcançados. Existe a preocupação de que as partes não tenham se tratado de modo justo, de que não tenham se dado uma oportunidade de apresentar um ponto de vista ou uma versão melhor de suas posições, ou de que não tenham se tratado com respeito. Uma vez que a negociação é um ambiente no qual as partes têm a oportunidade de definir o resultado que recebem, a justiça processual normalmente é elevada na maioria das negociações. As preocupações sobre ela são comuns quando os negociadores julgam o comportamento de terceiros: interpretar a terceira parte como neutra e confiável, aceitar as decisões que ela toma e, no caso de uma autoridade formal estar envolvida (como a polícia, por exemplo), aceitar as decisões e diretivas que ela apresenta.[43]
- A *justiça interacional* envolve o modo como as partes tratam uma à outra em relacionamentos diretos. As pesquisas mostram que as pessoas têm grandes expectativas sobre o modo como a outra parte deve tratá-la. Quando esses padrões são desrespeitados, insinceros e subjetivos, ou quando a outra parte é rude, faz

perguntas inadequadas, declarações preconceituosas e discriminatórias ou toma decisões e ações precipitadas sem justificativa, os negociadores sentem que os padrões de imparcialidade foram afetados.[44]

- Por fim, a *justiça sistêmica* diz respeito ao modo como as organizações tratam grupos de indivíduos e às normas que desenvolvem para essa finalidade. Quando alguns grupos são discriminados, excluídos ou sistematicamente recebem salários mais baixos ou trabalham em condições inadequadas, as partes talvez se preocupem menos com os elementos processuais específicos e mais com o fato de o sistema como um todo ser imparcial ou preconceituoso com relação aos tratamentos que dá a certos grupos e aos interesses deles.

Hoje a justiça é tema de investigações sistemáticas na dinâmica das negociações. As conclusões a seguir foram publicadas em uma série de estudos recentes:

- O envolvimento no processo de definição de uma estratégia de negociação aumenta o comprometimento com ela e a disposição de adotá-la. Esse é o conhecido "efeito da justiça processual", no qual as partes envolvidas no processo de definir uma decisão estão mais comprometidos com ela. Os negociadores que têm papel ativo no desenvolvimento de uma estratégia de negociação em grupo demonstraram maior envolvimento com ele e com as metas do processo.[45]
- Os negociadores (compradores, em transações de mercado) que se sentem motivados ("incentivados") a considerar a justiça são mais cooperativos em negociações distributivas. Eles fazem concessões maiores, atuam de modo mais imparcial, chegam a acordos com mais rapidez e demonstram atitudes mais positivas com a outra parte. Além disso, esses negociadores exigem tratamento justo dela. Contudo, quando a outra parte não retribui o comportamento cooperativo do negociador, ele retalia e pune seu comportamento competitivo. Logo, revelar a intenção de ser justo e motivar a outra parte a seguir esse exemplo é uma excelente maneira de dar apoio a trocas imparciais. Porém, é preciso cautela com negociadores cujas iniciativas de imparcialidade parecem falsas.[46]
- De forma semelhante, as partes que recebem ofertas vistas como injustas normalmente as rejeitam de imediato, independentemente de a quantidade oferecida ser melhor do que o acordo alternativo, o qual consiste em receber nada. É em situações desse tipo que o papel dos intangíveis fica visível em uma negociação. Os economistas preveem que qualquer acordo melhor do que zero deveria ser aceito (se a única alternativa for zero), mas as pesquisas mostram que os negociadores muitas vezes rejeitam essas ofertas menores. Sem dúvida, uma oferta injusta desperta sentimentos como raiva e orgulho ferido, e os negociadores muitas vezes preferem reagir com despeito, acabando com as chances de acordo, a aceitar um acordo injusto.[47]
- A definição de alguns padrões objetivos de justiça tem impacto positivo nas negociações e na satisfação com seus resultados. O papel de um "padrão objetivo" para a justiça foi discutido no Capítulo 3.[48] Dos estudantes que participaram da simulação de aquisição de uma empresa, os compradores que tinham uma noção do preço justo a ser pago pela compra sentiram-se mais satisfeitos com os preços oferecidos, mais dispostos a comprar a empresa e mais abertos a negociar com a outra parte outra vez no futuro. Além disso, o conhecimento da BATNA do oponente, além das informações sobre preços estimados do objeto negociado

foram os fatores que mais influenciaram as avaliações de imparcialidade feitas pelo negociador.[49]
- As avaliações sobre justiça são influenciadas pelos tipos de vieses cognitivos já descritos. Por exemplo, a maioria dos negociadores têm um viés egocêntrico, isto é, a tendência de se julgar no direito de receber uma fatia maior, mesmo que a regra mais óbvia de justiça diga que montantes tenham de ser divididos em partes iguais. As pesquisas recentes demonstraram que esse viés egocêntrico pode ser amenizado com uma noção forte de justiça interacional. Isto é, reconhecer a necessidade de tratar a outra pessoa com imparcialidade e de fato tratá-la segundo essa noção diminui esse viés e auxilia a dividir recursos de modo justo, agiliza acordos e reduz impasses.[50]
- Não causa surpresa que esses vieses egocêntricos variem de cultura para cultura. Ao menos um estudo foi publicado sobre esse assunto, o qual mostrou que esse tipo de viés é mais forte em culturas baseadas no individualismo (por exemplo, os Estados Unidos), nas quais o ser se satisfaz concentrando-se nos próprios atributos para assim sobressair-se e ser melhor do que os outros, em comparação com culturas nas quais prevalece o coletivismo (como o Japão), e a pessoa se satisfaz concentrando-se em suas próprias características negativas de maneira a possibilitar a convivência.[51]

Uma vez que as preocupações com questões de justiça são tão comuns – o modo como as partes interpretam a distribuição de recursos, o processo pelo qual essa decisão foi tomada e o tratamento que dão uma à outra –, está claro que são necessárias mais pesquisas para esclarecer essas questões no âmbito das negociações. Por exemplo, as questões envolvendo justiça também surgem quando as pessoas negociam dentro de suas próprias organizações, como na criação de um conjunto exclusivo ou especializado de responsabilidades ou tarefas de um cargo, por exemplo. Esses "acordos idiossincráticos" precisam ser administrados de forma efetiva para dar certeza de que podem continuar a existir sem afetar a noção de justiça das outra pessoas com relação ao tratamento imparcial (ver o Quadro 9.4). Além disso, esses acordos às vezes não são tão justos como parecem a princípio. Frequentemente as trocas negociadas são interpretadas como justas do ponto de vista processual, porque as partes tomam decisões em conjunto, conhecem os termos do acordo com antecipação, aprovam o processo e tomam decisões que geram uma noção de obrigação. Contudo, um estudo revelou que, após a finalização desses acordos, os negociadores percebem que seus parceiros são *menos* justos e estão menos dispostos a voltar a negociar com eles no futuro. Logo, em vez de tornar as coisas mais justas, as trocas negociadas às vezes acerbam os conflitos entre atores que não percebem os próprios vieses e estão inclinados a ver as motivações e características da outra parte sob uma ótica desfavorável.[52]

A relação entre a reputação, a confiança e a justiça

As diversas manifestações de justiça estão inter-relacionadas. Porém, as reputações, a confiança e a justiça interagem, e têm papel ativo na definição das expectativas sobre comportamentos. Por exemplo, quando uma parte percebe que a outra atuou de forma justa no passado ou que atuará assim no futuro, aquela demonstra maior inclinação de confiar nesta.[53] Além disso, é possível imaginar que uma atuação justa gera confiança e melhora a reputação. Contudo, diversos estudos teóricos e práticos

Quadro 9.4 O acordo idiossincrático: a flexibilidade *versus* a justiça

A professora Denise Rousseau, da Universidade de Carnegie Mellon, estuda a natureza variável das relações trabalhistas e os "contratos psicológicos" entre patrões e empregados há muito tempo. Em um artigo que publicou em 2001, a professora Rousseau discutiu o chamado "acordo idiossincrático", que define como os empregadores tratam certos funcionários em comparação com outros em um mesmo escritório ou ambiente. Muitos acordos idiossincráticos são negociados no ambiente de trabalho (por exemplo, licenças para frequentar um curso, carga horária flexível, trabalho em casa e trabalho em um projeto pessoal ou voluntário durante o expediente). No passado, esses acordos eram reservados para funcionários com muito tempo de empresa ou com cargos de chefia. Contudo, Rousseau descobriu que hoje eles são muito comuns e deixaram de ser privilégio de poucos. Logo, embora os acordos idiossincráticos sejam uma nova modalidade de flexibilidade e inovação no mercado de trabalho, eles também levantam questões importantes sobre a justiça e o tratamento consistente de diferentes tipos de funcionários. Algumas observações sobre esses acordos são listadas a seguir:

1. Os acordos idiossincráticos são mais comuns quando os funcionários:
   - Têm alto valor (por exemplo, têm uma BATNA no mercado de trabalho).
   - Estão dispostos a negociar.
   - Têm um profundo conhecimento do mercado e dos negócios.
   - Trabalham em empresas pequenas ou iniciantes.
   - Trabalham em empresas focadas no conhecimento (têm especialização em informação ou serviços, não produtos).

2. Esses acordos são mais comuns em certos países, como os Estados Unidos, o Reino Unido e a Nova Zelândia.

3. Os acordos idiossincráticos têm mais chance de funcionar quando:
   - Existe um relacionamento de qualidade entre empregado e empregador.
   - As responsabilidades e as exigências relativas ao cargo são bem compreendidas e aceitas.
   - Os critérios de desempenho são claros e específicos.
   - Os trabalhadores confiam no processo de avaliação de desempenho.
   - Existe um entendimento comum dos critérios de desempenho entre os colegas.
   - Os colegas têm relacionamentos baseados no suporte mútuo.
   - Os colegas confiam no gerente.
   - As razões legítimas são declaradas e claras nos casos em que a flexibilidade é limitada. Esses acordos são vistos como fonte de inovação, a qual pode ser compartilhada e adotada por outras pessoas na empresa.

Fonte: D. Rousseau, "The Idiosyncratic Deal: Flexibility versus Fairness?" *Organizational Dynamics* 29, no.4 (2001), pp 260-73.

revelaram que, quando as partes recebem tratamento injusto, elas muitas vezes se enraivecem e retaliam contra a injustiça cometida ou quem a cometeu. Tratamentos imparciais geram desconfiança e má reputação.[54] A confiança, a justiça e a reputação são essenciais nas negociações entre partes que têm um relacionamento prévio – estão inter-relacionadas. Não é possível entender uma negociação inserida em um relacionamento complexo sem considerar como avaliamos o outro (e a nós mesmos) com relação a essas dimensões.

A recuperação de um relacionamento

Existem muitas maneiras de recuperar um relacionamento. Tentar vencer uma reputação negativa, recuperar a confiança ou restaurar a justiça em um relacionamento são tarefas aparentemente fáceis na teoria. Porém, na prática essas intenções são difíceis de concretizar. Segundo Fisher e Ertel, as etapas listadas a seguir devem ser adotadas no esforço inicial para recuperar um relacionamento:

1. *Quais são as causas do mal-entendido atual e o que pode ser feito para solucioná-lo?* Se o relacionamento passa por um momento difícil, o que pode estar causando o problema e como posso obter informações ou desenvolver uma perspectiva para melhorar a situação?
2. *O que está por trás da falta de confiança e o que pode ser feito para restaurar a confiança perdida?* A recuperação da confiança é um processo longo e lento. Ele exige explicações adequadas sobre comportamentos passados, pedidos de desculpas e até mesmo compensações (ver o Quadro 9.5).

Quadro 9.5 A JetBlue pede desculpas

Em 14/2/2007 (quando é comemorado o Dia dos Namorados nos Estados Unidos), a JetBlue, uma companhia aérea, passou por uma forte crise. Duas polegadas de neve e gelo acumuladas nas pistas do Aeroporto JFK, em Nova York, causaram o cancelamento de mais de mil voos e muitos atrasos. Por essa razão, muitos passageiros ficaram presos nas aeronaves por mais de nove horas. O acontecimento recebeu expressiva cobertura da mídia, e a JetBlue precisou de uma semana para voltar a operar normalmente. Embora outras companhias aéreas também tenham sofrido com a tempestade de neve, a interrupção das operações da JetBlue teve mais visibilidade devido a um histórico de sete anos de bons serviços que sempre geraram expectativas positivas em relação ao tratamento a seus clientes.

David Neeleman, fundador e CEO da companhia, viu-se diante do desafio de recuperar a confiança do público e fortalecer a identidade da marca que a empresa criara. Na semana seguinte à crise, ele apareceu em diversos noticiários locais e nacionais, acatando a responsabilidade por decisões erradas e problemas organizacionais.

Neeleman pediu desculpas várias vezes e prometeu devolver o dinheiro aos passageiros que não conseguiram viajar. Além disso, ele assumiu o compromisso de solucionar os problemas que geraram a crise, e apresentou uma "declaração dos direitos do cliente". Duas semanas após o incidente, 43% das pessoas que acessavam o *website* da JetBlue diziam que a companhia aérea continuava sendo sua empresa favorita no setor aéreo.

Em um momento em que os clientes depositam pouca confiança nas companhias aéreas, o sucesso de Neeleman para lidar com a crise foi visto como um exemplo de criação de uma identidade de marca confiável – e da capacidade de manter essa identidade em um momento difícil. Bruce Blythe, CEO da Crisis Management International, resumiu muito bem a situação, "a coisa mais importante que uma empresa precisa demonstrar durante uma crise é sua preocupação com o cliente. Essa preocupação não é um sentimento, é um comportamento".

Fonte: C. Salter, "Lessons from the Tarmac", *Fast Company*, May 2007, pp.31-32.

3. *O que pode estar fazendo com que uma ou ambas as partes se sintam coagidas e o que pode ser feito para mudar o foco, da coação para a persuasão?* O que pode ser feito para reduzir a pressão e permitir que as partes deem uma à outra a liberdade para falar sobre o que ocorreu, e o que é necessário fazer para corrigir a situação?
4. *Qual é a possível razão para que uma ou ambas as partes sintam-se desrespeitadas e o que pode ser feito para demonstrar respeito e aceitação?* Quais são os passos para reconhecer as contribuições das partes e as coisas positivas que alcançaram juntas no passado? O que deve ser feito para recuperar o respeito e o valor que essas contribuições merecem?
5. *O que pode estar perturbando uma ou ambas as partes e o que pode ser feito para equilibrar razão e emoção?* Como trazer à tona as questões que geraram raiva, frustração, rejeição e decepção entre as partes? Qual é a melhor maneira de liberar essas emoções, compreender o que as causa e deixá-las para trás?[55]

Essas questões são importantes. Se o problema no relacionamento não é importante ou duradouro, as partes são capazes de solucioná-lo sozinhas. No entanto, se ele é persistente, ou se a ruptura implica custos expressivos para uma ou ambas, talvez seja necessário trazer terceiros para a mesa de negociações.

Resumo do capítulo

Neste capítulo exploramos como relacionamentos entre as partes influenciam a negociação. A maior parte da teoria e das pesquisas sobre negociações é baseada no que aprendemos em cenários experimentais com duas partes que não se conhecem, não esperam negociar outra vez no futuro e efetuam uma transação comercial envolvendo preço e volume. Contudo, uma parcela expressiva das negociações ocorre em cenários de negócios que envolvem questões jurídicas, governamentais, comunitárias ou internacionais, nas quais as partes têm um relacionamento passado (e futuro), e onde esse relacionamento tem forte impacto no processo de negociação.

Além disso, não é possível supor que os negociadores estejam envolvidos apenas em transações comerciais de pouca amplitude envolvendo a troca de valores ou bens e serviços. Muitas negociações dizem respeito a como trabalhar (e viver) em conjunto e com mais eficiência ao longo do tempo, como coordenar ações e compartilhar responsabilidades, ou como administrar problemas surgidos nesses relacionamentos. Neste capítulo avaliamos o panorama das pesquisas anteriores sobre as negociações – as quais tiveram como tema principal os relacionamentos em trocas comerciais – e examinamos o enfoque dessas pesquisas no que diz respeito a diferentes tipos de relacionamentos, sobretudo os estreitos e aqueles que envolvem autoridade. No âmbito dos relacionamentos, percebe-se que as partes alteram o foco de suas atenções consideravelmente, ao deixarem de concentrar seus interesses em fatores como o preço e a operação de troca e dedicarem mais atenção a variáveis como o futuro do relacionamento, a confiança entre as partes e as questões envolvendo justiça e a criação de uma reputação positiva forte. Argumentamos que a maior parte das negociações ocorre nesses contextos de relacionamento, e defendemos a realização de mais pesquisas para elucidar as complexidades desse assunto.

O Capítulo 10 discute outro aspecto das negociações no qual os relacionamentos têm forte influência: as mudanças que ocorrem quando os negociadores representam os interesses de outras entidades, não os seus, e quando mais de duas partes estão ativamente envolvidas no processo de negociação.

Referências

1. Douglas, 1962; Friedman, 1994.
2. Sheppard and Tuchinsky, 1996a, pp. 132-33.
3. Fisher, Ury, and Patton, 1991.
4. Sheppard and Tuchinsky, 1996a, b.
5. Greenhalgh and Gilkey, 1993.
6. Sondak, Neale, and Pinkley, 1995.
7. Shah and Jehn, 1993.
8. Loewenstein, Thompson, and Bazerman, 1989.
9. Macneil, 1980.
10. Greenhalgh and Chapman, 1996; Greenhalgh and Kramer, 1990.
11. Tuchinsky, 1998.

12. Dant and Schul, 1992; Ganesan, 1993.
13. Fry, Firestone, and Williams, 1983; Thompson, Peterson, and Brodt, 1996.
14. Barry and Oliver, 1996; Tripp, Sondak, and Bies, 1995.
15. Senge, 1990; Argyris and Schön 1996.
16. Pines, Gat, and Tal, 2002.
17. Ferris, Blass, Douglas, Kolodinsky, and Treadway, 2005, p. 215.
18. Fiske and Taylor, 1991.
19. Goates, 2008.
20. Ferris et al., 2005.
21. Goates, 2008.
22. Greenhalgh, 2001; Greenhalgh and Chapman, 1996; and Tuchinsky, Edson Escalas, Moore, and Sheppard, 1994.
23. McAllister, 1995.
24. Por exemplo, Butler, 1991; Kimmel, Pruitt, Magenau, Konar-Goldband, and Carnevale, 1980; Lindskold, Bentz, and Walters, 1986; Schlenker, Helm, and Tedeschi, 1973; and Zand, 1972, 1977.
25. Conforme observado, um dos problemas com essas pesquisas diz respeito ao fato de tenderem a interpretar a confiança como um constructo simples e unidimensional típico de relações comerciais (Kimmel et al. 1980; Tedeschi, Heister, and Gahagan, 1969). Uma vez que relacionamentos são complexos, mudam com o tempo e muitas vezes são embasados na compatibilidade das personalidades das partes e estilos e valores interpessoais, parece provável que os modelos mais complexos desenvolvidos para explicar a confiança apresentados neste capítulo sejam válidos para relacionamentos estreitos, da mesma forma como são para transações comerciais em que as partes não têm intimidade.
26. Kramer, 1994; Myerson, Weick, and Kramer, 1996.
27. Butler, 1995, 1999.
28. Olekalns, Lau, and Smith, 2007.
29. Malhotra, 2004.
30. Malhotra, 2003.
31. Butler, 1995, 1999.
32. Butler, 1999; Olekalns and Smith, 2001.
33. Olekalns and Smith, 2001; ver também Koeszegi, 2004, para uma descrição do processo de construção da confiança em relacionamentos internacionais.
34. Olekalns and Smith, 2001, 2005.
35. Naquin and Paulson, 2003.
36. Song, 2004.
37. Ver Bottom, Gibson, Daniels, and Murnighan, 2002; Kim, Dirks, Cooper, and Ferrin, 2006; Schweitzer, Hershey, and Bradlow, 2006; Tomlinson, Dineen, and Lewicki, 2004.
38. Tomlinson, Dineen, and Lewicki, 2004.
39. Schweitzer, Hershey, and Bradlow, 2006.
40. Ver Sheppard, Lewicki, and Minton, 1992, e Greenberg and Colquitt, 2005 para revisões sobre questões de justiça em organizações e Albin, 1993 para uma opinião sobre o papel da justiça nas negociações.
41. Deutsch, 1985; Ver também Loewenstein, Thompson, and Bazerman, 1989.
42. Benton and Druckman, 1974.
43. Tyler and Blader, 2004.
44. Bies and Moag, 1986.
45. Jones and Worchel, 1992.
46. Maxwell, Nye, and Maxwell, 1999, 2003.
47. Pillutla and Murnighan, 1996.
48. Fisher, Ury, and Patton, 1991.
49. Buelens and Van Poucke, 2004.
50. Leung, Tong, and Ho, 2004.
51. Gelfand et al., 2002.
52. Molm, Takahashi, and Peterson, 2003.
53. Lewicki, Wiethoff, and Tomlinson, 2005.
54. Ver Greenberg, 1990; Sheppard, Lewicki, and Minton, 1992; Skarlicki and Folger, 1997.
55. Fisher and Ertel, 1995.

Capítulo 10

As negociações entre múltiplas partes e equipes

Objetivos

1. Descrever como as negociações se tornam mais complexas quando há mais de dois negociadores na mesa de negociações.
2. Identificar os principais elementos de um grupo eficiente aplicáveis às negociações entre grupos.
3. Listar as principais estratégias para a gestão de uma negociação multipartes efetiva.

A finalidade deste capítulo é ajudar o leitor a entender como o processo de negociação muda quando há mais de duas partes à mesa. A maior parte das discussões nos capítulos anteriores tratou de negociações "de um para um". Neste capítulo examinaremos como a dinâmica do processo é alterada quando grupos, equipes e forças-tarefa precisam apresentar visões diferentes e chegar a um acordo coletivo sobre um problema, um plano, ou um curso de ação futuro.

A natureza das negociações multipartes

Uma *negociação multipartes* é aquela na qual mais de duas partes trabalham juntas para atingir um objetivo conjunto. O exemplo a seguir ilustra a natureza de uma negociação multipartes. Um grupo de quatro estudantes pretende vender um aparelho de som e para isso fixa avisos na residência estudantil e no refeitório da universidade. Um ano atrás, cada estudante do grupo contribuiu com $200 para comprar o aparelho. Hoje eles têm preferências diferentes sobre o que deveriam fazer com ele. Aaron (A) acha melhor vender o aparelho e dividir o dinheiro, porque pensa em comprar uma bicicleta. Bill (B) quer vender o aparelho e comprar um aparelho novo mas não muito caro. Chuck (C) tem a mesma opinião, mas prefere um aparelho de qualidade, e que exigirá uma contribuição adicional maior de cada um. (D) Dan não concorda em vender o aparelho e acha que a ideia não é boa. Cada um tem suas preferências e prioridades, mas precisam decidir juntos o que farão. Eles têm diversas opções, entre as quais concordar com uma decisão coletiva única sobre os passos a seguir, concordar em alinharem-se em subgrupos para então reunir o dinheiro, ou mesmo seguirem por caminhos distintos. Quando as partes concordam em se reunir para discutir opções e tomar uma decisão coletiva, a negociação é chamada de *negociação multipartes*. Essa negociação tem uma dinâmica exclusiva em um processo de tomada de decisão coletivo.

A regra geral para uma negociação multipartes está representada na Figura 10.1. Nesse tipo de negociação, as partes (três no mínimo) representam seus próprios interesses. Em uma situação diferente (por exemplo, elas podem ser representantes de diferentes departamentos de uma mesma empresa, os quais se reúnem como uma força-tarefa) elas representam os interesses de terceiros (ver a Figura 10.2). As complexidades descritas nesta seção aumentam de forma linear (ou mesmo exponencial) com o número de partes, entidades representadas e públicos envolvidos.

Neste capítulo discutiremos os fatores que dificultam a administração das negociações multipartes, comparadas a negociações bilaterais. Analisaremos alguns dos principais estágios e fases dessas deliberações. Para cada estágio, avaliaremos as estratégias que podem ser usadas para administrar negociações multipartes de forma efetiva. Discutimos as complexidades e a suscetibilidade desse tipo de negociação ao fracasso, e mostraremos que a gestão das negociações multipartes requer um comprometimento consciente das partes e um facilitador durante o esforço conjunto para obter um acordo multipartes de sucesso.[1]

As diferenças entre negociações multipartes e negociações bilaterais

As negociações multipartes diferem das deliberações bilaterais em muitos aspectos importantes. Essas diferenças tornam as negociações multipartes mais complexas, desafiadoras e difíceis.

O número de partes. A primeira diferença é a mais óbvia: as negociações multipartes têm mais de dois negociadores à mesa de negociações. Logo, as negociações desse tipo são maiores, o que cria desafios para administrar diferentes perspectivas

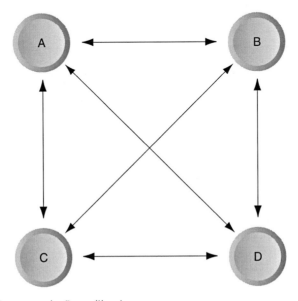

Figura 10.1 Uma negociação multipartes.

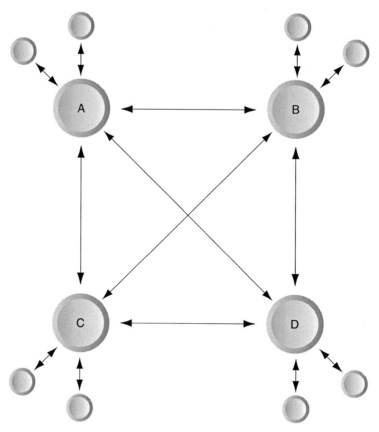

Figura 10.2 Uma negociação multipartes envolvendo entidades representadas.

e garantir que as partes tenham o tempo necessário para falarem e serem escutadas. As partes podem agir representando os próprios interesses (Figura 10.1), ou atuarem como agentes, quando representam os interesses de ao menos uma entidade (Figura 10.2). Além disso, as partes talvez tenham diferentes papéis sociais fora do contexto da negociação (por exemplo, um presidente, um vice-presidente, um diretor ou um presidente do conselho de administração de uma empresa), com níveis iguais ou não de poder e importância na negociação (ver o Capítulo 7). Se as partes têm poderes comparáveis (por exemplo, todos à mesa são vice-presidentes), a negociação provavelmente será mais aberta, em comparação com uma situação em que uma parte tem mais poder do que as outras.

A complexidade relativa a informações e cálculos. A segunda diferença nas negociações multipartes diz respeito à maior quantidade de questões, perspectivas e informações (fatos, números, pontos de vista, argumentos e documentos). "Uma das principais consequências do aumento do número de partes é que a situação de negociação tende a ficar mais obscura, complexa e, portanto, exigir mais dos negociadores em alguns aspectos. À medida que o número de participantes na negociação aumenta, cresce também o número de valores, interesses e percepções a serem integrados ou acomodados".[2] Acompanhar esse volume de informações, as perspectivas de cada parte e os parâmetros aos quais uma solução precisa se encaixar torna-se um grande desafio para os negociadores.

A complexidade social. A terceira diferença entre negociações bilaterais e negociações multipartes diz respeito às mudanças no ambiente social: um diálogo de um para um se transforma em uma discussão entre pequenos grupos. O resultado é que a dinâmica desses grupos afeta o comportamento dos negociadores. Primeiro, o modo como o processo evolui depende da orientação motivacional das partes. Em comparação com uma parte que tem uma orientação individualista, as partes que têm uma motivação cooperativa atingem resultados melhores, depositam mais confiança na outra parte e têm uma predisposição menor de entrar em atritos.[3] Essa orientação também parece afetar o modo como as partes discutem questões, o que será abordado ainda neste capítulo.

Segundo, o grupo talvez se sinta pressionado a atuar com coesão. Porém, às vezes há um conflito, o que prejudica a coesão, e por essa razão os integrantes do grupo precisam encontrar uma solução aceitável para a disputa. Os integrantes desses grupos se comparam e se avaliam, e tentam usar uma variedade de táticas de influência para persuadirem um ao outro a aceitar seus respectivos pontos de vista. Eles exercem forte pressão uns nos outros para adotarem uma perspectiva ou uma definição comum do problema, ou para aprovarem uma solução específica. Outro aspecto importante é que o grupo desenvolve uma dinâmica de grupo problemática. Atos vergonhosos como a tentativa de invasão da Baía dos Porcos em Cuba pela administração do presidente Kennedy, ou a decisão da NASA de lançar o ônibus espacial Challenger, foram causados pela dinâmica prevalente no grupo de tomada de decisão, a qual gerou hesitação entre os integrantes, que desejavam evitar conflitos e não expressar objeção contra o andamento dos projetos. Essa hesitação leva a um falso consenso, porque as partes temem ser as únicas a discordar de um acordo aparentemente bom sobre as ações a adotar. O temor de discordar e parecer fraco ou tolo (é preciso lembrar da dinâmica da preservação da reputação) faz com que os integrantes do grupo calem suas reservas e preocupações, reforçando o consenso aparente e levando a decisões que podem ter consequências desastrosas.[4]

A complexidade processual. As negociações multipartes são mais complexas do que as negociações bilaterais, porque transcorrem de acordo com processos mais complicados. Nas negociações bilaterais, as partes simplesmente se revezam na apresentação de questões e perspectivas, desafiam as perspectivas da oponente ou prosseguem com a negociação, dos estágios iniciais aos finais. Contudo, quando mais de duas partes participam da negociação, as regras processuais se tornam confusas. Quando é a vez de quem fazer o quê? Como as partes coordenam a ordem das etapas da organização (por exemplo, declarações iniciais, apresentação de pontos de vista, encaminhamento do acordo)? Essa complexidade processual tem muitas consequências. A primeira é que as negociações ficam mais longas e, por essa razão, é preciso reservar mais tempo para elas.[5] A segunda é que, quanto maior o número de partes, mais complexo e descontrolado o processo pode se tornar – sobretudo se algumas decidem adotar uma estratégia de barganha dura e dominar o processo no intuito de impor os próprios pontos de vista.[6] A terceira é que, como resultado das duas primeiras, os negociadores terão de dedicar tempo para discutirem como deverão administrar a negociação e assim chegar ao tipo de solução ou acordo que desejam. Por fim, as partes precisam decidir como negociarão várias questões à mesa. As partes que discutem muitas questões simultaneamente – considerando todas as questões de uma única vez e procurando caminhos para compará-las – alcançam acordos melhores e mais facilmente do que as partes que discutem questões em sequência, uma por vez. Da mesma forma, os grupos que abordam várias questões ao mesmo tempo são capazes de trocar um volume maior de informações e de desenvolver noções mais abrangentes sobre as preferências e prioridades das outras partes na negociação.[7]

A complexidade estratégica. Por fim, as negociações multipartes também são mais complexas da perspectiva estratégica. Nas negociações bilaterais, um negociador precisa se concentrar no comportamento de um único oponente. Portanto, a estratégia é governada pelos objetivos do negociador, as ações da outra parte e as táticas que cada um usa. Contudo, em negociações entre grupos, a complexidade aumenta de forma significativa. O negociador precisa considerar as estratégias de todas as partes à mesa e decidir se aborda cada uma separadamente ou em conjunto. De modo geral, o processo de lidar com cada uma dessas estratégias evolui como uma série de negociações bilaterais – mas é conduzido perante todos os grupos participantes. Essa série de negociações entre duas partes por vez pode ter várias consequências.

Primeiro, essas trocas são influenciadas pela vigilância do público que assiste a negociação. Os negociadores são sensíveis à observação alheia e podem sentir a necessidade de demonstrar uma atitude dura e com ela traduzir firmeza e determinação (tanto para a outra parte quanto para observadores). Dito de outro modo, o meio pode induzir os negociadores a adotar estratégias e táticas distributivas – mesmo quando não tinham a intenção de fazê-lo. Com isso, os negociadores nesse grupo passam a defender posições muito intensamente durante a negociação, o que requer ações específicas para conter esse comportamento competitivo. Outro aspecto é que, quando as partes passam a defender suas posições de forma mais dura, os negociadores precisam encontrar maneiras satisfatórias de explicar as mudanças em suas posições – concessões ou iniciativas voltadas para comprometimentos e consensos – diante das entidades que representam, e assim salvar as aparências. Mesmo em um cenário sem a presença de entidades representadas, os negociadores não querem afetar a própria imagem diante dos outros negociadores. Isso é verdade sobretudo na situação mostrada na Figura 10.2, na qual os negociadores têm a seu lado as entidades que representam.

Segundo, os negociadores que dispõem de algum mecanismo para controlar o número de partes à mesa (ou na sala) às vezes atuam de forma estratégica, usando esse controle para atender aos próprios objetivos. A tática usada é influenciada pelos interesses estratégicos que serão satisfeitos se outras partes entrarem no processo. Estas podem ser convidadas a dar suporte ou credibilidade à posição do negociador, prestar testemunho independente, oferecer apoio a um ponto de vista, ou simplesmente dar uma demonstração de força. Por exemplo, na disputa sobre a construção de um novo *shopping center* ou de uma nova escola, na mudança no plano diretor da cidade ou na apresentação de novo pacote tributário, os agentes incumbidos de defender a questão em público muitas vezes levam à mesa grupos de pessoas que formam uma plateia e demonstram entusiasmo e apoio (ou repúdio, dependendo do caso) à questão negociada. Em outras palavras, o aumento do número de partes tem propósitos estratégicos: o negociador usa a presença de uma plateia de apoio para aumentar o seu poder na negociação, demonstrar que é uma pessoa prestigiada e fazer ameaças verossímeis sobre as consequências de não obter os resultados que deseja.

Terceiro, os negociadores se envolvem na construção de alianças para obter suporte. As partes concordam em dar apoio recíproco, explícito ou não, às posições que defendem. Essa combinação de posições tem mais força. Essas alianças dão mais subsídios às partes para dominarem o processo de negociação ou definirem o acordo desejado. Elas podem ser formadas antes das negociações, durante intervalos no processo, ou mesmo surgirem com o avanço das discussões. Nas negociações multipartes, os integrantes dessas alianças exercem seu poder de muitas formas diferentes: expressando solidariedade um com o outro, ajudando um ao outro em seus objetivos individuais ou conjuntos, dominando o tempo da negociação e concordando em dar apoio mútuo à medida que soluções e acordos surgem. Um estudioso sugere que o consenso em grupos de tomada de decisão evolui como uma aliança que lembra "uma bola de neve". As alianças são formadas com uma parte por vez. Logo, em uma discussão em grupo, as partes compartilham informações e deliberam sobre soluções possíveis, algumas pessoas aparecem com uma perspectiva em comum e, tácita ou explicitamente, concordam em dar suporte a suas posições. Com isso, outros indivíduos começam a negociar com a aliança em formação, incorporando suas próprias opiniões. Aqueles que não se dispõem a negociar ou modificar suas posições acabam rejeitados e excluídos da decisão tomada em grupo.[8]

O problema para os que ficam de fora de uma aliança influente é que eles não serão participantes ativos nas discussões, algumas das quais podem ocorrer fora da mesa de negociações, em pequenas reuniões informais. Os negociadores excluídos de uma negociação multipartes ficam com uma fatia menor dos resultados, comparados aos que estão presentes durante todo o processo. Essa realidade é particularmente ruim para a parte excluída quando ela perde o restante das discussões. A mera presença nos debates é importante, sobretudo nos estágios finais, quando as partes definem os detalhes do acordo.[9]

Por fim, os relacionamentos são a força mais importante na definição das partes que formam uma aliança em uma negociação multipartes. As partes que têm um relacionamento prévio dominam o uso do tempo em suas deliberações e negociam uma com a outra. Portanto, o que as partes já fizeram uma à outra no passado ou poderão fazer no futuro tem forte impacto nas discussões em andamento.[10] Além disso, conforme observado no Capítulo 9, os relacionamentos induzem as partes a compartilharem as mesmas preferências, preocuparem-se uma com a outra, expressarem o desejo de se ajudar a obter os resultados pretendidos, e criarem e manterem uma forte confiança entre seus integrantes.

Resumo

Nas negociações envolvendo três ou mais partes, a complexidade aumenta segundo cinco maneiras principais. A primeira é que o número maior de partes no processo eleva o número de falantes, a demanda por tempo de discussão e o número de papéis que as partes podem desempenhar. Segundo, a presença de várias partes traz mais questões e posições à mesa de negociações e, por essa razão, mais perspectivas precisam ser apresentadas e discutidas. Terceiro, as negociações se tornam socialmente mais complexas – normas de convívio social afetam a participação dos integrantes, aumentando a pressão pela concordância e pela supressão de diferenças. Quarto, as negociações se tornam mais complexas na perspectiva processual, e as partes talvez tenham de negociar um processo novo, o qual permita coordenar ações de forma mais eficiente. Quinto, as negociações se tornam mais complexas do ponto de vista estratégico, porque as partes precisam monitorar as iniciativas e ações de um número grande de partes antes de definirem os próximos passos a tomar. Além disso, a possibilidade de formar alianças aumenta as chances de as decisões não serem tomadas em consenso amplo, mas por um subgrupo que domine a discussão e o processo de tomada de decisão.

O que é um grupo eficiente?

A negociação multipartes é muito semelhante a um processo de tomada de decisão em grupo, porque envolve várias partes que tentam atingir uma solução em comum em uma situação na qual suas preferências divergem. Por essa razão, entender a negociação multipartes significa, em parte, entender os atributos de um grupo eficiente. Esses grupos e seus integrantes adotam as seguintes medidas:

1. *Testam hipóteses e inferências.* Nos grupos efetivos, cada indivíduo revela suas próprias hipóteses e inferências expressando-as e verificando a validade delas com as dos outros. Hipóteses e inferências não verificadas podem levar a conclusões equivocadas.
2. *Compartilham o máximo possível de informações.* Em uma negociação competitiva, as partes estão sujeitas a utilizar as informações de modo estratégico – compartilhando muito pouco com as outras partes ao mesmo tempo em que tentam obter o máximo de informações delas. Contudo, os grupos efetivos exigem o tipo de compartilhamento de informações que ocorre em uma negociação integrativa, o qual permite maximizar as informações disponíveis para que o grupo encontre soluções que atendam aos interesses de todas as partes. Logo, as partes discutem seus interesses, mas não revelam seus pontos de *walkaway* ou suas BATNAs.
3. *Concentram-se nos interesses, não nas posições.* Tal como em uma negociação integrativa, as deliberações em grupo devem adotar procedimentos que revelem os interesses de integrantes individuais, não apenas suas posições declaradas: o compartilhamento de informações, a formulação de perguntas e a investigação em busca de interesses ou necessidades ocultos.
4. *Explicam as razões por trás de suas declarações, questões e respostas.* Revelar interesses exige que sejamos claros acerca do que é importante, e que indiquemos as razões dessa importância.
5. *São específicos e usam exemplos.* As partes devem tentar dialogar em termos específicos sobre assuntos envolvendo comportamentos, pessoas, lugares e eventos. As generalizações podem levar a mal-entendidos ou ambiguidades que não ajudam a solucionar problemas.
6. *Concordam sobre o sentido de termos importantes.* Os participantes devem explicar e definir, em detalhe, palavras ou linguajares essenciais que podem ser incluídas no acordo. Por exemplo, se os integrantes do grupo concordam que todas as decisões sejam tomadas por consenso, eles devem ter a mesma definição

do termo "consenso": como procedimentos de votação, apoio generalizado da maioria dos integrantes ou apoio total de 100% deles.
7. *Discordam abertamente de qualquer integrante do grupo.* Ocultar discordâncias suprime conflitos, o que pode impossibilitar o consenso ou a implementação de um plano com o qual o grupo pode concordar. Discordâncias podem ser produtivas sem serem ofensivas.
8. *Fazem declarações e abrem espaço para perguntas e comentários.* A diversidade de pontos de vista não deve ocorrer apenas quando um integrante discorda de outro: ela deve ser promovida, encorajando os membros a esclarecerem seus entendimentos sobre um ponto ou seus interesses e necessidades.
9. *Concebem maneiras de testar discordâncias e soluções em conjunto.* Para a solução de problemas avançar, é preciso desenvolver um processo para confirmar fatos, validar as interpretações de um evento e trazer à tona as razões de uma discordância. Esse processo pode ser facilitado por qualquer pessoa que não tenha envolvimento direto no debate principal. Esse ponto será detalhado mais tarde neste capítulo.
10. *Discutem questões indiscutíveis.* Os grupos normalmente têm diversas questões que consideram indiscutíveis: integrantes cujo desempenho está abaixo das expectativas (ou que não se comportam bem) e desafios aos líderes na sala. Colocar essas questões em pauta às vezes é essencial para a produtividade. Uma das abordagens para pôr essa iniciativa em prática consiste em avaliar abertamente o caráter indiscutível de uma norma, uma regra ou um problema importante e declarar as consequências possíveis dessa discussão. Segundo Schwartz, "se os integrantes recebem a garantia de que seus medos não se concretizarão, eles se sentirão mais abertos a falar sobre questões antes tidas como indiscutíveis" (p. 82).
11. *Conservam o foco da discussão.* Os líderes de equipe devem se certificar de que o assunto da conversa não mude até todos terem sido ouvidos. É preciso desenvolver uma pauta, a qual deve ser conduzida pelo presidente da reunião para garantir que as discussões não se diluam entre diferentes assuntos.
12. *Não fazem piadas sarcásticas nem distraem os integrantes.* Sarcasmo, histórias irrelevantes e piadas distraem o grupo e afetam o foco das discussões. Embora alguns desses comportamentos sejam inevitáveis, tanto em grupos com afinidades quanto naqueles em constante conflito, os grupos efetivos tentam minimizar distrações durante o processo.
13. *Esperam que todos os integrantes participem em todas as fases do processo.* Todos os integrantes do grupo precisam demonstrar disposição de contribuir com todas as fases do processo – o compartilhamento de informações relevantes, o trabalho para ajudar o grupo a chegar a uma solução ou a ajuda na administração do processo.
14. *Trocam informações relevantes com pessoas que não pertencem ao grupo.* Terceiros que sejam convidados a participar da negociação como especialistas ou fontes de informações importantes devem ser notificados das regras do grupo e levados a obedecê-las.
15. *Tomam decisões por consenso.* Embora nem sempre seja possível tomar decisões com unanimidade, os grupos devem se esforçar para atingir um consenso, sempre que possível. As regras sobre decisões em grupo serão discutidas mais tarde neste capítulo.

16. *Fazem uma autocrítica.* Por fim, no intervalo de decisões ou deliberações principais, os grupos precisam reservar tempo para avaliarem o processo e sua efetividade. É interessante observar que os grupos que não trabalham bem em conjunto raramente separam tempo para avaliar seus processos, porque esperam evitar conflitos que possam surgir com a discussão de posturas problemáticas. Não causa surpresa que a falta dessa discussão normalmente piore essas posturas.[11]

A gestão de negociações multipartes

Diante da grande complexidade das negociações multipartes, qual seria a maneira mais efetiva de abordá-la? Existem três estágios básicos que caracterizam essas negociações: o estágio da pré-negociação, a gestão da negociação de fato e a gestão do estágio de acordo. A análise desses estágios mostra o que um negociador pode fazer quando:

- O indivíduo é uma das partes em uma negociação multipartes e deseja garantir que suas próprias questões e interesses sejam incorporados no acordo final.
- O indivíduo quer garantir que o grupo chegue ao melhor acordo final possível.
- O indivíduo é responsável pela administração de um processo de negociação multipartes e precisa garantir que muitas das complexidades estratégicas e processuais sejam administradas de forma efetiva.[12]

O estágio da pré-negociação

Este estágio é caracterizado por uma quantidade muito grande de contatos informais entre as partes. Durante esses contatos as partes devem abordar algumas questões importantes.

Os participantes. As partes precisam concordar sobre quem será convidado para as deliberações. Se o grupo teve sua composição definida previamente, essa questão não trará problemas. Contudo, muitas negociações internacionais complexas reservam muito tempo para decidir quem tem direito de participar e quem será o porta-voz. Questões sobre participantes podem ser decididas considerando:

- Quem se beneficia se um acordo for obtido (os principais membros de uma aliança).
- Quem pode comprometer o acordo se não for incluído na negociação (algum participante com poder de veto).
- Quem pode ajudar as outras partes a atingirem seus objetivos (os integrantes que deveriam participar de uma aliança).
- Quem pode atrapalhar as outras partes na realização de seus objetivos (os integrantes que impossibilitam uma aliança).
- Quem lucra simplesmente por estar presente à mesa (essa questão foi essencial nas conversações de paz entre israelenses e palestinos e nas negociações de paz para a Guerra do Vietnã, em Paris – na qual os vietnamitas foram convidados a participar das negociações como parte totalmente reconhecida).

As alianças. Não é incomum vermos a formação de alianças antes mesmo de as negociações começarem. Às vezes essas alianças também se formam na expectativa de todas as partes se reunirem. As alianças são feitas para promover ou impedir uma pauta específica.

A definição dos papéis dos integrantes. Se um grupo já tem uma estrutura, então os papéis (líder, mediador e secretário, por exemplo) já estão determinados. Porém, se o grupo nunca se encontrou, então as partes precisam definir quem desempenhará as principais funções. Enquanto um integrante prefere um papel de liderança para atuar de forma ativa e promover uma agenda específica, outro talvez deseja permanecer em silêncio e evitar exposição. Há também aqueles que desejam desempenhar uma função típica de terceiros, como o papel de mediador ou de facilitador. Os integrantes do grupo podem desempenhar muitos papéis diferentes. A Tabela 10.1 descreve três tipos desses papéis – os *papéis focados em tarefas*, que conduzem o grupo para uma decisão ou conclusão, os *papéis focados nos relacionamentos*, que administram e dão sustentação aos bons relacionamentos entre os integrantes, e os *papéis auto-orientados*, que servem para atrair a atenção para o integrante que o desempenha, muitas vezes em detrimento da eficiência do grupo.

A compreensão dos custos e consequências do fracasso no acordo. Os negociadores precisam entender os custos e consequências do fracasso do grupo ao obter um acordo. No começo deste livro sinalizamos a importância dessas consequências nas negociações entre duas partes, na discussão sobre a BATNA (Capítulos 2, 3 e 4). Por exemplo, vamos supor que um grupo de vice-presidentes de uma fabricante de computadores esteja tentando escolher os modelos que a empresa produzirá no próximo ano e suas respectivas quantidades. Para tomar essa decisão de maneira eficiente, eles

Tabela 10.1 Os papéis comumente desempenhados por integrantes em um grupo

Papéis focados em tarefas	Papéis focados no relacionamento	Papéis auto-orientados
Iniciação/oferta – apresentação de novas ideias	Motivação – suporte a comentários e contribuições dos outros	Impedimento – atuação negativa e constante desacordo
Busca de informações – perguntas sobre opiniões	Harmonização – atenuação de conflitos, reforço da noção de grupo	Busca de reconhecimento – atração da atenção do grupo para o indivíduo, busca pela aprovação do grupo
Pesquisa de opinião – perguntas sobre opiniões e avaliações	Comprometimento – alteração da própria posição em busca de um equilíbrio nas opiniões de outras pessoas	
Detalhamento – esclarecimento e expansão de um tópico		Dominação – fala frequente, dominação da conversa, manipulação do grupo para a adoção do resultado que o indivíduo prefere
Avaliação – apresentação de julgamentos sobre um tópico	Vigilância – motivação da participação de quem não fala com frequência, controle da participação de quem se expressa muito	
Coordenação – reunião de ideias propostas por outros		Reclusão – postura silenciosa e não envolvida, retenção de contribuições em questões de tarefas ou relacionamentos
Energização – criação de atmosfera propícia para a discussão do tópico	Definição de padrões – solicitação ou apresentação de padrões para o julgamento da eficiência da equipe	

Fonte: baseado em K. D. Benne e P. Sheats. "Functional Roles of Group Members", *Journal of Social Issues* 4 (1948), 41-49.

precisam incluir, na lista de opções de decisão, uma análise do que pode acontecer se não concordarem sobre as iniciativas necessárias. É preciso chamar outra pessoa (por exemplo, o presidente) para tomar uma decisão? O que ele vai pensar do grupo se os integrantes não conseguirem chegar a um acordo? Os custos de um impasse são iguais para todos os negociadores? Na maioria das vezes isso não ocorre – diferentes agentes têm custos distintos associados ao fracasso na obtenção de um acordo. Por exemplo, se os vice-presidentes não conseguem chegar a uma conclusão, o presidente define o modelo e as quantidades que serão produzidos, o que poderá acarretar custos mais altos para os departamentos de engenharia e de produção (que teriam de implementar as mudanças necessárias no processo de produção) em comparação com os departamentos de marketing e de vendas (que teriam apenas de conceber uma nova campanha de marketing e os anúncios, independentemente do modelo). Os integrantes do grupo com as melhores alternativas para solucionar um impasse talvez tenham mais poder na negociação, porque não têm muitos interesses em jogo se uma ou outra solução for aprovada, caso um acordo final não se concretize.[13] Existem muitas evidências de que os negociadores são mais vulneráveis a vieses de percepção que os levam a acreditar que são melhores do que os outros (ver o Capítulo 5), têm opiniões mais representativas, melhores chances alcançar os objetivos, e mais controle sobre a definição de um resultado.[14] Nas negociações multipartes, esses vieses afetam os negociadores, aumentando a noção de poder e a capacidade de vencer – o que, por sua vez, faz com que acreditem que a alternativa em que não há acordo é muito melhor do que de fato é. Uma avaliação da situação real é importante, pois ajuda a controlar esses vieses: os integrantes estão realmente dispostos a arcar com os custos do fracasso? Até que ponto?

O aprendizado sobre as questões e a elaboração de uma pauta. Por fim, as partes despendem uma boa parcela de tempo familiarizando-se com as questões, absorvendo informações e tentando compreender os interesses umas das outras. Além disso, elas reservam tempo para elaborar uma pauta. Muitas razões fazem da pauta de negociações uma ferramenta útil na tomada de decisão, porque ela ajuda a:

- Definir as questões a serem discutidas.
- Especificar o modo como cada questão é posicionada e enquadrada, dependendo de como as questões são redigidas (ver a discussão sobre enquadramento no capítulo 5).
- Estabelecer a ordem de discussão das questões.
- Apresentar questões processuais (regras sobre decisões, normas sobre discussões, papéis dos integrantes, dinâmica das discussões) e substantivas.
- Atribuir limites de tempo para diversos itens, indicando a importância de cada questão.

Além de elaborar a pauta, as partes envolvidas no processo também podem decidir se concordam com o conjunto de "regras básicas" – as maneiras de se comportar durante a negociação. O Modelo de Conexão é uma abordagem consagrada para a criação de relacionamentos eficientes em equipe. A Tabela 10.2 apresenta uma visão geral dos quatro principais requisitos e etapas do modelo.[15]

Tabela 10.2 O Modelo de Conexão e os requisitos para a construção de um relacionamento

Quatro requisitos	Modelo de processo
Concordamos em ter uma conversa construtiva?	Compromisso com o relacionamento – deixe claro que você está pronto para trabalhar no problema e que vale a pena fazê-lo. Otimize a segurança – você dará o melhor de si para não colocar o outro na defensiva e tentará entender o seu ponto de vista.
Nossa conversa pode ser produtiva e assim fazer a diferença?	Restrinja a discussão a uma questão – identifique uma questão por vez de modo que o outro não se sinta ameaçado. Neutralize a postura defensiva – minimize o uso de palavras, expressões ou descrições que coloquem o outro na defensiva.
Somos capazes de entender e acatar nossas perspectivas?	Explique e represente todas as perspectivas – revele ao outro o que você vê, como você se sente com o que vê e as consequências no longo prazo.
Somos capazes de assumir o compromisso de fazer melhorias?	Mude um comportamento por vez – reconheça que todos terão de mudar um comportamento. Acompanhe o processo – defina maneiras de monitorar o progresso dessas iniciativas.

Fonte: F. M. S LaFasto e C. Larson, *When Teams Work Best* (Thousand Oaks, CA: Sage Publications, 2001), p. 51.

O estágio da negociação formal – a gestão do processo e do resultado

A maior parte do processo de negociação multipartes é uma combinação de discussão em grupo, negociação bilateral e construção de alianças, descritos no começo deste livro. O processo também inclui muito do que já sabemos sobre os modos de estruturar uma discussão em grupo para atingir um resultado efetivo e aprovado. As abordagens a seguir garantem a obtenção de uma decisão em grupo de alta qualidade.

Indique um coordenador adequado. As negociações multipartes avançam melhor quando há a definição de um nome que coordene ou facilite o processo. Muitas vezes esse papel é desempenhado por uma das partes interessadas. Porém, as negociações multipartes são muito facilitadas pela presença de um coordenador neutro que seja capaz de implementar as táticas descritas aqui. Quando for possível, as partes devem considerar a indicação de um coordenador que tenha pouco em jogo no desfecho específico e um forte interesse em garantir que o grupo trabalhe para obter o melhor resultado possível. Uma vez que a indicação de um coordenador é uma questão prática, normalmente a pessoa escolhida está entre as partes interessadas. É preciso lembrar que, se um coordenador também defende uma posição específica ou um resultado que quer ver realizado, ele terá dificuldade de se posicionar com neutralidade, porque a solução que prefere pode comprometer a imparcialidade ou a objetividade do cargo, o que afeta o processo. Ver o Quadro 10.1 para uma lista de abordagens construtivas adotadas por um coordenador em negociações multipartes.

Utilize e reestruture a pauta. A pauta é uma das ferramentas mais importantes para controlar o fluxo e a direção de uma negociação. Tanto o coordenador quanto as partes podem apresentar e coordenar a pauta. Ela melhora a estrutura, a organização e o andamento de uma discussão, e dá a grupos com menos poder a chance de fazer

Quadro 10.1 A coordenação de uma negociação multipartes

As pessoas incumbidas de coordenar negociações multipartes precisam se sensibilizar sobre a importância de controlar o processo em grupo, sem interferir diretamente no resultado. Quando um grupo deseja alcançar o consenso ou uma decisão unânime, a responsabilidade do coordenador consiste em prestar atenção constante ao andamento dos processos dos grupos. Algumas medidas podem ser adotadas para coordenar uma negociação multipartes com eficiência:

1. Descreva claramente o papel que você tem como coordenador. Deixe claro que você aceitou essa função apenas para administrar o processo e que o grupo definirá os resultados.
2. Apresente a pauta ou prepare uma com base nas questões, preocupações e prioridades do grupo. Certifique-se de que o grupo tem a oportunidade de discutir, modificar ou discordar da pauta antes de a negociação começar.
3. Elabore preparações de ordem logística em auxílio ao processo de negociação. A configuração da sala permite uma discussão construtiva? Prepare um *flip chart*, uma lousa branca ou um retroprojetor para apresentar as questões e interesses. Muitos negociadores percebem que se beneficiam com o acesso amplo a questões, propostas e informações durante a discussão.
4. Apresente as regras básicas necessárias ou permita que as partes as sugiram. Qual é a duração da reunião? Qual é o resultado esperado ou o produto final? Quantos minutos serão necessários? Haverá intervalos? Como e quando os integrantes do grupo poderão consultar as entidades que representam?
5. Desenvolva ou revise padrões e regras de decisão. Descubra padrões relativos ao que as partes julguem ser um resultado justo ou razoável. Quais são os critérios a serem usados para avaliar se uma solução é justa, razoável ou efetiva? Como o grupo pode decidir se aceita ou não um acordo?
6. Garanta aos integrantes individuais que terão a oportunidade de apresentar declarações de abertura ou outras maneiras de revelar preocupações e questões individuais durante a negociação. Deixe claro que, assim que as partes estiverem familiarizadas com as questões, vários temas poderão ser discutidos simultaneamente. Isso permite a negociação dessas questões sem um comprometimento forçado sobre cada uma.
7. Supervisione o processo de forma ativa. Certifique-se de que as pessoas tenham a chance de falar, de que os integrantes mais falantes não dominem e de que os menos comunicativos não silenciem ou abandonem o processo. Peça às pessoas que falam mais para que façam silêncio quando necessário, a fim de que as pessoas que ainda não se expressaram possam fazer os comentários que desejam e apresentar suas contribuições. Muitas vezes, à medida que um grupo se aproxima de um acordo ou consenso, algumas pessoas reduzem sua participação. Certifique-se de que essas pessoas o façam de modo consciente, não por falta de opção ou porque acham que suas visões não são importantes ou válidas.
8. Preste atenção nos interesses e pontos em comum. Encoraje as pessoas a expressar interesses ao mesmo tempo em que expressa os seus, e faça com que elas identifiquem não apenas o que desejam, como também os motivos por trás desses desejos. Quando as questões e interesses tiverem sido identificados, reserve um tempo para conceber alternativas. Utilize o *brainstorm* e outras técnicas de tomada de decisão em grupo para criar opções e avaliá-las.

9. Apresente informações externas (estudos, relatórios, estatísticas, fatos e testemunhos de especialistas) que ajudem a esclarecer questões e interesses. Solicite dados confiáveis que apoiem declarações apresentadas (mas tenha o cuidado de evitar avaliações agressivas que comprometam sua neutralidade).

10. Faça resumos frequentes das conclusões obtidas, sobretudo quando a discussão chegar a um impasse ou ficar confusa ou tensa. Declare sua opinião sobre o grupo, sobre o que foi realizado e sobre o que resta fazer. Reformular e resumir conclusões auxilia o grupo a voltar para a realidade da negociação.

com que suas questões sejam ouvidas e tratadas – na hipótese de que consigam inseri-las na pauta. Contudo, a maneira com que uma pauta é preparada (por consenso no começo da reunião ou por uma pessoa apenas antes dela) e a definição de quem a elabora são fatores que exercem forte impacto no andamento do processo. A menos que os integrantes do grupo não tenham qualquer problema em desafiar a pessoa que introduz uma pauta inicial, esta não é questionada e, por essa razão, a estrutura e o formato da discussão seguem inalterados. Os negociadores que entram em uma negociação multipartes para a qual uma pauta aceitável foi criada antecipadamente devem permitir que as outras partes saibam que a pauta está aberta a alterações ou discussões. Dito de outro modo, é preciso se certificar de que quaisquer modificações possíveis sejam incorporadas na pauta.

Ainda que uma pauta de negociações possa melhorar a estrutura do processo, uma das desvantagens de adotá-la está no risco de criar uma divisão artificial das questões. Existe o risco de essas questões serem discutidas em separado, quando na verdade deveriam ser contrapostas ou abordadas em conjunto para explorar o potencial integrativo de cada uma. As partes que optam por uma pauta de negociações precisam se sensibilizar com relação à estrutura implícita que ela impõe, e se dispor a desafiar e reconfigurar a pauta para facilitar a obtenção de um acordo integrativo e consensual.

Garanta a diversidade e as perspectivas das informações. A terceira maneira de facilitar a negociação é garantir que o grupo tenha acesso a uma ampla variedade de perspectivas sobre a tarefa e as diferentes fontes de informação. Uma vez que a natureza das informações muda em função das tarefas do grupo – por exemplo, o projeto e a implementação de uma mudança, a descoberta da melhor solução para um problema ou de uma solução que seja aceitável às diversas entidades representadas –, é difícil identificar as informações essenciais e o modo de garantir que o grupo tenha acesso a elas. Contudo, esse problema talvez se resuma na necessidade de se certificar de que todos os participantes sejam ouvidos.

A pessoa que estiver no comando deve garantir que o grupo receba informações de seus membros, que várias entidades representadas e pessoas interessadas tenham a oportunidade de fornecer dados (por meio de comentários por escrito ou testemunhos diante do grupo) e que relatórios, documentos ou análises estatísticas relevantes sejam postos em circulação e discutidos. A pessoa que estiver no comando deve implementar cinco etapas essenciais para garantir que a discordância em um grupo seja efetiva e amigável:

1. *Mantenha a calma e a compostura antes de falar.* Aja de modo racional e evite a tentação de reagir às pressas e de forma emocional.
2. *Tente entender a posição da outra pessoa.* Nos Capítulos 6 e 9 discutimos técnicas como as competências de escutar, a reflexão e a inversão de papéis para entender a outra parte.
3. *Tente pensar em maneiras nas quais ambos possam vencer.*
4. *Considere a importância da questão para você.* Esta é a questão mais importante na negociação? Você pode sacrificar toda ou parte de sua posição sobre esta questão para obter ganhos em outra?
5. *Lembre-se de que você provavelmente terá de trabalhar com essas pessoas outra vez no futuro.* Mesmo se você sentir raiva ou frustração, não use táticas que façam você se arrepender amanhã.[16]

Garanta que todas informações disponíveis sejam consideradas. Uma das maneiras de garantir que um grupo discuta todas as informações disponíveis consiste em monitorar as normas de discussão. As normas de discussão refletem o modo como o grupo compartilha e avalia as informações obtidas.[17]

Embora seja muito indicado considerar de antemão as normas de discussão que o grupo deve seguir, isso raramente ocorre. Na maioria dos casos, o fracasso se deve a uma compreensão inadequada do quanto essas normas podem melhorar o andamento das deliberações. Várias normas podem comprometer o sucesso da discussão:

- *A indisposição de tolerar pontos de vista e perspectivas conflitantes.* Essa intolerância tem muitas causas: um ou mais membros não gostam de conflitos, temem que eles sejam incontroláveis ou acham que destroem o espírito de equipe. Porém, como já dissemos, a ausência de conflitos também pode levar a decisões desastrosas.
- *As conversas paralelas.* As conversas paralelas entre dois ou três integrantes de um grupo podem ser benéficas ou prejudiciais, dependendo do caso. Embora muitas pessoas se sintam mais à vontade conversando com uma ou duas pessoas, em comparação com um grupo, essas conversas às vezes destroem a noção de unidade e a capacidade de chegar a um acordo, especialmente quando o consenso é essencial. As conversas paralelas são positivas quando uma decisão pode se beneficiar de perspectivas exclusivas e iniciativas criativas. Contudo, quando o grupo precisa se unir e aceitar um desfecho, as conversas paralelas pioram o quadro de desunião e reduzem as chances de o grupo consolidar uma unidade.[18]
- *A ausência de meios para atenuar uma discussão marcada pelas emoções.* A menos que exista uma maneira de liberar a raiva, a frustração e o ressentimento, esses sentimentos podem se combinar às questões substantivas, prejudicando os esforços do grupo. Embora uma boa parcela das pesquisas sobre negociação sugira que as partes devam se acalmar e racionalizar seus comportamentos, essa sugestão é muito difícil de seguir. Quanto mais as partes têm interesse em uma questão específica e se dedicam a obtê-la, maior a probabilidade de suas emoções entrarem no processo. É preciso conceber meios de permitir que essas emoções sejam expressadas de forma produtiva.

- *A preparação prévia para a reunião.* Infelizmente, muitas vezes a preparação não é adotada ou, quando é, limita-se às posições individuais. Para avaliar as posições e interesses ocultos da outra parte é necessária uma preparação completa.

Várias estratégias podem ser usadas para administrar essas três normas de discussão potencialmente destrutivas. As partes precisam criar e trocar ideias de modo a permitir a exploração total das informações e garantir que todos cooperem com algo, ao mesmo tempo em que conflitos e emoções destrutivos sejam evitados. Muitas técnicas de *brainstorm* e tomada de decisão em grupo são usadas com esse fim:

A técnica de Delphi. Um moderador prepara um questionário inicial para obter informações e o envia a todas as partes. As partes fazem suas contribuições e retornam o questionário ao moderador, que então redige um resumo das respostas e o devolve a elas. As partes avaliam esse resumo, acrescentam informações e o devolvem para o moderador. Nessas rodadas as partes têm a chance de trocar muitas informações e compartilhar diferentes perspectivas.

O brainstorm. No *brainstorm*, as partes identificam um problema e geram o maior número possível de soluções para ele, as quais não são criticadas nem avaliadas nessa etapa. Essa técnica foi discutida em detalhe no Capítulo 3. O Quadro 10.2 apresenta uma lista de regras básicas para o *brainstorm*.

A técnica do grupo nominal. A técnica do grupo nominal normalmente segue a metodologia do *brainstorm*. Quando a lista de opções obtidas por *brainstorm* estiver pronta, os integrantes do grupo classificam, avaliam ou julgam as alternativas com base na capacidade de cada uma para resolver o problema. O líder coleta, divulga e registra essas classificações para que todos os integrantes possam avaliar as opções formalmente e eleger aquelas que consideram as mais efetivas.[19]

Administre o conflito com eficiência. Conforme muitas das sugestões apresentadas nesta seção, os grupos precisam elaborar muitas ideias e abordagens para um problema, muitas das quais são fonte de conflito, ao mesmo tempo em que devem impedir que um impasse interrompa o fluxo de informações ou crie animosidade entre os

---

Quadro 10.2 As regras para o *brainstorm*

- *Nada de críticas.* Os integrantes não podem dizer que uma ideia é boa ou ruim.
- *Perguntas são permitidas apenas para fins de esclarecimento.*
- *A liberdade de ideias é uma vantagem.* Ideias loucas e estapafúrdias são bem-vindas e, na verdade, podem ajudar o grupo a encontrar outras ideias. Não se preocupe se a ideia que você apresenta é boa, ruim, tola ou realista; apenas expresse-a.
- *Concentre-se na quantidade.* Quanto mais ideias você obter dos integrantes do grupo, melhor.
- *Combine e melhore as ideias.* Não há problema algum em melhorar a ideia apresentada por outro integrante.

Fonte: C. C. Mantz, Christopher P. Neck, James Mancuso and K. P. Manz, *For Team Members Only* (New York: AMACOM, 1997), p.135.

integrantes. Quando bem administrado, o conflito é parte natural da vida em grupo, e melhora as competências necessárias para a finalização de tarefas, o trabalho em equipe e a manutenção de relacionamentos. Contudo, se for mal administrado, o conflito interrompe esses processos. Um estudo examinou o desenvolvimento e a gestão de conflito ao longo do tempo em grupos de tarefa de alto desempenho. Os autores examinaram três tipos de conflitos comuns no trabalho em equipe: os conflitos de relacionamento (as diferenças pessoais, a antipatia entre integrantes, tensões, atritos, irritação, frustração e desgosto), os conflitos de tarefa (a consciência da diferença em pontos de vista sobre a tarefa do grupo), e os conflitos processuais (a consciência das controvérsias sobre como a tarefa deve prosseguir, as responsabilidades individuais, as vantagens pessoais com dado resultado, etc.). Os grupos com alto desempenho se caracterizaram por níveis baixos mas crescentes de conflitos, níveis reduzidos de conflitos de relacionamento, que se elevavam com a proximidade do prazo final, e níveis moderados de conflitos de tarefa no ponto central da interação. O estudo revelou que os integrantes das equipes capazes de criar esse perfil ideal de conflito tinham sistemas preestabelecidos de valores associados ao trabalho, níveis altos de confiança e respeito, e normas para uma discussão aberta sobre o conflito durante os estágios intermediários da interação. Os grupos eficientes demonstraram a capacidade de prever um conflito e de desenvolver várias estratégias para encará-lo.[20]

Revise e administre as regras de decisão. Além de monitorar as normas de discussão e de administrar os conflitos com eficiência, as partes precisam gerir as normas de decisão – isto é, o modo como o grupo decide o que fazer. Nos grupos incumbidos da tomada de decisão, a visão que prevalece inclui o voto individual de cada integrante e a noção de que a maioria vence, isto é, a opção que receber mais de 50% dos votos será adotada. Porém, existem outras regras. Alguns grupos decidem que a decisão deve ser tomada por um integrante (por decreto), por uma minoria dominante, por uma maioria simples (isto é, 50% dos votos mais um), por dois terços da maioria, por um quase consenso (a maioria dos integrantes concorda e os que discordam não protestam nem levantam objeções) e por unanimidade (ou consenso, isto é, todos concordam). Definir a regra de decisão a ser adotada pelo grupo antes de as deliberações iniciarem também afeta o processo de forma expressiva. Por exemplo, se uma maioria simples tem poder em um grupo formado por cinco pessoas, apenas três precisam concordar com uma decisão. Logo, essas três pessoas podem formar uma aliança durante a reunião ou mesmo antes de ela começar. Em contrapartida, se a regra de decisão exigir o consenso, o grupo terá de se reunir e se esforçar para garantir que os interesses de todas as partes sejam manifestados, discutidos e incorporados na decisão. As tomadas de decisão com base em uma estratégia de formação de alianças, no compartilhamento total de posições e interesses, ou na solução de problemas, exigem abordagens completamente distintas.[21]

Busque um acordo preliminar. Por fim, se o objetivo é o consenso ou a melhor solução, os negociadores não devem tentar obter tudo de início. Ao contrário, eles precisam buscar um *acordo preliminar* que possa ser revisado, ampliado e melhorado. Já sabemos que a maior complexidade das negociações multipartes torna os eventos mais complicados, aumenta a probabilidade de problemas de comunicação e eleva as chances de as partes negociarem com base em posições (devido à dinâmica competitiva, às consequências da dinâmica do público assistente ou das entidades representadas). Nessas condições, um consenso entre as partes é dificultado, mesmo existindo uma solução de consenso. Por essa razão, muitas vezes é melhor definir um objetivo modesto, isto é, chegar a um acordo preliminar ou um quase consenso que possam ser melhorados sistematicamente com uma "renegociação". Esse acordo inicial funciona, então, como ponto de partida que pode ser alterado, redefinido, refinado e melhorado com um esforço pós-negociação.

A desvantagem desse acordo preliminar é que alguns integrantes podem se sentir satisfeitos o bastante com a primeira solução – porque ela incorpora suas visões ou porque a dificuldade de chegar a ela esgotou o entusiasmo de gastar tempo e energia para melhorá-la. Os acordos preliminares refletem a posição da maioria dos integrantes do grupo ou as visões de uma minoria de membros mais poderosos. Essas pessoas nem sempre aceitam opiniões opostas às suas, já que estimulariam a análise de uma gama maior de resultados possíveis.[22]

Essa resistência contra deliberações adicionais ao acordo preliminar pode ser vencida com um intervalo após a obtenção do acordo, motivando o grupo a criticá-lo e avaliá-lo, e planejando o compromisso de tentar uma negociação para melhorá-lo (uma renegociação) após a pausa. Além disso, se o grupo passou por um conflito muito improdutivo que causou divisão entre seus integrantes para chegar a um acordo preliminar, as renegociações precisam administrar o conflito.[23]

Controle os integrantes problemáticos. Por fim, os comportamentos de alguns integrantes podem dificultar o processo. Esses integrantes se atrasam para as reuniões, não se preparam adequadamente, distraem o restante do grupo com comentários e piadas desnecessárias e não cooperam com uma parcela justa de esforço. Infelizmente, muitos grupos ignoram esses indivíduos, em vez de administrar esses comportamentos e assim alterá-los. Algumas iniciativas para lidar com integrantes problemáticos são:

1. Aborde os problemas de comportamento de forma específica, apresentando exemplos claros.
2. Traduza o problema como algo que afeta toda a equipe, não apenas você. Evite usar o pronome "eu" e prefira "nós", que é mais acusatório e provavelmente fará com que esses integrantes problemáticos assumam uma postura defensiva.
3. Concentre-se nos comportamentos que esses integrantes conseguem controlar. A finalidade não é criticar ou constranger, mas abordar comportamentos específicos controláveis e modificáveis.
4. Não faça críticas construtivas antes de o indivíduo estar preparado para aceitá-las. Tenha uma conversa particular com ele quando ele não estiver pressionado por outras atividades ou problemas.
5. Mantenha o profissionalismo do *feedback*. Adote um tom educado para descrever o comportamento problemático e o impacto que tem. Esse tom também deve ser de adulto para adulto, não de pai para filho.
6. Certifique-se de que o integrante problemático entendeu seus comentários. Peça a ele que repita ou reformule as sugestões dadas. Com isso você se certifica de que a mensagem foi transmitida.[24]

O estágio do acordo

O terceiro e último estágio da gestão de negociações multipartes é o estágio do acordo. Nele, as partes escolhem a melhor alternativa entre as apresentadas durante a negociação. Porém, alguns problemas de última hora nesse estágio incluem a pressão relativa a prazos, a descoberta de novas questões não abordadas anteriormente, a necessidade de mais informações sobre certos problemas ou preocupações, e a tendência de algumas partes a usar o poder de veto e fazer pressão para incluir uma ideia ou projeto preferidos no acordo final do grupo. Essa fase inclui quatro etapas relativas à solução de problemas:

- *A seleção da melhor solução.* O grupo precisa ponderar as alternativas consideradas, escolhendo uma ou uma combinação delas para compor um pacote que deve agradar ao maior número possível de integrantes.
- *O desenvolvimento de um plano de ação.* Essa etapa aumenta as chances de a solução ser implementada completa, efetiva e oportunamente. Por exemplo, um bom plano de ação pode incluir uma lista de passos importantes, os objetivos a serem atingidos em cada etapa, os momentos em que a etapa deve iniciar e terminar, a especificação dos recursos necessários para executá-la, e a definição das responsabilidades envolvidas no processo.
- *A implementação do plano de ação.* Essa etapa normalmente ocorre após o grupo se dissolver, ou fora do escopo de atividades dele. Contudo, ela precisa obedecer às orientações estabelecidas pela equipe. Sem um plano de ação eficiente, os problemas identificados nesse momento do processo certamente se concretizarão no futuro.
- *A avaliação dos resultados e do processo.* Uma avaliação dos resultados e do processo é essencial para revelar dados sobre a eficiência do grupo. Ela não precisa ocorrer ao mesmo tempo ou no mesmo local da reunião, mas não pode ser adiada ou omitida. Se os integrantes do grupo não estão dispostos a fazer críticas na presença uns dos outros, questionários anônimos são uma boa opção. Eles são preenchidos pelos integrantes e analisados e resumidos por um mediador, que os devolve a eles. Isso permite identificar pontos fundamentais do processo ou resultados incompletos.[25]

O que o líder do grupo pode fazer para ajudar. Além da lista de responsabilidades do líder definidas no Quadro 10.1, algumas medidas podem ser adotadas por um facilitador para manter o grupo na direção de um desfecho promissor:

- *Incentive o grupo a escolher mais de uma opção.* Utilize as regras do processo discutidas e uma gama de outras técnicas para obter um acordo integrativo (como apresentado no Capítulo 3). Atente para o surgimento de um quase consenso entre os principais integrantes do grupo. Permita e encoraje a criação de pacotes e os *trade-offs* entre múltiplas questões, ou alguma alteração no acordo preliminar. Se a decisão envolver algum conflito, tente obter um acordo preliminar, na condição de que o grupo fará um intervalo e retornará para renegociá-lo em data posterior.
- *Defina e prepare a versão do acordo preliminar.* Prepare uma versão escrita do acordo, em uma lousa branca, um *flip chart* ou projetor, para ser apresentada a todo o grupo. Ele poderá analisá-la e editá-la livremente. Certifique-se de que as partes entenderam essa versão e as implicações e consequências que tem.

Lembre-se de que a pessoa que a redige muitas vezes desfruta de mais poder do que as outras, porque tem a chance de fazê-lo com suas próprias palavras (existe o risco de algum viés ou de representar alguns pontos em detrimento de outros).
- *Discuta as etapas de implementação e de acompanhamento que devem ser realizadas.* Certifique-se de que os integrantes que desempenham algum papel no processo saibam o que têm de fazer. Delegue tarefas a eles, garantindo que as principais etapas sejam calculadas e executadas. Marque uma reunião de acompanhamento. Planeje outra reunião para avaliar o funcionamento do acordo.
- *Organize e facilite a análise posterior.* Organize uma reunião entre os integrantes para discutirem o processo e seus resultados e avaliarem o que pode ser melhorado ou feito de forma diferente no futuro. Isso representa uma chance de aprendizado para os integrantes e o líder do grupo.

Resumo do capítulo

A maior parte da teoria da negociação se desenvolveu com base na hipótese de que o processo é bilateral – há apenas dois negociadores ou equipes de negociadores em posições opostas. Contudo, muitas negociações são multilaterais ou se constituem como deliberações em grupo – mais de dois negociadores estão envolvidos, cada um com seus próprios interesses e posições. O grupo precisa chegar a um acordo coletivo sobre um plano, uma decisão ou um curso de ação. Este capítulo explorou a dinâmica de duas modalidades de negociação multipartes. Na primeira, múltiplas partes precisam trabalhar lado a lado para chegar a uma decisão conjunta (consenso). Na segunda, duas ou mais equipes opõem-se umas às outras na negociação.

Um dos temas presentes em todas as modalidades de negociação multipartes é a necessidade de monitorar e administrar as situações do processo de negociação de forma ativa. Essas situações são muito mais complexas do que as vistas em negociações entre duas partes. Apresentamos um breve conjunto de questões que qualquer participante em uma negociação envolvendo alianças, múltiplas partes ou equipes deve dominar:

- O que poderá acontecer se as partes não conseguirem chegar a um acordo devido ao nível elevado de complexidade?

- Como as partes envolvidas tomam uma decisão? Isto é, quais são as regras de decisão que devem ser usadas? Essas regras são as melhores possíveis?
- De que forma as partes usam as interações – múltiplas rodadas de negociação – para atingir seus objetivos? (Isso é especialmente indicado quando a regra de decisão é o consenso – ou o melhor acordo –, porque o consenso talvez não seja alcançado em uma única rodada.)
- É preciso ter um líder ou um facilitador? Este deve obrigatoriamente ser um terceiro negociador neutro, ou um membro das partes pode assumir a incumbência? Quais são as táticas que um negociador usa para administrar o processo de grupo e garantir que a melhor decisão seja tomada? (Essas táticas incluem a garantia de que o grupo seja exposto a uma variedade de fontes de informação, a administração do processo para que o grupo considere e discuta todas as informações disponíveis em detalhe e a estruturação criteriosa da pauta do grupo).

Se essas questões forem levantadas e consideradas na totalidade, as partes envolvidas têm ótimas chances de se sentirem satisfeitas com o processo e de chegarem a um desfecho desejável, em comparação com um cenário em que esses fatores não são abordados com atenção.

Referências

1. Este capítulo é baseado sobretudo nos trabalhos de Bazerman, Mannix, and Thompson, 1988; Brett, 1991; Kramer, 1991, que apresentam visões concretas sobre os problemas e desafios da negociação multipartes.
2. Midgaard and Underal, 1977, p. 332 conforme citado por Kramer, 1991.
3. Weingart, Bennett, and Brett, 1993.
4. Tompkins, 1993.
5. Sebenius, 1983.
6. Bazerman, Mannix, and Thompson, 1988.
7. Weingart, Bennett, and Brett, 1993.
8. Murninghan, 1986.
9. Kim, 1997.
10. Polzer, Mannix, and Neale, 1995, 1998.
11. Schwartz, 1994.

12. Touval, 1988.
13. Brett, 1991.
14. Taylor and Brown, 1988; Tyler and Hastie, 1991.
15. LaFasto and Larson, 2001.
16. Manz, Neck, Mancuso, and Manz, 1997.
17. Brett, 1991.
18. Swaab, Phillips, Diermeier, and Medvec, 2008.
19. Bazerman, Mannix, and Thompson, 1988.
20. Jehn and Mannix, 2001; para noções adicionais sobre a gestão de conflitos em grupos, ver Cloke and Goldsmith, 2005.
21. Brett, 1991.
22. Ibid.; Nemeth, 1986, 1989.
23. Brett, 1991.
24. Manz, Neck, Mancuso, and Manz, 1997.
25. Schwartz, 1994.

Capítulo 11

As negociações internacionais e transculturais

Objetivos

1. Compreender como as negociações internacionais e transculturais diferem de negociações domésticas ou entre negociadores de uma mesma cultura.
2. Apresentar as diferentes definições e significados de uma cultura.
3. Considerar como a cultura afeta a dinâmica das negociações.
4. Desenvolver estratégias de negociação adaptáveis à cultura da outra parte.

Embora sejam objeto de interesse há séculos, as negociações internacionais aumentaram muito nos últimos 20 anos.[1] Hoje as pessoas viajam com mais frequência, e jamais o volume de negócios entre países foi tão grande. Para muitas pessoas e organizações, as negociações internacionais se tornaram norma, não uma atividade exótica que ocorre de tempos em tempos. Muitos livros e artigos – tanto no escopo acadêmico quanto informal – são escritos sobre as complexidades das negociações entre fronteiras, com pessoas de países, culturas ou regiões diferentes. Embora o termo *cultura* tenha muitas definições possíveis, neste livro ele é usado para se referir aos valores, convicções e comportamentos compartilhados por um grupo de pessoas. De modo geral, um país pode ter mais de uma cultura, e uma cultura pode se estender além das fronteiras de uma nação. Conforme discutimos no Capítulo 1, a negociação é um processo social, inserido em um contexto muito amplo, cuja complexidade aumenta quando mais de uma cultura ou país estão envolvidos. Nesse sentido, as negociações internacionais são processos de alta complexidade.[2]

Este capítulo foi organizado da seguinte maneira:[3] primeiro, descrevemos a arte e a ciência da negociação transcultural. Após, consideramos alguns dos fatores que tornam as negociações internacionais diferentes, tanto no contexto ambiental (fatores macropolíticos) quanto no contexto imediato (fatores estratégicos). A seguir, discutimos o aspecto mais estudado das negociações internacionais: o efeito da cultura nacional, regional ou organizacional. Analisamos os modos como a cultura é conceitualizada e discutimos quatro abordagens adotadas por acadêmicos e estudiosos em geral. Após, examinamos a influência da cultura nas negociações, abordando o tema das perspectivas gerenciais e de pesquisa. O capítulo termina com uma discussão de estratégias de negociação responsivas à cultura. Os quadros ao longo do capítulo apresentam exemplos de fatores que devem ser considerados nas negociações com pessoas de outras culturas.[4]

A negociação internacional: uma arte e uma ciência

A noção de que a negociação é uma arte e uma ciência tem validade especial no cenário das negociações internacionais ou transculturais. A ciência da negociação contribui com evidências obtidas em pesquisas sobre tendências gerais que frequentemente, mas não sempre, são vistas no processo. A arte da negociação diz respeito à melhor estratégia para cada caso e cada momento e à escolha de modelos e perspectivas que podem ser usados para melhorar a compreensão transcultural. Essa tarefa representa um desafio especial, porque as negociações transculturais e internacionais são muito mais complexas do que as negociações realizadas na mesma cultura. Essa complexidade têm duas implicações importantes, as quais são abordadas neste capítulo.

Primeiro, apresentamos muitos modelos e perspectivas diferentes sobre as negociações transculturais. Elas variam em termos de abrangência e utilidade para diferentes situações. Um único modelo não é capaz de explicar as diferentes situações das negociações transculturais. O estágio do conhecimento atual sobre o assunto não possibilita, e talvez nunca possibilitará, a criação de um modelo tão abrangente. Essa complexidade é fonte de frustração para muitos negociadores transculturais, que se beneficiariam com orientações práticas mais claras para negociar no cenário internacional.

Não existe uma receita mágica. Os modelos e abordagens apresentados neste capítulo permitem que o negociador prepare o seu próprio conjunto de ferramentas úteis na negociação transcultural. O estudo dessas ferramentas permite ao negociador aperfeiçoar o seu domínio nesse campo das negociações.

A segunda implicação da complexidade das negociações internacionais é a tendência dos negociadores a subvalorizar a dimensão das *diferenças intraculturais*. É importante lembrar que os resultados de uma negociação, não importa se for doméstica ou internacional, são determinados por diversos fatores. Embora as diferenças culturais sejam muito importantes, os negociadores devem ter cautela para não conferir relevância excessiva a elas.[5] Dialdin, Kopelman, Adair, Brett, Okumura e Lytle chamaram de *erro de atribuição cultural* a tendência de negligenciar a importância de fatores situacionais em favor de explicações com base na cultura.[6]

Em síntese, as negociações transculturais e internacionais são muito mais complexas do que as negociações domésticas. Essa complexidade é fonte de energia, interesse ou frustração, e desafia os negociadores a entenderem a ciência da negociação ao mesmo tempo em que desenvolvem a arte de negociar.

O que torna as negociações internacionais tão diferentes?

Phatak e Habib sugerem que dois contextos gerais influenciam as negociações internacionais: o contexto ambiental e o contexto imediato (ver a Figura 11.1).[7] O *contexto ambiental* inclui forças atuantes no ambiente de negociação, as quais afetam todo o processo e estão fora do campo de controle do negociador. O *contexto imediato* inclui fatores sobre os quais o negociador aparenta ter algum controle. Conhecer o papel dos

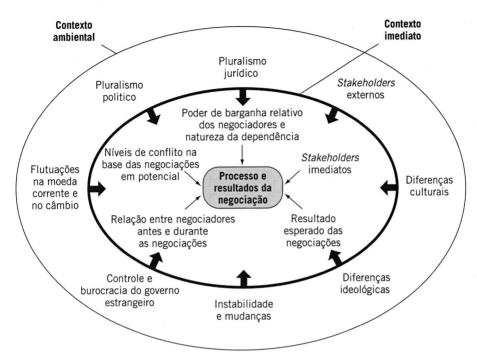

Figura 11.1 Os contextos das negociações internacionais.

Fonte: adaptado de A. V. Phatak and M. H. Habib, "The Dynamics of International Business Negotiations," *Business Horizons* 39 (1996), pp. 30-38; e J. W. Salacuse, "Making Deals in Strange Places: A Beginner's Guide to International Business Negotiations," *Negotiation Journal* 4 (1988), pp. 5-13.

fatores atuantes nos contextos ambiental e imediato é um aspecto importante na compreensão da complexidade dos processos e resultados das negociações internacionais.

O contexto ambiental

Salacuse identificou seis fatores no contexto ambiental que tornam as negociações internacionais mais desafiadoras do que as domésticas: o pluralismo político e jurídico, a economia internacional, governos e burocracias internacionais, a instabilidade, a ideologia e a cultura.[8] A cultura sempre recebeu mais atenção dos estudiosos das negociações internacionais e é discutida em uma seção especial neste capítulo. Phatak e Habib sugerem um fator adicional: os *stakeholders* *externos*.[9] Esses fatores limitam as organizações que possuem operações internacionais, e seus efeitos precisam ser compreendidos pelos negociadores.

O pluralismo político e jurídico. As empresas que realizam negócios em diferentes países atuam em sistemas políticos e jurídicos muito variados. As possíveis implicações dessas diferenças dizem respeito aos tributos que essas empresas têm de recolher, às leis e condutas trabalhistas que devem obedecer, e aos códigos da lei de contratos e

---

* N. de T.: Qualquer pessoa ou organização que tenha algum interesse em um assunto, resultado ou projeto.

padrões de promulgação de leis que suas atividades devem respeitar (isto é, o sistema jurídico em vigor no outro país – o direito jurisprudencial ou o direito consuetudinário – ou mesmo a ausência de um sistema jurídico). Além disso, dependendo do momento, as considerações de natureza política podem ajudar ou atrapalhar negociações em outros países. Por exemplo, o ambiente aberto de negócios na antiga União Soviética da década de 1990 é muito diferente do ambiente fechado da década de 1960. Hoje, os negócios conduzidos na China são muito diferentes dos negócios conduzidos 10 anos atrás naquele país.

A economia internacional. Taxas de câmbio são flutuantes por natureza. Esse fator precisa ser considerado nas negociações feitas em países estrangeiros. Qual a moeda especificada no acordo? De modo geral, o risco é maior para a parte que precisa pagar na moeda corrente do outro país.[10] Quanto menos estável for essa moeda, maior o risco, para ambas as partes. Além disso, qualquer variação no valor de uma moeda (para cima ou para baixo) pode influenciar o valor definido no acordo, afetando ambas as partes de forma significativa. Isso faz com que um acordo mutuamente interessante se manifeste como um lucro expressivo para uma e um prejuízo enorme para a outra. Além disso, muitos países controlam o fluxo de moedas através de suas fronteiras. Frequentemente, as negociações feitas nesses países precisam ser realizadas apenas em moeda forte, trazida por terceiros, e as organizações domésticas não conseguem adquirir produtos estrangeiros ou negociar resultados que requeiram pagamento em moeda estrangeira.

Os governos estrangeiros e a burocracia. A regulamentação de setores e organizações varia de país para país. As empresas com operações nos Estados Unidos estão relativamente livres da intervenção do governo, embora alguns setores sejam mais regulamentados do que outros (por exemplo, a geração de energia e a defesa). Além disso, o rigor da legislação ambiental também varia entre os estados norte-americanos. De modo geral, as negociações entre empresas nos Estados Unidos ocorrem sem a aprovação do governo: as partes decidem se fecham ou não um acordo, com base somente em aspectos comerciais. Em contrapartida, os governos de muitos países em desenvolvimento e de nações que no passado eram comunistas supervisionam de perto importações e empreendimentos conjuntos.[11] Em muitos desses países as agências governamentais controlam o monopólio das tratativas com organizações estrangeiras.[12] Além disso, considerações de caráter político como o impacto de uma negociação para o tesouro e a economia de uma nação afetam o processo de forma significativa. Às vezes esse efeito é tão forte, que uma empresa que atua em um país desenvolvido jamais o consideraria justificável da perspectiva comercial.

A instabilidade. As empresas que negociam nos Estados Unidos estão acostumadas com certo grau de estabilidade, que não existe em outras áreas do planeta. Durante uma negociação, a instabilidade se manifesta de diversas formas, como a falta de recursos (papel, eletricidade, computadores), a escassez de outros (alimentos, transporte confiável, água potável) e reveses políticos (golpes de estado, mudanças abruptas nas políticas econômicas e grandes desvalorizações da moeda corrente em um país). O desafio que os negociadores internacionais precisam enfrentar consiste em prever essas oscilações com precisão e antecipação suficientes para se adaptarem às consequências que possam acarretar. Salacuse sugere que as negociações feitas em circunstâncias instáveis incluam cláusulas contratuais que contemplem o cancelamento do acordo ou a arbitragem por terceiros, além de apólices de seguro que ofereçam alguma proteção em caso de quebra de contrato.[13] Esses conselhos pressupõem que os contratos sejam honrados e que cláusulas específicas sejam aceitáveis do ponto de vista cultural, pela outra parte.

A ideologia. Os negociadores nos Estados Unidos normalmente compartilham uma ideologia sobre as vantagens do individualismo e do capitalismo. Os norte-americanos acreditam nos direitos individuais, na superioridade do investimento privado e na importância de ter lucro em um empreendimento.[14] Contudo, os negociadores de outras culturas têm pontos de vista diferentes. Por exemplo, em países como a China e a França os direitos coletivos são mais importantes do que os direitos do indivíduo, e os investimentos públicos são considerados melhores do que os investimentos privados. Esses países também têm noções distintas sobre lucratividade e divisão de lucros. Os conflitos de natureza ideológica são os que mais intensificam os desafios da comunicação nas negociações internacionais, porque as partes muitas vezes têm diferenças muito grandes sobre o que está sendo negociado.

A cultura. As pessoas de culturas diferentes negociam de formas distintas.[15] Além das diferenças em comportamento, existem particularidades na interpretação dos processos fundamentais a toda negociação (como os fatores negociáveis e a finalidade do processo, por exemplo). Segundo Salacuse, em algumas culturas as pessoas têm uma postura dedutiva nas negociações (elas partem de um contexto geral e terminam com um contexto específico); em outras, a abordagem é indutiva (as pessoas definem uma série de questões específicas, as quais são o objeto de um acordo geral).[16] Enquanto em um país as partes negociam as questões substantivas e acham que o relacionamento que têm é casual, em outros o relacionamento é visto como foco principal da negociação e as questões substantivas são menos importantes.[17] Além disso, a literatura cita que as preferências pela adoção de certo modelo para a solução de conflitos variam entre culturas.[18]

Os *stakeholders* externos. Phatak e Habib definiram *stakeholders* externos como "as diversas pessoas ou organizações que tenham interesse no resultado de uma negociação".[19] Esses *stakeholders* incluem associações profissionais, sindicatos, embaixadas, associações industriais, entre outros.[20] Por exemplo, um sindicato se opõe às negociações com empresas estrangeiras com medo de que esses negócios possam causar desemprego no país. Os negociadores internacionais devem buscar apoio e orientação junto aos adidos comerciais das embaixadas de seus países e empresários ou associações profissionais (por exemplo, a câmara de comércio do país de origem estabelecida na nação onde pretendem negociar).

O contexto imediato

Em muitos pontos deste livro discutimos os aspectos da negociação relacionados a fatores de contexto imediato, sem considerar suas implicações internacionais. Nesta seção, examinamos os conceitos presentes no modelo de negociação internacional desenvolvido por Phatak e Habib, com ênfase no contexto imediato, que pode exercer forte influência no processo.[21]

O poder de barganha relativo. Um dos aspectos das negociações internacionais muito investigado nas pesquisas é o poder de barganha relativo das partes. Os empreendimentos conjuntos são assunto de muitos estudos sobre as negociações internacionais, os quais concluíram que o poder relativo normalmente se manifesta na quantidade de recursos (financeiros ou de outra natureza) que as partes estão dispostas a investir.[22] A hipótese é a de que a parte que investe um montante maior de recursos tem mais poder na negociação e, portanto, exerce mais influência no processo e nos resultados das deliberações. Contudo, as pesquisas de Yan e Gray questionam essa perspectiva, sugerindo que o poder relativo não é uma mera função dos recursos, mas uma consequência do controle gerencial do projeto, que, por sua vez, sofre forte influência do processo de negociação.[23] Além disso, muitos outros fatores parecem afetar o poder relativo, como o acesso facilitado a alguns mercados (como os mercados de países comunistas ou que adotaram esse regime econômico no passado), os sistemas de distribuição (por exemplo, na Ásia, a criação de um sistema de distribuição novo é tão cara que pode se tornar um obstáculo à entrada de um empreendimento em um país daquele continente), ou a gestão de relacionamentos governamentais (em que verifica-se uma grande diferença em idioma e cultura).

Os níveis de conflito. O nível de conflito e o tipo de interdependência entre as partes em uma negociação transcultural também influenciam o processo e seus resultados. As situações envolvendo conflitos intensos, como disputas étnicas, geográficas ou de identidade, são difíceis de resolver.[24] Os conflitos no Zimbábue, no Oriente Médio e no Sudão são alguns exemplos. Contudo, as evidências obtidas ao longo da história indicam que ambientes mais estáveis são vistos após guerras civis terminadas com um acordo abrangente e institucionalizado que proíba o uso da força e promova a distribuição justa de recursos e de poder político.[25] Outro aspecto importante diz respeito às diferenças de enquadramentos e de interesses (ver os Capítulos 4 e 5 para uma discussão detalhada do enquadramento). Essas diferenças são influenciadas pela cultura,[26] que também afeta o modo como os negociadores reagem a conflitos.[27] Por exemplo, Fisher, Ury e Patton discutem as dificuldades causadas pelos conflitos no Oriente Médio. Os autores explicam que as partes envolvidas sempre tiveram maneiras muito diferentes de definir o objeto de uma disputa (por exemplo, segurança, soberania ou direitos históricos).[28] Negociações diplomáticas realizadas em canais secundários e em segredo ajudam a resolver situações de muito conflito, mas o sucesso dessas iniciativas não é garantido.[29]

Os relacionamentos entre negociadores. Phatak e Habib sugerem que os relacionamentos que se desenvolvem entre as partes principais de uma negociação antes de ela iniciar também têm forte impacto no processo e seus resultados.[30] As negociações são componentes de um relacionamento mais amplo entre duas partes. O histórico desse relacionamento influencia a negociação em andamento (por exemplo, o modo como as partes enquadram a negociação), a qual, por sua vez, afeta o contexto de negociações futuras. Ver o Capítulo 9 para uma discussão detalhada sobre esse ponto.

Os resultados esperados. Os fatores tangíveis e intangíveis também desempenham um papel amplo na obtenção de resultados em negociações internacionais. Os países muitas vezes utilizam negociações internacionais para atingirem metas políticas domésticas e internacionais. Por exemplo, durante as negociações de paz de Paris para encerrar a guerra do Vietnã, uma das principais metas dos norte-vietnamitas era ter sua existência formal reconhecida pelas outras partes na negociação. Pela mesma razão, nos recentes conflitos étnicos em todo o mundo, várias partes ameaçaram impedir uma solução pacífica se não fossem reconhecidas como participantes formais das negociações (como a Irlanda do Norte, por exemplo). Às vezes existe uma tensão constante entre os objetivos de curto prazo de uma parte na negociação em andamento e a influência destes nos relacionamentos de longo prazo entre as partes. Nas negociações comerciais entre Japão e Estados Unidos, os dois lados muitas vezes aceitam resultados abaixo do esperado no curto prazo, devido à importância do relacionamento de longo prazo entre eles.[31]

Os *stakeholders* imediatos. Os *stakeholders* imediatos na negociação incluem os próprios negociadores e as pessoas que representam, como gerentes, funcionários e conselhos de administração.[32] Os *stakeholders* influenciam a conduta dos negociadores de muitas maneiras (ver o Capítulo 9). As competências, habilidades e a experiência internacional dos negociadores têm um impacto forte e indiscutível no processo e no resultado de negociações internacionais. Além disso, as motivações pessoais dos principais negociadores e de outros *stakeholders* imediatos têm efeito análogo. As pessoas se sentem motivadas por diversos fatores intangíveis em uma negociação, como a imagem que a outra parte ou um superior faz delas após o fim do processo, o efeito dos resultados nessa imagem e as possibilidades de avanço na carreira pessoal.[33]

Resumo da seção

Em síntese, modelos como o de Phatak e Habib são instrumentos de orientação muito úteis ao negociador internacional.[34] Contudo, é importante lembrar que os processos e resultados de uma negociação são influenciados por muitos fatores e que essa influência pode variar com o tempo.[35] O desafio enfrentado por todo negociador internacional é entender as diversas influências que atuam simultaneamente no processo e nos resultados de uma negociação, e atualizar essa compreensão à medida que as circunstâncias mudam. Dito de outro modo, o planejamento das negociações internacionais tem importância especial, assim como a capacidade de adaptação do negociador em face das novas informações obtidas com o monitoramento dos contextos ambientais e imediatos.

A conceitualização da cultura e da negociação

A cultura é o aspecto mais estudado das negociações internacionais. A quantidade de pesquisas sobre seus efeitos aumentou de forma significativa nos últimos 20 anos.[36] Existem muitos conceitos de cultura, mas todas as definições compartilham de dois aspectos importantes.[37] Primeiro, a cultura é um fenômeno de grupo. Isso significa que um grupo definido de pessoas compartilha convicções, valores e expectativas comportamentais. Segundo, as convicções, os valores e as expectativas comportamentais de natureza cultural são repassados aos novos integrantes de um grupo.

Robert Janosik identificou quatro abordagens para a formação de um conceito de cultura nas negociações internacionais: comportamento adquirido, valores compartilhados, dialética e contexto.[38] As quatro abordagens são semelhantes em alguns aspectos e diferentes em outros, mas todas enfatizam a importância de compreender como a cultura afeta a negociação.

A cultura como comportamento adquirido

Uma das abordagens para compreender os efeitos da cultura considera o comportamento sistemático de pessoas de diferentes culturas em cenários de negociações. Em vez de se concentrar no estudo das razões de certos comportamentos, esta abordagem simples e prática criou um catálogo de comportamentos que todo negociador internacional pode encontrar no contato com a cultura anfitriã.[39] Muitos livros e artigos populares sobre as negociações internacionais consideram a cultura um comportamento adquirido e apresentam listas do que deve ou não ser feito durante as negociações. Por exemplo, Solomon destaca a importância de saber que os negociadores chineses começam o processo com uma averiguação de princípios básicos e com a construção de um relacionamento com a outra parte.[40] Após, observa-se um longo período de avaliação, no qual os limites do relacionamento são explorados. Com o tempo, a decisão de fechar ou não o acordo é tomada, e esse acordo será a base para concessões e modificações. As pesquisas relacionadas a essa perspectiva examinaram os efeitos da cultura na demonstração de emoções[41] e no comportamento voltado para a preservação da imagem.[42]

A cultura como conjunto de valores compartilhados

A segunda abordagem para o conceito de cultura foi baseada na compreensão dos valores e normas centrais, e na elaboração de um modelo para explicar como essas normas e valores interferem nas negociações realizadas em uma cultura.[43] O modelo inclui comparações transculturais com base nas normas e valores que diferenciam as culturas e na compreensão de como essas diferenças afetam as negociações internacionais.

O modelo das dimensões culturais de Hofstede. Geert Hofstede realizou um amplo programa de pesquisas sobre as dimensões culturais dos negócios internacionais.[44] Ele examinou dados coletados de mais de 100 mil funcionários da IBM em mais de 50 culturas diferentes em todo o mundo. Ao análise estatística desses dados sugeriu que as diferenças importantes entre as culturas avaliadas podiam ser descritas segundo quatro dimensões: o individualismo/coletivismo, a distância do poder, o sucesso na carreira/qualidade de vida e a evitação da incerteza.[45] A Tabela 11.1 apresenta listas dos países onde cada uma dessas categorias é valorizada. Essas dimensões são descritas a seguir.

1. O individualismo/coletivismo. A dimensão do coletivismo/individualismo descreve se uma sociedade está organizada em torno do indivíduo ou do grupo. As sociedades individualistas encorajam seus jovens a serem independentes e a cuidarem de si próprios. As sociedades coletivistas integram os indivíduos em grupos coesos, os quais acatam a responsabilidade pelo bem-estar de cada um. Hofstede sugere que, nas sociedades coletivistas, o foco no relacionamento desempenha papel crítico nas negociações. Quando uma negociação é realizada com a mesma parte, ela se prolonga por anos e a substituição de um negociador altera também o relacionamento que, se prejudicado, poderá levar tempo para ser reconstruído. Essa estrutura contrasta com as sociedades individualistas, nas quais os negociadores são considerados substituíveis e a competência (não o relacionamento) é um importante critério na escolha do negociador. Dito de outro modo, os negociadores de culturas coletivistas dependem

Tabela 11.1 Classificação de países/culturas segundo a importância que dão a cada uma das dimensões culturais de Hofstede

Individualismo	Distância do poder	Qualidade de vida	Evitação da incerteza
1. Estados Unidos	1. Malásia	1. Suécia	1. Grécia
2. Austrália	2. Guatemala	2. Noruega	2. Portugal
3. Grã-Bretanha	Panamá	3. Países Baixos	3. Guatemala
4. Canadá	4. Filipinas	4. Dinamarca	4. Uruguai
Países Baixos	5. México	5. Costa Rica	5. Bélgica
6. Nova Zelândia	Venezuela	Iugoslávia	El Salvador
7. Itália	7. Países árabes	7. Finlândia	7. Japão
8. Bélgica	8. Equador	8. Chile	8. Iugoslávia
9. Dinamarca	Indonésia	9. Portugal	9. Peru
10. França	10. Índia	10. Tailândia	10. Argentina
Suécia	África ocidental		Chile
			Costa Rica
			Panamá
			Espanha

Fonte: adaptado de G. Hofstede, *Culture and Organizations: Software of the Mind* (London, England: Mc-Graw Hill, 1991). Reproduzido com permissão de McGraw-Hill Companies.

do cultivo e da manutenção de um relacionamento de longo prazo, enquanto os de culturas individualistas podem ser substituídos segundo quaisquer critérios de curto prazo julgados apropriados.

2. A distância do poder. A dimensão da distância do poder descreve a "extensão na qual as pessoas menos poderosas em uma organização ou instituição (como a família, por exemplo) aceitam e acreditam que o poder seja distribuído de forma desigual".[46] Segundo Hofstede, as culturas com maior distância do poder são mais propensas a concentrar a tomada de decisão nas mãos de quem tem mais poder. Além disso, todas decisões importantes devem ser concluídas pelo líder. As culturas nas quais a distância do poder é baixa são mais inclinadas a distribuir o processo de tomada de decisão entre todos os níveis das organizações e, embora os líderes sejam respeitados, existe a possibilidade de questionar as decisões que tomam. Em relação às negociações internacionais, as consequências dessa dimensão são que os negociadores oriundos de culturas com grande distância do poder talvez busquem a aprovação de um supervisor com maior frequência e para um número maior de questões, o que diminui a velocidade da negociação.

3. O sucesso na carreira/a qualidade de vida. Hofstede descobriu que as culturas diferem em termos dos valores associados ao sucesso na carreira ou à qualidade de vida. As culturas que incentivam o sucesso em uma carreira se caracterizaram pela defesa da "obtenção de dinheiro e aquisição de bens, sem preocupação com os outros, a qualidade de vida ou a sociedade."[47] As culturas que promovem a qualidade de vida se caracterizaram pela preocupação com os relacionamentos e a educação. Segundo Hofstede, essa dimensão influencia a negociação devido ao aumento da competitividade quando os negociadores de culturas que valorizam o sucesso na carreira se encontram para negociar. Os negociadores de culturas que promovem a qualidade de vida são mais propensos a demonstrar empatia pela outra parte e fazer concessões.[48]

4. A evitação da incerteza. A evitação da incerteza "indica a extensão na qual uma cultura 'programa' seus integrantes para se sentirem confortáveis ou não com situações desestruturadas".[49] As situações desestruturadas são caracterizadas por mudanças rápidas e configurações novas, ao passo que situações estruturadas são marcadas pela estabilidade e pela segurança. Os negociadores de culturas em que a evitação da incerteza é alta sentem-se pouco à vontade em situações ambíguas e preferem regras e procedimentos seguros na hora de negociar. Os negociadores de culturas de baixa evitação da incerteza adaptam-se mais rapidamente às mudanças em uma situação e não se sentem muito desconfortáveis quando as regras de uma negociação são ambíguas ou variáveis.

Apesar do ceticismo de alguns, o modelo de Hofstede é muito utilizado nas pesquisas transculturais sobre negócios internacionais.[50] A crítica mais relevante ao modelo diz respeito ao fato de que a pesquisa que o gerou foi conduzida com uma amostra de participantes que não representava uma riqueza de culturas por completo (a amostra foi composta sobretudo por homens de classe média, alta escolaridade, e que trabalhavam em uma empresa apenas, a IBM). Em outras palavras, algumas pessoas acreditam que o modelo de Hofstede subestima as verdadeiras diferenças em valores entre culturas.

Os 10 valores culturais de Schwartz. O trabalho de Shalom Schwartz e colaboradores é um exemplo muito representativo da cultura como conjunto de valores (ver a Figura 12.2).[51] Schwartz concentrou seus esforços na identificação das metas motivacionais criadas por valores culturais, e caracterizou 10 valores fundamentais (representados no círculo interno da Figura 11.2). Esses valores podem ser compatíveis ou não. Os valores incompatíveis são representados em posições opostas no círculo. Schwartz também propôs que esses 10 valores sejam representados em duas dimensões bipolares: a abertura à mudança/o conservadorismo e a autotranscendência/a autopromoção (no círculo externo da Figura 11.2). Os valores culturais de Schwartz e as duas dimensões bipolares são os resultados da mais completa investigação sobre valores culturais feita até hoje, e foram validados em muitas pesquisas. Apesar da demora para serem aceitos como modelos nas pesquisas sobre a negociação transcultural, hoje muitos trabalhos citam os 10 valores de Schwartz.[52] A vantagem desse modelo está nas possibilidades de usá-lo para descrever culturas. A desvantagem está no fato de, apesar de o modelo permitir uma ampla compreensão de uma cultura, ele não apresenta conselhos claros sobre como negociar com ela. A hipótese é que os negociadores que melhor entendem uma cultura terão mais sucesso nas negociações com ela.

Resumo da seção

A perspectiva da cultura como valor compartilhado explica por que as negociações transculturais são difíceis e propensas ao fracasso. Por exemplo, nos Estados Unidos, o individualismo é um valor central na cultura do país. Para os norte-americanos, é natural tomar decisões individuais, defender os próprios pontos de vista e assumir posições firmes sobre as questões que são importantes para eles. É interessante comparar a cultura individualista norte-americana com a cultura coletivista dos chineses.[53] Os

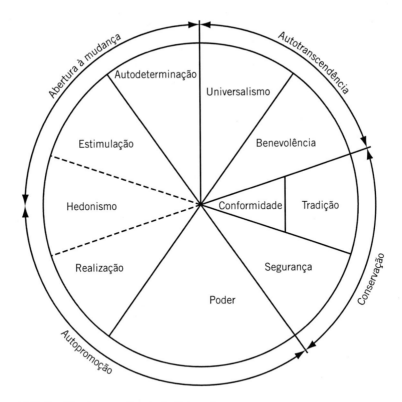

Figura 11.2 Os 10 valores culturais de Schwartz.

negociadores chineses tomam decisões em grupo, defendem o grupo antes do indivíduo e assumem posições firmes sobre as questões que o grupo julga serem relevantes. Quando norte-americanos e chineses negociam, as diferenças entre os valores culturais do individualismo e do coletivismo podem influenciar o processo de diversas maneiras. Por exemplo, (1), os chineses passam mais tempo negociando, porque precisam do consenso do grupo antes de fechar um acordo; (2) a adoção de diversas linhas de autoridade por negociadores chineses pode obstruir uma interpretação clara das verdadeiras necessidades do grupo e, por essa razão, talvez não exista um único integrante que seja capaz de compreender todas as exigências; (3) uma vez que o poder é compartilhado por diversas pessoas e cargos, talvez um estrangeiro tenha dificuldade de identificar a pessoa certa com quem deve negociar, por conta dessa burocracia.[54]

A cultura como dialética

A terceira abordagem à cultura como um fator que ajuda a entender as negociações internacionais reconhece que todas as culturas têm um conjunto de dimensões ou tensões, chamado de *dialética*.[55] Essas tensões são muito bem ilustradas em parábolas da tradição judaicocristã. Por exemplo, os provérbios "muito cacique para pouco índio" e "duas cabeças pensam melhor do que uma" representam uma forma de orientação para as pessoas que pensam em trabalhar sozinhas ou em grupo. Essa divisão reflete uma dialética, isto é, uma tensão, vista na tradição judaicocristã, entre os valores de independência e o trabalho em equipe. A independência total ou o trabalho estritamente em equipe não funcionam em todos os casos. Ambas as posturas têm vantagens e desvantagens que variam conforme a circunstância (por exemplo, a decisão que deve ser tomada ou a tarefa a ser finalizada). Segundo Janosik, a cultura como dialética tem vantagens em relação à cultura como conjunto de valores. Para ele, a dialética explica as variações internas em uma cultura (por exemplo, as pessoas não compartilham dos mesmos valores, ao menos não na mesma medida).[56] A abordagem da cultura como dialética não contribui com conselhos simples aos negociadores internacionais sobre como se comportar em diferentes situações. Ao contrário, ela sugere que esses negociadores, para terem sucesso, precisam entender a riqueza das culturas com que negociam.

A perspectiva dialética está baseada no entendimento profundo de uma cultura, o qual permite idealizar metáforas que, por sua vez, auxiliam a conhecer melhor como o processo de negociação evolui nela. Os negociadores que melhor conseguem compreender essas metáforas têm mais chances de sucesso quando negociam com culturas diferentes.

A cultura em contexto

Os defensores da quarta abordagem reconhecem que o comportamento humano não é determinado por um único fator. Ao contrário, ele deve ser entendido em muitos níveis diferentes, simultaneamente. Nesse sentido, uma interação social tão complexa quanto uma negociação é determinada por muitos fatores distintos, um dos quais é a cultura. Contudo, a personalidade, o contexto social e os fatores ambientais também são importantes determinantes do comportamento.[57] Os estudiosos que propuseram a abordagem da cultura como contexto reconhecem que o comportamento de negociação é determinado por muitos fatores. Utilizar a cultura como única explicação para um comportamento é a simplificação grosseira de um processo social complexo. Kumar e Worm são sucintos ao defenderem essa tese: "Embora as negociações ocorram no presente, elas são influenciadas por acontecimentos passados e restringidas por perspectivas futuras".[58]

As teorias e as pesquisas recentes sobre as negociações internacionais utilizam essa abordagem da cultura em contexto. Por exemplo, Tinsley, Brett, Shapiro e Okumura propuseram uma *teoria da complexidade cultural*, segundo a qual o efeito dos valores culturais em uma negociação depende das circunstâncias.[59] Os valores têm um efeito direto quando têm consequências fortes em diferentes contextos (por exemplo, a individualidade norte-americana). Os valores que exercem um efeito moderado são aqueles que têm diferentes instigadores contextuais na cultura. Por exemplo, a França tem tradições monárquicas e democráticas, as quais influenciam a negociação, dependendo do contexto.[60] Fang sugere que as tradições de Mao, Confúcio e Sun Tzu influenciam os negociadores chineses de muitas maneiras, dependendo do contexto. Outro exemplo da abordagem da cultura em contexto foi apresentado por Adair e Brett.[61] Os autores descobriram que os padrões de comunicação de negociadores de culturas influenciadas pelo contexto diferiam daqueles usados por negociadores de culturas pouco dependentes do contexto, em diferentes estágios da negociação.[62]

No esforço de explicar as diferenças sutis nas negociações transculturais, os modelos da cultura em contexto tornam-se cada vez mais complexos. Infelizmente, à medida que aumenta essa complexidade, esses modelos perdem utilidade prática.[63] Apesar disso, eles permitem que o negociador compreenda melhor o funcionamento das negociações transculturais, se prepare e participe desses processos com mais eficiência.

A influência da cultura nas negociações: as perspectivas gerenciais

As diferenças culturais podem influenciar as negociações de diversas formas, 10 das quais são discutidas nesta seção.[64]

A definição de negociação

A definição básica de negociação, isto é, o que é negociável e o que ocorre durante o processo, são fatores que variam muito entre culturas diferentes.[65] Por exemplo, "para os norte-americanos a negociação é um processo competitivo de ofertas e contraofertas; para os japoneses, ela é uma oportunidade de compartilhar informações".[66]

A oportunidade de negociação

A cultura influencia o modo como os negociadores percebem a oportunidade de negociar. Os negociadores norte-americanos têm a predisposição de interpretar a negociação como um processo sobretudo distributivo.[67] Contudo, em outras culturas parece existir uma grande variação com relação à percepção inicial da natureza distributiva ou integrativa de uma negociação.[68] As negociações transculturais são influenciadas pelo grau em que os negociadores consideram a situação de negociação como distributiva ou integrativa.

A seleção dos negociadores

Os critérios adotados para escolher quem participará de uma negociação variam entre culturas. Esses critérios incluem o conhecimento sobre o assunto negociado, o cargo, as relações da família do negociador, o sexo, a idade, a experiência profissional e o status. Diferentes culturas conferem importância distinta a cada um desses critérios, o que altera as expectativas sobre o que é apropriado em diversos tipos de negociação. Por exemplo, para os chineses, é importante estabelecer um relacionamento já no começo da negociação. Por essa razão, a escolha de um negociador com as competências adequadas para a formação de relacionamentos pode ser útil.[69]

O protocolo

As culturas diferem em termos da importância do protocolo, isto é, da formalidade entre as partes em uma negociação. A cultura norte-americana está entre as mais informais do mundo. Nos Estados Unidos, o estilo de comunicação familiar é muito comum. Nomes próprios são corriqueiramente usados como forma de tratamento, mas títulos não são adotados. Isso contrasta com outras culturas. Por exemplo, muitos países europeus (por exemplo, a França, a Alemanha e a Inglaterra) prezam a formalidade. Não usar um título ao se dirigir a alguém (por exemplo, senhor, doutor, professor, lorde) é considerado um insulto.[70] Os cartões de visita formais usados em muitos países asiáticos, como a China e o Japão, são parte essencial do processo de apresentação de pessoas. Os negociadores que não usam esses cartões, ou que fazem alguma anotação neles, estão cometendo uma quebra de protocolo e insultando o negociador desses países.[71] Até mesmo o modo como esses cartões são oferecidos, os apertos de mão e as vestimentas estão sujeitos a interpretações, e podem revelar muito sobre a origem ou a personalidade de uma pessoa.

A comunicação

As culturas influenciam o modo como as pessoas se comunicam tanto verbal quanto não verbalmente. A linguagem corporal é interpretada de formas diferentes entre culturas. O mesmo comportamento pode ser muito ofensivo em uma cultura e completamente inocente em outra.[72] Para evitar ofender a outra parte, os negociadores internacionais precisam tomar cuidado ao observar as regras de comunicação praticadas na cultura estrangeira. Por exemplo, descansar os pés sobre a mesa é sinal de poder e tranquilidade nos Estados Unidos; porém, na Tailândia o gesto é visto como um insulto muito grande. Sem dúvida, existem muitas informações sobre as maneiras de evitar insultos, despertar a raiva ou constranger a outra parte em uma negociação. Livros e artigos sobre o assunto apresentam conselhos úteis sobre como os negociadores internacionais devem se comunicar em diferentes culturas. Buscar esses conselhos é parte essencial do planejamento de uma negociação internacional.[73]

A atenção ao tempo

As culturas determinam o significado do tempo e o modo como ele afeta as negociações.[74] De modo geral, nos Estados Unidos as pessoas respeitam o tempo. Elas comparecem na hora marcada para uma reunião, evitam desperdiçar o tempo alheio e conservam a noção de que "mais rápido" é melhor do que "mais devagar", porque entendem que velocidade é sinal de produtividade. Contudo, outras culturas têm interpretações muito diferentes. Nas sociedades mais tradicionais, sobretudo as de clima quente, o ritmo é mais lento do que nos Estados Unidos, o que tende a reduzir a preocupação com esse fator, ao menos no curto prazo. As culturas islâmicas de idioma árabe parecem se concentrar mais no tempo do evento do que no tempo marcado pelo relógio. Nas culturas em que o tempo cronológico é importante, as pessoas marcam compromissos de acordo com o relógio. Nas culturas em que prevalece o tempo do evento, os compromissos é que definem o tempo para as pessoas".[75] Muitas culturas veem os norte-americanos como escravos do tempo, porque dão muita atenção a ele e o consideram um recurso valioso. Contudo, na China e na América Latina, o tempo por si só não é importante. O foco das negociações está na tarefa, independentemente do período necessário para concluí-la. Em negociações transculturais existe o risco de mal-entendidos causados pelas diferentes percepções sobre o tempo. Enquanto os negociadores dessas culturas veem os norte-americanos como pessoas apressadas e que passam de uma tarefa para a outra com rapidez, estes interpretam aqueles como pessoas que desperdiçam tempo e não fazem coisa alguma.

A propensão ao risco

As culturas têm diferentes abordagens ao risco. Algumas produzem tomadores de decisão burocráticos e conservadores que desejam obter um volume grande de informações antes de seguir em frente. Em outras, os negociadores têm um espírito empreendedor mais pronunciado e estão dispostos a atuar e correr riscos após obterem informações, ainda que incompletas (por exemplo, "quem não arrisca, não petisca"). Segundo Foster, os norte-americanos e os negociadores de algumas culturas asiáticas estão na categoria propensa ao risco, ao passo que algumas culturas europeias são bastante conservadoras (como a Grécia, por exemplo).[76] A inclinação de uma cultura para o risco exerce forte influência no que é negociado e no teor do acordo obtido. Os negociadores de culturas orientadas para os riscos aceitam acordos rápidos e de modo geral, se expõem mais em uma negociação. Em contrapartida, os negociadores oriundos de culturas avessas ao risco preferem obter a quantidade certa de informações antes de negociar, e adotam a postura de esperar para ver como o processo evolui.

O grupo *versus* o indivíduo

As culturas diferem segundo a importância que conferem ao indivíduo e ao grupo. Os Estados Unidos são uma cultura sobretudo individualista, na qual independência e assertividade são atributos valorizados. Em contrapartida, nas culturas focadas no grupo, prevalece a superioridade do coletivo, e as necessidades individuais vêm após as necessidades do grupo. Essas culturas valorizam a adaptação e recompensam a fidelidade à equipe. As pessoas que se atrevem a ser diferentes são isoladas do convívio social – o que constitui um alto preço a pagar nessas sociedades. Essa diferença cultural tem uma variedade de efeitos nas negociações. Nos Estados Unidos, normalmente uma pessoa é incumbida de tomar a decisão final. Já nas culturas que valorizam o coletivo, como a japonesa, de modo geral é o grupo que assume a tomada de decisão. Nessas culturas, esse processo envolve o consenso, e pode consumir um período de tempo muito grande, comparado ao tempo despendido por negociadores norte-americanos nessa atividade. Além disso, uma vez que o número de pessoas envolvidas em uma negociação nessas culturas é elevado e que a participação desse integrantes às vezes é sequencial, não simultânea, os negociadores dos Estados Unidos normalmente se deparam com deliberações em série sobre as mesmas questões e materiais já discutidos com outras pessoas. Em uma negociação realizada na China, um dos autores deste livro reuniu-se com mais de seis negociadores e intérpretes diferentes, em dias diversos, para discutir o mesmo assunto, antes de a negociação ser declarada concluída.

A natureza dos acordos

A cultura exerce um efeito importante na conclusão de um acordo e nas formas que ele assume. Nos Estados Unidos, de modo geral os acordos são formais e baseados na lógica (por exemplo, o fornecedor que apresentar o menor preço é o escolhido). O desrespeito a uma cláusula contratual é resolvido na justiça. Contudo, em outras culturas o fechamento do acordo pode ser baseado em quem você é (isto é, sua família ou relações com a classe política) não no que você faz. Além disso, um acordo tem significados distintos em culturas diferentes. Foster observa que os chineses frequentemente utilizam memorandos de acordo para formalizar um relacionamento e sinalizar o começo das negociações (favores mútuos e comprometimento).[77] Contudo, para muitos negociadores norte-americanos esse memorando de acordo representa uma conclusão, isto é, as cláusulas do acordo agora estão protegidas por lei. As diferenças no fechamento e no significado de um acordo muitas vezes geram confusão e mal-entendidos.

O lado emocional

A cultura aparentemente influencia a expressão de emoções.[78] Essas emoções podem ser usadas como tática ou resposta natural a circunstâncias positivas ou negativas durante a negociação.[79] Embora a personalidade possa afetar as emoções, esse efeito aparentemente varia muito entre diferentes culturas, e as regras que ditam a expressão de emoções em uma cultura continuam válidas durante a negociação.[80]

Em resumo, muitos estudos apresentam conselhos práticos sobre a importância da cultura nas negociações internacionais. Embora a palavra *cultura* tenha diversas acepções, ela é um fator essencial nas negociações internacionais, porque influencia muitos aspectos do processo e de seus resultados. A seguir, examinaremos como a cultura afeta as negociações sob as perspectivas das pesquisas sobre o tema.

As estratégias de negociação responsivas à cultura

Embora muitos estudos tenham abordado os desafios das negociações internacionais e transculturais, pouco se sabe sobre o que um negociador deve fazer quando negocia com alguém oriundo de uma cultura diferente da sua. Muitos especialistas concordam que o melhor conselho nessa situação é: "Em terra de sapos, de cócoras como eles".[81] Em outras palavras, os negociadores devem se certificar dos efeitos das diferenças nas negociações e considerá-las durante o processo. Muitos teóricos acreditam que para administrar negociações transculturais com eficiência, é preciso ser sensível às normas culturais do outro negociador, modificar a própria estratégia e adaptá-la aos comportamentos típicos da cultura dele.

Contudo, vários fatores sugerem que quaisquer adaptações a uma estratégia devem ser feitas com moderação:

1. Os negociadores talvez não consigam adotar essas modificações com a eficácia necessária. São necessários anos para compreender uma cultura em detalhe, e os negociadores normalmente não têm tempo suficiente para obter essa compreensão antes da negociação. Embora um pouco de conhecimento sobre a outra cultura seja melhor do que nada, ele talvez não baste para que o negociador faça os ajustes necessários na sua estratégia. Competir em pé de igualdade com as táticas e estratégias usadas por negociadores de outras culturas é tarefa desafiadora, que exige fluência no idioma e um profundo conhecimento cultural. Até as palavras mais simples de um idioma podem ser traduzidas de diversas maneiras e conotações, o que aumenta o desfio de negociar em uma língua estrangeira.[82]

2. O fato de os negociadores serem capazes de alterar suas abordagens com eficiência não é garantia de um resultado melhor nas negociações. As chances de a outra parte também modificar suas estratégias são altas. Os resultados dessa situação podem ser desastrosos: uma parte tenta atuar como a outra "supostamente deveria" estar atuando e tem dificuldade de entender o que a outra faz. O exemplo a

seguir compara os estilos de negociação típicos de norte-americanos e japoneses. Os norte-americanos preferem começar as negociações com uma oferta extrema, a qual deixa espaço para concessões. Por sua vez, os japoneses iniciam uma negociação coletando informações para saberem com quem estão lidando e terem uma noção de como será esse relacionamento. Vamos supor que ambas as partes conheçam suas próprias tendências culturais e as da outra parte (hipótese essa que raramente se verifica na vida real). Em sinal de respeito mútuo, uma parte passa a se comportar segundo as normas comportamentais da outra e adota sua abordagem. A outra parte faz o mesmo. As possibilidades de elas se confundirem são ilimitadas. Quando os norte-americanos obtêm informações sobre os japoneses, eles estão de fato interessados, ou estão apenas desempenhando um papel? Está claro que não estão se comportando como norte-americanos, mas essa estratégia talvez não seja identificável de imediato. Como os norte-americanos interpretam o comportamento dos japoneses? Eles se prepararam para a negociação muito bem, e sabem que os japoneses não adotam posições extremas no começo do processo. Contudo, se os japoneses apresentarem uma posição forte já no início da negociação, como os norte-americanos interpretarão esse comportamento? É possível que pensem, "talvez seja isso que queiram, porque normalmente eles não começam com ofertas extremas". Adotar a abordagem da outra parte não é garantia de sucesso; ao contrário, a confusão gerada pode ser maior do que seria se você atuasse de forma genuína, quando seus comportamentos podem ser compreendidos no contexto de sua cultura.

3. As pesquisas sugerem que os negociadores naturalmente negociam de formas diferentes com pessoas de culturas distintas das suas.[83] Dito de outro modo, uma compreensão detalhada de como negociadores de uma mesma cultura negociam (por exemplo, dois negociadores costarriquenhos negociando um com o outro) talvez não seja muito útil a um negociador norte-americano negociando com uma pessoa nascida na Costa Rica.[84]

4. Um estudo conduzido por Francis indica que um grau moderado de adaptação pode ser mais eficiente do que uma adaptação total.[85] Nessa pesquisa, que avaliou as respostas de um grupo de negociadores norte-americanos em uma negociação simulada com pessoas de outros países, o autor descobriu que os negociadores de uma cultura conhecida (neste caso, o Japão) que fizeram adaptações moderadas ao modo de negociar dos norte-americanos eram mais bem-vistos do que aqueles que não fizeram alteração alguma, ou que implementaram muitas modificações em suas abordagens. Embora essas descobertas não tenham se confirmado com negociadores de culturas menos conhecidas (a Coreia), os resultados desse estudo foram úteis, porque mostram que adaptações extensas nem sempre são eficientes. Mais pesquisas são necessárias para compreender os motivos dessas discrepâncias.

As pesquisas recentes apresentam conselhos específicos para negociar com outras culturas. Rubin e Sander sugerem que, durante a preparação, os negociadores devem se esforçar para compreender três aspectos: (1) seus próprios vieses, pontos fortes e pontos fracos, (3) o outro negociador como pessoa e (3) o contexto cultural do outro negociador.[86] Brett e colaboradores sugerem que os negociadores transculturais devem ir além, e fazerem a si mesmos uma série de perguntas sobre como a cultura pode influenciar o compartilhamento de informações e o processo de negociação (por exemplo, nessa cultura, as informações são compartilhadas direta ou indiretamente?[87] A cultura é monocrônica ou policrônica?). Saber como informações são compartilhadas e como o processo de negociação é estruturado em outras culturas pode ajudar o negociador a planejar seus passos de forma mais estratégica.[88] Por fim, Adair, Okumura e Brett sugerem que ambas as partes em uma negociação transcultural devem estar preparadas para comunicarem informações de forma direta ou indireta, conforme a preferência, para aumentar as chances do sucesso do processo.[89]

Stephen Weiss propôs uma maneira útil de avaliar as opções que temos ao negociar com uma pessoa de outra cultura.[90] Segundo o autor, existem oito estratégias responsivas à cultura, as quais podem ser usadas individual ou sequencialmente – ou mesmo substituídas durante a negociação. Quando escolhem uma estratégia, os negociadores devem estar conscientes dos aspectos das culturas envolvidas. Além disso, eles precisam entender os fatores específicos desse relacionamento, e prever e tentar influenciar a abordagem que a outra parte adotará.[91] As estratégias responsivas à cultura desenvolvidas por Weiss podem ser divididas em três grupos, com base na familiaridade do negociador com a outra cultura (baixa, média ou alta). Os grupos incluem estratégias que o negociador pode adotar por conta própria (estratégias unilaterais) e estratégias que envolvem a participação da outra parte (estratégias conjuntas).

A familiaridade baixa

Utilize agentes e consultor (estratégia unilateral).
Uma das abordagens que os negociadores pouco familiarizados com a cultura da outra parte podem adotar consiste em contratar um agente ou um consultor que conheça a cultura das duas partes. Nesse relacionamento, o agente supervisiona a outra parte, enquanto o consultor contribui com sugestões regulares ou ocasionais durante a negociação. Embora agentes e consultores possam representar desafios adicionais, os negociadores normalmente se beneficiam desses profissionais quando têm pouco conhecimento sobre a cultura da outra parte ou quando o tempo é curto.

Utilize um mediador (estratégia conjunta).
As atividades de um mediador em uma negociação internacional variam muito. Em alguns casos ele conduz a apresentação das partes (após a qual se retira da sala), em outros ele está presente em toda a negociação e assume responsabilidade pela administração do processo. Muitas vezes esse papel é realizado por um intérprete, o qual, além de traduzir o que as partes dizem, fornece informações adicionais a ambas. Os mediadores encorajam uma parte a adotar as abordagens da cultura da outra, ou sugerem a ambas que adotem uma terceira abordagem cultural (como a cultura dele próprio, por exemplo).

Induza o outro negociador a adotar a sua abordagem (estratégia conjunta).
Uma opção interessante para lidar com a baixa familiaridade consiste em persuadir a outra parte a adotar sua abordagem. Essa alternativa pode ser posta em prática de muitas maneiras diferentes, desde um pedido educado até uma afirmação grosseira de que seu modo de negociar é o melhor. Uma forma sutil de adotar essa estratégia consiste em responder aos pedidos da outra parte na língua materna, alegando que você não é fluente no idioma da outra parte. Embora essa iniciativa tenha muitas vantagens para o negociador pouco familiarizado com a cultura da outra parte, ela tem algumas des-

vantagens. Por exemplo, um negociador japonês pode se irritar ou se sentir insultado se tiver de fazer um esforço adicional para negociar com um oponente canadense nos termos da cultura deste. Além disso, o outro negociador talvez tenha uma vantagem estratégica e pode adotar táticas extremas sob pretexto de não conhecer a cultura das pessoas com quem está negociando (afinal de contas, não se pode esperar que um negociador seja um especialista nas culturas de outros países).

A familiaridade moderada

Adapte-se à abordagem do outro negociador (estratégia unilateral).
Esta estratégia envolve a implementação de mudanças conscientes em uma abordagem para que ela se torne mais atraente. Em vez de tentar atuar como a outra parte, o negociador que utiliza essa estratégia mantém o domínio de sua própria abordagem, mas adota pequenas modificações para conservar o bom relacionamento. Essas modificações incluem a adoção de posturas menos extremas, a exclusão de comportamentos prejudiciais e a adoção de alguns comportamentos da outra parte. O desafio dessa estratégia está em descobrir quais comportamentos devem ser modificados, eliminados ou adotados. Além disso, o negociador não tem como saber se a outra parte interpretará essas modificações de acordo com as expectativas dele.

O ajuste coordenado (estratégia conjunta).
Nesta estratégia, ambas as partes efetuam ajustes no esforço de encontrar um processo conjunto de negociação. Embora essa iniciativa possa ser realizada de maneira implícita, na maioria das vezes ela é feita de forma explícita ("como você gostaria de proceder?") e pode ser vista como uma instância especial de deliberação sobre o processo de negociação. Ela requer certa dose de conhecimentos sobre a cultura da outra parte e certa facilidade com o idioma dela (a compreensão oral e a expressão verbal). O ajuste coordenado ocorre diariamente em Montreal, a cidade com maior número de habitantes bilíngues na América do Norte (85% dos residentes entendem os idiomas inglês e francês). Os executivos baseados na cidade têm o hábito de deliberar sobre o processo de negociação antes de iniciarem as tratativas substantivas. Normalmente, essa discussão inicial envolve o idioma (a negociação será realizada em inglês ou em francês?), mas muitas vezes as partes concordam em usar os idiomas com liberdade. Frequentemente as negociações ocorrem nas duas línguas, e as pessoa com maior facilidade de se expressar em língua estrangeira troca de idioma para facilitar o processo. Outra consequência ocasional dessa estratégia conjunta é que os dois negociadores trocam de idioma, isto é, o negociador do lado francês fala inglês e o do lado inglês fala francês, em sinal de respeito mútuo. Um tipo interessante de ajuste coordenado é visto quando as duas partes adotam aspectos de uma terceira cultura para facilitar as negociações. Por exemplo, durante uma viagem à América Latina, um dos autores deste livro realizou discussões em francês com um colega latino-americano que falava espanhol e francês, mas não era fluente em inglês. Em uma viagem à China, as negociações foram conduzidas em francês, inglês e chinês, porque cada um dos seis participantes era fluente em duas dessas línguas.

A familiaridade alta

Adote a abordagem do outro negociador (estratégia unilateral).
Esta estratégia requer a adoção da abordagem do outro negociador por completo. Para ter sucesso,

o negociador precisa ser bilíngue ou conhecer a cultura do outro país a fundo. Em síntese, o negociador que adota essa estratégia *não está atuando* como um estrangeiro, ele *é* um estrangeiro. Essa abordagem é dispendiosa e consome tempo, e expõe o negociador a um nível considerável de estresse, em função da dificuldade de alternar culturas com rapidez. Contudo, essa estratégia tem muito a oferecer, porque permite abordar e compreender a outra parte nos termos dela.

Improvise uma abordagem (estratégia conjunta). Esta maneira de atuar envolve o desenvolvimento de uma estratégia específica para a situação de negociação, o outro negociador e as circunstâncias do processo. A efetividade dessa estratégia exige um alto grau de familiarização com as culturas envolvidas e um conhecimento profundo das características individuais do outro negociador. A negociação realizada segundo essa abordagem pode incluir aspectos das culturas de ambas as partes, quando estes forem úteis. Ela é a mais flexível das abordagens citadas, o que pode ser uma vantagem ou uma desvantagem. A flexibilidade é uma vantagem porque permite que a abordagem seja desenvolvida de acordo com as circunstâncias do momento, e uma desvantagem porque não existem muitas instruções sobre como essa estratégia pode ser posta em prática.

O efeito sinfonia (estratégia conjunta). Esta estratégia permite aos negociadores criarem uma nova abordagem que inclua aspectos da cultura nativa ou adotarem práticas de uma terceira cultura. Os diplomatas usam estratégias semelhantes em situações nas quais os costumes, normas e idiomas transcendem as fronteiras nacionais e compõem uma cultura própria (a diplomacia). O uso dessa estratégia é complexo e exige muito tempo e esforço. Os melhores resultados são obtidos quando as partes estão familiarizadas uma com a outra e com suas culturas, e quando têm uma estrutura em comum (como a dos diplomatas) para a negociação. Os riscos incluem os custos relativos a possíveis confusões, tempo perdido e esforço total necessário para implementá-la.

Resumo do capítulo

Este capítulo examinou vários aspectos de um campo das negociações que se expande e explora as complexidades das negociações internacionais e transculturais. Começamos o capítulo com uma discussão sobre a arte e a ciência da negociação. Após, consideramos alguns dos fatores que diferenciam as negociações internacionais. Phatak e Habib sugerem que os contextos ambiental e imediato exercem efeitos importantes nas negociações internacionais.[92] Examinamos a descrição dos fatores ambientais definidos por Salacuse, que influenciam as negociações internacionais: (1) o pluralismo político e jurídico, (2) a economia internacional, (3) os governos e as burocracias estrangeiros, (4) a instabilidade, (5) a ideologia e (6) a cultura.[93] Acrescentamos um fator experimental – os *stakeholders* externos – apresentado por Phatak e Habib.[94] Os fatores de contexto imediato de Phatak e Habib também foram discutidos: (1) o poder de barganha relativo, (2) os níveis de conflito, (3) o relacionamento entre negociadores, (4) os resultados esperados e (5) os *stakeholders* imediatos.

A seguir voltamos nossas atenções para os conceitos de cultura. Robert Janosik sugere que os pesquisadores e profissionais da negociação usem a cultura segundo quatro definições diferentes: (1) a cultura como comportamento adquirido, (2) como valores compartilhados, (3) como dialética e (4) como contexto.[95] Examinamos como as diferenças culturais podem influenciar as negociações, sob duas perspectivas. Após, analisamos a influência da cultura nas negociações de 10 perspectivas gerenciais: (1) a definição de negociação, (2) a oportunidade de negociação, (3) a escolha dos negociadores, (4) o protocolo, (5) a comunicação, (6) a atenção ao tempo, (7) a propensão ao risco, (8) o grupo *versus* o indivíduo, (9) a natureza dos acordos e (10) o lado emocional.

O capítulo encerrou com uma discussão sobre como administrar diferenças culturais em uma negociação. Weiss apresentou oito estratégias de negociação responsivas à cultura que podem ser usadas com um negociador de outra cultura. Algumas dessas estratégias podem ser usadas individualmente, ao passo que outras são usadas em conjunto, com o outro negociador. Weiss sugere que um dos aspectos críticos na escolha da estratégia correta para uma negociação específica é a familiaridade (alta, média ou alta) que um negociador tem com a outra cultura. Contudo, mesmo os negociadores muito familiarizados com outra cultura se deparam com uma tarefa difícil quando precisam alterar suas estratégias por completo na hora de lidar com outra cultura.

Referências

1. Hopmann, 1995; Weiss, 2006.
2. Sebenius, 2002a.
3. É importante reconhecer que este livro foi escrito da perspectiva norte-americana e que este filtro cultural influenciou nosso modo de pensar sobre a negociação (Brett e Gelfand, 2004), nossas escolhas sobre o que discutimos e nossos motivos para usar os norte-americanos como base de comparação com outras culturas. Isso não quer dizer que todos os norte-americanos têm uma única cultura. Algumas descrições sobre o estilo de negociar dos norte-americanos são dadas em Druckman, 1996; Koh, 1996; Le Poole, 1989; e McDonald, 1996. Contudo, até certo ponto, os norte-americanos compartilham de uma cultura que é diferente daquelas de outros países. Ao mesmo tempo em que reconhecemos as diferenças nos Estados Unidos, utilizamos alguns dos aspectos comuns da cultura norte-americana em nossa discussão sobre as negociações internacionais e transculturais.
4. Para mais exemplos, ver Acuff, 1993; Hendon and Hendon, 1990; and Kennedy, 1985.
5. Rubin and Sander, 1991; Sebenius, 2002b; Weiss, 2003.
6. Dialdin, Kopelman, Adair, Brett, Okumura, and Lytle, 1999; ver também Huang and van de Vliert, 2004; Matsumoto and Yoo, 2006.
7. Phatak and Habib, 1996.
8. Salacuse, 1988.
9. Phatak and Habib, 1996.
10. Salacuse, 1988.
11. Ver Brouthers and Bamossy, 1997; Derong and Faure, 1995; Pfouts, 1994.
12. Salacuse, 1988.
13. Ibid.
14. Ibid.
15. Por exemplo, Graham and Mintu-Wimsat, 1997; Metcalf, Bird, Shankarmahesh, Aycan, Larmio, and Valdelamar, 2006; Metcalf, Bird, Peterson, Shankarmahesh, and Lituchy, 2007.
16. Palich, Carini, and Livingstone, 2002; Xing, 1995.
17. Tinsley, 1997.
18. Tinsley, 1997, 1998, 2001.
19. Phatak and Habib, 1996, p. 34.
20. Sebenius, 2002a.
21. Phatak and Habib, 1996; ver também Lin and Miller, 2003.
22. Ver Yan and Gray, 1994, para uma revisão sobre o tema.
23. Ibid.
24. Ver Agha and Malley, 2002; Isajiw, 2000; Ross, 2000; Rubinstein, 2003; Stein, 1999; and Zartman, 1997.
25. Hartzell, 1999.
26. Abu-Nimer, 1996.
27. Ohbuchi and Takahashi, 1994; Tinsley, 1998; ver Weldon and Jehn, 1995, para uma revisão sobre o tema.
28. Fisher, Ury, and Patton, 1991.
29. Wanis-St. John, 2006.
30. Phatak and Habib, 1996.
31. Ibid.
32. Ibid.
33. Ibid.
34. Ibid.
35. Ver Stark, Fam, Waller, and Tian, 2005; Yan and Gray, 1994.
36. Para revisões sobre o tema, ver Brett, 2001; and Gelfand and Dyer, 2000.
37. Ver Avruch, 2000.
38. Janosik, 1987.
39. Ibid.
40. Solomon, 1987.
41. George, Jones, and Gonzalez, 1998.
42. Ogawa, 1999; Ting-Toomey and Kurogi, 1998.
43. Faure, 1999; Sebenius, 2002a.
44. Hofstede, 1980a, 1980b, 1989, 1991.
45. Hofstede rotulou o sucesso na carreira/qualidade de vida como masculino-feminino, mas preferimos adotar designações neutras para esta dimensão (Adler, 2002). Pesquisas posteriores feitas por Hofstede e Bond (1988) sugerem que uma quinta dimensão, chamada de dinamismo confuciano, seja adicionada. O dinamismo confuciano contém três elementos: a ética no trabalho, o tempo e o compromisso com os valores tradicionais do confucionismo. Essa dimensão não recebeu muita atenção na literatura sobre as negociações (ver Chan, 1998).
46. Hofstede, 1989, p. 195.
47. Hofstede, 1980a, p. 46.
48. Hofstede, 1989.
49. Ibid., p. 196.
50. Ver, por exemplo, Kale and Barnes, 1992; Schwartz, 1994; Triandis, 1982.

51. Ver Schwartz, 1992, 1994; Schwartz and Bilsky, 1990; Smith and Schwartz, 1997.
52. Ver Gelfand and Dyer, 2000; Kozan and Ergin, 1999.
53. Ver Faure, 1999, para uma análise sistemática sobre os efeitos da cultura no estilo de negociação chinês.
54. Pye, 1992.
55. Janosik, 1987.
56. Ibid.
57. Rubin and Sander, 1991.
58. Kumar and Worm, 2004, p. 305.
59. Tinsley, Brett, Shapiro, and Okumura, 2004.
60. Brett et al., 1998.
61. Fang, 2006.
62. Adair and Brett, 2003.
63. Janosik, 1987.
64. A discussão que segue foi baseada nos trabalhos de Foster, 1992; Hendon and Hendon, 1990; Moran and Stripp, 1991; Salacuse, 1998; Weiss and Stripp, 1985.
65. Ver Ohanyan, 1999; Yook and Albert, 1998.
66. Foster, 1992, p. 272.
67. Thompson and Hastie, 1990b.
68. Salacuse, 1998.
69. Zhu, McKenna, and Sun, 2007.
70. Braganti and Devine, 1992.
71. Foster, 1992.
72. Axtell, 1990, 1991, 1993.
73. Por exemplo, ver Binnendijk, 1987; Graham and Sano, 1989; Pye, 1992; Tung, 1991.
74. Ver Macduff, 2006; Mayfield, Mayfield, Martin, and Herbig, 1997.
75. Alon and Brett, 2007, p. 58.
76. Foster, 1992.
77. Ibid.
78. Salacuse, 1998.
79. Kumar, 2004.
80. Salacuse, 1998.
81. Ver Francis, 1991; Weiss, 1994, para revisões sobre a simplificação excessiva deste conselho.
82. Adachi, 1998.
83. Adler and Graham, 1989; Natlandsmyr and Rognes, 1995.
84. Ver Drake, 1995; Weldon and Jehn, 1995.
85. Francis, 1991.
86. Rubin and Sander, 1991.
87. Brett et al., 1998.
88. Adair et al., 2004.
89. Adair, Okumura, and Brett, 2001.
90. Weiss, 1994.
91. Ibid.
92. Phatak and Habib, 1996.
93. Salacuse, 1988.
94. Phatak and Habib, 1996.
95. Janosik, 1987.

Capítulo 12

As boas práticas nas negociações

Objetivos

1. Entender como a negociação é ao mesmo tempo uma arte e uma ciência.
2. Explorar as 10 boas práticas que todo negociador deve seguir para realizar negociações de sucesso.

A negociação faz parte da vida diária, e as oportunidades de negociação estão por toda parte. Embora algumas pessoas possam parecer negociadores natos, a negociação é fundamentalmente uma competência analítica e comunicacional que pode ser adquirida por qualquer pessoa. Este livro pretende oferecer aos estudantes da negociação uma visão geral do processo, apresentar uma perspectiva do alcance e da profundidade dos subprocessos que compõem uma negociação, e possibilitar uma análise da negociação como arte e como ciência. Neste último capítulo, refletimos sobre a negociação sob uma ótica mais ampla, apresentando 10 boas práticas para o negociador que deseja continuar a aperfeiçoar suas competências (ver a Tabela 12.1).

1. Esteja preparado

Nunca é demais enfatizar a importância da preparação nas negociações. Nosso principal conselho a todo negociador é: prepare-se para o processo (ver o Capítulo 4). A

Tabela 12.1 As 10 boas práticas na negociação

1. Esteja preparado
2. Conheça a estrutura básica da negociação
3. Identifique e trabalhe a BATNA
4. Esteja disposto a abandonar a negociação
5. Domine os principais paradoxos da negociação
6. Lembre-se dos intangíveis
7. Administre as alianças de modo ativo
8. Desfrute e proteja sua reputação
9. Lembre-se de que a racionalidade e a justiça são relativas
10. Continue aprendendo com sua experiência

preparação não precisa ser uma atividade demorada ou laboriosa, mas deve constar no topo da lista de boas práticas de todo negociador. Os mais bem preparados têm inúmeras vantagens, como a habilidade de analisar as ofertas da outra parte com mais eficiência e eficácia, o entendimento dos detalhes do processo de concessões, e a realização dos resultados almejados. A preparação deve ocorrer *antes* da negociação. Isso garante que o tempo passado negociando seja usado da forma mais produtiva possível. A boa preparação implica o conhecimento profundo das próprias metas e interesses e a capacidade de expressá-los à outra parte com habilidade. Ela também exige que o negociador esteja pronto para compreender as comunicações da outra parte, o que facilita o caminho para um acordo que atenda às necessidades de ambas. Poucas negociações têm chance de terminar em sucesso quando as partes não conseguem alcançar ao menos um de seus objetivos. Nesse sentido, um esforço inicial concentrado em identificar suas próprias necessidades e entender as da outra parte é uma etapa essencial para aumentar as chances de êxito da negociação.

Uma boa preparação envolve a definição de expectativas e resultados que sejam elevados, mas atingíveis. Os negociadores que definem metas muito baixas certamente atingirão um acordo subótimo, ao passo que aqueles que estabelecem metas muito altas correm risco de chegar a um impasse com a outra parte e de encerrar a negociação em clima de frustração. Os negociadores também precisam se dedicar ao planejamento de suas declarações e posições iniciais com cautela, sinal de que estão bem preparados para começarem a negociar. Contudo, é importante evitar planejar toda a sequência de eventos com muita antecipação, porque, embora as negociações se desenrolem em estágios amplos, a velocidade desse avanço é variável. Além disso, o excesso de preparativos para as táticas usadas nesses estágios não é uma boa maneira de usar o tempo de preparação. A chave da boa preparação exige que o negociador conheça, o melhor possível, seus pontos fortes e fracos, seus interesses e necessidades, a situação e a outra parte. Esse conhecimento irá se adaptar com rapidez e de forma efetiva, à medida que a negociação evolui.

2. Conheça a estrutura básica da negociação

Os negociadores devem se esforçar ativamente para descobrir se estão diante de uma negociação essencialmente distributiva, integrativa ou uma combinação das duas e, com base nessa descoberta, escolher as estratégias e táticas mais adequadas. O uso de estratégias e de táticas que não são indicadas para uma situação integrativa provavelmente resultará em acordos que não explorem o potencial integrativo do processo. Quando percebem a adoção de táticas distributivas, os negociadores não compartilham prontamente as informações necessárias ao sucesso de uma negociação integrativa. Nessas situações, dinheiro e oportunidades se perdem na mesa de negociações.

Da mesma forma, o uso de táticas integrativas em uma situação distributiva talvez não gere resultados ótimos. Por exemplo, um dos autores deste livro recentemente quis comprar um carro novo. O vendedor gastou muito tempo e esforços fazendo perguntas sobre a família do autor e garantindo a ele que estava trabalhando muito para obter o melhor valor para o carro usado que seria dado como entrada. Infelizmente, o vendedor fez silêncio e desconversou diante do pedido do autor por esclarecimentos sobre o preço de tabela do veículo e por informações sobre incentivos recentemente dados às montadoras. O autor percebeu que essa barganha era puramente distributiva, e não se deixou enganar pela tentativa do vendedor de negociar de forma "integrativa". O autor acabou comprando um carro em outra concessionária, que prontamente forneceu as informações solicitadas e ofereceu o mesmo modelo a um valor $1.500 menor do que o cobrado pelo vendedor na primeira concessionária visitada.

Os negociadores também precisam lembrar que muitas negociações são uma combinação de fases e elementos distributivos e integrativos. É muito importante ter cuidado ao transitar de uma fase para outra, porque qualquer passo em falso pode confundir a outra parte e levar a um impasse.

Por fim, há momentos em que a acomodação, a evitação e o comprometimento são as estratégias mais adequadas (ver o Capítulo 1). Negociadores competentes identificam essas situações e adotam as estratégias e táticas mais apropriadas para elas.

3. Identifique e trabalhe a BATNA

Uma das fontes mais importantes de poder em uma negociação são as alternativas que o negociador tem em mãos, se um acordo não é atingido. A melhor alternativa para um acordo negociado (BATNA, *best alternative to a negotiated agreement*) tem importância especial, porque é a opção com mais chances de ser escolhida nessas situações. Os negociadores precisam estar atentos a suas BATNAs. É necessário estar ciente de que essas alternativas estejam de fato relacionadas a um acordo possível e trabalhar de forma consciente para melhorá-las e, portanto, aperfeiçoar também o acordo. Os negociadores sem uma BATNA forte talvez achem difícil obter um acordo satisfatório, porque a outra parte pode tentar uma postura agressiva para forçá-los a aceitar um acordo que posteriormente será visto como ruim.

Por exemplo, as pessoas que precisam comprar itens de um único fornecedor sabem muito bem como a falta de uma BATNA forte dificulta a obtenção de um resultado positivo em uma negociação. Contudo, mesmo em situações como essa, os negociadores dispõem de alternativas para melhorar suas BATNAs no longo prazo. Muitas organizações em um relacionamento com um único fornecedor verticalizam seus processos de produção e passam a fabricar os componentes necessários internamente, ou alteram seus projetos de produto para diminuírem essa dependência. Contudo, essas opções são implementáveis no longo prazo, não em uma negociação em andamento. Mesmo assim, é possível aludir a esse tipo de iniciativa diante de um fornecedor único para lembrá-lo de que você não dependerá dele para sempre.

Como negociador, você precisa estar ciente de que o outro negociador tem uma BATNA e identificar como ela se compara ao que você oferece. O poder de um negociador aumenta quando os termos de acordo que ele tem em mãos são significativamente melhores do que a BATNA do outro negociador. Por outro lado, quando essa diferença é pequena, o espaço para manobras diminui. Existem três coisas que você deve fazer com relação à BATNA da outra parte: (1) monitorá-la com atenção para entendê-la e assim manter sua vantagem competitiva, (2) lembrar o outro negociador dos benefícios de sua oferta em relação à BATNA dele e (3) sugerir, com sutileza, que a BATNA que ele possui não é tão forte quanto ele pensa (isso pode ser feito de forma positiva, enfatizando seus pontos fortes, ou negativa, ressaltando os pontos fracos dessa alternativa).

4. Esteja disposto a abandonar a negociação

A maioria das negociações tem por objetivo alcançar um resultado concreto, não fechar um mero acordo. Os negociadores fortes sabem disso, e sabem também que devem abandonar o processo quando as opções de acordo não são satisfatórias ou o processo é tão ofensivo, que acordo algum é interessante. Embora esse conselho em princípio pareça fácil de seguir, na prática os negociadores muitas vezes se concentram tanto no fechamento de um acordo, que perdem de vista sua verdadeira meta: atingir um bom resultado (não necessariamente um acordo). Para não se desviarem de suas metas, os negociadores devem compará-las regularmente com as metas que definiram durante a etapa de planejamento, ou contrastar o progresso de suas deliberações com seus pontos de *walkaway* e suas BATNAs. Apesar do otimismo com a realização de metas, comum no começo das deliberações, os negociadores muitas vezes precisam reavaliar seus objetivos durante o processo. É importante comparar constantemente a evolução da negociação com as metas, o ponto de *walkaway* e as BATNAs, e se dispor a desistir no momento em que os dois últimos fatores se tornam a melhor alternativa para o negociador.

5. Domine os principais paradoxos da negociação

Os grandes negociadores entendem que a negociação incorpora um conjunto de paradoxos – elementos aparentemente contraditórios que se manifestam juntos. Discutiremos cinco paradoxos comuns enfrentados por negociadores. O desafio do negociador que se depara com esses paradoxos consiste em buscar o *equilíbrio* nessas situações. A escolha de uma alternativa em uma situação de paradoxo é marcada por uma tensão natural, mas a melhor maneira de administrá-lo é atingir a estabilização entre forças opostas. Os negociadores eficientes sabem como administrar essa tensão.

A reivindicação *versus* a criação de valor

Todas as negociações têm um estágio de *reivindicação* de valor, no qual as partes decidem quem leva o quanto do quê. Porém, muitas negociações tem um estágio de *criação* de valor, no qual as partes trabalham juntas para expandir os recursos negociados. As competências e estratégias mais apropriadas para cada estágio variam bastante. Normalmente, as competências distributivas são necessárias no estágio de reivindicação de valor, ao passo que as habilidades integrativas são úteis no estágio de criação de valor. Na maioria dos casos, o estágio de criação de valor precede o de reivindicação. Um dos desafios do negociador consiste em equilibrar a ênfase dada a cada um desses estágios e a transição entre eles. Contudo, não existe um sinal que demarque essa transição. Por essa razão, os negociadores precisam administrá-la com atenção e assim evitar prejudicar o *brainstorm* e o relacionamento que permitiu a geração de opções durante a criação de valor. Em uma das abordagens usadas para administrar essa transição, esta é definida abertamente. Por exemplo, os negociadores podem dizer algo como, "parece que temos uma boa base de ideias e alternativas que podemos utilizar. Como podemos ir em frente e decidir o que é uma distribuição justa dos resultados esperados?" Além disso, as pesquisas mostram que a maioria dos negociadores pensa que uma negociação envolve mais a reivindicação do que a criação de valor e, portanto, a administração desse paradoxo provavelmente exigirá uma ênfase especial na discussão da dinâmica da criação de valor.

A observância de princípios *versus* a resistência à evolução do processo

O ritmo e o fluxo de uma negociação variam muito, desde uma discussão acalorada sobre questões financeiras até um debate intenso acerca de princípios que ditam o que é certo ou errado, justo ou injusto. Essas transições muitas vezes criam um segundo paradoxo. Por um lado, a negociação efetiva exige a flexibilidade de pensamento e a compreensão de que a avaliação de uma situação talvez precise de ajustes à medida que informações novas venham à tona. Chegar a um acordo provavelmente exigirá concessões de ambas as partes. Por outro, recuar de princípios centrais não é tarefa fácil quando o objetivo é fechar um acordo. Os negociadores efetivos são cautelosos sobre a diferença entre questões de princípio, nas quais a firmeza é essencial, e questões em que o comprometimento ou a acomodação são os melhores caminhos para um resultado aceitável a todas as partes.

A observância da estratégia *versus* a busca oportunista por novas opções

Com frequência, muitas informações novas são reveladas durante uma negociação. Por essa razão, os negociadores precisam saber escolher entre observar a estratégia que prepararam ou buscar uma nova oportunidade durante o processo. Esse paradoxo representa um desafio para os negociadores, porque "uma oportunidade nova" na verdade pode ser um cavalo de Troia que esconde surpresas desagradáveis. Por outro lado, as circunstâncias mudam, e acordos de momento, legítimos ainda que singulares, não são raridade. O desafio – e a marca registrada do negociador experiente – está em diferenciar essas oportunidades novas e separar as chances reais das fantasiosas.

Uma boa preparação é essencial ao desenvolvimento da capacidade de administrar o paradoxo "estratégia *versus* oportunismo". Os negociadores bem preparados para a negociação e que entendem as circunstâncias estão em uma boa posição para julgar. Além disso, sugerimos que os negociadores escutem atentamente a voz da própria intuição. Se alguma coisa soa fora do lugar, se um acordo parece bom demais para ser verdade, então provavelmente ele *é* bom demais para ser verdade e portanto não é uma oportunidade viável. Se os negociadores se sentem pouco à vontade sobre a direção que a negociação está tomando, então é melhor fazer um intervalo e consultar a opinião de terceiros sobre o cenário. Muitas vezes, explicar a "oportunidade" para um colega, amigo ou uma pessoa que integre a parte representada ajuda a diferenciar uma oportunidade real de uma armadilha.

Contudo, isso não quer dizer que os negociadores devam ser supercautelosos. Frequentemente, oportunidades boas e legítimas surgem durante a negociação, causadas por mudanças nas estratégias de negócios, oportunidades no mercado, excesso de estoques ou um problemas de curto prazo no fluxo de caixa. Os negociadores bem preparados são capazes de tirar total proveito das verdadeiras oportunidades no momento que estas surgem e reduzir o risco de cair em uma cilada.

A honestidade e a sinceridade *versus* o sigilo e a reserva

Em muitas negociações, os negociadores enfrentam o *dilema da sinceridade*: o quanto devo ser sincero e aberto com a outra parte? Aqueles que são completamente abertos e revelam tudo à outra parte estão expostos ao risco de ela tirar vantagem disso. Na verdade, as pesquisas sugerem que o excesso de conhecimento sobre as necessidades da outra parte pode acarretar resultados subótimos na negociação. Por outro lado, além de ter um efeito negativo na reputação (que é discutido a seguir), manter sigilo e reserva é uma estratégia de negociação ineficiente, porque a retenção de informações não cria condições favoráveis para um acordo. O desafio consiste em decidir o quanto deve ser revelado ou ocultado – por questões tanto práticas quanto éticas.

Os negociadores eficientes avaliam esse paradoxo e conhecem sua zona de conforto, a qual pode variar, dependendo da outra parte. Eles precisam lembrar que a negociação é um processo constante. À medida que fazem progressos positivos, os negociadores desenvolvem a confiança necessária para revelar mais informações à outra parte, sem se sentirem desconfortáveis com isso. Porém, algumas informações talvez não devam ser expostas (por exemplo, o limite em uma negociação distributiva), independentemente do quão bem a negociação evolui.

A confiança *versus* a desconfiança

Considerado por muitos um reflexo do dilema da sinceridade, o *dilema da confiança*, isto é, o quanto é possível confiar no que diz a outra parte, é comum no trabalho de todo negociador. Aqueles que acreditam em tudo o que a outra parte diz tornam-se vulneráveis, e ela pode tirar vantagem dessa situação. Por outro lado, os negociadores que não acreditam em coisa alguma que a outra parte diz terão muita dificuldade de chegar a um acordo. A exemplo do que ocorre no dilema da sinceridade, o negociador deve ter em mente que a negociação é um processo que evolui com o tempo. Primeiro, conforme foi dito, a confiança é construída com base na sinceridade e no compartilhamento de informações. Essa confiança é recíproca, e facilita a revelação de informações confiáveis. Além disso, a confiança varia de negociador para negociador. Alguns negociadores começam uma negociação depositando confiança na outra parte, mas recuam nessa postura se descobrirem que ela não é confiável. Outros iniciam a negociação com uma postura cética, mas sentem-se mais confortáveis quando percebem que a outra parte está se esforçando para conquistar a confiança deles. Os negociadores competentes estão cientes da existência desse dilema e buscam maneiras de administrá-lo.

6. Lembre-se dos intangíveis

Durante a negociação, é preciso ter em mente os fatores intangíveis e seus possíveis efeitos. Muitas vezes os intangíveis têm consequências negativas, e esses efeitos não são diretamente perceptíveis. Conforme vimos no Capítulo 1, os intangíveis são fatores com componentes psicológicos profundos. Eles motivam os negociadores a terem um bom desempenho. Vencer, evitar perdas, parecer duro, manifestar força e ser justo são exemplos de intangíveis. Por exemplo, se você está negociando com uma pessoa que esteja competindo com um colega de trabalho por uma promoção, ela pode impor grandes dificuldades se a negociação for feita na presença do chefe dela, para gerar uma imagem de pessoa forte e impressioná-lo. Provavelmente ela não vai revelar a você que é isso que está fazendo (talvez nem ela própria tenha se dado conta desse comportamento). A melhor maneira de identificar a existência de intangíveis consiste em ver o que não aparece na negociação. Dito de outro modo, se a análise e a preparação da situação não revelam uma explicação plausível para o comportamento do outro negociador (como a defesa de um ponto, a recusa em ceder acerca de outro, ou mesmo um comportamento que não faça sentido), então é hora de tentar descobrir os intangíveis por trás dessas atitudes.

Por exemplo, muitos anos atrás um dos autores deste livro estava ajudando um amigo a comprar um carro novo. O preço cobrado pela concessionária era $2.000 menor do que os valores cobrados por outras revendas da cidade. A única exigência é que essa oferta era válida apenas naquele dia. A princípio parecia um truque (ver "A Observância da Estratégia *versus* a Busca Oportunista por Novas Opções"), mas não havia um fator tangível que prontamente explicasse esse preço especial. O amigo nunca havia comprado um carro daquela concessionária, o veículo era novo e vinha com garantia total. Além disso, ele havia feito uma pesquisa de preços e portanto sabia que o valor cobrado era o menor. Com o andamento das negociações, o vendedor ficou agitado. O suor brotava de sua testa. O amigo decidiu comprar o carro e, logo que assinou o contrato de compra, o vendedor pareceu ao mesmo tempo aliviado e emocionado. Ele pediu licença para telefonar para sua esposa e contar as boas notícias. O vendedor havia ganho um pacote de incentivos que dava como prêmio uma viagem de duas semanas ao Caribe para quatro pessoas com todas as despesas pagas. Para ter direito ao prêmio, o vendedor teria de vender 10 veículos, um de cada modelo dos comercializados pela concessionária, no espaço de um mês. O vendedor, que era especialista na venda de caminhões, sentiu muita pressão quando o amigo hesitou em comprar aquele modelo esportivo, porque o desconto dado era realmente muito bom.

Nesse caso, o fator intangível – a viagem ao Caribe – explicou o comportamento agitado do vendedor. O comprador só soube disso quando o vendedor não foi capaz de conter a emoção e compartilhou as boas notícias. Muitas vezes, os fatores intangíveis que influenciam o outro negociador permanecem ocultos até que ele decida revelá-los. Contudo, os sinais desses fatores se manifestam como mudanças de comportamento durante a negociação. Coletar informações sobre a outra parte também ajuda a descobrir esses fatores. Por exemplo, se durante uma negociação complicada você descobre que o outro negociador tem um novo chefe, o qual ele não admira, então o novo chefe é o intangível responsável pelo problema.

Existem ao menos duas maneiras adicionais de conhecer os intangíveis capazes de afetar a outra parte. Uma delas consiste em fazer perguntas cujo objetivo é motivar a outra parte a revelar por que se dedica tanto a certa questão. É importante lembrar que emoções e/ou valores são a causa de muitos intangíveis e, portanto, a revelação de intangíveis pode acabar em uma discussão sobre temores e ansiedades. O processo de fazer perguntas precisa ser formal e gentil. Se as perguntas forem feitas com rispidez, a outra parte assume uma posição defensiva, o que adiciona um fator intangível ao *mix* e complica ainda mais as negociações! Na outra maneira, um observador ou ouvinte é convidado a participar da negociação. Os ouvintes reconhecem o estado emocional ou o comportamento não verbal da outra parte e se concentram em questões que estão levando a um impasse. Além disso, eles conseguem ver a situação da perspectiva da outra parte (inversão de papéis). Uma pequena reunião com esse ouvinte pode ajudar a redirecionar a discussão e trazer intangíveis à tona, o que permite desenvolver uma nova linha de apresentação de questões ou ofertas.

Os negociadores também precisam lembrar que os fatores intangíveis influenciam o seu próprio comportamento (e devem ter em mente que não é difícil reconhecer o que nos deixa com raiva, na defensiva, ou extremamente comprometidos com uma ideia). Você está impondo dificuldades à outra parte porque ela não o respeita? Você está tentando dar uma lição em um subordinado? Você quer ganhar essa negociação para causar uma boa impressão e sair-se melhor que outro gerente? Não é nosso propósito julgar o mérito dessas metas, mas aconselhamos os negociadores a se conscientizarem do efeito dos fatores intangíveis nas próprias aspirações e comportamentos. Muitas vezes, uma conversa com outra pessoa – um ouvinte atento, por exemplo – pode ajudar o negociador a descobrir esses fatores. O negociador competente sabe o quanto os fatores tangíveis e intangíveis influenciam a negociação, e levam esses fatores em consideração durante a avaliação dos resultados do processo.

7. Administre as alianças de modo ativo

As alianças têm efeitos significativos no processo e nos resultados de uma negociação. Como negociador, você precisa reconhecer três tipos de alianças e seus possíveis efeitos: (1) as alianças contra você, (2) as alianças que o apoiam e (3) as alianças indefinidas que podem se materializar tanto a favor quanto contra você. Os negociadores competentes avaliam a existência e a força dessas alianças e trabalham para que elas se voltem a seu favor. Quando isso não é possível, é preciso se esforçar para impedir que a outra parte atraia essas alianças para seus propósitos. Nos casos em que um negociador é parte da aliança, a comunicação com os outros integrantes é essencial para garantir o alinhamento entre o poder que ela representa e os objetivos dele. Da mesma forma, os negociadores que atuam como agentes ou representantes de uma aliança precisam dedicar cuidado especial na administração desse processo.

Concluir uma negociação com sucesso em um cenário onde existe uma aliança contra um negociador é tarefa difícil. É importante reconhecer que, quando uma aliança é formada contra você, é necessário trabalhar de forma consciente para neutralizar a influência que ela possa ter. Muitas vezes esse esforço envolve uma estratégia do tipo "dividir para conquistar", na qual os negociadores tentam descobrir maneiras de desestabilizar a aliança e assim aumentar a dissidência de seus membros.

As alianças se formam em muitas negociações formais, como nas avaliações ambientais e nas decisões sobre políticas em uma associação industrial. Contudo, as alianças também exercem forte influência em cenários menos formais, como nos trabalhos em equipe e famílias, onde diferentes subgrupos de pessoas têm interesses distintos. A gestão de alianças é especialmente importante nos casos em que os negociadores dependem de outras pessoas para implementar um acordo. Muitas vezes, quando conseguem conceber um acordo apesar da maioria das pessoas não concordar com os termos propostos, os negociadores descobrem que concretizar os resultados planejados é um grande desafio. Os negociadores competentes precisam monitorar e administrar alianças de forma proativa. Embora possa consumir muito tempo de negociação, essa iniciativa provavelmente trará vantagens no estágio de implementação.

8. Desfrute e proteja sua reputação

A reputação é como um ovo – importante, fácil de quebrar e difícil de reconstruir. Ela anda a passos largos e muitas vezes as pessoas sabem mais sobre sua vida do que você pensa. Começar uma negociação com uma boa reputação é essencial, e os negociadores devem se manter atentos para protegê-la. Aqueles que têm a reputação de não manterem a palavra e de não negociarem honestamente passam por dificuldades em negociações, comparados aos negociadores que têm a reputação de serem honestos e justos. Consideremos as reputações opostas "duro mas justo" e "duro e traiçoeiro". Os negociadores se preparam de formas distintas para lidar com pessoas com essas reputações contrastantes. A negociação com uma pessoa dura e justa implica uma preparação para um processo difícil e a consciência de que ela tentará impor suas perspectivas (ainda que ela possa ser racional e imparcial). A negociação com uma pessoa dura e desonesta significa que será necessário confirmar o que ela diz, atentar para o uso de truques sujos e tomar precauções na hora de compartilhar informações.

Qual a impressão que as pessoas têm de você, como negociador? Qual é a sua reputação com elas nesse momento? Qual é a reputação que você gostaria de ter? Reflita sobre negociadores que você mais respeita e sobre a reputação deles. O que há de admirável no comportamento deles? Pense nos negociadores que têm uma reputação má. O que eles teriam de fazer para alterar essa impressão?

Em vez de deixar a reputação tomar conta de si mesma, o negociador pode se esforçar para defini-la e melhorá-la com base em posturas justas e consistentes. A consistência desperta uma série de expectativas plausíveis sobre comportamentos, o que gera uma reputação estável. A justiça deixa claro que o negociador tem princípios e é razoável. Os negociadores competentes buscam *feedbacks* periódicos sobre o modo como são percebidos, e usam sua reputação para fortalecer sua credibilidade e confiabilidade no mercado.

9. Lembre-se de que a racionalidade e a justiça são relativas

As pesquisas sobre a percepção e a cognição do negociador são claras (Capítulo 5): as pessoas tendem a ver o mundo de uma perspectiva própria e definem o que é racional ou justo da maneira mais vantajosa para elas. Primeiro, os negociadores precisam se conscientizar de que tanto eles próprios quanto a outra parte apresentam essa tendência. Existem três maneiras de administrar essas percepções de forma proativa. Primeiro, os negociadores podem questionar as próprias noções de justiça e embasá-las em princípios claros. Segundo, é possível encontrar padrões de comparação externos e exemplos de resultados imparciais. Por fim, eles podem esclarecer as definições de justiça da outra parte e dialogar para chegar a um consenso sobre os padrões de justiça válidos em uma situação.

Além disso, os negociadores muitas vezes estão em posição de definir em conjunto o que é certo e justo como parte do processo de negociação. Na maioria das situações, nenhum dos lados têm a chave para o que é totalmente certo, racional ou justo. Pessoas razoáveis podem discordar e frequentemente o resultado mais importante é uma perspectiva em comum e compartilhada, a definição dos fatos, a concordância em ver o problema do modo certo e um padrão para definir o que é um resultado ou um processo justo. Prepare-se para negociar esses princípios com a mesma dedicação com que você se prepara para uma discussão sobre as questões em uma negociação.

10. Continue aprendendo com sua experiência

A negociação é sinônimo de aprendizado para a vida toda. Os melhores negociadores transformam a experiência em uma ferramenta de aprendizado constante – eles estão cientes da existência de diferentes variáveis e nuances que fazem com que uma negociação nunca seja igual a outra. Essas diferenças significam que, se o negociador deseja manter suas competências, ele deve praticar a arte e a ciência da negociação regularmente. Além disso, os melhores negociadores fazem uma pausa para analisar uma negociação recém-concluída, revisando o que aconteceu e o que aprenderam no processo. Para isso, recomendamos a adoção de um processo de três etapas:

- Reserve um tempo para uma reflexão pessoal após cada negociação.
- Busque conselhos com um instrutor ou outro negociador experiente periodicamente.
- Faça anotações sobre seus pontos fracos e fortes, e desenvolva um plano de trabalho sobre os pontos fracos.

Essa análise não precisa ser ampla ou demorada. Contudo, ela deve acontecer sempre após uma negociação, e precisa se concentrar em algumas perguntas específicas: o que aconteceu durante a negociação? Por quê? O que pude aprender? Os negociadores que reservam tempo para refletir sobre as negociações de que participam descobrem que podem continuar a refinar suas competências, mantendo-se preparados e focados para negociações futuras.

Além disso, até os melhores atletas – na maioria das modalidades esportivas – têm um ou mais treinadores para instruí-los, quando necessário. O negociador pode recorrer a seminários para melhorar suas competências, a livros para obter mais conhecimentos e a instrutores para ajudá-lo a aperfeiçoar seus talentos. Este livro deve ser visto como uma etapa no caminho da melhoria e do refino de suas habilidades como negociador, e nosso conselho é para que você continue aprendendo mais e mais sobre a negociação – como arte e como ciência. Desejamos a você sorte em todas as suas negociações futuras!

Bibliografia

Aaronson, K. (1989). *Selling on the fast track*. New York: Putnam.

Abu-Nimer, M. (1996). Conflict resolution approaches: Western and Middle Eastern lessons and possibilities. *American Journal of Economics and Sociology, 55* (1), 35-52.

Acuff, F. L. (1993). *How to negotiate anything with anyone anywhere around the world*. New York: AMACOM.

Adachi, Y. (1998). The effects of semantic difference on cross-cultural business negotiation: A Japanese and American case study. *Journal of Language for International Business, 9,* 43-52.

Adair, W., Brett, J., Lempereur, A., Okumura, T., Shikhirev, P., Tinsley, C., & Lytle, A. (2004). Culture and negotiation strategy. *Negotiation Journal, 20,* 87-110.

Adair, W. L., & Brett, J. M. (2005). The negotiation dance: Time, culture, and behavioral sequences in negotiation. *Organization Science, 16* (1), 33-51.

Adair, W. L., Okumura, T., & Brett, J. M. (2001). Negotiation behavior when cultures collide: The United States and Japan. *Journal of Applied Psychology, 86,* 371-85.

Adler, N. J. (2002). *International dimensions of organizational behavior* (4th ed.). Cincinnati, OH: South-Western.

Adler, N. J., & Graham, J. L. (1989). Cross-cultural interaction: The international comparison fallacy? *Journal of International Business Studies, 20,* 515-37.

Adler, R. S. (2007). Negotiating with liars. *MIT Sloan Management Review, 48* (4), 69-74.

Adler, R., Rosen, B., & Silverstein, E. (1996). Thrust and parry: The art of tough negotiating. *Training and Development, 50,* 42-48.

Adorno, T. W., Frenkl-Brunswick, E., Levinson, D. J., & Sanford, R. N. (1950). *The authoritarian personality*. New York: HarperCollins.

Agha, H., & Malley, R. (2002). The last negotiation: How to end the Middle East peace process. *Foreign Affairs, 81* (3), 10-18.

Albin, C. (1993). The role of fairness in negotiation. *Negotiation Journal, 9,* 223-43.

Alexander, J. F., Schul, P. L., & Babakus, E. (1991). Analyzing interpersonal communications in industrial marketing negotiations. *Journal of the Academy of Marketing Science, 19,* 129-39.

Allhoff, F. (2003). Business bluffing reconsidered. *Journal of Business Ethics, 45,* 283-89.

Allred, K. G. (1999). Anger-driven retaliation: Toward an understanding of impassioned conflict in organizations. In R. J. Bies, R. J. Lewicki, & B. H. Sheppard (Eds.), *Research on negotiation in organizations* (Vol. 7), Greenwich, CT: JAI Press.

Allred, K. G., Mallozzi, J. S., Matsui, F., & Raia, C. P. (1997). The influence of anger and compassion on negotiation performance. *Organizational Behavior and Human Decision Processes, 70,* 175-87.

Alon, I., & Brett, J. M. (2007). Perceptions of time and their impact on negotiations in the Arabic-speaking Islamic world. *Negotiation Journal, 23,* 55-73.

Aquino, K., & Becker, T. E. (2005). Lying in negotiation: How individual and situational factors influence the use of neutralization strategies. *Journal of Organizational Behavior, 26,* 661-79.

Argyris, C., & Schön, D. (1996). *Organizational learning II: Theory, method, and practice*. Reading, MA: Addison-Wesley Longman.

Asherman, I. G., & Asherman, S. V. (1990). *The negotiation sourcebook*. Amherst, MA: Human Resource Development Press.

Avruch, K. (2000). Culture and negotiation pedagogy. *Negotiation Journal, 16,* 339-46.

Axtell, R. E. (1990). *Do's and taboos of hosting international visitors*. New York: John Wiley and Sons.

Axtell, R. E. (1991). *Gestures: The do's and taboos of body language around the world*. New York: John Wiley and Sons.

Axtell, R. E. (1993). *Do's and taboos around the world* (3rd ed.). New York: John Wiley and Sons.

Babcock, L., & Loewenstein, G. (1997). Explaining bargaining impasse: The role of self-serving biases. *Journal of Economic Perspectives 11* (1) 109-26.

Babcock, L., Wang, X., & Loewenstein, G. (1996). Choosing the wrong pond: Social comparisons in negotiations that reflect a self-serving bias. *Quarterly Journal of Economics, 111* (1), 1-19.

Ball, S. B., Bazerman, M. H., & Carroll, J. S. (1991). An evaluation of learning in the bilateral winner's curse. *Organizational Behavior and Human Decision Processes, 48,* 1-22.

Baranowski, T. A., & Summers, D. A. (1972). Perceptions of response alternatives in a prisoner's dilemma game. *Journal of Personality and Social Psychology, 21,* 35-40.

Barki, H., & Hartwick, J. (2004). Conceptualizing the construct of interpersonal conflict. *The International Journal of Conflict Management, 15* (3), 216-44.

Barnard, C. (1938). *The functions of the executive.* Cambridge, MA: Harvard University Press.

Baron, R. A. (1990). Environmentally induced positive affect: Its impact on self efficacy and task performance, negotiation and conflict. *Journal of Applied Social Psychology, 20,* 368-84.

Barry, B. (1999). The tactical use of emotion in negotiation. In R. Bies, R. J. Lewicki, & B. H. Sheppard (Eds.), *Research on negotiation in organizations* (Vol. 7, pp. 93-121), Stamford, CT: JAI Press.

Barry, B., & Fulmer, I. S. (2004). The medium and the message: The adaptive use of communication media in dyadic influence. *Academy of Management Review, 2,* 272-92.

Barry, B., Fulmer, I. S., & Goates, N. (2006). Bargaining with feeling: Emotionality in and around negotiation. In L.Thompson (Ed.), *Negotiation Theory and Research* (pp. 99-127). New York: Psychology Press.

Barry, B., Fulmer, I. S., & Long, A. (2000). Ethically marginal bargaining tactics: Sanction, efficacy, and performance. Presented at the annual meeting of the Academy of Management, Toronto.

Barry, B., Fulmer, I. S., & Van Kleef, G. A. (2004). I laughed, I cried, I settled: The role of emotion in negotiation. In M. Gelfand and J. Brett (Eds.), *Culture and Negotiation: Integrative Approaches to Theory and Research.* Stanford University Press, Stanford, CA.

Barry, B., & Oliver, R. L. (1996). Affect in dyadic negotiation: A model and propositions. *Organizational Behavior and Human Decision Processes, 67,* 127-43.

Bateson, B. (1972). *Steps to an ecology of mind.* New York: Ballantine Books.

Bazerman, M. H., & Carroll, J. S. (1987). Negotiator cognition. In B. M. Staw & L. L. Cummings. *Research in organizational behavior* (Vol. 9, pp. 247-88), Greenwich, CT: JAI Press.

Bazerman, M. H., Curhan, J. R., Moore, D. A., & Valley, K. L. (2000). Negotiation. *Annual Review of Psychology, 51,* 279-314.

Bazerman, M. H., & Gillespie, J. J. (1999). Betting on the future: The virtues of contingent contracts. *Harvard Business Review,* Sept-Oct, 155-60.

Bazerman, M. H., Magliozzi, T., & Neale, M. A. (1985). Integrative bargaining in a competitive market. *Organizational Behavior and Human Decision Processes, 35,* 294-313.

Bazerman, M. H., Mannix, E. A., & Thompson, L. L. (1988). Groups as mixed motive negotiations. In E. J. Lawler & B. Markovsky (Eds.), *Advances in group processes* (Vol. 5, pp. 195-216). Greenwich, CT: JAI Press.

Bazerman, M. H., Moore, D. A., & Gillespie, J. J. (1999). The human mind as a barrier to wiser environmental agreements. *American Behavioral Scientist, 42,* 1277-1300.

Bazerman, M. H., & Neale, M. A. (1992). *Negotiating rationally.* New York: Free Press.

Bazerman, M. H., & Samuelson, W. F. (1983). I won the auction but don't want the prize. *Journal of Conflict Resolution, 27,* 618-34.

Bazerman, M. H., Tenbrunsel, A.E., & Wade-Benzoni, K. (1998). Negotiating with yourself and losing: Making decisions with competing internal preferences. *Academy of Management Review, 23* (2), 225-241.

Beckhard, R. (1978, July-September). The dependency dilemma. *Consultants' Communique, 6,* 1-3.

Beckman, N. (1977). *Negotiations.* Lexington, MA: Lexington Books.

Beebe, S. A. (1980). Effects of eye contact, posture, and vocal inflection upon credibility and comprehension. *Australian SCAN: Journal of Human Communication, 7-8,* 57-70.

Beisecker, T., Walker, G., & Bart, J. (1989). Knowledge versus ignorance in bargaining strategies: The impact of knowledge about other's information level. *Social Science Journal, 26,* 161-72.

Benton, A. A., & Druckman, D. (1974). Constituent's bargaining orientation and intergroup negotiations. *Journal of Applied Social Psychology, 4,* 141-50.

Berkowitz, L. (1989). The frustration-aggression hypothesis: An examination and reformulation. *Psychological Bulletin, 106,* 59-73.

Bies, R., & Moag, J. (1986). Interactional justice: Communication criteria of fairness. In R. J. Lewicki, B. H. Sheppard, and M. H. Bazerman (Eds.), *Research on negotiation in organizations* (Vol. 1, pp. 43-55). Greenwich, CT: JAI Press.

Bies, R., & Shapiro, D. (1987). Interactional fairness judgments: The influence of causal accounts. *Social Justice Research, 1,* 199-218.

Bies, R., & Tripp, T. (1998). Revenge in organizations: The good, the bad and the ugly. In R. W. Griffin, A. O'Leary-Kelly, & J. Collins (Eds.), *Dysfunctional behavior in organizations,* Vol. 1: *Violent behavior in organizations* (pp. 49-68). Greenwich, CT: JAI Press.

Binnendijk, H. (1987). *National negotiating styles.* Washington, DC: Foreign Service Institute, Department of State.

Bless, H., Bohner, G., Schwarz, N., & Strack, F. (1988). Happy and mindless: Moods and the processing of persuasive communication. Unpublished manuscript, Mannheim, GR.

Blumenstein, R. (1997, December 30). Haggling in cyberspace transforms car sales. *The Wall Street Journal,* pp. B1, B6.

Bok, S. (1978). *Lying: Moral choice in public and private life.* New York: Pantheon.

Boles, T. L., Croson, R. T. A., & Murnighan, J. K. (2000). Deception and retribution in repeated ultimatum bargaining. *Organizational Behavior and Human Decision Processes, 83,* 235-59.

Bottom, W. P., Gibson, K., Daniels, S. & Murnighan, J. K. (2002). When talk is not cheap: Substantive penance and expressions of intent in the reestablishment of cooperation. *Organization Science, 13,* 497-513.

Bottom, W. P., & Paese, P. W. (1999). Judgment accuracy and the asymmetric cost of errors in distributive bargaining. *Group Decision and Negotiation, 8,* 349-64.

Bowie, N. (1993). Does it pay to bluff in business? In T. L. Beauchamp & N. E. Bowie (Eds.), *Ethical theory and business* (pp. 449-54). Englewood Cliffs, NJ: Prentice Hall.

Braganti, N. L., & Devine, E. (1992). *European customs and manners: How to make friends and do business in Europe* (rev. ed.). New York: Meadowbrook Press.

Brass, D. J. (1984). Being in the right place: A structural analysis of individual influence in an organization. *Administrative Science Quarterly, 29,* 518-39.

Brett, J. (1991). Negotiating group decisions. *Negotiation Journal, 7,* 291-310.

Brett, J., Adair, W., Lempereur, A., Okumura, T., Shikhirev, P., Tinsley, C., & Lytle, A. (1998). Culture and joint gains in negotiation. *Negotiation Journal, 14* (1), 61-86.

Brett, J., & Gelfand, M. (2004). *A cultural analysis of the underlying assumptions of negotiation theory.* Unpublished paper, Dispute Resolution Research Center, Northwestern University, Evanston, IL.

Brett, J. M. (2001). *Negotiating globally.* San Francisco: Jossey-Bass.

Brett, J. M., Shapiro, D. L., & Lytle, A. L. (1998). Breaking the bonds of reciprocity in negotiation. *Academy of Management Journal, 41,* 410-24.

Brockner, J. (1992). The escalation of commitment to a failing course of action: Toward theoretical progress. *Academy of Management Review, 17,* 39-61.

Brodt, S. E. (1994). "Inside information" and negotiator decision behavior. *Organizational Behavior and Human Decision Processes, 58,* 172-202.

Brodt, S. E., & Tuchinsky, M. (2000). Working together but in opposition: An examination of the "Good-Cop/Bad-Cop" negotiating team tactic. *Organizational Behavior and Human Decision Processes, 81* (2), 155-77.

Brooks, E., & Odiorne, G. S. (1984). *Managing by negotiations.* New York: Van Nostrand.

Brouthers, K. D., & Bamossy, G. J. (1997). The role of key stakeholders in international joint venture negotiations: Case studies from Eastern Europe. *Journal of International Business Studies, 28,* 285-308.

Bruner, J. S., & Tagiuri, R. (1954). The perception of people. In G. Lindzey (Ed.), *The handbook of social psychology* (Vol. 2, pp. 634-54). Reading, MA: Addison-Wesley.

Buechler, S. M. (2000). *Social movements in advanced capitalism.* New York: Oxford University Press.

Buelens, M., & Van Poucke, D. (2004). Determinants of a negotiator's initial opening offer. *Journal of Business and Psychology, 19,* 23-35.

Burgoon, J. K., Coker, D. A., & Coker, R. A. (1986). Communication of gaze behavior: A test of two contrasting explanations. *Human Communication Research, 12,* 495-524.

Burnstein, D. (1995). *Negotiator pro.* Beacon Expert Systems, 35 Gardner Road, Brookline, MA.

Burrell, G., & Morgan, G. (1979). *Sociological paradigms and organizational analysis: Elements of the sociology of corporate life.* London: Heinemann.

Butler, J. K., Jr. (1991). Toward understanding and measuring conditions of trust: Evolution of a conditions of trust inventory. *Journal of Management, 17,* 643-63.

Butler, J. K., Jr. (1995). Behaviors, trust and goal achievement in a win-win negotiation role play. *Group & Organization Management, 20,* 486-501.

Butler, J. K., Jr. (1996). Two integrative win-win negotiating strategies. *Simulation and Gaming, 27,* 387-92.

Butler, J. K., Jr. (1999). Trust expectations, information sharing, climate of trust, and negotiation effectiveness and efficiency. *Group and Organization Management, 24,* 217-38.

Carnevale, P. J. (2006). Creativity in the outcomes of conflict. In M. Deutsch et al. (Eds.), *The handbook of conflict resolution: Theory and practice,* 2nd ed., (pp. 414-35). San Francisco: Jossey-Bass.

Carnevale, P. J., & Isen, A. M. (1986). The influence of positive affect and visual access on the discovery of integrative solutions in bilateral negotiation. *Organizational Behavior and Human Decision Processes, 37,* 1-13.

Carnevale, P. J. D., & Pruitt, D. G. (1992). Negotiation and mediation. In M. Rosenberg & L. Porter (Eds.), *Annual Review of Psychology* (Vol. 43, pp. 531-82). Palo Alto, CA: Annual Reviews, Inc.

Carnevale, P. J. D., Pruitt, D. G., & Seilheimer, S. D. (1981). Looking and competing: Accountability and visual access in integrative bargaining. *Journal of Personality and Social Psychology, 40,* 111-20.

Carr, A. Z. (1968, January-February). Is business bluffing ethical? *Harvard Business Review, 46,* 143-53.

Carroll, J., Bazerman, M., & Maury, R. (1988). Negotiator cognitions: A descriptive approach to negotiators' understanding of their opponents. *Organizational Behavior and Human Decision Processes, 41,* 352-70.

Carroll, J., Delquie, P., Halpern, J., & Bazerman, M. (1990). *Improving negotiators' cognitive processes.* Working paper, Massachusetts Institute of Technology, Cambridge, MA.

Carver, C. S., & Scheir, M. E. (1990). Origins and foundations of positive and negative affect: A control process view. *Psychological Review, 97,* 19-35.

Cellich, C. (1997). Closing your business negotiations. *International Trade Forum, 1,* 14-17.

Chan, C. W. (1998). Transfer pricing negotiation outcomes and the impact of negotiator mixed-motives and culture: Empirical evidence from the U.S. and Australia. *Management Accounting Research, 9,* 139-61.

Charan, R. (1991). How networks reshape organizations—for results. *Harvard Business Review, 69* (5), Sept./Oct., pp. 104-15.

Chertkoff, J. M., & Conley, M. (1967). Opening offer and frequency of concessions as bargaining strategies. *Journal of Personality and Social Psychology, 7,* 181-85.

Cialdini, R. B. (2001). *Influence: Science and practice* (4th ed.). Boston: Allyn and Bacon.

Cialdini, R. B., & Goldstein, N. J. (2004). Social influence: Compliance and conformity. *Annual Review of Psychology, 55,* 591-621.

Cloke, K., & Goldsmith, J. (2005). *Resolving Conflicts at Work.* Second Edition. San Francisco: Jossey-Bass.

Clyman, D. R., & Tripp, T. M. (2000). Discrepant values and measures of negotiator performance. *Group Decision and Negotiation, 9,* 251-74.

Cohen, H. (1980). *You can negotiate anything.* Secaucus, NJ: Lyle Stuart.

Cohen, H. (2003). *Negotiate this!* New York: Warner Books.

Coleman, P. (1997). Refining ripeness: A social-psychological perspective. *Peace and Conflict: Journal of Peace Psychology, 3,* 81-103.

Coleman, P. (2000). Power and conflict. In M. Deutsch, & P. Coleman, *Handbook of conflict resolution.* San Francisco: Jossey-Bass.

Conlon, D. E., & Hunt, C. S. (2002). Dealing with feeling: The influence of outcome representations on negotiation. *International Journal of Conflict Management, 13,* 38-58.

Cooper, W. (1981). Ubiquitous halo. *Psychological Bulletin, 90,* 218-44.

Coser, L. (1956). *The functions of social conflict.* New York: Free Press.

Cronkhite, G., & Liska, J. (1976). A critique of factor analytic approaches to the study of credibility. *Communication Monographs, 32,* 91-107.

Cronkhite, G., & Liska, J. (1980). The judgment of communicant acceptability. In M. E. Roloff & G. R. Miller (Eds.), *Persuasion: New directions in theory and research* (pp. 101-39). Beverly Hills, CA: Sage.

Croson, R. T. A. (1999). Look at me when you say that: An electronic negotiation simulation. *Simulation & Gaming, 30,* 23-37.

Crumbaugh, C. M., & Evans, G. W. (1967). Presentation format, other persons' strategies and cooperative behavior in the prisoner's dilemma. *Psychological Reports, 20,* 895-902.

Curhan, J. R., Neale, M. A., & Ross, L. (2004). Dynamic valuation: Preference changes in the context of face-to-face negotiation. *Journal of Experimental Social Psychology, 40,* 142-151.

Curhan, J. R., & Pentland, A. (2007). Thin slides of negotiation: Predicting outcomes from conversational dynamics within the first 5 minutes. *Journal of Applied Psychology, 92,* 802-811.

Dahl, R. A. (1957). The concept of power. *Behavioral Science, 2,* 201-15.

Daly, J. (1991). The effects of anger on negotiations over mergers and acquisitions. *Negotiation Journal, 7,* 31-39.

Dant, R. P., & Schul, P. L. (1992). Conflict resolution processes in contractual channels of distribution. *Journal of Marketing, 56,* 38-54.

de Dreu, C. K. W. (1995). Coercive power and concession making in bilateral negotiation. *Journal of Conflict Resolution, 39,* 646-70.

de Dreu, C. K. W. (2003). Time pressure and closing of the mind in negotiation. *Organizational Behavior and Human Decision Processes, 91,* 280-95.

de Dreu, C. K. W., Carnevale, P. J. D., Emans, B. J. M., & van de Vliert, E. (1994). Effects of gain-loss frames in negotiation: Loss aversion, mismatching, and frame adoption. *Organizational Behavior and Human Decision Processes, 60,* 90-107.

de Dreu, C. K. W., Nauta, A., & van de Vliert, E. (1995). Self-serving evaluations of conflict behavior and escalation of the dispute. *Journal of Applied Social Psychology, 25,* 2049-66.

de Dreu, C. K. W., & Van Kleef, G. A. (2004). The influence of power on the information search, impression formation and demands in negotiation. *Journal of Experimental Social Psychology, 40,* 303-19.

de Dreu, C. K. W., & van Lange, P. A. M. (1995). The impact of social value orientation on negotiator cognition and behavior. *Personality and Social Psychology Bulletin, 21,* 1178-88.

Deep, S., & Sussman, L. (1993). *What to ask when you don't know what to say: 555 powerful questions to use for getting your way at work.* Englewood Cliffs, NJ: Prentice Hall.

Dennis, A. R., & Reinicke, B. A. (2004). Beta versus VHS and the acceptance of electronic brainstorming technology. *MIS Quarterly, 28,* 1-20.

Derong, C., & Faure, G. O. (1995). When Chinese companies negotiate with their government. *Organization Studies, 16,* 27-54.

Deutsch, M. (1958). Trust and suspicion. *Journal of Conflict Resolution, 2,* 265-79.

Deutsch, M. (1962). Cooperation and trust: Some theoretical notes. In M. R. Jones (Ed.), *Nebraska symposium on motivation* (pp. 275-318). Lincoln, NE: University of Nebraska Press.

Deutsch, M. (1973). *The resolution of conflict.* New Haven, CT: Yale University Press.

Deutsch, M. (1985). *Distributive justice: A social-psychological perspective.* New Haven, CT: Yale University Press.

Devine, P. G. (1989). Stereotypes and prejudice: Their automatic and controlled components. *Journal of Personality and Social Psychology, 56*, 5-18.

Dialdin, D., Kopelman, S., Adair, W., Brett, J. M., Okumura, T., & Lytle, A. (1999). *The distributive outcomes of cross-cultural negotiations*. DRRC working paper. Evanston, IL: Northwestern University.

Diekmann, K. A., Tenbrunsel, A. E., Shah, P. P., Schroth, H. A., & Bazerman, M. H. (1996). The descriptive and prescriptive use of previous purchase price in negotiations. *Organizational Behavior and Human Decision Processes, 66*, 179-91.

Donohue, W. A. (1981). Analyzing negotiation tactics: Development of a negotiation interact system. *Human Communication Research, 7*, 273-87.

Donohue, W. A., & Roberto, A. J. (1996). An empirical examination of three models of integrative and distributive bargaining. *International Journal of Conflict Management, 7*, 209-99.

Douglas, A. (1962). *Industrial peacemaking*. New York: Columbia University Press.

Drake, L. E. (1995). Negotiation styles in intercultural communication. *International Journal of Conflict Management, 6*, 72-90.

Drolet, A. L., & Morris, M. W. (2000). Rapport in conflict resolution: Accounting for how face-to-face contact fosters mutual cooperation in mixed-motive conflicts. *Journal of Experimental Social Psychology, 36*, 26-50.

Druckman, D. (1996). Is there a U.S. negotiating style? *International Negotiation, 1*, 327-34.

Druckman, D., & Broome, B. (1991). Value difference and conflict resolution: Familiarity or liking? *Journal of Conflict Resolution, 35* (4), 571-93.

Eyuboglu, N., & Buja, A. (1993). Dynamics of channel negotiations: Contention and reciprocity. *Psychology & Marketing, 10*, 47-65.

Fang, T. (2006). Negotiation: The Chinese style. *The Journal of Business & Industrial Marketing, 21* (1), 50-60.

Faure, G. O. (1999). The cultural dimension of negotiation: The Chinese case. *Group Decision and Negotiation, 8*, 187-215.

Felstiner, W. L. F., Abel, R. L., & Sarat, A. (1980-81). The emergence and transformation of disputes: Naming, blaming, and claiming. *Law and Society Review, 15*, 631-54.

Ferris, G. R., Blas, F. R., Douglas, C., Kolodinsky, R. W., & Treadway, D. C. (2005). Personal reputation in organizations. In J. Greenberg (Ed.), *Organizational behavior: The state of the science*. Mahwah, NJ: Lawrence Erlbaum.

Filley, A. C. (1975). *Interpersonal conflict resolution*. Glenview, IL: Scott Foresman.

Fisher, R., & Ertel, D. (1995). *Getting ready to negotiate: The getting to yes workbook*. New York: Penguin.

Fisher, R., Ury, W., & Patton, B. (1991). *Getting to yes: Negotiating agreement without giving in* (2nd ed.). New York: Penguin.

Fiske, S. T., & Taylor, S. W. E. (1991). *Social cognition*. Reading, MA: Addison-Wesley.

Folger, J. P., Poole, M. S., & Stutman, R. K. (1993). *Working through conflict: Strategies for relationships, groups and organizations* (2nd ed.). New York: HarperCollins.

Follett, M. P. (1940). *Dynamic administration: The collected papers of Mary Parker Follett*. H. C. Metcalf & L. Urwick (Eds.). New York: Harper & Brothers.

Follett, M. P. (1942). Constructive conflict. In H. C. Metcalf & L. Urwick (Eds.), *Dynamic administration: The collected papers of Mary Parker Follett* (pp. 30-49). New York: Harper & Brothers.

Foo, M. D., Elfenbein, H. A., Tan, H. H., & Aik, V. C. (2004). Emotional intelligence and negotiation: The tension between creating and claiming value. *International Journal of Conflict Management, 15*, 411-29.

Foreman, P., & Murnighan, J. K. (1996). Learning to avoid the winner's curse. *Organizational Behavior and Human Decision Processes, 67*, 170-80.

Forgas, J. P. (1992). Affect in social judgments and decisions: A multiprocess model. *Advances in Experimental Social Psychology, 25*, 227-75.

Forgas, J. P., & Fiedler, K. (1996). Us and them: Mood effects on intergroup discrimination. *Journal of Personality and Social Psychology, 70*, 28-40.

Foster, D. A. (1992). *Bargaining across borders: How to negotiate business successfully anywhere in the world*. New York: McGraw-Hill.

Fragale, A. R., & Heath, C. (2004). Evolving informational credentials: The (mis)attribution of believable facts to credible sources. *Personality and Social Psychology Bulletin, 30,* 225-36.

Francis, J. N. P. (1991). When in Rome? The effects of cultural adaptation on intercultural business negotiations. *Journal of International Business Studies, 22,* 403-28.

Friedman, Raymond A. (1994). *Front Stage, Backstage: The Diamatic Structure of Labor Negotiations.* Cambridge, MA: Massachusetts Institute of Technology.

Friedman, R., Anderson, C., Brett, J., Olekalns, M., Goates, N., & Lisco, C. C. (2004). The positive and negative effects of anger on dispute resolution: Evidence from electronically mediated disputes. *Journal of Applied Psychology, 89,* 369-76.

French, J. R. P., & Raven, B. (1959). The bases of social power. In D. Cartwright (Ed.), *Studies in social power.* Ann Arbor, MI: Institute for Social Research.

Froman, L. A., & Cohen, M. D. (1970). Compromise and logrolling: Comparing the efficiency of two bargaining processes. *Behavioral Sciences, 15,* 180-83.

Frost, P. (1987). Power, politics and influence. In F. M. Jablin, *Handbook of organizational communication.*, Newbury Park, CA: Sage., pp. 403-548.

Fry, W. R., Firestone, I. J., & Williams, D. L. (1983). Negotiation process and outcome of stranger dyads and dating couples: Do lovers lose? *Basic and Applied Social Psychology, 4,* 1-16.

Galinsky, A. D., Seiden, V. L., Kim, P. H., & Medvec, V. H. (2002). The dissatisfaction of having your first offer accepted: The role of counterfactual thinking in negotiations. *Personality and Social Psychology Bulletin, 28* (2), 271-83.

Gallupe, R. B., & Cooper, W. H. (1993). Brainstorming electronically. *Sloan Management Review, 35* (1), 27-36.

Ganesan, S. (1993). Negotiation strategies and the nature of channel relationships. *Journal of Marketing Research, 30,* 183-203.

Gelfand, M. J., & Dyer, N. (2000). A cultural perspective on negotiation: Progress, pitfalls, and prospects. *Applied Psychology: An International Review, 49,* 62-99.

Gelfand, M., Higgins, M., Nishii, L. H., Raver, J. L., Dominguez, A., Murakami, F., Yamaguchi, S., and Toyama, M. (2002). Culture and egocentric perceptions of fairness in conflict and negotiation. *Journal of Applied Psychology, 87* (5), pp. 833-45.

Gentner, J., Loewenstein, J., & Thompson, L. (2003). Learning and transfer: A general role for analogical encoding. *Journal of Educational Psychology, 95,* 393-408.

George, J. M., Jones, G. R., & Gonzalez, J. A. (1998). The role of affect in cross-cultural negotiations. *Journal of International Business Studies, 29,* 749-72.

Ghosh, D. (1996). Nonstrategic delay in bargaining: An experimental investigation. *Organizational Behavior and Human Decision Processes, 67,* 312-25.

Gibb, J. (1961). Defensive communication. *Journal of Communication, 3,* 141-48.

Gillespie, J. J., & Bazerman, M. H. (1997). Parasitic integration: Win-win agreements containing losers. *Negotiation Journal, 13,* 271-82.

Gillespie, J. J., & Bazerman, M. H. (1998, April). Pre-settlement settlement (PreSS): A simple technique for initiating complex negotiations. *Negotiation Journal, 14,* 149-59.

Girard, J. (1989). *How to close every sale.* New York: Warner Books.

Goates, N. (2008, August). Reputation as a basis for trust: Social information, emotional state and trusting behavior. Paper presented to the Academy of Management Annual Meetings.

Goffman, E. (1969). *Strategic interaction.* Philadelphia, PA: University of Philadelphia Press.

Goffman, E. (1974). *Frame analysis.* New York: Harper & Row.

Gonzalez, R. M., Lerner, J. S., Moore, D. A., & Babcock, L. C. (2004). Mad, mean, and mistaken: The effects of anger on strategic social perception and behavior. Paper presented at the annual meeting of the International Association for Conflict Management, Pittsburgh.

Gordon, T. (1977). *Leader effectiveness training.* New York: Wyden Books.

Graham, J. L., & Mintu-Wimsat, A. (1997). Culture's influence on business negotiations in four countries. *Group Decision and Negotiation, 6,* 483-502.

Graham, J. L., & Sano, Y. (1989). *Smart bargaining*. New York: Harper Business.

Gray, B. (1991). The framing of disputes: Partners, processes and outcomes in different contexts. Paper presented at the annual conference of the International Association of Conflict Management, Den Dolder, The Netherlands.

Gray, B. (1994). The gender-based foundation of negotiation theory. In B. H. Sheppard, R. J. Lewicki, & R. J. Bies (Eds.), *Research in negotiation in organizations* (Vol. 4, pp. 3-36). Greenwich, CT: JAI Press.

Gray, B. (1997). Framing and reframing of intractable environmental disputes. In R. J. Lewicki, R. J. Bies & B. Sheppard (Eds.), *Research on negotiation in organizations* (Vol. 6, pp. 163-88). Greenwich, CT: JAI Press.

Gray, B., & Donnellon, A. (1989). *An interactive theory of reframing in negotiation*. Unpublished manuscript.

Green, R. M. (1994). *The ethical manager: A new method for business ethics*. Upper Saddle River, NJ: Prentice Hall.

Greenberg, J. (1990). Organizational justice: Yesterday, today, tomorrow. *Journal of Management, 16*, 299-432.

Greenberg, J., & Colquitt, J. (2005). *Handbook of organizational justice*. Mahwah, NJ: Lawrence Erlbaum Associates.

Greenhalgh, L. (2001). *Managing strategic relationships*. New York: Free Press.

Greenhalgh, L., & Chapman, D. (1996). Relationships between disputants: Analysis of their characteristics and impact. In S. Gleason (Ed.), *Frontiers in dispute resolution and human resources* (pp. 203-28). East Lansing, MI: Michigan State University Press.

Greenhalgh, L., & Gilkey, R. W. (1993). The effect of relationship orientation on negotiators cognitions and tactics. *Group Decision and Negotiation, 2*, 167-86.

Greenhalgh, L., & Kramer, R. M. (1990). Strategic choice in conflicts: The importance of relationships. In K. Zald (Ed.), *Organizations and nation states: New perspectives on conflict and cooperation* (pp. 181-220). San Francisco: Jossey-Bass.

Gruder, C. L., & Duslak, R. J. (1973). Elicitation of cooperation by retaliatory and nonretaliatory strategies in a mixed motive game. *Journal of Conflict Resolution, 17*, 162-174.

Hall, J. (1969). *Conflict management survey: A survey of one's characteristic reaction to and handling conflict between himself and others*. Conroe, TX: Teleometrics International.

Harinck, F., de Dreu, C. K. W., & Van Vianen, A. E. M. (2000). The impact of conflict issues on fixed-pie perceptions, problem solving, and integrative outcomes in negotiation. *Organizational Behavior and Human Decision Processes, 81*, 329-58.

Hartzell, C. A. (1999). Explaining the stability of negotiated settlements to intrastate wars. *Journal of Conflict Resolution, 43*, 3-22.

Hegarty, W., & Sims, H. P. (1978). Some determinants of unethical decision behavior: An experiment. *Journal of Applied Psychology, 63*, 451-57.

Hegtvedt, K. A., & Killian, C. (1999). Fairness and emotions: Reactions to the process and outcomes of negotiations. *Social Forces, 78*, 269-303.

Heider, F. (1958). *The psychology of interpersonal relations*. New York: John Wiley and Sons.

Hendon, D. W., & Hendon, R. A. (1990). *World-class negotiating: Dealmaking in the global marketplace*. New York: John Wiley and Sons.

Higgins, E. T. (1987). Self discrepancy theory: A theory relating self and affect. *Psychological Review, 94*, 319-40.

Hilty, J. A., & Carnevale, P. J. (1993). Black-hat/white-hat strategy in bilateral negotiation. *Organizational Behavior and Human Decision Processes, 55*, 444-69.

Hinton, B. L., Hamner, W. C., & Pohlan, N. F. (1974). Influence and award of magnitude, opening bid and concession rate on profit earned in a managerial negotiating game. *Behavioral Science, 19*, 197-203.

Hitt, W. (1990). *Ethics and leadership: Putting theory into practice*. Columbus, OH: Battelle Press.

Hochberg, A. M., & Kressel, K. (1996). Determinations of successful and unsuccessful divorce negotiations. *Journal of Divorce and Remarriage, 25*, 1-21.

Hocker, J. L., & Wilmot, W. W. (1985). *Interpersonal conflict* (2nd ed.). Dubuque, IA: Wm. C. Brown.

Hofstede, G. (1980a). Motivation, leadership, and organization: Do American theories apply abroad? *Organizational Dynamics, 9*, 42-63.

Hofstede, G. (1980b). *Culture's consequences: International differences in work related values.* Beverly Hills, CA: Sage.

Hofstede, G. (1989). Cultural predictors of national negotiation styles. In F. Mautner-Markhof (Ed.), *Processes of international negotiations* (pp. 193-201). Boulder, CO: Westview Press.

Hofstede, G. (1991). *Culture and organizations: Software of the mind.* London, UK: McGraw-Hill.

Hofstede, G., & Bond, M. H. (1988). Confucius and economic growth: New trends in culture's consequences. *Organizational Dynamics, 16,* 4-21.

Holaday, L. C. (2002). Stage development theory: A natural framework for understanding the mediation process. *Negotiation Journal, 18* (3), 191-210.

Homans, G. C. (1961). *Social behavior: Its elementary forms.* New York: Harcourt, Brace & World Co.

Hopmann, P. T. (1995). Two paradigms of negotiation: Bargaining and problem solving. *Annals of the American Academy, 542,* 24-47.

Hosmer, L. T. (2003). *The ethics of management* (4th ed.). Boston: McGraw-Hill/Irwin.

Howard, E. S., Gardner, W. L., & Thompson, L. (2007). The role of the self-concept and the social context in determining the behavior of power holders: Self-construal in intergroup versus dyadic dispute resolution negotiations. *Journal of Personality and Social Psychology, 93,* 614-31.

Huang, X., & van de Vliert, E. (2004). A multilevel approach to investigating cross-national differences in negotiation processes. *International Negotiation, 9,* 471-484.

Hunt, C. S., & Kernan, M. C. (2005). Framing negotiations in affective terms: Methodological and preliminary theoretical findings. *International Journal of Conflict Management, 16,* 128-156.

Ibarra, H., & Andrews, S. (1993). Power, social influence and sense making: Effects of network centrality and proximity on employee perceptions. *Administrative Science Quarterly, 38,* 277-303.

Ikle, F. C. (1964). *How nations negotiate.* New York: Harper & Row.

Isajiw, W. W. (2000). Approaches to ethnic conflict resolution: paradigms and principles. *International Journal of InterCultural Relations, 24,* 105-24.

Isen, A. M., & Baron, R. A. (1991). Positive affect as a factor in organizational behavior. In B. M. Staw & L. L. Cummings (Eds.), *Research in organizational behavior* (Vol. 13, pp. 1-53). Greenwich, CT: JAI Press.

Ivey, A. E., & Simek-Downing, L. (1980). *Counseling and psychotherapy.* Englewood Cliffs, NJ: Prentice Hall.

Jacobs, A. T. (1951). Some significant factors influencing the range of indeterminateness in collective bargaining negotiations. Unpublished doctoral dissertation, University of Michigan, Ann Arbor, MI.

Janosik, R. J. (1987). Rethinking the culture-negotiation link. *Negotiation Journal, 3,* 385-95.

Jehn, E., & Mannix, E. (2001). The dynamic nature of conflict: A longitudinal study of intragroup conflict and group performance. *Academy of Management Journal, 44* (2), 238-51.

Jensen, L. (1995). Issue flexibility in negotiating internal war. *Annals of the American Academy of Political and Social Science, 542,* 116-30.

Johnson, D. W. (1971). Role reversal: A summary and review of the research. *International Journal of Group Tensions, 1,* 318-34.

Johnston, R. W. (1982, March-April). Negotiation strategies: Different strokes for different folks. *Personnel, 59,* 36-45.

Jones, E. E., & Nisbett, R. E. (1976). The actor and the observer: Divergent perceptions of causality. In J. W. Thibaut, J. T. Spence, & R. C. Carson (Eds.), *Contemporary topics in social psychology* (pp. 37-52). Morristown, NJ: General Learning Press.

Jones, M., & Worchel, S. (1992). Representatives in negotiation: "Internal" variables that affect "external" negotiations. *Basic and Applied Social Psychology, 13* (3), 323-36.

Kahneman, D., Knetsch, J. L., & Thaler, R. H. (1990). Experimental tests of the endowment effect and the Coase Theorem. *Journal of Political Economy, 98,* 1325-48.

Kahneman, D., & Tversky, A. (1979). Prospect theory: An analysis of decisions under risk. *Econometrica, 47,* 263-91.

Kale, S. H., & Barnes, J. W. (1992). Understanding the domain of cross-national buyer-seller interactions. *Journal of International Business Studies, 23,* 101-32.

Kaplan, Robert. (1984, Spring). Trade routes: The manager's network of relationships. *Organizational Dynamics, 12,* 37-52.

Karrass, C. L. (1974). *Give and take.* New York: Thomas Y. Crowell.

Karrass, G. (1985). *Negotiate to close: How to make more successful deals.* New York: Simon & Schuster.

Kellerman, J. L., Lewis, J., & Laird, J. D. (1989). Looking and loving: The effects of mutual gaze on feelings of romantic love. *Journal of Research in Personality, 23,* 145-61.

Kelley, H. H. (1966). A classroom study of the dilemmas in interpersonal negotiation. In K. Archibald (Ed.), *Strategic interaction and conflict: Original papers and discussion* (pp. 49-73). Berkeley, CA: Institute of International Studies.

Kelley, H. H., & Thibaut, J. (1969). Group problem solving. In G. Lindzey & E. Aronson (Eds.), *Handbook of social psychology* (2nd ed.), (Vol. 4, pp. 1-101). Reading, MA: Addison-Wesley.

Kemp, K. E., & Smith, W. P. (1994). Information exchange, toughness, and integrative bargaining: The roles of explicit cues and perspective-taking. *International Journal of Conflict Management, 5,* 5-21.

Kennedy, G. (1985). *Doing business abroad.* New York: Simon & Schuster.

Kim, P. H. (1997). Strategic timing in group negotiations: The implications of forced entry and forced exit for negotiators with unequal power. *Organizational Behavior and Human Decision Processes, 71,* 263-86.

Kim, P. H., Dirks, K. T., Cooper, C. D., & Ferrin, D. L. (2006). When more blame is better than less; The implications of internal vs. external attributions for the repair of trust after a competence- vs. integrity-based trust violation. *Organizational Behavior and Human Decision Processes, 99,* 49-65.

Kim, P. H., Pinkley, R. L. & Fragale, A. R. (2005). Power dynamics in negotiation. *Academy of Management Review, 30,* (4), 799-822.

Kimmel, M. J., Pruitt, D. G., Magenau, J. M., Konar-Goldband, E., & Carnevale, P. J. D. (1980). Effects of trust aspiration and gender on negotiation tactics. *Journal of Personality and Social Psychology, 38,* 9-23.

Kleinke, C. L. (1986). Gaze and eye contact: A research review. *Psychological Bulletin, 100,* 78-100.

Koehn, D. (1997). Business and game playing: The false analogy. *Journal of Business Ethics, 16,* 1447-52.

Koeszegi, S. (2004). Trust building strategies in inter-organizational negotiations. *Journal of Managerial Psychology, 19,* (6), 640-660.

Koh, T. T. B. (1996). American strengths and weaknesses. *Negotiation Journal, 12,* 313-17.

Kolb, D. (1985). *The mediators.* Cambridge, MA: MIT Press.

Kolb, D. M., & Putnam, L. L. (1997). Through the looking glass: Negotiation theory refracted through the lens of gender. In S. Gleason (Ed.), *Frontiers in dispute resolution in labor relations and human resources* (pp. 231-57). East Lansing, MI: Michigan State University Press.

Komorita, S. S., & Brenner, A. R. (1968). Bargaining and concessions under bilateral monopoly. *Journal of Personality and Social Psychology, 9,* 15-20.

Kopelman, S., Rosette, A. S., & Thompson, L. (2006). The three faces of Eve: Strategic display of positive, negative, and neutral emotions in negotiations. *Organizational Behavior and Human Decision Processes, 99,* 81-101.

Kotter, J. (1979). *Power in management.* New York: AMACOM.

Kozan, M. K., & Ergin, C. (1999). The influence of intra-cultural value differences on conflict management processes. *International Journal of Conflict Management, 10,* 249-67.

Krackhardt, D., & Hanson, J. R. (1993, July-August). Informal networks: The company behind the chart. *Harvard Business Review, 71,* 104-11.

Kramer, R. (1994). The sinister attribution error: Paranoid cognition and collective distrust in organizations. *Motivation and Emotion, 18,* 199-203.

Kramer, R. M. (1991). The more the merrier? Social psychological aspects of multiparty negotiations in organizations. In M. H. Bazerman, R. J. Lewicki, & B. H. Sheppard, *Research on negotiation in organizations* (Vol. 3, pp. 307-32). Greenwich, CT: JAI Press.

Kramer, R. M., Pommerenke, P., & Newton, B. (1993). The social context of negotiation: Effects of trust, aspiration and gender on negotiation tactics. *Journal of Personality and Social Psychology, 38* (1), 9-22.

Kristensen, H., & Garling, T. (1997). The effects of anchor points and reference points on negotiation process and outcome. *Organizational Behavior and Human Decision Processes, 71,* 85-94.

Kristensen, H., & Garling, T. (2000). Anchor points, reference points, and counteroffers in negotiations. *Group Decision and Negotiation, 9,* 493-505.

Ku, G. (2008). Learning to de-escalate: The effects of regret in escalation of commitment. *Organizational Behavior and Human Decision Processes, 105,* 221-232.

Kumar, R. (1997). The role of affect in negotiations: An integrative overview. *Journal of Applied Behavioral Science, 3* (1), 84-100.

Kumar, R. (2004). Brahmanical idealism, anarchical individualism, and the dynamics of Indian negotiating behavior. *International Journal of Cross Cultural Management, 4,* 39-58.

Kumar, R., & Worm, V. (2004). Institutional dynamics and the negotiation process: comparing India and China. *International Journal of Conflict Management, 15* (3), 304-334.

Kwon, S., & Weingart, L. R. (2004). Unilateral concessions from the other party: Concession behavior, attributions, and negotiations judgments. *Journal of Applied Psychology, 89,* 263-278.

LaFasto, F. M. J., & Larson, C. E. (2001). *When teams work best.* Thousand Oaks, CA: Sage Publications, Inc.

Landon, E. L., Jr. (1997). For the most fitting deal, tailor negotiating strategy to each borrower. *Commercial Lending Review, 12,* 5-14.

Larrick, R. P., & Wu, G. (2007). Claiming a large slice of a small pie: Asymmetric disconfirmation in negotiation. *Journal of Personality and Social Psychology, 93,* 212-233.

Lax, D., & Sebenius, J. (1986). *The manager as negotiator: Bargaining for cooperation and competitive gain.* New York: Free Press.

Lax, D. A., & Sebenius, J. K. (2002). Dealcrafting: The substance of three-dimensional negotiations. *Negotiation Journal, 18,* 5-28.

Le Poole, S. (1989). Negotiating with Clint Eastwood in Brussels. *Management Review, 78,* 58-60.

Leung, K., Tong, K., & Ho, S. S. (2004). Effects of interactional justice on egocentric bias in resource allocation decisions. *Journal of Applied Psychology, 89* (3), 405-15.

Levinson, J. C., Smith, M. S. A., & Wilson, O. R. (1999). *Guerilla negotiating.* New York: John Wiley.

Lewicki, R., Wiethoff, C., & Tomlinson, E. (2005). What is the role of trust in organizational justice? In Greenberg, J. and Colquitt, J. *Handbook of organizational justice* (pp. 247-72). Mahwah, NJ: Lawrence Erlbaum Associates.

Lewicki, R. J. (1983). Lying and deception: A behavioral model. In M. H. Bazerman & R. J. Lewicki (Eds.), *Negotiating in organizations* (pp. 68-90). Beverly Hills, CA: Sage.

Lewicki, R. J. (1992). Negotiating strategically. In A. Cohen (Ed.), *The portable MBA in management* (pp. 147-89). New York: John Wiley and Sons.

Lewicki, R. J., & Dineen, B. R. (2002). Negotiating in virtual organizations. In Heneman, R. L. & Greenberger, D. B. *Human resource management in virtual organizations.* New York: John Wiley and Sons.

Lewicki, R. J., Gray, B., & Elliott, M. (2003). *Making sense of intractable environmental disputes.* Washington, DC: Island Press.

Lewicki, R. J., & Hiam, A. (1999). *The fast forward MBA in negotiation and dealmaking.* New York: John Wiley and Sons.

Lewicki, R. J., Hiam, A., & Olander, K. (1996). *Think before you speak: The complete guide to strategic negotiation.* New York: John Wiley and Sons.

Lewicki, R. J., & Robinson, R. (1998). A factor-analytic study of negotiator ethics. *Journal of Business Ethics, 18,* 211-28.

Lewicki, R. J., & Spencer, G. (1990, June). Lies and dirty tricks. Paper presented at the annual meeting of the International Association for Conflict Management, Vancouver, B. C., Canada.

Lewicki, R. J., & Spencer, G. (1991, August). Ethical relativism and negotiating tactics: Factors affecting their perceived ethicality. Paper presented at the annual meeting of the Academy of Management, Miami, FL.

Lewicki, R. J., & Stark, N. (1995). What's ethically appropriate in negotiations: An empirical examination of bargaining tactics. *Social Justice Research, 9,* 69-95.

Lewicki, R. J., Weiss, S., & Lewin, D. (1992). Models of conflict, negotiation and third-party intervention: A review and synthesis. *Journal of Organizational Behavior, 13,* 209-52.

Liebert, R. M., Smith, W. P., & Hill, J. H. (1968). The effects of information and magnitude of initial offer on interpersonal negotiation. *Journal of Experimental Social Psychology, 4,* 431-41.

Lim, R. G. (1997). Overconfidence in negotiation revisited. *International Journal of Conflict Management, 8,* 52-70.

Lim, R. G., & Murnighan, J. K. (1994). Phases, deadlines, and the bargaining process. *Organizational Behavior and Human Decision Processes, 58,* 153-71.

Lin, X., & Miller, S. J. (2003). Negotiation approaches: Direct and indirect effects of national culture. *International Marketing Review, 20,* 286-303.

Lindskold, S., Bentz, B., & Walters, P. D. (1986). Trust development, the GRIT proposal and the effects of conciliatory acts on conflict and cooperation. *Psychological Bulletin, 85,* 772-93.

Locke, E., & Latham, G. (1984). *Goal setting: A motivational technique that works!* Englewood Cliffs, NJ: Prentice Hall.

Loewenstein, G. F., Thompson, L., & Bazerman, M. H. (1989). Social utility and decision making in interpersonal contexts. *Journal of Personality and Social Psychology, 57* (3), 426-41.

Loewenstein, J., Morris, M.W., Chakravarti, A., Thompson, L., & Kopelman, S. (2005). At a loss for words: Dominating the conversation and the outcome in negotiation as a function of intricate arguments and communication media. *Organizational Behavior and Human Decision Processes, 98,* 28-38.

Loewenstein, J., & Thompson, L. (2000). The challenge of learning. *Negotiation Journal, 16,* 399-408.

Loewenstein, J., Thompson, L., & Gentner, D. (1999). Analogical encoding facilitates knowledge transfer in organizations. *Psychonomic Bulletin and Review, 6,* 586-97.

Loewenstein, J., Thompson, L., & Gentner, D. (2003). Analogical learning in negotiation teams: Comparing cases promotes learning and transfer. *Academy of Management Learning and Education, 2,* 119-27.

Macduff, I. (2006). Your pace or mine? Culture, time, and negotiation. *Negotiation Journal, 22* (1), 31-45.

Macneil, I. R. (1980). *The new social contract.* New Haven, CT: Yale University Press.

Malhotra, D. K. (2003). Reciprocity in the context of trust: The differing perspective of trustors and trusted parties. *Dissertation Abstracts, 63,* 11-18.

Malhotra, D. K. (2004). Trust and reciprocity decisions: The differing perspectives of trustors and trusted parties. *Organizational Behavior and Human Decision Processes, 94* (2), 61-73.

Malhotra, D., & Bazerman, M. H. (2007). Investigative negotiation. *Harvard Business Review, 85,* 72-78.

Manz, C. C., Neck, C. P., Mancuso, J., & Manz, K. P. (1997). *For team members only.* New York: AMACOM.

Matsumoto, D., & Yoo, S. H. (2006). Toward a new generation of cross-cultural research. *Perspectives on Psychological Science, 1* (3), 234-250.

Maxwell, S., Nye, P., & Maxwell, N. (1999). Less pain, some gain: The effects of priming fairness in price negotiations. *Psychology and Marketing, 16* (7), pp. 545-62.

Maxwell, S., Nye, P., & Maxwell, N. (2003). The wrath of the fairness-primed negotiator when the reciprocity is violated. *Journal of Business Research, 56* (5), pp. 399-409.

Mayer, J. D., Salovey, P., & Caruso, D. (2000). Emotional intelligence. In R. Sternberg (Ed.), *Handbook of intelligence* (pp. 396-420). Cambridge: Cambridge University Press.

Mayfield, M., Mayfield, J., Martin, D., & Herbig, P. (1997). Time perspectives of the cross-cultural negotiations process. *American Business Review, 15,* 78-85.

McAllister, D. J. (1995). Affect- and cognition-based trust as foundations for interpersonal cooperation in organizations. *Academy of Management Journal, 38,* 24-59.

McClelland, D. C. (1975). *Power: The inner experience.* New York: Irvington.

McClelland, D. C., & Burnham, D. H. (1976). Power is the great motivator. *Harvard Business Review, 43* (2), 100-110.

McCornack, S. A., & Levine, T. R. (1990). When lies are uncovered: Emotional and relational outcomes of discovered deception. *Communication Monographs, 57,* 119-38.

McDonald, J. W. (1996). An American's view of a U.S. negotiating style. *International Negotiation, 1,* 323-26.

McGraw, D. (1997, October 20). Will he own the road? *U.S. News & World Report,* pp. 45-54.

Metcalf, L. E., Bird, A., Peterson, M. F., Shankarmahesh, M., & Lituchy, T. R. (2007). Cultural influences in negotiations: A four country comparative analysis. *International Journal of Cross Cultural Management, 7* (2), 147-68.

Metcalf, L. E., Bird, A., Shankarmahesh, M., Aycan, Z., Larimo, J., & Valdelamar, D. D. (2006). Cultural tendencies in negotiation: A comparison of Finland, India, Mexico, Turkey, and the United States. *Journal of World Business, 41,* 382-94.

Midgaard, K., & Underal, A. (1977). Multiparty conferences. In D. Druckman (Ed.), *Negotiations: Social psychological perspectives* (pp. 329-45). Beverly Hills, CA: Sage.

Miller, D. T., & Ross, M. (1975). Self-serving bias in the attribution of causality: Fact or fiction? *Psychological Bulletin, 82,* 213-25.

Mintzberg, H., & Quinn, J. B. (1991). *The strategy process: Concepts, contexts, cases* (2nd ed.). Englewood Cliffs, NJ: Prentice Hall.

Missner, M. (1980). *Ethics of the business system.* Sherman Oaks, CA: Alfred Publishing Company.

Molm, L., Takahashi, N., & Peterson, G. (2003). In the eye of the beholder: Procedural justice in social exchange. *American Sociological Review, 68* (1), pp. 128-52.

Moran, R. T., & Stripp, W. G. (1991). *Dynamics of successful international business negotiations.* Houston, TX: Gulf Publishing.

Moran, S., & Ritov, I. (2002). Initial perceptions in negotiations: Evaluation and response to "logrolling" offers. *Journal of Behavioral Decision Making, 15,* 101-24.

Morley, I., & Stephenson, G. (1977). *The social psychology of bargaining.* London: Allen and Unwin.

Morris, M., Nadler, J., Kurtzberg, T., & Thompson, L. (2000). Schmooze or lose: Social friction and lubrication in e-mail negotiations. *Group Dynamics-Theory Research and Practice, 6,* 89-100.

Mosterd, I., & Rutte, C. G. (2000). Effects of time pressure and accountability to constituents on negotiation. *International Journal of Conflict Management, 11* (3), 227-47.

Mouzas, S. (2006). Negotiating umbrella agreements. *Negotiation Journal, 22* (3), 279-301.

Murnighan, J. K. (1986). Organizational coalitions: Structural contingencies and the formation process. In R. J. Lewicki, B. H. Sheppard, & M. H. Bazerman (Eds.), *Research on negotiation in organizations* (Vol. 1, pp. 155-73). Greenwich, CT: JAI Press.

Myerson, D., Weick, K. E., & Kramer, R. M. (1996). Swift trust and temporary groups. In R. M. Kramer & T. Tyler (Eds.), *Trust in organizations: Frontiers of theory and research* (pp. 166-95). Thousand Oaks, CA: Sage Publications, Inc.

Nadler, J., Thompson, L., & Van Boven, L. (2003). Learning negotiation skills: Four models of knowledge creation and transfer. *Management Science, 49,* 529-40.

Naquin, C. E. (2002). The agony of opportunity in negotiation: Number of negotiable issues, counterfactual thinking, and feelings of satisfaction. *Organizational Behavior and Human Decision Processes, 91,* 97-107.

Naquin, C. E., & Paulson, G. D. (2003). Online bargaining and interpersonal trust. *Journal of Applied Psychology, 88* (1), 113-20.

Nash, J. F. (1950). The bargaining problem. *Econometrica, 18,* 155-62.

Natlandsmyr, J. H., & Rognes, J. (1995). Culture, behavior, and negotiation outcomes: A comparative and cross-cultural study of Mexican and Norwegian negotiators. *International Journal of Conflict Management, 6,* 5-29.

Neale, M., & Bazerman, M. H. (1983). The role of perspective-taking ability in negotiating under different forms of arbitration. *Industrial and Labor Relations Review, 36,* 378-88.

Neale, M., & Bazerman, M. H. (1985). The effects of framing and negotiator overconfidence on bargaining behaviors and outcomes. *Academy of Management Journal, 28,* 34-49.

Neale, M., & Bazerman, M. H. (1991). *Cognition and rationality in negotiation.* New York: Free Press.

Neale, M. A., & Bazerman, M. H. (1992a). Negotiator cognition and rationality: A behavioral decision theory perspective. *Organizational Behavior and Human Decision Processes, 51,* 157-75.

Neale, M., & Bazerman, M. H. (1992b). Negotiating rationally: The power and impact of the negotiator's frame. *Academy of Management Executive, 6* (3), 42-51.

Neale, M., Huber, V., & Northcraft, G. (1987). The framing of negotiations: Contextual vs. task frames. *Organizational Behavior and Human Decision Processes, 39,* 228-41.

Neale, M. A., & Northcraft, G. B. (1986). Experts, amateurs, and refrigerators: Comparing expert and amateur negotiators in a novel task. *Organizational Behavior and Human Decision Processes, 38,* 305-17.

Neale, M. A., & Northcraft, G. B. (1991). Behavioral negotiation theory: A framework for conceptualizing dyadic bargaining. In L. L. Cummings & B. M. Staw (Eds.), *Research in organizational behavior* (Vol. 13, pp. 147-90). Greenwich, CT: JAI Press.

Nelson, D., & Wheeler, M. (2004). Rocks and hard places: Managing two tensions in negotiation. *Negotiation Journal, 20,* 113-125.

Nemeth, C. J. (1986). Differential contributions to majority and minority influence. *Psychological Review, 93,* 23-32.

Nemeth, C. J. (1989). The stimulating properties of dissent. Paper presented at the first annual Conference on Group Process and Productivity, Texas A & M University, College Station, TX.

Nierenberg, G. (1976). *The complete negotiator.* New York: Nierenberg & Zeif Publishers.

Nierenberg, G., & Calero, H. (1971). *How to read a person like a book.* New York: Simon & Schuster.

Northcraft, G. B., & Neale, M. A. (1987). Experts, amateurs, and real estate: An anchoring and adjustment perspective on property pricing decisions. *Organizational Behavior and Human Decision Processes, 39,* 228-41.

Novemsky, N., & Schweitzer, M. E. (2004). What makes negotiators happy? The differential effects of internal and external social comparisons on negotiator satisfaction. *Organization Behavior and Human Decision Processes, 95,* 186-97.

O'Connor, K. M. (1997). Motives and cognitions in negotiation: A theoretical integration and an empirical test. *International Journal of Conflict Management, 8,* 114-31.

O'Connor, K. M., & Arnold, J. A. (2001). Distributive spirals: Negotiation impasses and the moderating role of disputant self-efficacy. *Organizational Behavior and Human Decision Processes, 84,* 148-76.

O'Connor, K. M., & Carnevale, P. J. (1997). A nasty but effective negotiation strategy: Misrepresentation of a common-value issue. *Personality and Social Psychology Bulletin, 23,* 504-15.

Ogawa, N. (1999). The concept of facework: Its function in the Hawaii model of mediation. *Mediation Quarterly, 17,* 5-20.

Ohanyan, A. (1999). Negotiation culture in a post-Soviet context: An interdisciplinary perspective. *Mediation Quarterly, 17,* 83-104.

Ohbuchi, K., & Takahashi, Y. (1994). Cultural styles of conflict management in Japanese and Americans: Passivity, covertness, and effectiveness of strategies. *Journal of Applied Social Psychology, 24,* 1345-66.

Olekalns, M. (2002). Negotiation as social interaction. *Australian Journal of Management, 27,* 39-46.

Olekalns, M., Lau, F., & Smith, P. L. (2007). Resolving the empty core: Trust as a determinant of outcomes in three-party negotiation. *Group Decision and Negotiation, 16,* 527-538.

Olekalns, M., & Smith, P. (2001). Metacognition in negotiation: The identification of critical events and their role in shaping trust and outcomes. Melbourne Business School Working Paper 2001-15.

Olekalns, M., & Smith, P. (2005). Moments in time: Metacognitions, trust and outcomes in dyadic negotiations. *Personality and Social Psychology Bulletin, 31* (12), 1696-707.

Olekalns, M., Smith, P. L., & Walsh, T. (1996). The process of negotiating: Strategy and timing as predictors of outcomes. *Organizational Behavior and Human Decision Processes, 68,* 68-77.

Oliver, R. L., Balakrishnan, P. V., & Barry, B. (1994). Outcome satisfaction in negotiation: A test of expectancy disconfirmation. *Organizational Behavior and Human Decision Processes, 60,* 252-75.

Palich, L. E., Carini, G. R., & Livingstone, L. P. (2002). Comparing American and Chinese negotiating styles: The influence of logic paradigms. *Thunderbird International Business Review, 44,* 777-98.

Parrott, W. (1994). Beyond hedonism: Motives for inhibiting good moods and for maintaining bad moods. In D. M. Wegner & J. W. Pennebaker (Eds.), *Handbook of mental control* (pp. 278-305). Englewood Cliffs, NJ: Prentice Hall.

Parrott, W. G. (2001). Emotions in social psychology: Volume overview. In W. G. Parrott (Ed.), *Emotions in social psychology* (pp. 1-19). Philadelphia: Psychology Press.

Patterson, J., & Kim, P. (1991). *The day America told the truth*. New York: Prentice Hall.

Pfeffer, J. (1992). *Managing with power*. Boston, MA: Harvard Business School Press.

Pfeffer, J., & Salancik, G. R. (1974). Organizational decision making as a political process: The case of a university budget. *Administrative Science Quarterly, 19*, 135-51.

Pfouts, R. W. (1994). Buying a pig when both buyer and seller are in a poke. *Atlantic Economic Journal, 22*, 80-85.

Phatak, A. V., & Habib, M. H. (1996). The dynamics of international business negotiations. *Business Horizons, 39*, 30-38.

Pillutla, M. M., & Murnighan, J. K. (1996). Unfairness, anger and spite: Emotional rejections of ultimatum offers. *Organizational Behavior and Human Decision Processes, 68* (3), 208-24.

Pines, A. M., Gat, H., & Tal, Y. (2002). Gender differences and content and style of argument between couples during divorce mediation. *Conflict Resolution Quarterly, 20* (1), 23-50.

Pinkley, R. L. (1992). Dimensions of conflict frame: Relation to disputant perceptions and expectations. *International Journal of Conflict Management, 3*, 95-113.

Pinkley, R. L. (1995). Impact of knowledge regarding alternatives to settlement in dyadic negotiations: Whose knowledge counts? *Journal of Applied Psychology, 80*, 403-17.

Pinkley, R. L., Griffith, T. L., & Northcraft, G. B. (1995). "Fixed pie" a la mode: Information availability, information processing, and the negotiation of suboptimal agreements. *Organizational Behavior and Human Decision Processes, 62*, 101-12.

Pinkley, R. L., Neale, M. A., & Bennett, R. J. (1994). The impact of alternatives to settlement in dyadic negotiation. *Organizational Behavior and Human Decision Processes, 57*, 97-116.

Pinkley, R. L., & Northcraft, G. B. (1994). Cognitive interpretations of conflict: Implications for dispute processes and outcomes. *Academy of Management Journal, 37*, 193-205.

Polzer, J. T., Mannix, E. A., & Neale, M. A. (1995). Multiparty negotiations in a social context. In R. Kramer & D. Messick (Eds.), *Negotiation as a social process* (pp. 123-42). Thousand Oaks, CA: Sage.

Polzer, J. T., Mannix, E. A., & Neale, M. A. (1998). Interest alignment and coalitions in multiparty negotiation. *Academy of Management Journal, 41* (1), 42-54.

Provis, C. (1996). Interests vs. positions: A critique of the distinction. *Negotiation Journal, 12*, 305-23.

Pruitt, D. G. (1981). *Negotiation behavior*. New York: Academic Press.

Pruitt, D. G. (1983). Strategic choice in negotiation. *American Behavioral Scientist, 27*, 167-94.

Pruitt, D. G., & Carnevale, P. J. D. (1993). *Negotiation in social conflict*. Pacific Grove, CA: Brooks-Cole.

Pruitt, D. G., & Lewis, S. A. (1975). Development of integrative solutions in bilateral negotiation. *Journal of Personality and Social Psychology, 31*, 621-33.

Pruitt, D. G., & Rubin, J. Z. (1986). *Social conflict: Escalation, stalemate and settlement*. New York: Random House.

Pruitt, D. G., & Syna, H. (1985). Mismatching the opponent's offers in negotiation. *Journal of Experimental Social Psychology, 21*, 103-13.

Putnam, L. L. (1994). Productive conflict: Negotiation as implicit coordination. *International Journal of Conflict Management, 5*, 284-98.

Putnam, L. L., & Holmer, M. (1992). Framing, reframing, and issue development. In L. Putnam & M. Roloff (Eds.), *Communication and negotiation* (pp. 128-55). Newbury Park, CA: Sage.

Putnam, L. L., & Jones, T. S. (1982). Reciprocity in negotiations: An analysis of bargaining interaction. *Communication Monographs, 49*, 171-91.

Putnam, L. L., & Wilson, S. R. (1989). Argumentation and bargaining strategies as discriminators of integrative outcomes. In M. A. Rahim (Ed.), *Managing conflict: An interdisciplinary approach* (pp. 121-31). New York: Praeger.

Putnam, L., Wilson, S., & Turner, D. (1990). The evolution of policy arguments in teachers' negotiations. *Argumentation, 4*, 129-52.

Pye, L. W. (1992). *Chinese negotiating style*. New York: Quorum Books.

Quinn, J. B. (1991). Strategies for change. In H. Mintzberg & J. B. Quinn (Eds.), *The strategy process: Concepts, contexts, cases* (2nd ed., pp. 4-12). Englewood Cliffs, NJ: Prentice Hall.

Rahim, M. A. (1983). A measure of styles of handling interpersonal conflict. *Academy of Management Journal, 26,* 368-76.

Rahim, M. A. (1992). *Managing conflict in organizations* (2nd ed.). Westport, CT: Praeger.

Raiffa, H. (1982). *The art and science of negotiation.* Cambridge, MA: Belknap Press of Harvard University Press.

Rapoport, A. (1964). *Strategy and conscience.* New York: Harper & Row.

Rapoport, A., Erev, I., & Zwick, R. (1995). An experimental study of buyer-seller negotiation with one-sided incomplete information and time discounting. *Management Science, 41,* 377-94.

Raven, B. (1993). The bases of power: Origins and recent developments. *Journal of Social Issues, 49* (4), 227-51.

Raven, B., Schwartzwald, J. & Koslowski, M. (1998). Conceptualizing and measuring a power/interaction model of interpersonal influence. *Journal of Applied Social Psychology, 28* (4), 297-332.

Raven, B. H., & Rubin, J. Z. (1976). *Social psychology: People in groups.* New York: John Wiley and Sons.

Richardson, R. C. (1977). *Collective bargaining by objectives.* Englewood Cliffs, NJ: Prentice Hall.

Ritov, I. (1996). Anchoring in simulated competitive market negotiation. *Organizational Behavior and Human Decision Processes, 67,* 16-25.

Robinson, R., Lewicki, R. J., & Donahue, E. (2000). Extending and testing a five factor model of ethical and unethical bargaining tactics: The SINS scale. *Journal of Organizational Behavior, 21,* 649-64.

Rogers, C. R. (1957). *Active listening.* Chicago, IL: University of Chicago Press.

Rogers, C. R. (1961). *On becoming a person: A therapist's view of psychotherapy.* Boston, MA: Houghton Mifflin.

Ross, L., Green, D., & House, P. (1977). The false consensus phenomenon: An attributional bias in self-perception and social-perception processes. *Journal of Experimental Social Psychology, 13,* 279-301.

Ross, M. H. (2000). "Good-enough" isn't so bad: Thinking about success and failure in ethnic conflict management. *Peace and Conflict: Journal of Peace Psychology, 6,* 21-27.

Roth, A., & Malouf, M. (1979). Game-theoretic models and the role of information in bargaining. *Psychological Review, 86,* 574-94.

Roth, A. E., Murnighan, J. K., & Schoumaker, F. (1988). The deadline effect in bargaining: Some empirical evidence. *American Economic Review, 78,* 806-23.

Roth, J., & Sheppard, B. H. (1995). Opening the black box of framing research: The relationship between frames, communication, and outcomes. *Academy of Management Proceedings.*

Rubin, J., Pruitt, D., & Kim, S. H. (1994). *Social conflict: Escalation, stalemate and settlement* (2nd ed.). New York: McGraw-Hill.

Rubin, J. Z., & Brown, B. R. (1975). *The social psychology of bargaining and negotiation.* New York: Academic Press.

Rubin, J. Z., & Sander, F. E. A. (1991). Culture, negotiation, and the eye of the beholder. *Negotiation Journal, 7* (3), 249-54.

Rubinstein, R. A. (2003). Cross cultural considerations in complex peace operations. *Negotiation Journal, 19* (1), 29-49.

Russo, J. E., & Schoemaker, P. J. H. (1989). *Decision traps: The ten barriers to brilliant decision making and how to overcome them.* New York: Simon & Schuster.

Salacuse, J. (1998). So, what's the deal anyway? Contracts and relationships as negotiating goals. *Negotiation Journal, 14* (1), pp. 5-12.

Salacuse, J. W. (1988). Making deals in strange places: A Seginner's guide to international business negotiations. *Negotiation Journal 4,* 5-13.

Salancik, G. R., & Pfeffer, J. (1977). Who gets power and how they hold on to it: A strategic-contingency model of power. *Organizational Dynamics, 5,* 3-21.

Saorin-Iborra, M. C. (2006). A review of negotiation outcome: A proposal on delimitation and subsequent assessment in joint venture negotiation. *Canadian Journal of Administrative Sciences, 23* (3), 237-52.

Savage, G. T., Blair, J. D., & Sorenson, R. L. (1989). Consider both relationships and substance when negotiating strategically. *Academy of Management Executive, 3* (1), 37-48.

Schatzski, M. (1981). *Negotiation: The art of getting what you want*. New York: Signet Books.

Schein, E. (1988). *Organisational Culture and Leadership*. San Francisco: Jossey-Bass.

Schelling, T. C. (1960). *The strategy of conflict*. Cambridge, MA: Harvard University Press.

Schlenker, B. R., Helm, B., & Tedeschi, J. T. (1973). The effects of personality and situational variables on behavioral trust. *Journal of Personality and Social Psychology, 25* (3), 419-27.

Schneider, A. K. (2002). Shattering negotiation myths: Empirical evidence on the effectiveness of negotiation style. *Harvard Law Review, 7,* 143-233.

Schreisheim, C., & Hinkin, T. R. (1990). Influence strategies used by subordinates: A theoretical and empirical analysis and refinement of the Kipnis, Schmidt, and Wilkinson subscales. *Journal of Applied Psychology, 75,* 246-57.

Schroth, H. A., Bain-Chekal, J., Caldwell, D. F. (2005). Sticks and stones may break bones and words can hurt me: Words and phrases that trigger emotions in negotiations and their effects. *International Journal of Conflict Management, 16,* 102-127.

Schurr, P. H. (1987). Effects of gain and loss decision frames on risky purchase negotiations. *Journal of Applied Psychology, 72* (3), 351-58.

Schwartz, S. H. (1992). Universals in the content and structure of values: Theoretical advances and empirical tests in 20 countries. In M. Zanna (Ed.), *Advances in experimental social psychology* (Vol. 25, pp. 1-65). Orlando, FL: Academic Press.

Schwartz, S. H. (1994). Beyond individualism and collectivism: New cultural dimensions of values. In U. Kim, H. C. Triandis, C. Kagitcibasi, S-C. Choi, & G. Yoom (eds.), *Individualism and collectivism: Theory, method and application* (pp. 85-122). Thousand Oaks, CA: Sage Publications.

Schwartz, S. H., & Bilsky, W. (1990). Toward a theory of universal content and structure of values: Extensions and cross-cultural replications. *Journal of Personality and Social Psychology, 58,* 878-91.

Schweitzer, M. E. (1997). Omission, friendship and fraud: Lies about material facts in negotiation. Unpublished manuscript.

Schweitzer, M. E., & Croson, R. (1999). Curtailing deception: The impact of direct questions on lies and omissions. *International Journal of Conflict Management, 10* (3), 225-48.

Schweitzer, M. E., Brodt, S. E., & Croson, R. T. A. (2002). Seeing and believing: Visual access and the strategic use of deception. *International Journal of Conflict Management, 13,* 258-75.

Schweitzer, M. E., Hershey, J. C. & Bradlow, E. T. (2006). Promises and lies: Restoring violated trust. *Organizational Behavior and Human Decision Processes, 101,* 1-19.

Schweitzer, M. E., & Kerr, J. L. (2000). Bargaining under the influence: The role of alcohol in negotiations. *Academy of Management Executive, 14,* 47-57.

Sebenius, J. K. (1983). Negotiation arithmetic: Adding and subtracting issues and parties. *International Organization, 37,* 1-34.

Sebenius, J. K. (1992). Negotiation analysis: A characterization and review. *Management Science, 38,* 18-38.

Sebenius, J. K. (2002a, March). The hidden challenge of cross-border negotiations. *Harvard Business Review, 80,* 76-85.

Sebenius, J. K. (2002b). Caveats for cross-border negotiations. *Negotiation Journal, 18* (2), 121-33.

Selekman, B. M., Fuller, S. H., Kennedy, T., & Baitsel, J. M. (1964). *Problems in labor relations*. New York: McGraw-Hill.

Sen, A. K. (1970). *Collective choice and individual values*. San Francisco: Holden-Day.

Senge, P. (1990). *The fifth discipline: The art and practice of the learning organization*. New York: Doubleday Currency.

Shah, P. P., & Jehn, K. A. (1993). Do friends perform better than acquaintances? The interaction of friendship, conflict and task. *Group Decision and Negotiation, 2,* 149-65.

Shapiro, D. L. (1991). The effects of explanations on negative reactions to deceit. *Administrative Science Quarterly, 36,* 614-30.

Shapiro, D. L., & Bies, R. J. (1994). Threats, bluffs and disclaimers in negotiation. *Organizational Behavior and Human Decision Processes, 60,* 14-35.

Shea, G. F. (1983). *Creative negotiating*. Boston, MA: CBI Publishing Co.

Sheppard, B. H., Lewicki, R. J., & Minton, J. W. (1992). *Organizational justice: The search for fairness in the workplace*. New York: Lexington Books.

Sheppard, B. H., & Tuchinsky, M. (1996a). Micro-OB and the network organization. In R. Kramer & T. Tyler (Eds.), *Trust in organizations* (pp. 140-65). Thousand Oaks, CA: Sage.

Sheppard, B. H., & Tuchinsky, M. (1996b). Interfirm relations: A grammar of pairs. In B. M. Staw & L. L. Cummings (Eds.), *Research on organizational behavior* (Vol. 18, pp. 331-73). Greenwich, CT: JAI Press.

Sherif, M., Harvey, L., White, B., Hood, W., & Sherif, C. (1988). *The Robbers' Cave experiment: Intergroup conflict and cooperation*. Middletown, CT: Wesleyan University Press. (Original work published 1961.)

Short, J., Williams, E., & Christie, B. (1976). *The social psychology of telecommunications*. London: John Wiley and Sons.

Siegel, S. R., & Fouraker, L. E. (1960). *Bargaining and group decision making: Experiments in bilateral monopoly*. New York: McGraw-Hill.

Sims, R. L. (2002). Support for the use of deception within the work environment: A comparison of Israeli and United States employee attitudes. *Journal of Business Ethics, 35,* 27-34.

Simons, T. (1993). Speech patterns and the concept of utility in cognitive maps: The case of integrative bargaining. *Academy of Management Journal, 36,* 139-56.

Simons, T., & Tripp, T. M. (1997). "The Negotiation Checklist." *The Cornell Hotel & Restaurant Administrative Quarterly, 38,* 14-23. In R. J. Lewicki, David M. Saunders, & Bruce Barry, *Negotiation* (5th ed.), Burr Ridge, IL: McGraw-Hill/Irwin.

Sinaceur, M., & Tiedens, L. Z. (2006). Get mad and get more than even: When and why anger expression is effective in negotiations. *Journal of Experimental Social Psychology, 42,* 314-22.

Sitkin, S. B., & Bies, R. J. (1993). Social accounts in conflict situations: Using explanations to manage conflict. *Human Relations, 46,* 349-70.

Skarlicki, D. P., & Folger, R. (1997). Retaliation in the workplace: The roles of distributive, procedural and interactive justice. *Journal of Applied Psychology, 82* (3), 434-43.

Smith, P., & Schwartz, S. H. (1997). Values. In J. W. Berry, M. H. Segall., and C. Kagitcibashi (Eds.), *Handbook of cross-cultural psychology* (Vol. 3, pp. 77-118). Needham Heights, MA: Allyn & Bacon.

Smith, T. H. (2005). Metaphors for navigating negotiations. *Negotiation Journal, 21,* 343-64.

Solomon, R. H. (1987). China: Friendship and obligation in Chinese negotiating style. In H. Binnendijk (Ed.), *National negotiating styles* (pp. 1-16). Washington, DC: Foreign Service Institute.

Sondak, H., Neale, M. A., & Pinkley, R. (1995). The negotiated allocation of benefits and burdens: The impact of outcome valence, contribution and relationship. *Organizational Behavior and Human Decision Processes, 64* (3), 249-60.

Song, F. (2004). Trust and reciprocity: The differing norms of individuals and group representatives. Unpublished paper.

Spitzberg, B. H., & Cupach, W. R. (1984). *Interpersonal communication competence*. Beverly Hills, CA: Sage.

Sproull, L., & Kiesler, S. (1986). Reducing social context cues: Electronic mail in organizational communication. *Management Science, 32,* 1492-512.

Stacks, D. W., & Burgoon, J. K. (1981). The role of non-verbal behaviors as distractors in resistance to persuasion in interpersonal contexts. *Central States Speech Journal, 32,* 61-80.

Stark, A., Fam, K. S., Waller, D. S., & Tian, Z. (2005). Chinese negotiation practice: A perspective from New Zealand exporters. *Cross Cultural Management, 12* (3), 85-102.

Staw, B. M. (1981). The escalation of commitment to a course of action. *Academy of Management Review, 6,* 577-87.

Stein, J. (1996). The art of real estate negotiations. *Real Estate Review, 25,* 48-53.

Stein, J. G. (1999). Problem solving as metaphor: Negotiation and identity conflict. *Peace and Conflict: Journal of Peace Psychology, 5,* 225-35.

Stillenger, C., Epelbaum, M., Keltner, D., & Ross, L. (1990). The "reactive devaluation" barrier to conflict resolution. Working paper, Stanford University, Palo Alto, CA.

Swaab, R. I., Phillips, K. W., Diermeier, D. & Medvec, V. H. (2008). The pros and cons of dyadic side conversations in small groups. *Small Group Research*. In press.

Tajima, M., & Fraser, N. M. (2001). Logrolling procedure for multi-issue negotiation. *Group Decision and Negotiation, 10,* 217-35.

Taylor, P. J., & Donald, I. (2003). Foundations and evidence for an interaction based approach to conflict negotiation. *International Journal of Conflict Management, 14,* 213-32.

Taylor, S. E., & Brown, J. D. (1988). Illusion and well-being: A social-psychological perspective on mental health. *Psychological Bulletin, 103,* 193-210.

Tedeschi, J. T., Heister, D. S., & Gahagan, J. P. (1969). Trust and the prisoner's dilemma game. *Journal of Social Psychology, 79,* 43-50.

Tenbrunsel, A. E. (1998). Misrepresentation and expectations of misrepresentation in an ethical dilemma: The role of incentives and temptation. *Academy of Management Journal, 4* (3), 330-39.

Tenbrunsel, A. E. (1999). Trust as an obstacle in environmental-economic disputes. *American Behavioral Scientist, 42,* 1350-67.

The American Heritage Dictionary of the English Language (3rd ed.), (1992). Houghton Mifflin.

Thomas, K. W. (1992). Conflict and negotiation processes in organizations. In M. D. Dunnette and L. H. Hough, *Handbook of industrial & organizational psychology* (2nd ed., Vol. 3, pp. 651-718). Palo Alto, CA: Consulting Psychologists Press.

Thomas, K. W., & Kilmann, R. H. (1974). *Thomas-Kilmann conflict mode survey.* Tuxedo, NY: Xicom.

Thompson, L. (1990a). Negotiation behavior and outcomes: Empirical evidence and theoretical issues. *Psychological Bulletin, 108,* 515-32.

Thompson, L. (1990b). An examination of naïve and experienced negotiators. *Journal of Personality and Social Psychology, 59,* 82-90.

Thompson, L. (1991). Information exchange in negotiation. *Journal of Experimental Social Psychology, 27,* 161-79.

Thompson, L. (1995). They saw a negotiation: Partnership and involvement. *Journal of Personality and Social Psychology, 68,* 839-53.

Thompson, L. (1998). *The mind and heart of the negotiator.* Upper Saddle River, NJ: Prentice Hall.

Thompson, L., & DeHarpport, T. (1994). Social judgment, feedback, and interpersonal learning in negotiation. *Organizational Behavior and Human Decision Processes, 58,* 327-45.

Thompson, L., Gentner, J. & Loewenstein, J. (2000). Avoiding missed opportunities in managerial life: Analogical training more powerful than individual case training. *Organizational Behavior and Human Decision Processes, 82,* 60-75.

Thompson, L., & Hastie, R. (1990a). Social perception in negotiation. *Organizational Behavior and Human Decision Processes, 47,* 98-123.

Thompson, L., & Hastie, R. (1990b). Judgment tasks and biases in negotiation. In B. H. Sheppard, M. H. Bazerman, & R. J. Lewicki (Eds.), *Research on negotiation in organizations* (Vol. 2, pp. 31-54). Greenwich, CT: JAI Press.

Thompson, L., & Hrebec, D. (1996). Lose-lose agreements in interdependent decision making. *Psychological Bulletin, 120,* 396-409.

Thompson, L., Peterson, E., & Brodt, S. E. (1996). Team negotiations: An examination of integrative and distributive bargaining. *Journal of Personality and Social Psychology, 70,* 66-78.

Thompson, L., Valley, K. L., & Kramer, R. M. (1995). The bittersweet feeling of success: An examination of social perception in negotiation. *Journal of Experimental Social Psychology, 31,* 467-92.

Thompson, L. L., Nadler, J., & Kim, P. H. (1999). Some like it hot: The case for the emotional negotiator. In L. L. Thompson, J. M. Levine, & D. M. Messick (Eds.), *Shared cognition in organizations: The management of knowledge* (pp. 139-61). Mahwah, NJ: Erlbaum.

Ting-Toomey, S., & Kurogi, A. (1998). Facework competence in intercultural conflict: An updated face-negotiation theory. *International Journal of Intercultural Relations, 22,* 187-225.

Tinsley, C. H. (1997). Understanding conflict in a Chinese cultural context. In R. J. Bies, R. J. Lewicki, & B. H. Sheppard (Eds.), *Research on negotiation in organizations* (Vol. 6: 209-25). Greenwich, CT: JAI Press.

Tinsley, C. H. (1998). Models of conflict resolution in Japanese, German, and American cultures. *Journal of Applied Psychology, 83,* 316-23.

Tinsley, C. H. (2001). How negotiators get to yes: Predicting the constellation of strategies used across cultures to negotiate conflict. *Journal of Applied Psychology, 86,* 583-93.

Tinsley, C. H., Brett, J. M., Shapiro, S. L., & Okumura, T. (2004). When do cultural values explain cross-cultural phenomena? An introduction and test of cultural complexity theory. Unpublished paper, Dispute Resolution Research Center, Northwestern University, Evanston, IL.

Tjosvold, D. (1997). The leadership relationship in Hong Kong: Power, interdependence and controversy. In K. Leung, U. Kim, S. Yamaguchi, & Y. Kashima (Eds.), Progress *in Asian social psychology* (Vol. 1). New York: John Wiley.

Tomlinson, E., Dineen, B., & Lewicki, R. (2004). The road to reconciliation: Antecedents of victim willingness to reconcile following a broken promise. *Journal of Management, 30,* 165-187.

Tompkins, P. K. (1993). *Organizational communication imperatives: Lessons of the space program.* Los Angeles: Roxbury Publishing Company.

Touval, S. (1988). Multilateral negotiation: An analytical approach. *Negotiation Journal, 5* (2), 159-73.

Triandis, H. C. (1982). Review of culture's consequences: International differences in work values. *Human Organization, 41,* 86-90.

Tripp, T. M., Sondak, H., & Bies, R. J. (1995). Justice as rationality: A relational perspective on fairness in negotiations. In R. J. Lewicki, B. H. Sheppard, & R. J. Bies (Ed.), *Research on negotiation in organizations* (Vol. 5, pp. 45-64). Greenwich, CT: JAI Press.

Tuchinsky, M. (1998). Negotiation approaches in close relationships. Duke University. Unpublished doctoral dissertation.

Tuchinsky, M. B., Edson Escalas, J., Moore, M. C., & Sheppard, B. H. (1994). Beyond name, rank and function: Construals of relationships in business. In D. P. Moore, *Proceedings of the Academy of Management,* 79-83.

Tung, R. L. (1991). Handshakes across the sea: Cross-cultural negotiating for business success. *Organizational Dynamics, 19,* Winter. 30-40.

Tutzauer, F. (1991). Bargaining outcome, bargaining process, and the role of communication. *Progress in Communication Science, 10,* 257-300.

Tutzauer, F. (1992). The communication of offers in dyadic bargaining. In L. Putnam & M. Roloff (Eds.), *Communication and negotiation* (pp. 67-82). Newbury Park, CA: Sage.

Tversky, A., & Kahneman, D. (1982). Judgment under uncertainty: Heuristics and biases. In D. Kahneman, P. Slovic, and A. Tversky (Eds.), *Judgment under uncertainty: Heuristics and biases* (pp. 3-22). Cambridge: Cambridge University Press.

Tyler, T., & Blader, S. R. (2004). *Justice and negotiation.* In M. Gelfand & J. Brett, *The handbook of negotiation and culture* (pp. 295-312). Stanford, CA: Stanford University Press.

Tyler, T., & Hastie, R. (1991). The social consequences of cognitive illusions. In M. H. Bazerman, R. J. Lewicki, and B. H. Sheppard (Eds.), *Research on negotiation in organizations* (Vol. 3, pp. 69-98). Greenwich, CT: JAI Press.

Ury, W. (1991). *Getting past no: Negotiating with difficult people.* New York: Bantam Books.

Ury, W. L., Brett, J. M., & Goldberg, S. B. (1988). *Getting disputes resolved.* San Francisco: Jossey-Bass.

Valley, K. L., Moag, J., & Bazerman, M. H. (1998). A matter of trust: Effects of communication on the efficiency and distribution of outcomes. *Journal of Economic Behavior and Organization, 34,* 211-38.

Van Boven, L., Gilovich, T., & Medvec, V. H. (2003). The illusion of transparency in negotiations. *Negotiation Journal, 19,* 117-131.

van de Vliert, E. (1985). Escalative intervention in small group conflicts. *Journal of Applied Behavioral Science, 21,* 19-36.

van Dijk, E., Van Kleef, G., Steinel, W., & van Beest, I. (2008). A social functional approach to emotions in bargaining: When communicating anger pays and when it backfires. *Journal of Personality and Social Psychology, 94,* 600-614.

Van Kleef, G. A., de Dreu, C. K. W., & Manstead, A. S. R. (2004). The interpersonal effects of anger and happiness in negotiations. *Journal of Personality and Social Psychology, 86,* 57-76.

Van Kleef, G. A., de Dreu, C. K. W., & Manstead, A. S. R. (2006). Supplication and appeasement in conflict and negotiation: The interpersonal effects of disappointment, worry, guilt, and regret. *Journal of Personality and Social Psychology, 91,* 124-42.

Van Poucke, D., & Buelens, M. (2002). Predicting the outcome of a two-party price negotiation: Contribution of reservation price, aspiration price, and opening offer. *Journal of Economic Psychology, 23,* 67-76.

Veitch, R., & Griffith, W. (1976). Good news-bad news: Affective and interpersonal affects. *Journal of Applied Social Psychology, 6,* 69-75.

Volkema, R. J., & Fleury, M. T. L. (2002). Alternative negotiating conditions and the choice of negotiation tactics: A cross-cultural comparison. *Journal of Business Ethics, 36,* 381-98.

Walcott, C., Hopmann, P. T., & King, T. D. (1977). The role of debate in negotiation. In D. Druckman (Ed.), *Negotiations: Social-psychological perspectives* (pp. 193-211). Beverly Hills, CA: Sage.

Walton, R. E., & McKersie, R. B. (1965). *A behavioral theory of labor negotiations: An analysis of a social interaction system.* New York: McGraw-Hill.

Wanis-St. John, A. (2006). Back-channel negotiation: International bargaining in the shadows. *Negotiation Journal, 22* (2), 119-44.

Watkins, M. (2002). *Breakthrough business negotiations.* San Francisco: Jossey-Bass.

Weeks, H. (2001). Taking the stress out of stressful conversations. *Harvard Business Review,* July-August, 112-19.

Weingart, L. R., Bennett, R. J., & Brett, J. M. (1993). The impact of consideration of issues and motivational orientation group negotiation process and outcome. *Journal of Applied Psychology, 78* (3), 504-17.

Weingart, L. R., Hyder, E. B., & Prietula, M. J. (1996). Knowledge matters: The effect of tactical descriptions on negotiation behavior and outcome. *Journal of Personality and Social Psychology, 70,* 1205-17.

Weingart, L. R., Prietula, M. J., Hyder, E. B., & Genovese, C. R. (1999). Knowledge and the sequential processes of negotiation: A Markov Chain analysis of response-in-kind. *Journal of Experimental Social Psychology, 35,* 366-93.

Weingart, L. R., Thompson, L. L., Bazerman, M. H., & Carroll, J. S. (1990). Tactical behaviors and negotiation outcomes. *International Journal of Conflict Management, 1,* 7-31.

Weiss, J. (2003). Trajectories toward peace: Mediator sequencing strategies in intractable communal disputes. *Negotiation Journal,* 109-15.

Weiss, S. E. (1994). Negotiating with "Romans": A range of culturally-responsive strategies. *Sloan Management Review, 35* (1), 51-61; (2), 1-16.

Weiss, S. E. (1997). Explaining outcomes of negotiation: Toward a grounded model for negotiations between organizations. In R. J. Lewicki, R. J. Bies, & B. H. Sheppard (Eds.), *Research on negotiation in organizations* (Vol. 6, pp. 247-333). Greenwich, CT: JAI Press.

Weiss, S. E. (2006). International business negotiation in a globalizing world: Reflections on the contributions and future of a (sub) field. *International Negotiation, 11,* 287-316.

Weiss, S. E., & Stripp, W. (1985). Negotiating with foreign business persons: An introduction for Americans with propositions on six cultures. New York: New York University Graduate School of Business Administration, Working Paper 85-6.

Weldon, E., & Jehn, K. A. (1995). Examining cross-cultural differences in conflict management behavior: A strategy for future research. *The International Journal of Conflict Management, 6,* 387-403.

Wheeler, M. (2004). Anxious moments: Openings in negotiation. *Negotiation Journal, 20,* 153-169.

Xing, F. (1995). The Chinese cultural system: Implications for cross-cultural management. *SAM Advanced Management Journal, 60,* 14-20.

Yama, E. (2004). Buying hardball, playing price. *Business Horizons, 47* (5), 62-66.

Yan, A., & Gray, B. (1994). Bargaining power, management control, and performance in United States-China joint ventures: A comparative case study. *Academy of Management Journal, 37,* 1478-517.

Yankelovich, D. (1982, August). Lying well is the best revenge. *Psychology Today, 71,* 5-6, 71.

Yook, E. L., & Albert, R. D. (1998). Perceptions of the appropriateness of negotiation in educational settings: A cross-cultural comparison among Koreans and Americans. *Communication Education, 47,* 18-29.

Yukl, G. (1974). Effects of the opponent's initial offer, concession magnitude, and concession frequency on bargaining behavior. *Journal of Personality and Social Psychology, 30,* 323-35.

Yukl, G., & Tracey, J. A. B. (1992). Consequences of influence tactics used with subordinates, peers and the boss. *Journal of Applied Psychology, 77,* 525-35.

Zand, D. (1972). Trust and managerial problem solving. *Administrative Science Quarterly, 17,* 229-39.

Zand, D. (1997). *The leadership triad: Knowledge, trust and power.* New York: Oxford University Press.

Zartman, I. W. (1977). Negotiation as a joint decision making process. In I. Zartman (Ed.), *The negotiation process: Theories and applications* (pp. 67-86). Beverly Hills, CA: Sage.

Zartman, I. W. (1997). Conflict and order: Justice in negotiation. *International Political Science Review, 18,* 121-38.

Zartman, I. W., & Berman, M. (1982). *The practical negotiator.* New Haven: Yale University Press.

Zhu, Y., McKenna, B., & Sun, Z. (2007). Negotiating with Chinese: Success of initial meetings is the key. *Cross Cultural Management: An International Journal, 14* (4), 354-64.

Índice

A

"A pessoa é o problema", negociação na qual, 210-211
Aaronson, K., 65n
Abandonando comprometimentos, 53-56
Abel, R. L., 144-145n
Abu-Nimer, M., 267n
Academy of Management, 193n
Aceitabilidade, na avaliação de soluções, 84-85
Acenar para a outra parte, em táticas duras, 57-58
Ações de rompimento, para atrasar negociações, 43
Acordo; *ver também* BATNA (melhor alternativa para um acordo negociado)
   bom, 117-118
   custos de não fechar, 235-236
   implementação, 104-105
   na negociação multipartes, 242-245
   nas negociações internacionais, 261-262
   potencial, zona de, 32-33
Acordos, pré-acordos, 90
Acordos genéricos, 90-91
Acuff, F. L., 267n
Adachi, Y., 267-268n
Adair, W. L., 161n, 248, 264, 267-268n
Adaptação, devida ao conflito, 22
Adiamento das negociações, custos do, 42-45
Adler, N. J., 267-268n
Adler, R., 65n
Adler, R. S., 201-203, 205-206n
Adorno, T. W., 181n
Advogados, presença de, 10
Agentes, 178-180, 264
Agna, H., 267n

Aik, V. C., 94n
Air Line Pilots Association, 1-2
Ajuste
   como viés cognitivo, 133-134
   coordenado, 265
   mútuo, 13-17
Albert, R. D., 267-268n
Albin, C., 224-225n
Alexander, J. F., 28n, 161n
Alianças
   gestão de, 275-277
   na negociação multipartes, 230-232, 234-235, 241-242
   nas redes de poder relacional, 176-179
Alianças com terceiros, para adiar as negociações, 43-45
Allhoff, F., 205-206n
Allred, K. G., 145n
Alon, I., 267-268n
Ameaças
   linguagem das, 150-151
   nas táticas duras, 56-58
   nos comprometimentos, 52
Amenizantes, para fechar acordos, 56-57
Ancoramento, 59-60, 133-134, 136-137
Anderson, C., 145n
Andrews, S., 181n
AOL (America Online), 10
Apresentação seletiva, 40-41
Apresentar-se como pessoa agradável diante da outra parte (impossível no *e-mail*), 153-154
Aquino K., 205-206n
Argyris, C., 224-225n
Arnold, J. A., 145n
Arranjos pré-acordo, 90
Asherman, I. G., 118-119n
Asherman, S. V., 118-119n
Aspectos em comum, enfatizando, 69-70

Aspectos produtivos dos conflitos, 22
Aspiração (ponto-alvo), 31-32
Atitudes defensivas, 91
Ato de dizer a verdade, padrões para o, 188-189
Autocrítica, fazendo, 233-234
Avaliação da situação real, 236-237
Avaliação direta, 38-39
Avaliação indireta, 37-40
Avruch, K., 267-268n
Axtell, R. E., 267-268n
Aycah, Z., 267n

B

Babakus, E., 28n, 161n
Babcock, L. C., 144-145n
Baitsel, J. M., 28n
Balakrishnan, P. V., 28n
Ball, J. B., 144-145n
Bamossy, G. J., 267n
Barada, P. W., 174-175
Baranowski, T. A., 65n
Barganha
   definição, 3-4
   dura, 72-73
   enquadramento relacional de barganha, 127-128
   na negociação internacional, 251-252
   na negociação multipartes, 229-230
   táticas competitivas de, 192-193
Barganha distributiva, 29-65
   comprometimento na, 49-56
   confiança na, 216-218
   descrição, 16-18
   emoções negativas na, 139-140
   estratégias "nós-eles" na, 100-102

Índice

excesso de confiança na, 135-136
exemplo, 31-38
fase de barganha dura na, 72-73
fechando acordos na, 55-57
ignorando as cognições dos outros na, 136-137
posições na, 44-50
realização de uma profecia e, 135-136
relacionamentos e, 209-211
situações de, 16-18
tarefas táticas na, 37-45
táticas duras na, 56-64
Barki, H., 94n
Barnard, C., 181n
Barnes, J. W., 267-268n
Baron, R. A., 145n
Barry, B., 28n, 145n, 161n, 193n, 205-206n, 224-225n
Bart, J., 28n
Baseados em princípios, interesses, 76
Bateson, B., 144-145n
BATNA (melhor alternativa para um acordo negociado)
    "acordo idiossincrático" e, 221-222
    aumento da alavancagem pela, 163-164
    comunicação da, 147
    descrição da, 13-14
    identificação de, 271-272
    imparcialidade e, 220-221
    na barganha distributiva, 34-35
    na negociação multipartes, 232-233, 235-236
    no planejamento da negociação, 104-105, 107-109
    poder contextual e, 167, 178-180
Bazerman, M. H., 28n, 65n, 86-87, 91, 94n, 136-137, 144-145n, 161n, 224-225n, 245-246n
Becker, T. E., 205-206n
Beebe, S. A., 161n
Beisecker, T., 28n
Benne, K. D., 235-236n
Bennett, R. J., 161n, 245-246n
Benton, A. A., 224-225n
Bentz, B., 224-225n
Berkowitz, L., 145n
Berman, M., 144-145n
Better Business Bureau, 44-45

Bies, R. J., 65n, 127-128n, 161n, 224-225n
Bilsky, W., 267-268n
Bird, A., 267n
Blader, S. R., 224-225n
Blair, J. D., 98-99, 118-119n
Blass, F. R., 224-225n
Blefe, 189-190, 193, 196-197, 199-200, 202, 204-205
Bless, H., 145n
Blumenstein, R., 181n
Blythe, Bruce, 223-224
Bohner, G., 145n
Bok, S., 205-206n
Boles, T. L., 205-206n
Bond, M. H., 267-268n
Boston Scientific, Inc., 10
Bottom, W. P., 144-145n, 224-225n
Bowie, N., 205-206n
Bradac, J. J., 150-151
Bradlow, E. T., 205-206n, 224-225n
Braganti, N. L., 267-268n
Brainstorm, 81-84, 240-242, 272-273
Brainstorm eletrônico, 83-84
Brass, D. J., 181n
Brenner, A. R., 64-65n
Brett, J. M., 144-145n, 161n, 164-165, 245-246n, 248, 258-259, 264, 267n-268n
Brockner, J., 144-145n
Brodt, S. E., 64-65n, 205-206n, 224-225n
Brooks, E., 65n
Broome, B., 145n
Brouthers, K. D., 267n
Brown, B. R., 65n, 118-119n, 205-206n
Brown, J. D., 245-246n
Brown, R. R., 46-48
Buechler, S. M., 144-145n
Buelens, M., 65n, 224-225n
Building Effective One-on-One Work Relationships (Hill), 212-213n
Buja, A., 28n, 65n
Burgoon, J. K., 161n
Burnham, D. H., 181n
Burnstein, D., 118-119n
Burrell, G., 181n
Busch, J. D., 150-151
Bush, George W., 61-62
Business Horizons, 249n
Butler, J. K., 94n, 224-225n

C

Calculada, incompetência, 39-40
Caldwell, D. F., 145n
Calero, H., 161n
Canais de comunicação, 152-155
Canais de comunicação eletrônicos, 152-153
Características da linguagem, 149-152
Caráter crítico, nas redes de poder relacional, 176-178
Carini, G. R., 267n
Carnegie Mellon University, 221-222
Carnevale, P. J. D., 28n, 65n, 77, 94n, 144-145n, 161n, 205-206n, 224-225n
Carr, A. Z., 189-190, 204-206n
Carroll, J. S., 28n, 65n, 144-145n
Caruso, D., 145n
Carver, C. S., 145n
Casamento, dissolução do, 212-213
Cellich, C., 65n
Cenovese, C. R., 65n
Centralidade, nas redes de poder relacional, 176-178
Chakravarti, A., 161n
Chan, C. W., 267-268n
Chapman, D., 224-225n
Charan, R., 181n
Chekal, J., 145n
Chertkoff, J. M., 64-65n
China, enquadramentos de negociação adotados na, 127-128
Christie, B., 161n
Cialdini, R. B., 118-119n, 181n
Circumplexo de Acordos (Carnevale), 77-82
Circunstâncias amenizantes, 148-149
Circunstâncias desobrigantes, comunicação das, 148-149
Clinton, Bill, 61-62
Cloke, K., 245-246n
Clyman, D. R., 94n
Cognição; *ver também* Emoção; Percepção
    administrando vieses em, 137-139
    nas fontes pessoais de poder, 168-170
    vieses em, 131-138
Cohen, H., 60-61, 64-65n
Cohen, M. D., 65n

Coker, D. A., 161n
Coker, R. A., 161n
Colaboração
    como estratégia de negociação, 98-102
    definição, 12
    na negociação integrativa, 88-89
    no modelo das inquietações duais, 25-26
Coleman, P., 180-181n
Collins, M. A., 203-204n
Colquitt, J., 224-225n
Comissão, mentiras de, 193-196
Communication and Negotiation (Putnam and Roloff), 150-151n
Comparações sociais, 139-140
Competências de defesa, 212-213
Competências de investigação, 212-213
Competição
    como disposição, 170
    como estratégia de negociação, 98-102
    definição, 3-4
    emoções negativas e, 139-142
    nas metas, 20-21
    no *brainstorm*, 82-83
    no modelo das inquietações duais, 24-26
    para alavancar o poder, 179-180
    representação enganosa usada na, 196-197
    táticas de barganha na, 192-193
    viés do negociador na, 17-18
Complacência, corte de custos para despertar, 80-83
Complexidade processual, na negociação multipartes, 229-230
Comportamento adquirido, cultura como, 253-255
Comportamento agressivo, como tática dura, 62-64
Comportamentos assistentes, 150-152
Comprometimento
    definição, 9
    excesso de confiança como empecilho ao, 135-136
    na negociação multipartes, 230-231
    no Circumplexo de Acordos, 79
    no modelo das inquietações duais, 25-27

Comprometimentos prematuros, 53-54
Comprometimentos rígidos, 20-21
Compromissos
    caráter provisório e condicional das decisões, 86-88
    intensificação irracional de, 132
    motivação para, 90
    na barganha distributiva, 49-56
    rígidos, 20-21
Comunicação, 146-161
    conflito e, 20-21
    durante a negociação, 146-150
    melhorando, 154-159
    na negociação integrativa, 91-92
    nas negociações internacionais, 259-260
    no fechamento da negociação, 160
    processo de, 149-155
Comunicação não verbal, 150-153
Comunidades, fragmentadas, 19-20
Concepções equivocadas, 20-21, 137-139
Concessões
    a importância de algo sem importância, tática dura, 59-60
    comportamento agressivo e, 63-64
    fazendo, 14-16
    função das, 46-48
    iniciais, 45-47
    na mentalidade de abundância, 67
    nas ofertas de abertura, 45-46
    padrão das, 47-49
    por escrito, para comprometimentos, 52
    redução de margem por meio de, 32-33
    representação enganosa para obter, 193
    riscos ao fazer, 47-48
Concessões recíprocas, 47-48
Concessões sucessivas, 47-48
Conciliação, 211-212
Confiança
    conquistando, 12
    desconfiança *versus*, 274-275

dilema da, 15-16, 68-69, 189-190
    nas negociações inseridas em relacionamentos, 216-224
    nas negociações integrativas, 91
    questionando, 62-63
Confissão própria, 202
Conflito
    discrepâncias no enquadramento, 125-128
    exemplo de, 4-7
    funções e vantagens do, 22-25
    intensificação, 139-140
    inversão de papéis e, 159
    na negociação multipartes, 239-242
    nas metas, 11-13
    nas negociações internacionais, 252-253
    níveis de, 19-22
    nos relacionamentos, 212-215
Conflito interpessoal, 19-20
Conflito intrapessoal ou intrapsíquico, 19-20
Conflitos intergrupos, 19-20
Conflitos intragrupos, 19-20
Confúcio, 258-259
Conjunto de valores compartilhados, a cultura como, 254-258
Conley, M., 64-65n
Conlon, D. E., 126-128, 144-145n
Conscientização sobre o conflito, 22
Consenso, 230-231, 233-234, 241-242
Consequências, nos comprometimentos, 50-51
Consistência dos negociadores, 148-150
Contato visual, como comunicação não verbal, 150-153
Contexto, cultura como, 256-259
Contexto ambiental, nas negociações internacionais, 248-252
Contexto imediato, nas negociações internacionais, 248, 251-254
Contexto social
    comunicando, 148-149
    na negociação multipartes, 229-230
    no planejamento da negociação, 110-115
Contradições, 202

Contraofertas, 47-48, 147
Conversas paralelas, na negociação multipartes, 239-240
Cooper, C. D., 224-225n
Cooper, W., 144-145n
Coser, L., 28n
Covey, Stephen, 67
Criação de valor; *ver* Reivindicação de valor e criação de valor
Crisis Management International, 223-224
Cronkhite, G., 181n
Croson, R. T. A., 161n, 205-206n
Crumbaugh, C. M., 65n
Culpa, em disputas, 128-129
Culpa, na tática da intimidação, 62-63
Cultura; *Ver também* Negociações Internacionais
    linguagem coloquial e, 150-151
    nas fontes contextuais de poder, 178-179
    restrições éticas e, 193, 196-197
    vieses egocêntricos na, 220-221
Culturas coletivistas, 127-128, 254-256
Culturas individualistas, 254-256
Culture and Organizations: Software of the Mind (Hofstede), 254-255n
Cupach, W. R., 181n
Curhan, J. R., 144-145n, 161n
Custos
    complacência, e corte de, 80-83
    de não fechar um acordo, 235-236
    do encerramento da negociação, 37-40, 42-45

D

Dahl, R. A., 180-181n
Daly, J., 145n
"Dançando com elefantes" (Watkins), 179-180
Daniels, S., 224-225n
Dant, R. P., 224-225n
de Dreu, C. K. W., 64-65n, 144-145n, 181n
Dean, James, 60-61
Decisão de negociar ou não, 10
Decisões de arbitragem, 84-85
Decreto, decisões tomadas por, 241-242
Deep, S., 158n, 161n

DeHarpport, T., 145n
Delquie, P., 145n
Dependência, 10, 163-164, 172-173
Dependência/causalidade, 190-191
Derong, C., 267n
Desenvolvimento, devido ao conflito, 22
Desvalorização reativa, 137-138
"Desvincular questões", processo de, 79
Detalhe, no modelo de fórmula/detalhe, 129-130
Deutsch, M., 28n, 65n, 180-181n, 224-225n
Devine, E., 267-268n
Devine, P. G., 144-145n
Diagnóstico, no modelo de fórmula/detalhe, 129-130
Dialdin, D., 248
Dialética, cultura como, 256-258
Diekmann, K. A., 144-145n
Diermeier, D., 245-246n
Diferenças
    aumento das, devido ao conflito, 20-21
    na negociação integrativa, 69-70
    nas expectativas, 86-87
    viés do negociador para as, 18-19
Diferenças intraculturais, 248
Dilema da confiança, 15-16, 68-69, 189-190
Dilema da sinceridade, 15-16, 68-69, 190-191, 273-274
Dimensão da assertividade, no modelo de inquietações duais, 24-25
Dimensão da cooperação, no modelo das inquietações duais, 24-25
Dinamismo confuciano, 267-268n
Dineen, B. R., 154-155n, 161n, 224-225n
Diplomacia; *ver também* Negociações internacionais
    abandonando comprometimentos na, 54-56
    efeito sinfonia na, 266
    negociações em equipe na, 39-40

    negociações via canais secundários na, 252-253
    pauta da, 116-117
Direitos, enquadramento, 126-129
Dirks, K. T., 224-225n
Discussão de acompanhamento, 244-245
Discussões acaloradas, nas regras para a negociação virtual, 154-155
Disposições cooperativas, 170, 229-230
Dissolução do casamento, 212-213
Distância do poder, no modelo das dimensões culturais de Hofstede, 254-256
Distorção, na percepção, 121-123
Diversidade lexical, 150-151
Dividir a diferença, 55-56, 218-219
Dois terços da maioria, decisões tomadas por, 241-242
Donahue, E., 193n, 205-206n
Donald, I., 161n
Donnellon, A., 144-145n
Donohue, W. A., 28n, 64-65n
Douglas, A., 118-119n, 224-225n
Douglas, C., 224-225n
Drake, L. E., 267-268n
Drolet, A. L., 161n
Druckman, D., 145n, 224-225n, 267n
Duslak, R. J., 65n
Dyer, N., 267n-268n
Dynamics of International Business Negotiations, The (Phalak and Habib), 249n

E

Economia de palavras, nas negociações, 39-40
Edson Escalas, J., 224-225n
Efeito da capitalização, 136-137
Efeito halo, 121-122
Efeito sinfonia, nas negociações internacionais, 266
Elfenbein, H. A., 94n
Elliott, M., 144-145n
Elo social, como enquadramento de negociação, 127-128
E-mail, 152-155
Emans, B. J. M., 144-145n
Emoções; *ver também* Cognição; Percepção
    atenuando, 240-241

estado de espírito nas negociações, 138-143
 manipulação de, 192-193
 nas negociações internacionais, 261-262
 nos conflitos, 20-21
Emoticons, 153-154
Empreendimentos conjuntos, 17-18
Encenações, 12
Encerramento das negociações, custos associados ao, 37-40, 42-45
Enquadramento, 123-131
 abordagem considerando interesses, direitos e poder, 126-129
 definição, 120
 mudanças no, 128-131
 na negociação, 125-128
 na negociação multipartes, 236-237
 nas fontes pessoais de poder, 168-170
 tipos de, 124-126
 vieses no, 217-218
Enquadramento de perdas e ganhos, 125-126
Enquadramento relacional de barganha, 127-128
Enquadramentos de aspirações, 124-125
Enquadramentos de caracterização, 125-128
Enquadramentos de caracterização negativa, 126-128
Enquadramentos de identidade, 125-126
Enquadramentos de resultados, 124-128
Enquadramentos processuais, 125-126
Enquadramentos substantivos, 124-125
Entidades representadas
 dinâmica das, 242-243
 nas fontes contextuais de poder, 178-180
 no planejamento da negociação, 110-115
Epelbaum, M., 145n
Erev, I., 65n
Ergin, C., 267-268n

Erro de atribuição cultural (Dialdin et al.), 248
Ertel, D., 64-65n, 118-119n, 221-224, 224-225n
Escuta
 contato visual como indício de, 150-152
 melhora na comunicação promovida pela, 156-159
 na negociação integrativa, 67
Escuta ativa, 97, 159
Escuta passiva, 156
Especificidade, nos comprometimentos, 50-51
Esperar formalmente que o outro negociador responda, em negociações virtuais, 154-155
Estado de espírito, na negociação, 138-143
Estágio de apresentação de ofertas na negociação, 103, 113-114
Estágio de coleta de informações na negociação, 103
Estágio de preparação das negociações, 103
Estereotipagem, 20-21, 121-122
Estilo integrador, no modelo das inquietações duais, 25-27
Estilo poderoso (na linguagem), 150-151
Estímulos, causados pelos conflitos, 22
Estratégia da competição, no modelo das inquietações duais, 24-26
Estratégia da evitação, 24-27, 98-100
Estratégia da inação, no modelo das inquietações duais, 24-26
Estratégia de acomodação, 24-26, 98-102
Estratégia de compensação não específica, 77, 80-83
Estratégia de concessão, no modelo das inquietações duais, 24-26
Estratégia de poder coercitivo, 164-166
Estratégia de não engajamento, 98-100
Estratégia de negociação, 95-119
 apresentação de questões na, 115-117

avaliação da outra parte na, 112-116
 contexto social da, 110-113
 definição de interesses na, 107-108
 definição de questões na, 104-107
 definição do mix de barganha na, 106-108
 etapas e fases da, 103-105
 identificação de alternativas na, 108-109
 identificação de limites na, 107-109
 metas e preços pedidos na, 108-111
 metas na, 95-97
 modelo das inquietações duais, 98-102
 planejamento, 104-118
 protocolo na, 116-118
 táticas *versus*, 97
 unilateral *versus* bilateral, 98-99
Estratégia de negociação bilateral, 98-99
Estratégia de negociação unilateral, 98-99, 264-266
Estratégia de superordenação, 77, 81-83
Estratégia dominante, modelo das inquietações duais, 24-27
Estratégia prestativa, no modelo das inquietações duais, 24-27
Estratégias baseadas em questões, 78
Estratégias baseadas nas pessoas, 78
Estratégias conjuntas, nas negociações internacionais, 264-266
Estratégias de envolvimento ativo, 98-102
Estratégias integrativas, 97
Estratégias reativas, 109-110
Estrutura ideológica pluralista de referência, 170
Estrutura ideológica radical de referência, 168-169
Estruturas ideológicas de referência, 168-169
Estruturas ideológicas unitárias de referência, 168-169
Ethically Marginal Bargaining Tactics: Sanction, Efficacy, and Performance (Barry, Fulmer, and Long), 193n

Ethics and Leadership: Putting Theory into Practice (Hitt), 187n
Ethics of Management, The (Hosmer), 185, 188n
Ética, 7-8, 182-206
  barganha distributiva vs., 30-31
  consequências da conduta antiética, 196-199
  definição, 184-187
  exemplos de dilemas na, 182-185
  justificativa para o uso de táticas eticamente ambíguas, 198-201
  mentira e, 193-196, 200-205
  motivação pelo poder para a mentira, 194-197
  prática comum e aceitável, 111-112
  prudência, praticidade e permissão *versus*, 185, 188-189
  táticas ambíguas e, 188-193
  utilizando, 185, 188
Ética das obrigações, 184-186, 188
Ética do contrato social, 184-188
Ética dos resultados finais, 184-186, 188
Ética personalista, 184-188
Evans, G. W., 65n
Evitação da incerteza, no modelo das dimensões culturais de Hofstede, 254-257
Exageros, 189-190, 199-200
Excesso de confiança, 134-136
Expectativas, 38-39, 86-87
Expressões idiomáticas, 150-151
Extending and Testing a Five Factor Model of Ethical and Unethical Bargaining Tactics: The SINS Scale (Robinson, Lewicki, and Donahue), 193n
Eyuboglu, N., 28n, 65n

F

Falsidade, 196-197
Falso consenso, efeito do, 136-137
Fam, K. S., 267n
Familiaridade, nas negociações internacionais, 264-266
Famílias, desentendimentos, 19-20
Fang, T., 258-259, 267-268n
Fast Company, 223-224n
Fato, definição jurídica de, 190-191

Fatores intangíveis
  importância dos, 274-276
  metas como, 96
  na avaliação de soluções, 85-86
  na negociação, 9-10, 47-48
Fatos materiais, definição jurídica de, 190-191
Faure, G. O., 267n, 267-268n
Fechando acordos, 55-57, 103, 160
Felstiner, W. L. F., 144-145n
Ferrin, D. L., 224-225n
Ferris, G. R., 224-225n
Fiedler, K., 144-145n
Fifth Discipline: The Art and Politics of the Learning Organization, The (Senge), 212-213n
Filley, A. C., 28n, 94n
Finalidade, dos comprometimentos, 50-51
Firestone, I. J., 224-225n
Fisher, R., 11-13, 57-58, 64-65n, 73-74, 84-85, 94n, 118-119n, 221-224, 224-225n, 252-253, 267n
Fiske, S. T., 224-225n
Fleury, M. T. L., 205-206n
Flexibilidade, nas redes de poder relacional, 176-178
Foco nos sistemas, na negociação integrativa, 67
Folger, J. P., 28n
Folger, R., 224-225n
Follett, M. P., 28n, 94n, 123, 144-145n, 180-181n
Fontes contextuais de poder, 167, 178-180
Fontes de poder baseadas em um cargo, 167, 170-175
Fontes de poder baseadas em um relacionamento, 167, 174-179
Fontes informacionais de poder, 165-169
Fontes pessoais de poder, 165-170
Foo, M. D., 94n
For Team Members Only (Manz, Neck, Mancuso, and Manz), 241-242n
Foreman, P., 144-145n
Forgas, J. P., 144-145n
Formação de pacotes, 79, 86-87
Foster, D. A., 260-261, 267-268n
Fouraker, L. E., 161n
Fragale, A. R., 144-145n, 181n
Francis, J. N. P., 262-263, 267-268n

Franklin, Benjamin, 90
Fraser, N. M., 94n
French, J. R. P., 165-166, 180-181n
Frenkl-Brunswick, E., 181n
Frequência dos impasses, 126-128, 141-142, 158, 235-236
Friedman, R. A., 145n, 224-225n
Fronteira Eficiente de Pareto, 70-72
Frost, P., 181n
Fry, W. R., 224-225n
Fuller, S. H., 28n
Fulmer, I. S., 145n, 161n, 193n, 205-206n
Functional Roles of Group Members (Benne and Sheats)., 235-236n
Fundamentals of Negotiating (Nierenberg), 157n

G

Gaf, H., 224-225n
Gahagan, J. P., 224-225n
Galinsky, A. D., 65n
Gallupe, R. B., 94n
Ganesan, S., 224-225n
Ganhos mútuos, 68-69, 78
Gaotes, N., 145n
Gardner, W. L., 181n
Garling, T., 144-145n
Gelfand, M. J., 224-225n, 267n-268n
Generalizações, 20-21
Genovese, C. R., 94n
Gentner, J., 92, 94n
George, J. M., 267-268n
Georgetown University, 127-128
Getting to Yes: Negotiating Agreement without Giving In (Fisher, Ury, and Patton), 11-13, 73-74
Ghosh, D., 65n
Gibb, J.., 94n
Gibbons. P., 150-151
Gibson, K., 224-225n
Gilkey, R. W., 224-225n
Gillespie, J. J., 94n, 144-145n
Gilovich, T., 144-145n
Girard, J., 65n
Goates, N., 145n, 224-225n
Goffman, E., 28n, 144-145n
Goldberg, S. B., 144-145n, 164-165
Goldsmith, J., 245-246n
Goldstein, N. J., 181n

Gonzalez, J. A., 267-268n
Gonzalez, R. M., 145n
Gordon, T., 161n
Gottman, J., 213-215
Graham, J. L., 267n-268n
Gray, B., 28n, 140-141, 144-145n, 251-252, 267n
Green, R. M., 204-205n
Greenberg, J., 224-225n
Greenberger, D., 154-155n
Greene, D., 144-145n
Greenhalgh, L., 23n, 103-105, 118-119n, 224-225n
Griffith, T. L., 144-145n
Griffith, W., 145n
Gruder, C. L., 65n
Grupos
 conflitos em, 19-20
 cultura de, 253-254
 na avaliação de soluções, 85-86
 na negociação multipartes, 231-236
 nas negociações internacionais, 260-261
Grupos étnicos, conflitos entre, 19-20
Guerrilla Negotiating: Unconventional Weapons and Tactics to Get What You Want (Levinson, Smith, and Wilson), 7-8n, 37-38n
Guidant, Inc., 10

H

Habib, M. H., 248, 249n, 251-253, 267n-268n
Hall, J., 28n
Halpern, J., 145n
Hamner, W. C., 64-65n
Hanson, J. R., 181n
Harinck, F., 144-145n
Harmonia, como enquadramento de negociação, 127-128
Hartwick, J., 94n
Hartzell, C. A., 267n
Harvard Business Review, 10, 189-190, 213-215
Harvey, L., 144-145n
Hastie, R., 144-145n, 245-246n, 267-268n
Healthcare Executive, 67
Heath, C., 144-145n
Hegarty, W., 205-206n
Hegtvedt, K. A., 145n

Heider, F., 144-145n
Heister, D. S., 224-225n
Helm, B., 224-225n
Hendon, D. W., 65n, 267n-268n
Hendon, R. A., 65n, 267n-268n
Heneman, R., 154-155n
Herbig, P., 267-268n
Hershey, J. C., 205-206n, 224-225n
Hiam, A., 118-119n
Higgins, E. T., 145n
Hill, J. H., 64-65n
Hill, L. A., 212-213n
Hilty, J. A., 65n
Hinkin, T. R., 181n
Hinton, B. L., 64-65n
Hitt, W., 187n, 204-205n
Ho, S. S., 224-225n
Hochberg, A. M., 28n
Hocker, J. L., 28n
Hofstede, G., 254-255, 267-268n
Holaday, L. C., 94n
Holmer, M., 144-145n
Homans, G. C., 118-119n
Hood, W., 144-145n
Hopmann, P. T., 161n, 267n
Hosmer, L. T., 185, 188n, 188-189, 204-206n
House, P., 144-145n
Howard, E. S., 181n
Hrebec, D., 64-65n
Huang, X., 267n
Human Resource Management in the Virtual Organization (Heneman and Greenberger), 154-155n
Hunt, C. S., 126-128, 144-145n
Hyder, E. B., 65n, 92, 94n, 161n

I

Ibarra, H., 181n
Identificação de limites, 107-109
Idiosyncratic deal: Flexibility versus Fairness, The (Rousseau), 221-222n
Ikle, F. C., 144-145n
Imagem, preservação da, 20-21, 127-128, 132, 230-231, 254-255
Imediatismo verbal, 150-151
Implementação de acordos, como estágio da negociação, 104-105
impor os próprios pontos de vista, 229-230
Impressões, administrando, 39-42
Incompetência calculada, 39-40

Inicial, postura, 45-46
Instabilidade, governo, 249
Integridade, 67; *ver também* Ética; Reputação
Intensidade, da linguagem, 150-151
Intensificação de conflitos, 20-21
Interdependência
 confiança e, 91
 distributiva, 30-31
 em relacionamentos, 208-209
 na solução conjunta de problemas, 15-16
 no poder baseado em um relacionamento, 167, 174-175
 visão geral, 4-5, 10-14
Interesses
 da outra parte, 113-114
 diferenças em, 18-19
 enquadramento de, 126-129, 164-165
 na estratégia de negociação, 107-108
 na negociação integrativa, 73-77
 na negociação multipartes, 232-233, 238-239
 no Circumplexo de Acordos, 77, 80-82
Interesses instrumentais na negociação, 74-75
Interesses intrínsecos na negociação, 74-75
Interesses processuais na negociação, 74-75
Interesses que vêm à tona, 76-77
Interesses substantivos, 74-75
Intimidação, tática dura, 61-63, 202
Inversão de papéis, 159
Is Business Bluffing Ethical? (Carr), 189-190
Isajiw, W. W., 267n
Isen, A. M., 145n
Itens descartáveis, na definição de metas, 109-110
Ivey, A. E., 161n

J

Jacobs, A. T., 64-65n
Janosik, R. J., 253-254, 256-258, 267-268n
Jehn, E., 245-246n
Jehn, K. A., 224-225n, 267n-268n

Jensen, L., 144-145n
JetBlue Airlines, Inc., 223-224
Jogo baixo/Jogo alto, tática dura, 58-60, 158
Johnson & Johnson, Inc., 10
Johnson, Lyndon B., 173-174
Johnston, R. W., 118-119n, 161n
Jones, G. R., 267-268n
Jones, M., 144-145n, 224-225n
Jones, T. S., 28n, 65n
Journal of Language and Social Psychology, 201-203n
Journal of Organizational Behavior, 193n
Journal of Social Issues, 235-236n
Julgamentos diferenças nos, 18-19
Justiça
    como meta intangível, 96
    confiança sinalizada pela, 15-16
    de resultados, 218-221
    definição, 9
    natureza relativa da, 277-278
    reputação por, 276-277
Justiça, nos relacionamentos de negociação, 219-224
Justiça distributiva, 218-220
Justiça interacional, 218-220
Justiça processual, 218-220
Justiça sistêmica, 218-220

K

Kahneman, D., 144-145n
Kalbfleisch, P. J., 201-203n
Kale, S. H., 267-268n
Kaplan, R., 181n
Karrass, C. L., 64-65n
Karrass, G., 160, 161n
Kellerman, J. L., 161n
Kelley, H. H., 15-16, 28n, 68-69, 94n, 205-206n
Keltner, D., 145n
Kemp, K. E., 88-90, 94n
Kennedy, G., 267n
Kennedy, T., 28n
Kernan, M. C., 126-128, 144-145n
Kerr, J. L., 64-65n
Kiesler, S., 161n
Killian, C., 145n
Kilmann, R. H., 28n
Kim, P. H., 65n, 145n, 181n, 205-206n, 224-225n, 245-246n
Kim, S. H., 24-26
Kimmel, M. J., 28n, 94n, 224-225n
King, T. D., 161n

Kleinke, C. L., 161n
Knetsch, J. L., 144-145n
Koehn, D., 205-206n
Koeszegi, S., 224-225n
Koh, T. T. B., 267n
Kolb, D. M., 28n
Kolodinsky, R. W., 224-225n
Komorita, S. S., 64-65n
Konar-Goldband, E., 28n, 94n, 224-225n
Kopelman, S., 145n, 161n, 248
Koslowski, M., 181n
Kotter, J., 180-181n
Kozan, M. K., 267-268n
Krackhardt, D., 181n
Kramer, R. M., 145n, 161n, 224-225n, 245-246n
Kressel, K., 28n
Kristensen, H., 144-145n
Ku, G., 10, 144-145n
Kumar, R., 145n, 258-259, 267-268n
Kurogi, A., 267-268n
Kurtzberg, T., 161n
Kwon, S., 65n

L

Laços, nas redes de poder relacional, 175-177
LaFasto, F. M. I., 236-237n, 245-246n
Laird, J. D., 161n
Landon, E. L., 60-61, 65n
Language of Detecting Deceit, The (Kalbfleisch), 201-203n
Largura da banda social, 152-153
Larick, R. P., 64-65n
Larmio, J.V., 267n
Larson, C. E., 236-237n, 245-246n
Latham, G., 118-119n
Lau, F., 224-225n
Laubach, C., 67
Lax, D., 28n, 64-65n, 74-76, 94n, 118-119n
Le Poole, S., 267n
Legalidade, ética *versus*, 185, 188-191
Legitimidade, na tática da intimidação, 62-63
Lei dos pequenos números, 135-136
Lerner, J. S., 145n
Lessons from the Tarmac (Salter), 223-224n

Leung, K., 224-225n
Levine, T. R., 205-206n
Levinson, D. J., 181n
Levinson, J. C., 7-8n, 37-38n, 65n
Lewicki, R. J., 28n, 94n, 118-119n, 127-128n, 144-145n, 154-155n, 161n, 193n, 205-206n, 224-225n
Lewin, D., 28n
Lewis, J., 161n
Lewis, S. A., 94n
Liberdade de ideias, 241-242
Liebert, R. M., 64-65n
Lim, R. G., 64-65n, 144-145n
Lin, X., 267n
Lindskold, S., 224-225n
Linguagem coloquial, 150-151
Linguagem polarizada, 150-151
Lisco, C. C., 145n
Liska, J., 181n
Lituchy, T. R., 267n
Livingstone, L. P., 267n
Locke, E., 118-119n
Loewenstein, G. F., 144-145n, 145n, 224-225n
Loewenstein, J., 92, 94n, 161n
Long, A., 193n, 205-206n
Lytle, A. L., 161n, 164-165, 248

M

Macduff, I., 267-268n
Macneil, I. R., 224-225n
Má-fé, atuação em, 7-8
Magenau, J. M., 28n, 94n, 224-225n
Magliozzi, T., 28n, 144-145n
Maioria dominante, decisões tomadas por uma, 241-242
Maioria simples, decisões tomadas por, 241-242
Making Deals in Strange Places: A Beginner's Guide to International Business Negotiations (Salacuse), 249n
Making Relationships Work: A Conversation with Psychologist John Gottman (Gottman), 213-215
Maldição do vencedor, 134-135
Malhotra, D. K., 10, 91, 94n, 224-225n
Malley, R., 267n
Mallozzi, J. S., 145n
Malouf, M., 161n
Managing Conflict (Greenhalgh), 23n

Managing Strategic Relationships (Greenhalgh), 103n
Managing with Power (Pfeffer), 173-174
Mancuso, J., 241-242n, 245-246n
Manipulação do cronograma, 43-45
Mannix, E. A., 245-246n
Manobra inicial, na negociação, 143
Manstead, A. S. R., 145n
Manz, C. C., 241-242n, 245-246n
Manz, K. P., 241-242n, 245-246n
Mao Zedong, 258-259
Martin, D., 267-268n
Matsui, F., 145n
Matsumoto, D., 267n
Maturidade, para as negociações integrativas, 67
Maury, R., 145n
Maxwell, N., 224-225n
Maxwell, S., 224-225n
Mayer, J. D., 145n
Mayfield, J., 267-268n
Mayfield, M., 267-268n
McAllister, D. J., 216-217, 224-225n
McClelland, D. C., 181n
McCornack, S. A., 205-206n
McDonald, J. W., 267n
McGraw, D., 181n
McKenna, B., 267-268n
McKersie, R. B., 28n, 64-65n, 94n
Mediação, 211-213, 264
Medvec, V. H., 65n, 144-145n, 245-246n
Meio lento, e-mail como, 153-155
Meio rápido, mensagens instantâneas como meio rápido de comunicação, 153-155
Melhor defesa possível, 129-130
Melhores práticas, 269-278
   a honestidade e a sinceridade *versus* o sigilo e a reserva, 273-275
   confiança *versus* desconfiança, 274-275
   diagnóstico da estrutura, 270-272
   fatores intangíveis, 274-276
   feedback e aprendizado, 277-278
   gestão de alianças, 275-277
   identificação da BATNA, 271-272
   observância da estratégia *versus* a busca oportunista por novas opções, 273-274
   observância de princípios *versus* a resistência à evolução do processo, 272-274
   ponto de *walkaway*, 271-273
   preparação, 269-271
   racionalidade e justiça, 277-278
   reclamação de valor e criação de valor, 272-273
   reputação, 276-277
Mensagens de texto, 152-154
Mensagens instantâneas, 152-155
Mentalidade da escassez, 67
Mentalidade de abundância, na negociação integrativa, 67
Mentira, 190-191, 201-203
Mentira; *ver também* Ética
   consequências da, 196-199
   ética e, 193-196
   justificativas para, 198-201
   lidando com, 200-205
   motivação pelo poder, 194-197
   na importância de algo sem importância, como tática dura, 60-61
Metáforas, 92, 150-152
Metáforas com esportes, 150-152
Metas
   como ferramentas de gestão de performance, 108-109
   competitivas, 20-21
   conflitos em, 11-13
   interdependentes, 174-175
   na estratégia da negociação, 95-97
   na negociação integrativa, 72-73, 87-89
Metas compartilhadas, 87-89
Metas convergentes, 11-13
Metas em comum, 87-88
Metas ganha-perde, 3-4, 20-21
Metas processuais, 96
Metcalf, L. E., 267n
Midgaard, K., 245-246n
Miller, D. T., 204-205n
Miller, S. J., 267n
Minimização de semelhanças, causada por conflitos, 20-21
Minton, J. W., 94n, 224-225n
Mintu-Wimsat, A., 267n
Mintzberg, H., 118-119n
Mix de barganha, 35-36, 106-110, 113-114
Moag, J., 161n, 224-225n
Mocinho/bandido, como tática dura, 58-59
Modelo das estratégias situacionais alternativas, 98-100
Modelo das inquietações duais (Pruitt, Rubin, and Kim), 24-26, 98-102
Modelo de conexão, 236-237
Modelo fórmula/detalhe, 129-130
Modelo para o diagnóstico de conflitos (Greenhalgh), 23
Molm, L., 224-225n
Monster.com, 174-175
Montante de recursos negociados, modificando, 79-80, 82-83
Montantes fixos, convicção nos, 132
Moore, D. A., 144-145n, 161n
Moore, M. C., 224-225n
Moran, R. T., 267-268n
Moran, S., 94n
Mordida, tática dura, 60-61
Morgan, G., 181n
Morley, L., 118-119n
Morris, M. W., 161n
Moses, Robert, 173-174
Mosterd, I., 64-65n
Motivação
   comunicação da, 147
   na negociação multipartes, 229-230
   nas fontes pessoais de poder, 170
Motivações psicológicas, 9
Mouzas, S., 90, 94n
Mudança organizacional, causada por conflitos, 22
Mudanças, em enquadramentos, 129-130
Múltiplos itens na pauta, em enquadramentos, 129-130
Murnighan, J. K., 10, 64-65n, 144-145n, 205-206n, 224-225n, 245-246n
Mútuos, ganhos, 68-69, 78, 91
Myerson, D., 224-225n

N

Nações em guerra, 19-20
Nações Unidas, 61-62
Nadler, J., 94n, 145n, 161n
Naquin, C. E., 94n, 224-225n
Nash, J. F., 28n
Natlandsmyr, J. H., 267-268n

Natureza adaptativa dos negociadores, 148-150
Nauta, A, 144-145n
Neale, M. A., 28n, 65n, 86-89, 94n, 144-145n, 161n, 224-225n, 245-246n
Neck, C. P., 241-242n, 245-246n
Neeleman, David, 223-224
Negociação, visão geral, 1-28
  abordagem, 3-5
  ajuste mútuo na, 13-17
  características da situação de, 6-10
  conflitos na, 19-28
  exemplos de, 4-7
  funções e vantagens da, 22-25
  gestão da, 24-28
  interdependência da, 10-14
  níveis da, 19-22
  reivindicação de valor e criação de valor na, 16-19
Negociação de uma confissão (em um tribunal), 9
Negociação envolvendo múltiplas questões, 48-49, 88-89
Negociação integrativa, 66-94
  avaliação de soluções alternativas na, 83-88
  confiança na, 216-218
  diferenças na, 66-67
  facilitando, 87-93
  geração de soluções alternativas na, 77-84
  identificação de necessidades e interesses na, 73-77
  identificação de problemas na, 71-74
  separar a pessoa do problema na, 210-211
  visão geral, 16-17, 67-71
Negociação multipartes, 226-246
  acordos na, 244-245
  estágio de negociação formal na, 237-243
  estágio de pré-negociação na, 234-237
  grupo eficiente na, 231-234
  negociação entre duas partes vs., 227-232
Negociação no ambiente virtual, 152-155
Negociação salarial, 13-14
Negociação transacional, 208-209

Negociação virtual (*e-negotiation*), 152-153
Negociações com sindicatos, 1-2, 38-40; *ver também* Negociações entre gerentes e funcionários
Negociações ente gerentes e funcionários, 39-40, 116-117, 207-208; *ver também* Negociações com sindicatos
Negociações entre empresas, uso de equipes, 39-40
Negociações entre equipes, 39-41, 62-63; *ver também* Negociação multipartes
Negociações internacionais, 247-268
  cultura como comportamento adquirido nas, 253-255
  cultura como contexto nas, 256-259
  cultura como dialética nas, 256-258
  cultura como valores compartilhados nas, 254-258
  diferenças nas, 248-254
  estratégias para as, 261-266
  perspectivas gerenciais sobre as, 258-262
Negociações transculturais; *ver* Negociações internacionais
Negócios realizados repetidamente, 12
Negotiating a Gain-Gain Agreement (Laubach), 67
Negotiating in Virtual Organizations (Lewicki and Dineen), 154-155n
Negotiating with Your Nemesis (Gray), 140-141n
Negotiation Journal, 140-141, 164-165n, 211-212n, 249n
Nelson, D., 94n
Nemeth, C. J., 245-246n
Newton, B., 145n
Nierenberg, G., 94n, 157n, 161n
Nisbett, R. E., 144-145n
Nível lógico, da linguagem, 149-150
Nível pragmático da linguagem, 149-150
Nomeação, em disputas, 128-129
Normas e dinâmica das discussões, 236-237

Northcraft, G. B., 28n, 88-89, 144-145n
Novemsky, N., 145n, 161n
Nye, P., 224-225n

O

O modelo das dimensões culturais de Hofstede, 254-257
O'Connor, K. M., 145n, 161n, 205-206n
Objetivos conjuntos, 88-89
Obrigações recíprocas, como enquadramento de negociação, 127-128
Obscuros, pontos, 20-21
Ocultação, 39-41, 189-190; *ver também* Ética
Odiorne, G. S., 65n
Oferta
  "ancorado", pela oferta da outra parte 59-60
  comunicação da, 147
  e contraoferta, 47-48, 147
  escrita, para comprometimentos, 52
  final, 49-50, 86-88
  inicial, 31-32 44-46
  questões sobre, 158
Ofertas apertadas, para fechar acordos, 55-57
Ogawa, N., 267-268n
Ohanyan, A., 267-268n
Ohbuchi, K., 267n
Okumura, T., 248, 258-259, 264, 267-268n
Olander, K., 118-119n
Olekalns, M., 28n, 65n, 94n, 145n, 161n, 224-225n
Oliver, R. L., 28n, 145n, 224-225n
Omissão, mentiras de, 188-189, 193-196
Organizações que adotam um modelo militar, 172-173
Organizational Dynamics, 221-222n
Orientação moral, nas fontes pessoais de poder, 170

P

Pacote prévio, 86-87
Padrões, revisão dos, 84-85
Padrões de setor, 84-85
Padrões objetivos, 84-85
Paese, P. W., 144-145n

Palich, L. E., 267n
Papéis, como enquadramento de negociação, 127-128
Papéis auto-orientados, na negociação multipartes, 234-236
Papéis focados em tarefas, na negociação multipartes, 234-236
Parrott, W. G., 145n
Partida final, 209-210
Patterson, J., 205-206n
Patton, B., 11-13, 57-58, 64-65n, 73-74, 84-85, 94n, 224-225n, 252-253, 267n
Paulson, G. D., 224-225n
Pauta da negociação, 116-117, 236-239
Pechincha, definição, 3-4
Pedido, preço, 108-111
Pentland, A., 161n
Percepção; *ver também* Cognição; Emoção
  definição, 121
  distorção na, 121-123
  enquadramento na, 123-131
  gestão das concepções equivocadas, 137-139
Percepção seletiva, 121-123
Perda de prestígio, 20-21; *ver também* Preservação da imagem
Perguntas
  de resposta aberta, 97
  na negociação, 156-158, 180-181
  nas boas práticas, 275-276
  para revelar a mentira, 200-203
Persistência, emoções positivas e, 139-140
Personalidade autoritária, 170
Personality and Social Psychology Bulletin, 203-204n
Perspectivas gerenciais, nas negociações internacionais, 258-262
Pesquisas, por soluções alternativas, 83-84
Peterson, E., 224-225n
Peterson, G., 224-225n
Peterson, M. F., 267n
Pfeffer, J., 173-174, 180-181n
Phatak, A. V., 248, 249n, 251-253, 267n-268n
Phillips, K. L. J., 245-246n
Pia de cozinha (tática dura), 40-41
Piadas sarcásticas, 233-234

Pillutia, M. M., 224-225n
Pines, A. M., 224-225n
Pinkley, R. L., 28n, 94n, 144-145n, 161n, 181n, 224-225n
Planejamento da estratégia de negociação, 104-118
  apresentação de questões no, 115-117
  avaliação da outra parte no, 112-116
  contexto social do, 110-113
  definição de interesses no, 107-108
  definição de questões no, 104-107
  definição do mix de barganha no, 106-108
  identificação de alternativas no, 108-109
  identificação de limites no, 107-109
  metas e preços pedidos no, 108-111
  protocolo no, 116-118
Poder, 162-181
  como motivação para a mentira, 194-197
  definição, 163-166
  em táticas para alterar impressões, 40-41
  enquadramento com base no, 126-129
  fontes associadas a um cargo, 167, 170-175
  fontes associadas a um relacionamento, 167, 174-179
  fontes contextuais de, 167, 178-180
  fontes informacionais de, 165-169
  fontes pessoais de, 165-170
  importância do, 162-164
  na negociação multipartes, 235-236
  nas negociações interacionais, 251-252
  outras partes com mais, 179-181
Poder de recompensa, 165-166
Poder especialista, 165-168
Poder legítimo, 165-167, 170-174
Poder referente, 165-166, 174-176
Poder referente negativo, 175-176

Poder referente visível, 175-176
Pohlan, W. F., 64-65n
Polzer, J. T., 245-246n
Pommerenke, P., 145n
Ponto alternativo; *ver também* BATNA (melhor alternativa para um acordo negociado)
  comunicação do, 147
  da outra parte, 113-115
  no fechamento de acordos, 55-56
  papel do, 33-35
Ponto de acordo, 34-35
Ponto de ancoragem problemático, 136-137
Ponto de *walkaway*, 112-115, 232-233, 271-273
Ponto-alvo
  contraofertas próximas do, 47-48
  da outra parte, 114-115
  na estratégia da negociação, 108-111, 113-114
  visão geral, 31-32, 37-40
Pontos de reserva, 147
Pontos de resistência
  avaliação, 37-40
  definição, 31-32
  na barganha distributiva, 35-38
  no planejamento das negociações, 107-109
Pontos obscuros, 20-21
Poole, M. S., 28n
Porta-vozes, efetuando comunicações mediante, 39-41
Posição do corpo, como comunicação não verbal, 152-153
Posições
  barganha distributiva, 44-50
  de ocultamento, 39-41
  na definição de interesses, 107-108
  na negociação multipartes, 229-230, 232-233
  no Circumplexo de Acordos, 77, 79-80
  validade das, 88-90
Posições flexíveis, 46-47
Postura inicial, 45-46
Potencial inovador, em empreendimentos conjuntos, 17-18
Power Relationships and Negotiation (Barada), 174-175

Práticas enganosas passivas, 188-189; *ver também* Ética
Praticidade, ética *versus*, 185, 188-189
Prazos finais
   em ofertas apertadas, 55-57
   injustos, 158
   manipulação, 42-45
Precedentes, na avaliação de soluções, 84-85
Preço pedido, 31-32, 108-111, 133-134
Preferências pessoais, explicando, 85-86
Pré-negociação, 211-212, 234-237
Preservação da imagem, 127-128, 132, 230-231, 254-255
Presidindo negociações multipartes, 237-239, 244-245
Pressão do tempo
   diferenças na, 18-19
   em ofertas apertadas, 55-57
   na avaliação de soluções, 86-87
   nas negociações internacionais, 259-261
   redução da demanda devida à, 42
   visão geral, 7-8, 10
Price Waterhouse, 208-209
Prietula, M. J., 65n, 92, 94n, 161n
Problemas morais, solucionando, 185, 188
Processo de "dar e receber", a negociação como, 7-8, 15-16
Processo de "desmembramento", 79
Processo espontâneo, a negociação como, 6-8
Procter & Gamble Co., Inc., 208-210
Profecia, realização, 135-136, 199-200
Projeção, 121, 123
Proman, L. A., 65n
Promessas, nos comprometimentos, 52
Pronunciamentos públicos, de comprometimentos, 50-52
Proposta de abertura, 113-114
Protocolo, 116-118, 259-260
Provis, C., 77, 94n
Prudência, ética *versus*, 185, 188-189
Pruitt, D. G., 24-26, 28n, 64-65n, 94n, 118-119n, 145n, 161n, 224-225n

Públicos externos, 178-180
Putnam, L. L., 28n, 65n, 129-130, 144-145n, 150-151n
Pye, L. W., 267-268n

Q

Qualidade de vida, no modelo das dimensões culturais de Hofstede, 254-256
Quase consenso, decisões tomadas por, 241-242
Questões de estoque, 128-129
Quinn. J. B., 118-119n

R

Rahim, M. A., 27n, 28n
Rahim Organizational Conflict Inventories: Professional Manual (Rahim), 27n
Raia, C. P., 145n
Raiffa, H., 28n, 64-65n
Rapoport, A., 65n, 161n
Raven, B. H., 28n, 165-166, 180-181n
Reativa, desvalorização, 137-138
Rebelde sem Causa (filme), 60-61
Reciprocidade, 15-16, 91
Recompensas imediatas, 86-87
Reconhecimento, como prática de escutar, 156-157
Recursos, limitados
   controle de, 173-175
   divisão de, 2-3
   em situações de soma zero, 11-13
   no planejamento da negociação, 113-114
Redes, no poder relacional, 175-179
Reenquadramento, 129-130, 148-149
Reformular conclusões, para resumi-las, 238-239
Regras de decisão, 241-242
Reivindicação, em disputas, 128-129
Reivindicação de valor e criação de valor
   na barganha distributiva, 30-31
   na negociação integrativa, 70-72
   nas boas práticas, 272-273
   visão geral, 16-19

Relacionamentos
   abordagens da pesquisa aos, 207-215
   como estágio de construção da negociação, 103
   como papel nas negociações multipartes, 234-236
   confiança nos, 216-220
   em que opções são geradas, 272-273
   interesses em, 74-75
   justiça nos, 219-224
   na negociação, 207-225
   nas negociações internacionais, 252-253
   recuperação de, 221-224
   reputação nos, 213-216
Relacionamentos próximos, 211-215
Relativismo moral, 199-200
Relativismo situacional, 199-200
Relevância, nas redes de poder relacional, 176-178
Renegociação, 242-243
Repetição, de comprometimentos, 52
Réplica, a uma proposta, 14-15
Representação enganosa, 190-191, 193-197; *ver também* Ética
Reputação
   da outra parte, 113-116
   importância da, 276-277
   nos relacionamentos de negociação, 213-216, 221-224
   por dizer a verdade, 189-190
   proteção da, 9
Reputações diretas, 215-216
Reputações indiretas, 215-216
Reputações negativas, 215-216
Research on Negotiation in Organizations (Bies, Lewicki, and Sheppard), 127-128n
Responder na mesma moeda, 57-58, 204-205
Restrições situacionais, 100
Resultados, comunicação dos, 147-149
Retaliação, 140-141
Retrato da futilidade, 202
Revelação de informações, 274-275
Revelação seletiva, 196-197
Revelando expectativas, 38-39

Revisão das definições, na avaliação, 84-85
Revisão dos padrões, na avaliação, 84-85
Revista *Fortune*, 10
Richardson, R. C., 118-119n
Risco; *ver também* Ética
　de receber a confiança de alguém, 216-217
　enquadramento de questões e, 133-135
　fraude, 201-203
　na apresentação de concessões, 47-48
　na avaliação de soluções, 86-87
　nas negociações internacionais, 260-261
　tolerância com o, 18-19
Ritov, I., 28n, 64-65n, 94n, 144-145n
Rivalidade, 10
Roberto, A. J., 28n
Robinson, R., 193n, 205-206n
Rogers, C. R., 161n
Rognes, J., 267-268n
Role of Language in Negotiations: Threats and Promises (Gibbons, Bradac, and Busch), 150-151n
Roloff, M., 150-151n
Rosen, B., 65n
Rosette, A. S., 145n
Ross, L., 144-145n
Ross, M. H., 204-205n, 267n
Roth, A. E., 64-65n, 161n
Roth, J., 144-145n
Rousseau, D., 221-222
Rubenstein, R. A., 267n
Rubin, J. Z., 24-26, 28n, 46-48, 65n, 94n, 118-119n, 181n, 205-206n, 262-263, 267n, 267-268n
Russo, J. E., 161n
Rutte, C. G., 64-65n

S

Salacuse, J. W., 211-212, 249n, 249-252, 267n-268n
Salancik, G. R., 181n
Salovey, P., 145n
Salter, C., 223-224n
Samuelson, W. F., 144-145n
Sander, F. E. A., 262-263, 267n-268n
Sanford, R. N., 181n
Sano, Y., 267-268n
Saorin-Iborra, M., 28n
Sarat, A., 144-145n
Satisfação com a negociação, 16-17
Savage, G. T., 98-99, 118-119n
Schatzski, M., 65n
Schein, E., 181n
Scheir, M. E., 145n
Schelling, T. C., 161n
Schlenker, B. R., 224-225n
Schoemaker, P. J. H., 161n
Schön, D., 224-225n
Schoumaker, F., 64-65n
Schreisheim, C., 181n
Schroth, H. A., 144-145n
Schul, P. L., 28n, 161n, 224-225n
Schurr, P. H., 144-145n
Schwartz, N., 145n
Schwartz, os 11-13
　valores culturais de, 256-258
Schwartz, S. H., 233-234, 245-246n, 256-257, 267-268n
Schwartzwald, J., 181n
Schweitzer, M. E., 64-65n, 145n, 161n, 205-206n, 224-225n
Sebenius, J. K., 28n, 64-65n, 74-76, 94n, 118-119n, 245-246n, 267n-268n
Seiden, V. L., 65n
Seilheimer, S. D., 161n
Selekman, B. M., 28n
Sen, A. K., 28n
Senge, P., 212-213n, 224-225n
Seven Habits of Highly Effective Leaders (Covey), 67
Seven Principles for Making Marriage Work, The (Gottman), 213-215
Shah, P. P., 144-145n, 224-225n
Shankarmahesh, M., 267n
Shapiro, D. L., 65n, 161n, 164-165
Shapiro, S. L., 258-259, 267-268n
Sheats, P., 235-236n
Shell, Richard, 190-191
Sheppard, B. H., 94n, 127-128n, 144-145n, 224-225n
Sherif, C., 144-145n
Sherif, M., 144-145n
Short, J., 161n
Siegel, S. R., 161n
Silverstein, E., 65n
Simek-Downing, L., 161n
Simons, T., 118-119n, 150-152, 161n
Sims, H. P., 205-206n
Sims, R. L., 205-206n
Sinaceur, M., 145n
Sinceridade
　desgaste da honestidade, 199-200
　dilema da, 15-16, 68-69, 190-191
　"expressão sincera," 203-204
　na negociação integrativa, 67
　reserva, 273-275
Sincronização de esforços, 11-13
Sinergia, 17-18
Sitkin, S. B., 161n
Situação de ganhos mútuos, 11-13
Situações de soma-zero
　barganha distributiva na, 16-18
　descrição, 11-13
　mentalidade de abundância *versus*, 67
Situações distributivas, 11-13, 16-18
Situações ganha-ganha, 3-4
Situações integrativas, 11-13, 16-17
Situações soma não zero, 11-13, 16-17
Sloan Management Review, 23n, 190-191n
Smith, M. S. A., 7-8n, 37-38n, 65n
Smith, P. L., 28n, 65n, 94n, 161n, 224-225n, 267-268n
Smith, T. H., 92, 94n
Smith, W. P., 64-65n, 88-90, 94n
So, What's the Deal Anyway? Contracts and Relationships as Negotiating Goals (Salacuse), 211-212n
Solomon, R. H., 253-254, 267-268n
Solução baseada na conexão entre as partes, 80, 82-83
Solução de problemas
　abordagem conjunta à, 97
　moral, 185, 188
　na negociação integrativa, 88-89
　negociações para a, 2-3
　no modelo das inquietações duais, 25-26
　padrão de dar e receber para a, 15-16

Sondak, H., 224-225n
Song, F., 224-225n
Sorenson, R. L., 98-99, 118-119n
Spencer, G., 205-206n
Spitzberg, B. H., 181n
Spotlight, 10
Sproull, L., 161n
Stacks, D. W., 161n
Stakeholders, nas negociações internacionais, 251-254
Stark, A., 267n
Stark, N., 205-206n
Starlicki, D. P., 224-225n
Staw, B. M., 144-145n
Stein, J., 64-65n, 267n
Steinberg, Leigh, 12n
Steinel, W., 145n
Stephenson, G., 118-119n
Stillenger, C., 145n
Strack, F., 145n
Strategic Use of Interests, Rights, and Power to Resolve Disputes, The (Lytle, Brett, and Shapiro), 164-165n
Stripp, W. G., 267-268n
Stutman, R. K., 28n
Subgrupos, na avaliação de soluções, 85-86
Subterfúgios, 192; *ver também* Ética
Sucesso na carreira, no modelo das dimensões culturais de Hofstede, 254-256
Summers, D. A., 65n
Sun, Z., 267-268n
Sun Tzu, 258-259
Supervisores, na negociação multipartes, 238-239
Sussman, L., 158n, 161n
Swaab, R. I., 245-246n
Syna, H., 64-65n

T

Tajima, M., 94n
Takahashi, N., 224-225n
Takahashi, Y., 267n
Tal, Y., 224-225n
Tan, H. H., 94n
Tangíveis, gestão de, 9
Tática da importância simulada, como tática dura, 59-61
Tática do Robin Hood, 199-200
Táticas ambíguas; *ver também* Ética
 consequências das, 196-199
 ética *versus*, 188-193
 justificativas para, 198-201
Táticas de alavancagem, 162; *ver também* Poder
Táticas de influência, para alterar impressões, 40-41
Táticas de jogo alto/jogo baixo, 58-60, 158
Táticas duras, 56-64; *ver também* Ética
 comportamento agressivo, 62-64
 da importância simulada, 59-61
 galinha, 60-62
 intimidação, 61-63
 jogo baixo/jogo alto, 58-60, 158
 lidando com, 56-58
 mocinho/bandido, 58-59
 mordida, 60-61
 pia da cozinha, 40-41
 trabalho na neve, 40-41, 63-64
Táticas enganosas ativas, 188-189; *ver também* Ética
Taxas de câmbio, 249
Taylor, P. J., 161n
Taylor, S. E., 245-246n
Taylor, S. W. E., 224-225n
Técnica da galinha, como tática dura, 60-62
Técnica de Delphi, 240-241
Técnica do grupo nominal, 240-241
Tedeschi, J. T., 224-225n
Teleconferências, 152-153
Tenbrunsel, A. E., 28n, 94n, 144-145n, 205-206n
Teoria da complexidade cultural (Tinsley et al.), 258-259
Teoria da decisão, 135-136
Teoria da gestão, 123
Teoria dos prospectos, 133-134
Teorias da personalidade, 170
Terceiros, alianças com, 43-45
Thaler, R. H., 144-145n
Thibaut, J., 205-206n
Thomas, K. W., 28n
Thompson, L., 181n
Thompson, L. L., 28n, 64-65n, 92, 94n, 144-145n, 147-149, 161n, 224-225n, 245-246n, 267-268n
Tian, Z., 267n
Tiedens, L. Z., 145n
Time Warner, Inc., 10
Ting-Toomey, S., 267-268n
Tinsley, C. H., 127-128, 258-259, 267n, 267-268n
Tjosvold, D., 22n, 181n
Tom, de voz, 152-153
Tomlinson, E., 224-225n
Tompkins, P. K., 245-246n
Tong, K., 224-225n
Touval, S., 245-246n
Trabalho na neve (tática dura), 40-41, 63-64
Tracey, J. A. B., 181n
Trade-offs, 109-110, 132
Transições, em enquadramentos, 129-130
Treadway, D. C., 224-225n
Treinamento com o enfoque em analogias, 92
Triandis, H. C., 267-268n
Tripp, T. M., 94n, 118-119n, 224-225n
Troca de favores, 79-80, 82-83, 86-87
Tubarão, negociador como, 215-216
Tuchinsky, M. B., 65n, 224-225n
Tung, R. L., 267-268n
Turner, D., 144-145n
Tutzauer, F., 64-65n, 161n
Tversky, A., 144-145n
Tyler, T., 224-225n, 245-246n

U

Ultimatos, 158
"Uma rachadura na defesa," 202
Unanimidade, decisões tomadas por, 241-242
Underal, A., 245-246n
Understanding Conflict in a Chinese Cultural Context (Tinsley), 127-128n
Ury, W. L., 11-13, 57-58, 64-65n, 73-74, 84-85, 94n, 144-145n, 164-165, 224-225n, 252-253, 267n

V

Vácuo verbal, 201-203
Valdelamar, D. D., 267n
Valley, K. L., 161n

Van Beest, I., 145n
Van Boven, L., 94n, 144-145n
Van de Vliert, E., 144-145n, 267n
Van Dijk, E., 145n
Van Kleef, G. A., 145n, 181n
Van Lange, P. A. M., 144-145n
Van Poucke, D., 64-65n, 224-225n
Van Vianen, A. E. M., 144-145n
Variação de barganha, 14-15, 32-36, 107-108
Variação de barganha negativa, 33-36
Variação de barganha positiva, 33-36
Veitch, R., 145n
Vencer, necessidade de, 9
Viés; *ver também* Cognição; Percepção
  cognitivo, 131-138
  cognitivo, administrando, 137-139
  em conflitos, 20-21
  em situações distributivas, 17-18
  na negociação multipartes, 235-236
Vieses em favor próprio, 135-137
Visibilidade, nas redes de poder relacional, 176-178
Voinescu, L., 203-204n
Volkema, R. J., 205-206n
Voz, tom de, 152-153

W

Wade-Benzoni, K., 28n
Walcott, C., 161n
Walker, G., 28n
Waller, D. S., 267n
Walmart Stores, Inc., 208-209
Walsh, T., 28n, 65n, 94n, 161n
Walters, P. D., 224-225n
Walton, R. E., 28n, 64-65n, 94n
Wang, X., 144-145n
Wanis-St. John, A., 267n
Watkins, M., 118-119n, 179-180, 181n
Weeks, H., 65n
Weick, K. E., 224-225n
Weingart, L. R., 28n, 65n, 92, 94n, 161n, 245-246n
Weiss, S. E., 28n, 264, 267n-268n
Weldon, E., 267n-268n
What to Ask When You Don't Know What to Say (Deep and Sussman), 158n
Wheeler, M., 94n, 118-119n, 145n
When Is It Legal to Lie in Negotiations? (Shell), 190-191n
When Teams Work Best (LoFasio and Larson), 236-237n
When Winning is Everything (Malhotra, Ku, and Murnighan)., 10n
White, B., 144-145n
Wide-Eyed and Crooked-Faced: Determinants of Perceived and Real Honesty across the Life Span (Zebrowitz, Voinescu, and Collins), 203-204n
Wiethoff, C., 224-225n
Williams, D. L., 224-225n
Williams, E., 161n
Wilmot, W. W., 28n
Wilson, O. R., 7-8n, 37-38n, 65n
Wilson, S. R., 144-145n
Winning with Integrity (Steinberg), 12n
Worchel, S., 224-225n
Working Together to Get Things Done: Managing for Organizational Productivity (Tjosvold), 22n
Worm, V., 258-259, 267-268n
Wu, G., 64-65n

X

Xing, F., 267n

Y

Yama, E., 65n
Yan, A., 251-252, 267n
Yankelovich, D., 205-206n
Yoo, S. H., 267n
Yook, E. L., 267-268n
Yuki, G., 65n, 181n

Z

Zand, D., 224-225n
Zartman, I. W., 144-145n, 267n
Zebrowitz, L. A., 203-204n
Zhu, Y., 267-268n
Zona de acordo em potencial, 32-33
Zwick, R., 65n